Ulrich Wegener

GSG 9 – Stärker als der Terror

herausgegeben von

Ulrike Zander und Harald Biermann

Dr. phil. Ulrike Zander
Geb. 1971 in Hürth bei Köln; Studium der Geschichtswissenschaft, Kunstgeschichte und Deutschen Philologie an der Universität zu Köln; DAAD-Stipendium für einen Studienaufenthalt in Israel an der Ben-Gurion-Universität in Beer-Sheva; Promotion im Fach Mittlere und Neuere Geschichte an der Philosophischen Fakultät der Universität zu Köln; seit 2007 Redakteurin bei der Stiftung Haus der Geschichte der Bundesrepublik Deutschland in Bonn

Prof. Dr. Harald Biermann
Geb. 1966 in Rüthen/Westfalen; Kommunikationsdirektor der Stiftung Haus der Geschichte der Bundesrepublik Deutschland; Honorarprofessor für Neuere Geschichte an der Rheinischen Friedrich-Wilhelms-Universität Bonn; seine Forschungsfelder sind die amerikanische Geschichte des 20. Jahrhunderts, die Geschichte des Liberalismus im 19. Jahrhundert sowie das internationale System

Ulrich Wegener

GSG 9 –
Stärker als der Terror

herausgegeben von

Ulrike Zander und Harald Biermann

2., überarbeitete und erweiterte Auflage

LIT

Umschlagbild: Presseabteilung GSG 9, Ausschnitt Schmidt/Wegener

Bibliografische Information der Deutschen Nationalbibliothek
Die Deutsche Nationalbibliothek verzeichnet diese Publikation in der Deutschen Nationalbibliografie; detaillierte bibliografische Daten sind im Internet über http://dnb.d-nb.de abrufbar.

2., überarbeitete und erweiterte Auflage

ISBN 978-3-643-13762-3 (br.)
ISBN 978-3-643-33762-7 (PDF)

Verlagskontakt:
Fresnostr. 2 D-48159 Münster
Tel. +49 (0) 2 51-62 03 20
E-Mail: lit@lit-verlag.de http://www.lit-verlag.de

Auslieferung:
Deutschland: LIT Verlag, Fresnostr. 2, D-48159 Münster
Tel. +49 (0) 2 51-620 32 22, E-Mail: vertrieb@lit-verlag.de

E-Books sind erhältlich unter www.litwebshop.de

Gewidmet der GSG 9

Inhaltsverzeichnis

Vorwort zur 2. Auflage

Ulrich Wegener

Während meiner Tätigkeit im Bundesinnenministerium – zunächst als persönlicher Referent, später als Leiter des Ministerbüros des Bundesinnenministers Hans-Dietrich Genscher Ende 1969/Anfang 1970 – kam Ulrich Wegener als Verbindungsoffizier zum Bundesgrenzschutz in das Ministerbüro. Minister Genscher, zuständig für den Bundesgrenzschutz, fühlte sich dem BGS ganz besonders verbunden; deshalb war die Berufung Wegeners, insbesondere auch wegen seines beruflichen Vorlaufs, ein ganz besonderer Wunsch des Ministers. Ulrich Wegener und ich haben uns von Anfang an sehr gut verstanden und eng zusammengearbeitet. In diese Zeit als Verbindungoffizier fiel das Ereignis, das sein Leben entscheidend verändert hat: das Attentat auf die israelischen Sportler bei den Olympischen Spielen im September 1972 in München. Wegener erlebte das Drama hautnah neben Hans-Dietrich Genscher und musste auch mit ansehen, wie unvorbereitet die Sicherheitsorgane auf den schrecklichen Vorfall reagierten. Ich selbst war von Bonn aus permanent eingeschaltet und flog am Morgen danach auf Wunsch Genschers nach Fürstenfeldbruck und München, um mit dem bayerischen Innenminister Merk und Polizeipräsident Schreiber den Bericht über die Abläufe zu verfassen. München wurde zum Wendepunkt der Laufbahn Ulrich Wegeners. Genscher und die Bundesregierung beschlossen die Einrichtung der Anti-Terroreinheit GSG 9; Wegener wurde der 1. Kommandeur der GSG 9 und baute diese Eliteeinheit mit Energie und Leidenschaft in Sankt Augustin/Hangelar bei Bonn auf. Ich werde nie vergessen, wie erste praktische Vorführungen der Truppe bei dem Minister abliefen; unvergesslich die geplante Sprengung einer Tür in einem Ruinengebäude nahe Bonn, die unter ungewollter, aber nicht zu verhindernder Anteilnahme vieler Zuschauer in einer Totalsprengung des alten Fabrikgebäudes mit ungeheurem Lärm und viel Dreck und Staub endete. Die erschreckten Zuschauer flohen, Genscher und ich auch. Diesem nicht so ganz gelungenen Auftakt folgte dann die Erfolgsgeschichte von Wegeners GSG 9. Bis heute waren es mehr als 1.900 gelungene Einsätze. 1977 – auf dem Höhepunkt des „Deutschen Herbstes“ – gelang unter Führung Wegeners die Befreiung aller 86 deutschen Geiseln aus der entführten „Landshut“ in Mogadischu. Zufällig war ich zwei Tage zuvor in Somalia, traf Siad Barre und konnte nach meiner Rückkehr das entscheidende Telefongespräch zwischen ihm und Bundeskanzler Schmidt vermitteln, das die Befreiung der Geiseln in Mogadischu ermöglichte. Die Aktion „Feuerzauber“ am Morgen des 18. Oktober hat der GSG 9 unter Ulrich Wegener nicht nur innenpolitische ungeheure Anerkennung und Dank gebracht, sondern auch Weltruhm.

An der unlängst abgehaltenen Gedenkveranstaltung anlässlich des 40. Jahrestages dieses Ereignisses konnte Ulrich Wegener noch teilnehmen – zwar im Rollstuhl, aber doch hellwach im Mittelpunkt. Niemand ahnte, dass er uns Ende des Jahres nach kurzer Krankheit verlassen würde. Am 28. Dezember 2017 ist Ulrich Wegener gestorben.

Der Held von Mogadischu, der kein Held sein wollte, war auch nach seinem Ausscheiden als BGS-General noch weltweit ein Berater in Fragen der Terrorismusbekämpfung. Seiner GSG-9-Einheit blieb er lebenslang verbunden. Wie Bundesinnenminister de Maizière nach Wegeners Tod erklärte, hat der charismatische Grenzschutzoffizier Wegener sehr viel für die Sicherheit unseres Landes geleistet.

Wir alle haben einen bemerkenswerten Menschen verloren.

Dr. Klaus Kinkel, Bundesaußenminister a.D.

„Sie können sich auf uns verlassen", so der Kommandeur der GSG 9 Jerome Fuchs bei der Trauerfeier für den Kommandeur im BGS a.D. Ulrich K. Wegener im alten Plenarsaal in Bonn am 29. Januar 2018. © Pressestelle GSG 9

Vorwort

Seit meiner Zeit als Kommandeur der GSG 9 habe ich regelmäßig Interviews im Fernsehen und in der Presse gegeben. Doch niemals habe ich meine vollständige Lebensgeschichte erzählt, die weitaus mehr beinhaltet als den Einsatz der GSG 9 in Mogadischu. Zum 40. Jahrestag der Gründung der GSG 9 im Jahr 2012 baten mich Ulrike Zander und Harald Biermann um ein Interview für das Museumsmagazin des Hauses der Geschichte. Im Zusammenhang mit der Feier des 40. Jahrestages empfand ich meine Verbindung zum Haus der Geschichte in Bonn als eine bereichernde Angelegenheit, da ich für die Sammlungen der Stiftung auch meinen Revolver und mein Barett aus meiner aktiven Zeit zur Verfügung gestellt hatte. Ulrike Zander, die als Redakteurin im Haus der Geschichte arbeitet, und Harald Biermann, der als Kommunikationsdirektor für die Stiftung tätig ist, überzeugten mich schließlich davon, eine Biografie zu schreiben, in der ich über mein Leben erzähle und über Mogadischu hinaus über meine Verbindung zur GSG 9, meine Erfahrungen mit den Israelis und den internationalen Spezialeinheiten berichte. Die Herausgeber dieses Buches führten mit mir seit Ende 2012 kontinuierlich Gespräche, die als Grundlage für dieses Buch dienen. Der Wechsel des Kommandeurs der GSG 9 von Olaf Lindner (Kommandeur von 2005 bis 2014) zu Jerome Fuchs (seit 2014) fällt in die Zeit der Interviews, sodass ich zunächst Lindner und dann Fuchs als Kommandeur erwähne. Bei der Vorbereitung der Interviews stützte ich mich auch auf zeitgenössische Aufzeichnungen. Da mir die Herausgeber so wenig wie möglich „ins Wort fallen“ und glättend eingreifen wollten, ergibt sich eine authentische Lebenserzählung, die das gesprochene Wort in den Vordergrund stellt.

Mein aufrichtiger Dank gilt an erster Stelle den Herausgebern. Sie haben in jahrelanger Arbeit meinen Lebensweg aufgezeichnet, Archivarbeit geleistet, ihre Fachkompetenz eingesetzt, meine Erzählungen durch Einleitungen in den zeitgeschichtlichen Kontext gesetzt und zudem meine wichtigsten Weggefährten aufgesucht, um auf diese Weise ein vielschichtiges Bild herauszuarbeiten. Allen Interviewpartnern sei an dieser Stelle herzlich gedankt für ihre hochinteressanten und offenen Erzählungen. Auch wenn bereits nicht mehr alle Akteure die Veröffentlichung des Buches erleben, so bin ich jedem einzelnen dankbar für die Freundschaft und Erinnerungen, die uns verbinden.

Zudem möchte ich den Männern der GSG 9 danken, insbesondere dem ehemaligen Kommandeur Olaf Lindner, dem aktuellen Kommandeur Jerome Fuchs sowie dem stellvertretenden Kommandeur Mario Schulz, die nicht nur zur Erstellung des

Buches beigetragen, sondern mir auch immer zutiefst loyal beigestanden und meine Linie in der GSG 9 weitergeführt haben. Etwas Besseres kann ich mir als Gründer dieses Verbandes nicht wünschen. 40 Jahre nach unserem Einsatz in Mogadischu am 18. Oktober 1977 erscheint nun dieses Buch, das neben den Informationen für interessierte Leser all jene bestärken soll, die weiterhin im Kampf gegen den Terror stehen und deren Ziel es ist, Menschenleben zu retten.

Ulrich Wegener
Windhagen, Dezember 2016

1. Kindheit

Kaum zwei Monate nach der Geburt Ulrich Wegeners brach in New York ab dem 25. Oktober 1929 die Börse zusammen. Die kurze Phase der Goldenen Zwanziger ging zu Ende. Die Kindheit Wegeners stand im Schatten der Weltwirtschaftskrise, die sich in seinem Fall allerdings nicht zu materieller Not auswuchs, da der Vater Offizier in der Reichswehr war. In der Geschichte Preußens hat es stets die großen Familien mit langer militärischer Tradition gegeben – die von Kleist, die von Wartenberg, die von Marwitz –, die ihren jeweiligen Königen in herausgehobenen Verwendungen gedient haben. Doch unterhalb der Generale und Obristen gab es ebenfalls Familien, die in einer langen Folge der Militärtradition Preußens standen – die Wegeners gehörten dazu. In der militärisch geprägten Kleinstadt Jüterbog war von den bürgerkriegsähnlichen Zuständen in den letzten Jahren der Weimarer Republik gewiss wenig zu spüren. Zumal, da es Soldaten der Reichswehr verboten war, sich politisch zu engagieren – sogar das aktive Wahlrecht war den Mannschaften, Unteroffizieren und Offizieren untersagt. Demokratie und Parlament, Parteienherrschaft und der Zwang zum Kompromiss standen in dieser geschlossenen Welt nicht hoch im Kurs. Die Reichswehr war der Weimarer Republik in der Endphase sicher keine Stütze – das im Jahr 1918 untergegangene Kaiserreich blieb für die übergroße Mehrzahl der Soldaten der Zielpunkt ihres Wünschens und Hoffens.

Meine Geburtsstadt Jüterbog war eine typisch preußische Garnisonsstadt, ein Zentrum des preußischen Militärs. Dort kam ich am 22. August 1929 als zweiter Sohn eines Offiziers zur Welt. Mein Vater Rudolf Wegener wurde 1899 in Preußen in Brandenburg geboren und war begeisterter Offizier in verschiedenen Funktionen – das wirkte sich auf die ganze Familie aus. Im Ersten Weltkrieg wurde er als Fahnenjunker eingesetzt und war 18 Jahre alt, als der Krieg ein Ende nahm. Er verleugnete nie seine Herkunft als Soldat und diente sich in der damaligen Reichswehr in verschiedenen Funktionen hoch. In Jüterbog war er als Offizier in der Artillerieschule tätig. Dort wurden Lehrgänge für verschiedene Formationen der Armee abgehalten. Ein Lehrstab, zu dem mein Vater gehörte, führte diese Ausbildung durch.

Meine Mutter Erna Wegener, geborene Sartre-Bölke – ebenfalls 1899 in Brandenburg geboren und hugenottischer Abstammung – hatte französische Vorfahren aus der Zeit Friedrich des Großen. Daher stammte ihr Faible für Frankreich, sie sprach auch Französisch. Obwohl sie eine preußische Erziehung genossen hatte, blieb ihr Hang zur Musik und Literatur – sowohl zur deutschen als auch zur französischen Kultur. Sie war begeisterte Sportreiterin, dadurch lernte sie meinen Vater kennen, der Turnierreiter in der Reichswehr war. Gelernt hatte meine Mutter kaufmännische Angestellte. Ihr Vater hatte ein Speditionsunternehmen in Brandenburg und war damals der Auffassung, dass auch seine Kinder etwas in dieser Richtung lernen müssten. Dadurch erhielt sie eine kaufmännische Ausbildung. Ihre französische Herkunft spielte zwischen meinen Eltern keine große Rolle. Auch für mich waren meine französischen Verwandten eher aus historischer Sicht interessant.

Zusammen mit meinen beiden Brüdern wohnte ich mit meinen Eltern in Jüterbog neben der Artillerieschule. Dort sind wir groß geworden. Mein älterer Bruder Willi wurde Soldat und ist im Zweiten Weltkrieg gefallen, während mein jüngerer Bruder Klaus zur Bank ging. Er hatte nie eine militärische Ausbildung angestrebt, da er viele Probleme mit seiner Gesundheit hatte und an Asthma litt.

Das militärische Umfeld hatte großen Einfluss auf mich. Mein Vater war in meinen Augen ein großes Vorbild, für mich kam gar nichts anderes als eine Offizierslaufbahn in Frage. Als wir einmal über Zukunftsaussichten sprachen, meinte ich: „Ich werde auch Offizier, das ist doch klar!" Das Leben meines Vaters als Offizier imponierte mir. Durch ihn wusste ich, was mich beim Militär erwartete: eine vorbildliche Lebensauffassung zu haben und diese auch zu zeigen.

Auch in meiner Familie zählten vor allem Werte, die auf eine Vorbildfunktion hinausliefen: Tapferkeit, Mut, anderen Menschen zu helfen. Disziplin und Leistung waren besonders wichtig. Ehre, Ehrgeiz und Bescheidenheit wurden ebenso groß geschrieben. Mein Vater sagte immer: „Was Preußen groß gemacht hat, das ist auch gut für uns." Er war sehr streng. Wenn er mitbekam, dass wir etwas angestellt hatten, dann sagte er deutlich seine Meinung dazu und fügte hinzu: „Das passiert nicht noch einmal!" Meine Mutter hatte ein eher ausgleichendes Wesen, obwohl sie im Grunde die gleiche Richtung vertrat.

Im sportlichen Bereich musste jeder zeigen, dass er etwas konnte. Das war immer leistungsorientiert. Mein Vater ritt bis zuletzt. Auch meine Mutter war eine sportliche Frau. Religion nahm in unserer Familie hingegen keinen großen Stellenwert ein. Wir waren Protestanten, durch meine Mutter mit frankophilem, hugenottischem Hintergrund. Der preußische Protestantismus wurde von vielen so praktiziert: Man war es, aber es war nicht ausschlaggebend. Im ganzen Ort spielte der Glaube keine große Rolle. Kirchenbesuche gab es nur an bestimmten Feiertagen.

Wir wuchsen im Stadtteil „Altes Lager" von Jüterbog auf. Meine Kindheit war geprägt von der Armeeunterkunft. Wir zogen noch vor dem Zweiten Weltkrieg nach Belzig, sodass ich später in brandenburgischer Umgebung lebte. Insgesamt hatte ich eine erfüllte Kindheit und war immer ein begeisterter Junge und Sportler. Alles, was mit der Armee zusammenhing, spielten wir Jungs nach. Das war das Wichtigste. Wir ritten viel und schossen mit Luftgewehren und Kleinkalibern. Die Waffen bekamen wir nicht von meinem Vater, sondern liehen sie von Freunden aus. Auch meine Vorliebe für Autos entwickelte sich sehr bald. Ich hatte immer einen Faible für Technik. Zudem interessierte mich die preußische Geschichte, vor allem die preußische Militärgeschichte. Alle vorhandenen Bücher meines Vaters zu diesem Thema las ich zu Hause mit Begeisterung – auch in der Schule, wo es weitere Aufzeichnungen gab.

Besonders die Geschichte Friedrichs des Großen faszinierte mich. Später las ich dazu die militärgeschichtlichen Werke von Carl von Clausewitz und Graf von Moltke. Die Theorien über Strategie und Taktik prägten mein Denken – sie sind sozusagen zeitlos.

2. Jugend im Nationalsozialismus

Für die meisten Deutschen bedeutete der 30. Januar 1933 zunächst keinen Einschnitt. Trotz der Schnelligkeit, mit der die Nationalsozialisten unter Adolf Hitler die Macht an sich rissen, ging das Leben seinen Gang – zumal auf dem Land und vor allem, wenn man weder politisch aktiv noch jüdischen Glaubens war. Nach einer Phase der Unsicherheit stellte sich heraus, dass der Diktator auf die Reichswehr setzte, um seinen hochfliegenden außenpolitischen Plänen Nachdruck zu verleihen. Für die Offiziere der Reichswehr – oder ab dem 16. März 1935 der Wehrmacht – boten sich Aufstiegschancen. Solange Hitler versichern konnte, lediglich die Fesseln des Versailler Vertrages abstreifen zu wollen, konnte er auf Gefolgschaft des Offizierskorps vertrauen. Als Hitler im Jahr 1938 ganz unverhohlen auf Krieg setzte, bildete sich um General Ludwig Beck eine Oppositionsbewegung, die allerdings rasch wieder in sich zusammenbrach. Abgesehen vom „Aufstand des Gewissens" einer kleinen Minderheit, der im 20. Juli 1944 seinen sichtbaren Ausdruck fand, blieb die Wehrmacht während des gesamten Krieges ein willfähriges Instrument Adolf Hitlers. Die totalitäre Diktatur bemächtigte sich auch rasch der Schulen und Universitäten; nationalsozialistische Lehrinhalte hielten Einzug. Die Hitler-Jugend war einerseits ein oftmals attraktives Freizeitangebot mit vorgeblich harmlosen Geländespielen und Schießübungen sowie andererseits Einfallstor für die nationalsozialistische Erziehung der männlichen Jugend. Ulrich Wegener hatte Glück, da sein Vater zum einen mit Skepsis auf die Nationalsozialisten blickte und zum anderen über vertiefte Kenntnisse über das Kriegsgeschehen verfügte. Dennoch erlebte der junge Wegener die Siege zu Beginn des Zweiten Weltkriegs wie die Großzahl seiner Altersgenossen wie im Rausch. Als dann ab 1943 der Krieg mit aller Brutalität auf Deutschland zurückschlug, blieben Wegener zunächst die schwersten Prüfungen erspart. Auf dem Land waren nächtliche Bombenalarme die Ausnahme. Erst im untergehenden „Dritten Reich" griff der totalitäre Staat mit brutaler Konsequenz auf das letzte Aufgebot zurück: Der 15-Jährige wurde noch Anfang 1945 eingezogen. Durch Glück und Geschick überlebte Wegener – anders als viele seiner Altersgenossen. Allein im Januar 1945 verloren 450.000 Soldaten der Wehrmacht ihr Leben.

Die politischen Entwicklungen in den 1930er Jahren hatten keinen direkten Einfluss auf unser Familienleben. Mein Vater war ein strikter Gegner der Nationalsozialisten, obwohl er national und konservativ eingestellt war – meine Mutter ebenso. Mein Vater hielt nichts von der Partei, schon gar nichts von einer Parteizugehörigkeit. Er war niemals in der NSDAP. Er nahm es zwar hin, dass wir in der Hitler-Jugend sein mussten, aber gefallen hat ihm das nicht. Es blieb uns aber nichts anderes übrig. Als wir dort bestimmte sportliche Aktivitäten absolvierten und ich später bei der

Flieger-HJ war, passte meinem Vater das gar nicht. Er meinte: „Gut, wenn ihr das machen müsst, dann ist das in Ordnung, aber ich möchte nicht, dass ihr irgendetwas mit der Partei zu tun habt." Mein Vater brachte oft zum Ausdruck, dass ihm die Haltung der Partei im Hinblick auf Andersgläubige nicht gefiel, wobei er die Juden meinte. Er hatte einige jüdische Freunde und dies machte sich bemerkbar.

Der Nationalsozialismus hielt auch Einzug in den Schulen. Das war so, ob es uns erfreute oder nicht. Wir mussten den Lehrplan absolvieren. Der war gespickt mit nationalsozialistischen Idiomen, die mir nicht gefielen. Das sage ich ganz offen, denn mein Vater hatte mir etwas ganz anderes beigebracht: Er hatte mir zum Beispiel von der preußischen Disziplin erzählt, von preußischer Tradition in der Armee. Dies alles erfüllten die Nationalsozialisten nicht. Mein Vater war der Auffassung, dass vieles, was die Nationalsozialisten taten, gegen diese preußische Linie verstieß, auch die sogenannten Führungsoffiziere in der Wehrmacht. So etwas hatte es früher bei den Preußen nicht gegeben. Die Nationalsozialisten versuchten auf ihre Weise, einen gewissen Geisteseinfluss auszuüben.

Wir Brüder waren alle auf der Oberschule und gingen danach auf das Gymnasium. Als Teil der Hitler-Jugend dachte ich mir: Einerseits musst du irgendetwas finden, was dir gefällt. Andererseits musst du dich so verhalten, dass sie dir nichts anhaben können. Daher entschied ich mich für die Flieger-HJ. Ich wollte nicht, dass man mich in irgendeine andere Organisationsform hineinzwang. Die Flieger-HJ gefiel mir von Anfang an. Das Fliegen war eine Sportart, die mir schon immer zugesagt hat. Also fing ich im Alter von 13 Jahren mit dem Segelfliegen an, das heißt, wir begannen mit einem Schulgleiter und gingen dann später auf andere Typen über – das machte mir Spaß. Die üblichen Aufgaben, die man als Mitglied der Flieger-HJ durchführen musste, erledigte ich, wie bestimmte Scheine absolvieren und so weiter. Das gehörte dazu, hatte aber nichts mit der Hitler-Jugend zu tun. Trotzdem musste ich dort, ob ich wollte oder nicht, eine Vereidigung mitmachen.

Mein Vater stellte nie in Frage, dass diese sportliche Ausbildung für mich in Ordnung war, das gab nie Probleme. Wenn ich ihn fragte, wie ich mich gegenüber den nationalsozialistischen Ritualen verhalten solle, beriet er mich und sagte: „Wenn du deinen Schein erhältst, dann musst du wahrscheinlich antreten. Das musst du halt mitmachen. Aber das heißt nicht, dass du nun ein treuer Anhänger der Hitler-Jugend bist."

Während der Fliegerausbildung kam man hin und wieder mit der nationalsozialistischen Ideologie in Berührung. Zum Beispiel hörte man von verschiedenen Vorkommnissen. Aber wir hielten uns aus diesen Geschichten möglichst heraus. Ich ergriff also nicht aktiv Opposition zum Nationalsozialismus, sondern nahm eher Abstand. Da ich kein begeisterter Hitler-Junge war, nahm ich an den Feierlichkeiten nicht teil, bei denen ich hätte anwesend sein müssen. Das wollte ich nicht mitmachen. Trotzdem musste man den Hitlergruß anwenden, das ging nicht anders. Aber an bestimmte Sachen beteiligte ich mich nicht. Zum Beispiel wurden treue Anhänger des Nationalsozialismus gefördert, damit sie in der HJ Führer wurden. Dazu zählte ich nicht, weil ich wusste, dass das gegen unsere Auffassung verstieß.

Wir zogen Ende der 1930er Jahre nach Belzig, einer Kreisstadt im Landkreis Potsdam-Mittelmark in Brandenburg. Dort wurde ich, bzw. meine Klasse, Luftwaffenhelfer. Inzwischen war der Krieg ausgebrochen und sie bildeten ältere Jugendliche zu Luftwaffenhelfern aus, vor allem in den Schulen. Das musste ich mitmachen. Einen direkten Grund für den Umzug nach Belzig kenne ich nicht. Vielleicht endete die Dienstzeit meines Vaters als stellvertretender Kommandeur seines Regimentes. Vielleicht hatte er eine andere Position bekommen und wir mussten umziehen.

In der Kriegszeit nahm ich – wie man als Junge so ist – die Siege der deutschen Wehrmacht mit Begeisterung auf. Aber ich wurde sehr nachdenklich, als mein Vater zu mir sagte: „Ihr müsst vorsichtig mit eurer Begeisterung sein. Es ist nicht immer alles so gut gegangen, wie das heute dargestellt wird.“ Mein Vater nahm als Wehrmachtsoffizier in Frankreich am Westfeldzug teil, da führte er eine eigene Artillerieeinheit. Später war er im Stab von Manstein am Russlandfeldzug beteiligt und kam schließlich in britische Kriegsgefangenschaft.

Von den Bombardierungen in Brandenburg waren wir nur teilweise betroffen und nahmen nicht ernsthaft Schaden. Berlin in unmittelbarer Nachbarschaft wurde hingegen stark getroffen.

Als Kameradschaftsführer der HJ kam ich Anfang 1945 in ein Wehrertüchtigungslager und wurde noch für die Endkämpfe im Berliner Raum an der Ostfront eingesetzt. Mit dem Kriegsende am 8. Mai 1945 kam ich in amerikanische Kriegsgefangenschaft. Im August 1945 wurde ich daraus entlassen und hielt mich über ein Jahr in Westdeutschland auf. Ich arbeitete zunächst in der Landwirtschaft und versuchte dann in München in eine Journalistenschule aufgenommen zu werden, allerdings ohne Erfolg. In Holstein nahm ich Verbindung zu meinem Vater auf, der dort in einem englischen Gefangenenlager war, und kehrte mit diesem zusammen im September 1946 nach Belzig zurück. Hier besuchte ich bis Februar 1949 die Geschwister-Scholl-Oberschule und schloss sie mit Abitur ab. Danach bewarb ich mich beim Berliner Rundfunk und bei der „Tagespost“ in Potsdam, wurde aber abgelehnt. Im Mai 1949 nahm ich dann eine Stellung bei der Landwirtschaftlichen Genossenschaft in der Abteilung Bodenuntersuchung in Potsdam an, wo ich bis zum 15. Oktober 1950 tätig war. Neben meiner Angestelltentätigkeit habe ich zwei Semester Jura und BWL studiert, da ich mir nicht sicher war, was ich werden wollte, denn das, was meinen Wünschen entsprochen hätte, konnte ich in der neugegründeten DDR nicht werden: Soldat. In einer kommunistischen Armee kam das für mich nicht in Frage.

3. Leben in der Sowjetischen Besatzungszone

Der Zweite Weltkrieg war zu Ende – das Leben im Nachkriegsdeutschland begann mit Hunger, Wohnungsnot und Schwarzmarktgeschäften. Heimkehrende Soldaten aus der Kriegsgefangenschaft fanden eine zerstörte Heimat und häufig gebrochene Familien vor. Hinzu kam die politische Neuorientierung: Deutschland hatte seine Souveränität verloren und die Siegermächte Großbritannien, Frankreich, die USA und die Sowjetunion übernahmen die Regierungsgewalt. Sie teilten das Land bis zur Oder-Neiße-Grenze in vier Besatzungszonen auf – die Hauptstadt Berlin in vier Sektoren. Bis Anfang August 1945 verhandelten der amerikanische Präsident Harry S. Truman, der sowjetische Staats- und Parteichef Josef Stalin und der britische Premierminister Winston Churchill – gefolgt von Clement Attlee – im Potsdamer Schloss Cecilienhof über die Behandlung Deutschlands. Die Sowjetische Besatzungszone (SBZ) umfasste Mecklenburg, Vorpommern, Brandenburg, Sachsen-Anhalt, Thüringen und Sachsen. Nun bestimmten unter Führung der Sowjetischen Militäradministration in Deutschland (SMAD) aus dem Exil heimgekehrte deutsche Kommunisten die Entwicklung in der SBZ. Im Zeichen der konsequenten Anpassung an die Sowjetunion propagierten die Aktionsgruppen eine „antifaschistisch-demokratische Ordnung". Die Zwangsvereinigung von SPD und KPD zur SED am 22. April 1946 besiegelten der Kommunist Wilhelm Pieck und der Sozialdemokrat Otto Grotewohl im Berliner Admiralspalast mit einem Händedruck. Nachdem im März 1949 der aus dem zweiten Volkskongress hervorgegangene Deutsche Volksrat die Verfassung der DDR verabschiedet hatte, setzte die Provisorische Volkskammer sie am 7. Oktober 1949 in Kraft. Das erste Parlament der DDR ging somit nicht aus allgemeinen, demokratischen Wahlen hervor. Die Provisorische Volkskammer wählte am 11. Oktober 1949 den SED-Vorsitzenden Wilhelm Pieck zum Präsidenten der Republik. Erst ein Jahr später fanden die von der Verfassung vorgesehen Wahlen im Oktober 1950 als „Einheitswahlen" statt. Eine Liste der „Nationalen Front", die alle Parteien und Massenorganisationen vereinte, sicherte der SED bereits im Vorfeld die Mehrheit. Ein „Wahlkampf", der nicht die Konkurrenz verschiedener Bewerber darstellte, sondern nur den Anschein von Demokratie erwecken sollte sowie ein Stimmzettel ohne Wahlmöglichkeit riefen in der Bevölkerung Kritik hervor. Einige protestierten mit selbst verfassten Flugblättern. Bei Entdeckung wurden sie zu langjährigen Haftstrafen bis hin zu Todesstrafen verurteilt. Das Ministerium für Staatssicherheit fungierte als Geheimpolizei der DDR, legte als Unterdrückungs- und Überwachungsinstrument der SED personenbezogene Akten an und nahm ohne parlamentarische und juristische Kontrolle Verhaftungen vor – so auch am 15. Oktober 1950, als Ulrich Wegener in der Wohnung seiner Eltern in Belzig von der Volkspolizei festgenommen wurde.

Inzwischen unterstanden wir in der Sowjetischen Besatzungszone einem kommunistischen Regime – das störte mich maßlos: Die alten nationalen Werte waren nicht mehr vorhanden, man machte jetzt alles schlecht, was früher gegolten hatte, wie Disziplin, Ehre und Treue. Mich ärgerte auch, wie sich die Diktatur im täglichen Leben auswirkte: die ständige Bespitzelung und Festnahmen in der Verwandtschaft. Dadurch entwickelte ich eine oppositionelle Haltung und gründete bald mit mehreren Kommilitonen und Freunden von früher – welche die gleiche Auffassung wie ich vertraten und ebenfalls beruflich etwas werden wollten, was sie in der Sowjetischen Besatzungszone nicht werden konnten – eine Oppositionsgruppe. Wir verbreiteten Flugblätter, die gegen das Regime waren, wobei wir aber nicht richtig wussten, wohin das führen sollte. Nachts verteilten wir Flugblätter, auf denen stand, dass der Kommunismus nicht das sei, was wir uns unter einem deutschen System vorgestellt hätten. Wir ließen die Blätter liegen, wo es gerade ging – an öffentlichen Plätzen in verschiedenen Ortsgegenden Potsdams.

Auch für meine Mutter war das Leben in der Sowjetischen Besatzungszone sehr schwierig. Für sie war es das Letzte. Sie verwandt die Ansichten, die von Seiten der SED propagiert wurden, nie. Ich lebte eben in einem typisch konservativen Elternhaus.

Als mein Vater aus britischer Kriegsgefangenschaft zurückkam, wurde er aufgrund seiner Wehrmachtvergangenheit in vielen Verhören in die Mangel genommen. Ich merkte, dass ihn das sehr angriff. Wie durch ein Wunder ließen sie ihn immer wieder gehen, trauten ihm aber niemals. In beruflicher Hinsicht arbeitete er als Bankangestellter. Es war mehr oder weniger so, dass er die Möglichkeiten so nutzte, dass er nicht mit der SED-Ideologie in Berührung kam. Das war für ihn das Wichtigste.

Natürlich hatten wir Jüngeren Fluchtpläne – die Eltern nicht. Wir dachten darüber nach, wieviel leichter es wäre, wenn wir verschwinden würden. Aber es ging nicht über die Pläne hinaus.

Mein älterer Bruder war im Krieg gefallen. Mein jüngerer Bruder Klaus war dadurch, dass er sehr krank war, geschädigt. Er entschloss sich zu einer Banklehre. In unserer Familie befand er sich immer ein wenig abseits und hatte sowohl zu meinem Vater als auch zu mir immer ein gespanntes Verhältnis. Klaus neigte dazu, zu allem Ja und Amen zu sagen. Es lag nahe, dass er sich weitestgehend mit dem SED-Regime arrangierte.

Natürlich hatte dieser „Antifaschismus" auf mich auch eine gewisse Anziehungskraft, nachdem wir in unserer Familie das nationalsozialistische System klar abgelehnt hatten. Es gab auch in der DDR Möglichkeiten, im militärischen Bereich beim Aufbau der „Nationalen Streitkräfte" weiterzukommen, ähnlich wie in der Hitler-Jugend. Das war allerdings nur möglich, wenn man sich mit dem System arrangierte. Das hatte auf uns schon Einfluss, aber in Wirklichkeit merkten wir nach kurzer Zeit – ich sprach auch mit meinem Vater darüber –, dass das keine Ideallösung darstellte.

Daher rührte auch mein Widerstand, weil ich mit diesem kommunistischen System nichts zu tun haben wollte. In unserer Familie wurde viel über Politik gesprochen. Wenn wir mit anderen Leuten zusammenkamen, brachten wir unseren Unmut über die Partei offen zum Ausdruck. Wir waren in vielerlei Hinsicht sehr unvorsichtig – das führte sehr schnell dazu, dass man uns von der Staatssicherheit bespitzelte. Wir erfuhren erst später, dass wir beobachtet wurden, als wir Flugblätter verbreiteten.

Am 14. Oktober 1950 wurden meine Freunde und ich dabei erwischt, wie wir Flugblätter gegen die Einheitsliste verteilten. Hans-Günter Delschen kam am 14. Oktober von einem Besuch bei seiner Tante in Berlin-Charlottenburg zurück und bekam beim Passieren des Bahnhofs Wannsee ein Paket Flugblätter gereicht. Sie richteten sich mit der Überschrift „Reißt der ‚Nationalen Front' die Maske der Verlogenheit vom Gesicht!" gegen die Einheitsliste für die Landtagswahlen in der DDR am 15. Oktober 1950 – die letzten Landtagswahlen vor Auflösung der Länder in der DDR 1952. Es waren keine freien Wahlen, sondern Scheinwahlen, da die Abgeordneten aufgrund von Einheitslisten der Nationalen Front bestimmt wurden und die Verteilung der Mandate auf die gleichgeschalteten Parteien schon im Vorhinein festgelegt wurden. Auf unseren Flugblättern stand: „Gebt dem Landesfeind und seinen Fronvögten am 15. Oktober die richtige Antwort! Stimmt ‚NEIN'! Die Deutsche Freiheitsliga". Zusammen mit Detlef Linthe beschlossen Delschen und ich, uns am Abend im Volkshaus von Belzig zu treffen, wo eine Wahlveranstaltung stattfinden sollte. Wir trafen uns kurz vor 20 Uhr im Volkshaus, aber es war dort noch ziemlich leer, sodass wir in die Stadt gingen. Mein Bruder Klaus war auch dabei. Er trennte sich aber nach kurzer Zeit von uns, da er kein Interesse daran hatte, unsere Flugblätter zu verteilen. Wir klebten sie an öffentlichen Plätzen an oder legten sie aus. Danach gingen wir wieder zu der Wahlveranstaltung ins Volkshaus zurück. Bereits gegen 1 Uhr am 15. Oktober 1950 wurde ich im Haus meiner Eltern in der Karl-Marx-Straße 13 in Belzig von der Volkspolizei festgenommen. Auch meine Freunde wurden nachts aus der Wohnung herausgeholt und in die Staatssicherheitszentrale gebracht und nächtelang verhört – das übliche Verfahren: An verschiedenen Tagen wurden wir nachts aus den Zellen geholt und mit primitiven Methoden verhört. Sie wollten immer das Gleiche: Ich sollte erzählen, was ich gegen das Regime getan hätte. Damit wollten sie die Anklage unterstützen. Es kam aber nichts Neues dabei heraus, weil ich von Anfang an zugab, was ich getan hatte. Wir waren drei Freunde, die festgenommen wurden. Alle gaben alles zu. Die Staatssicherheit wusste es ebenfalls, das hielt man uns vor und dazu standen wir auch. Wir sagten offen, dass wir dieser Auffassung waren. Am 8. Januar 1951 erhoben unsere Mütter Einspruch gegen das vom Oberstaatsanwalt vorgelesene Protokoll, das unsere Inhaftierung veranlasste. Sie baten um mildernde Umstände, da sich ihre Söhne seit dem 15. Oktober 1950 in Haft befänden und die strafbare Handlung nicht auf Böswilligkeit zurückzuführen sei. Zudem seien sich die drei Häftlinge ihrer strafbaren Handlung nicht bewusst gewesen. „Wir Mütter, die wir um unsere Jungen bangen, werden alles daran setzen, damit künftig derartige Vorfälle, wie sie geschehen sein sollen, nicht wieder vorkommen", erklärten sie. Doch meine Mutter Erna Wegener, Maria Linthe und Liesbeth Delschen konnten durch ihren Brief nichts ausrichten.

Es kam am 6. Februar 1951 zum Prozess in Potsdam. Dieses Gerichtsverfahren war eine Katastrophe. Von Gerechtigkeit konnte keine Rede sein. Der vom Staatssichersicherheitsdienst gestellte Staatsanwalt las etwas vor und damit war die Angelegenheit beendet. Es gab keine Verteidigung. Das Verfahren dauerte zwei Tage. Angehörige waren nicht zugelassen. Lediglich mein Bruder durfte erscheinen – allerdings in der Anklage. Er sagte gegen mich aus. Es schockierte mich, dass ausgerechnet mein Bruder nicht zu mir hielt. Wahrscheinlich erhoffte er sich dadurch Vorteile in der Partei. Er war inzwischen bei der Bank Deutscher Länder. Ich brach mit ihm danach jeglichen Kontakt ab und habe nie wieder etwas mit ihm zu tun gehabt. Er wurde in der DDR ein mächtiger Parteigenosse.

Simone Stewens: *Er war SED-Mitglied. Das reichte meinem Vater schon, abgesehen von dem Verrat, dass er ihn in der DDR der Stasi ausgeliefert hat. Sein Bruder hat ihn verpfiffen. Das verzeiht er ihm nicht. Mein Vater ging dann entsprechend in politischer Hinsicht den diametral entgegengesetzten Weg. Mein Onkel war hingegen SED-Mitglied, ein nicht ganz unwichtiger Parteikader – einer von denen, die es ernst nahmen.*

Obwohl sie mir gar nicht viel nachweisen konnten, bekam ich 18 Monate Haft im Zuchthaus. Delschen erhielt 21 Monate Zuchthaus. Linthe bekam 15 Monate. Sie warfen uns vor, dass wir Verleumdungen der UdSSR und der Verhältnisse in der DDR vorgenommen hätten und dadurch gegen die friedliche Entwicklung eines demokratischen Deutschlands gezielt hätten. Wir hätten eine „Revanchestimmung" hervorrufen wollen, um einen „dritten Weltkrieg ideologisch vorzubereiten". Damit hätten wir tendenziöse Gerüchte verbreitet, die den Frieden des deutschen Volkes und der Welt gefährdeten. Auf diese Weise wurden wir eines Verbrechens angeklagt, das „eine mit Zuchthaus bedrohte Handlung" enthielt. Tatsächlich reichte der erste Staatsanwalt Matthes am 10. Februar 1951 gegen das Urteil Revision ein, die allerdings am 3. April 1951 wieder zurückgenommen wurde. Somit wurde das Urteil vollzogen.

Mein Vater war nach meiner Verhaftung Schwierigkeiten ausgesetzt. Aber er hatte ein paar Freunde, die ihm halfen. Am 18. April 1951 bat er die Staatsanwaltschaft beim Landgericht Potsdam darum, die Besuchersperre gegen mich aufzuheben und ihm Sprecherlaubnis zu erteilen. Inzwischen hatte ich vom Staatssicherheitsgefängnis Potsdam in die Strafanstalt Brandenburg-Görden gewechselt und mein Vater durfte mich sprechen.

Wir hatten ein Grundstück in Belzig – somit blieben meine Eltern bis zu ihrem Tod in der DDR. Mein Vater starb 1980, meine Mutter nur ein Jahr später.

Als ich nach dem Ende der DDR Einblick in meine Stasi-Akten erhielt, war es verheerend zu lesen, was die aus mir gemacht hatten. Man hatte mir beweisen wollen, dass ich ein Militarist gewesen sei und ein hundertprozentiger Gegner des sozialistischen Regimes. Wie das eben so üblich war – womit sie auch nicht so ganz Unrecht hatten.

Das Staatssicherheitsgefängnis Potsdam habe ich mir vor kurzer Zeit wieder einmal angesehen. Es ist zu einem Museum umgebaut worden. Damals saßen wir in Einzelhaftzellen. Es war grotesk – einige dieser Staatssicherheitsleute, die uns bewachten, wollten sich, als wir in die Strafanstalt nach Brandenburg überwiesen wurden, von uns bescheinigen lassen, dass sie uns immer gut behandelt hatten. Sie hatten Angst, denn inzwischen war der Koreakrieg ausgebrochen und sie hatten Sorge, dass das System kippte und sie dann zur Verantwortung gezogen würden. Ich stellte gar nichts aus. Wir gaben ihnen zu verstehen, dass sie mal zusehen sollten, wo sie solche Bescheinigungen herbekämen, von uns jedenfalls nicht, denn ihre Behandlung war katastrophal: Sie beschimpften uns permanent und nannten uns Vaterlandsverräter.

Wir wurden nach Brandenburg in ein riesiges Gefängnis verlegt, es stammte noch aus der Zeit des Nationalsozialismus. Es war unter den Nationalsozialisten ein großes Zuchthaus gewesen. Ein Teil dieses Gefängnisses war für politische Häftlinge umgebaut und verschärft worden. Die Haftbedingungen waren hier noch schlimmer. Wir bekamen weniger zu essen – das war das Hauptproblem. Ein Großteil der Häftlinge starb vor Hunger – meist auch erst nach der Haft, so wie einige meiner Freunde, die mit mir verhaftet worden waren. Um das zu vermeiden, entließ man einen Teil der Häftlinge sehr schnell. Man hatte Angst, dass viele noch in der Haft sterben würden. Ich hatte Glück, obwohl ich fast verhungerte und schwer erkrankte, überlebte ich. Als ich nach 18 Monaten am 15. April 1952 entlassen wurde, wog ich mit meinen 1,86 m knapp 120 Pfund. Es war verheerend. Bei meiner Freilassung musste ich eine Verpflichtung unterschreiben, dass ich in der DDR bleiben würde. Ich bekam keine Papiere, keinen Pass. Am dritten Tag nach meiner Entlassung flüchtete ich, das war damals überhaupt kein Problem: Ich stieg einfach in die S-Bahn und fuhr nach West-Berlin.

4. Neuanfang in der Bundesrepublik

Zwischen der Gründung der DDR am 7. Oktober 1949 und dem Bau der Mauer am 13. August 1961 flüchteten über 2,8 Millionen Ostdeutsche aus der SED-Diktatur. Im Frühjahr 1952 war auch der soeben aus der Haft entlassene Ulrich Wegener Teil dieses Exodus. Die Westsektoren Berlins waren sein erster Anlaufpunkt. Allerdings platzte die noch immer vom Krieg gezeichnete Stadt damals aus allen Nähten. Darüber hinaus war der dauerhafte Verbleib von politischen Häftlingen mit realen Gefahren verbunden. Kurzum: Wegener kam nach Niedersachsen in eines der vielen Auffanglager, wo er über seine Zukunft nachdenken konnte. Der Kalte Krieg zwischen der kommunistischen Diktatur sowjetischer Spielart und der amerikanischen Demokratie mit marktwirtschaftlicher Orientierung hatte die Welt voll erfasst. Der Waffengang in Korea vom Juni 1950 bis zum Juli 1953 war ein Stellvertreterkrieg, dessen Parallelen zu den Verhältnissen in Deutschland mit Händen zu greifen waren. Nur wenige Jahre nach dem Ende des Zweiten Weltkriegs ängstigten sich die Deutschen vor dem Ausbruch neuer Kriegshandlungen im Herzen Europas. Die Frontstellung war klar: Der sowjetische Diktator, Josef W. Stalin, verkörperte auf nahezu idealtypische Weise die Bedrohung aus dem Osten. In den Vereinigten Staaten von Amerika sah die Mehrheit der Westdeutschen dagegen das letzte Bollwerk gegen das bolschewistische Ausgreifen. Rückblickend kann nicht überraschen, dass hiermit auch Traditionslinien aus dem Nationalsozialismus aktualisiert wurden. Dass ein politischer Häftling aus der DDR in diesem geistigen Klima leicht Anschluss an die noch junge Bundesrepublik fand, verwundert nicht. Wegener fand schnell Anknüpfungspunkte, da die westdeutsche Demokratie mit klarer Abgrenzung sowohl zur nationalsozialistischen als auch zur kommunistischen Diktatur gegründet worden war.

Ich hatte Verwandte in West-Berlin, das war die beste Möglichkeit für mich, nach Westdeutschland zu fliehen. Eine Cousine hatte mir angeboten, bei ihr in Berlin-Zehlendorf zu wohnen. Dort bekam ich auch wieder einen neuen Pass. Ich musste bei der „Kampfgruppe gegen Unmenschlichkeit“ gegen die DDR aussagen. Sie fahndeten nach Personen, die die Kommunisten unterstützt hatten. Denen erzählte ich von meinem Bruder. Ich beschloss, in West-Berlin zu bleiben und dachte mir: „Du studierst in Berlin.“ Ich wollte zunächst Jura studieren, aber das ging nicht. Es gab einen Erlass des Berliner Senats, dass ehemalige Häftlinge nicht in Berlin bleiben dürften. Es gab damals den aktuellen Fall Dr. Walter Linse, ein Jurist, der nach seiner Haftentlassung von der Stasi aus West-Berlin entführt worden war. So etwas wollte man vermeiden. Ich entschied mich, nach Westdeutschland zu gehen. Mir ging es damals gesundheitlich nicht besonders gut. Ich hatte durch die schlechten Haftbedingungen sehr abgenommen und war sozusagen nur noch ein Schatten meiner selbst. Über die zuständige Stelle für Flüchtlinge kam ich nach Uelzen-Poggenhagen in ein Lager, in dem man den Leuten vermitteln wollte, wie sie in Zukunft in der Bundesrepublik weiterleben könnten. In diesem Lager versuchten sie festzustellen, wo die jeweiligen Stärken und Schwächen jedes Einzelnen lagen. Es war ein Auffanglager und eine Art Reha für solche wie mich, es gab auch noch einige, denen es schlechter ging als mir. Ein paar Reha-Behandlungen wurden durchgeführt. Ich war nicht krank, nur schwach auf den Beinen und ohne Kraft, sodass ich mir sagte, dass ich dort nun durch müsse. Verschiedene Länderministerien sahen in diesem Auffanglager die Möglichkeit, Personal für die unterschiedlichsten Bereiche zu gewinnen, unter anderem auch für die Polizei und Regierungsstellen. Dort kam es erstmals zu einem Angebot von der Polizei. Ich wollte mir das vor Ort in Baden-Württemberg ansehen, da mir ein Freund vorgeschlagen hatte, mit zu seinen Verwandten zu kommen – ich hatte zwar selbst Verwandte, aber die waren schwer erreichbar. Mit diesem Freund ließ ich mich nach Baden-Württemberg verlegen. Das war Juni 1952. In Uelzen war ich also nur ein paar Wochen.

Die evangelische Kirche verfügte über ein paar Reha-Institutionen in Baden-Württemberg und eine davon war in Schorndorf bei Stuttgart. Dort hatte ich Arbeitsverträge mit verschiedenen Behörden. Ich nahm alles an, was angeboten wurde, obwohl es mir schwerfiel. Zum Beispiel arbeitete ich in einem Steinbruch. Ich wollte körperlich wieder auf Vordermann kommen, da ich abgemagert und in schlechter Verfassung war. Gleichzeitig wurden dort Reha-Maßnahmen durchgeführt. An dieser Kombination aus Arbeit im Steinbruch und Reha war ich selbst schuld. Ich hatte immer gedrängelt und gesagt, dass die Reha ganz schön sei, ich aber auch etwas Aktives machen wolle. Dort war ich ein paar Monate. In der Zeit überlegte ich mir, wie ich weitermachen sollte. Zu einem Studium an der Universität hatte ich keine Lust mehr. Also nahm ich an einer Ausschreibung bei der baden-württembergischen Polizei teil.

5. Bei der Bereitschaftspolizei

Als die Bundesrepublik Deutschland am 23. Mai 1949 gegründet wurde, gingen die meisten Beteiligten im westlichen Teilstaat noch davon aus, dass die Wiedervereinigung zwar nicht über Nacht geschehen, sich aber doch in näherer Zukunft einstellen werde. Der provisorische Staat suchte sich eine provisorische Hauptstadt und fand sie in Bonn am Rhein. Dass die Bundesrepublik über keinerlei bewaffnete Kräfte verfügte, sondern nur auf die normale Polizei setzen konnte, beschreibt einen weiteren Aspekt, der schlaglichtartig beleuchtet, dass die Staatsgründung unter höchst spezifischen historischen Rahmenbedingungen vollzogen werden musste. Vier Jahre nach dem von Adolf Hitler entfesselten Zweiten Weltkrieg war eine westdeutsche Armee Anathema für alle europäischen Nachbarn. Die junge Bundesrepublik war für ihren Schutz ganz auf die Hilfe der drei westlichen Alliierten – Vereinigte Staaten von Amerika, Großbritannien und Frankreich – angewiesen, die noch über Truppenkontingente in Westdeutschland verfügten. Ab 1950 begannen die Länder, Bereitschaftspolizei-Einheiten aufzustellen, die im Falle von schweren Unruhen die innere Sicherheit aufrechterhalten sollten. Darüber hinaus waren diese kasernierten Einheiten dafür vorgesehen, im Krisenfall die Truppen der Westalliierten von polizeilichen Aufgaben zu entbinden. Der Aufbau der Bereitschaftspolizeien verlief allerdings recht schleppend, da Finanzierungsfragen zunächst umstritten waren. Später einigten sich Bund und Länder auf eine Art Mischfinanzierung. Auch die Bewaffnung gestaltete sich anfangs problematisch, da in der nicht-souveränen Bundesrepublik die Produktion von Waffen noch immer untersagt war. Die Einheiten der Bereitschaftspolizei hatten generell einen paramilitärischen Zuschnitt, der allerdings von Land zu Land unterschiedlich deutlich ausfallen konnte. Gleichwohl besaß die westdeutsche Bereitschaftspolizei keine gepanzerten Einheiten – ganz im Gegensatz zur Kasernierten Volkspolizei in der DDR, die nichts anderes war als eine ostdeutsche Armee unter Tarnnamen. Aus der Rückschau ist ferner hervorzuheben, dass sowohl Mannschaften als auch Offiziere nahezu ausschließlich in der Wehrmacht oder in den Polizeiformationen des „Dritten Reichs" gedient hatten. Auch bei der Bereitschaftspolizei stellte sich somit die Frage nach Traditionslinien sowie – in mehr als einem Fall – die Frage nach der Beteiligung an Kriegsverbrechen sowie am Völkermord.

Es gab eine Aufnahmeprüfung bei der Bereitschaftspolizei in Stuttgart, die ich sofort bestand. Daraufhin erfolgte die Einberufung nach Biberach. Am 14. Oktober 1952 wurde ich als Polizeiwachtmeister auf Probe in die Bereitschaftspolizei des Landes Baden-Württemberg – Abteilung Biberach/Riß – übernommen. Es war eine ehemalige Unterkunft der Wehrmacht, in der nun die Bereitschaftspolizei untergekommen war. Dort durchlief ich meine Ausbildung und es gefiel mir ganz gut. Die Einheit in Biberach wurde hervorragend geführt. Es waren alles ehemalige Offiziere der Wehrmacht, die etwas aus dieser Truppe machen wollten. Ich lernte in vielerlei Hinsicht in dieser Zeit dazu und hielt später noch lange zu den Kameraden Kontakt. Mit einigen bin ich bis heute befreundet. Der Sohn eines Kameraden ist inzwischen selbst Hauptkommissar in der Bereitschaftspolizei in Göppingen – er ist mein Patensohn. Sein Vater war mit mir in der gleichen Abteilung. Ich habe mich mit ihm immer sehr gut verstanden und wollte ihn zum Weggang von der Bereitschaftspolizei bewegen. Aber er traute sich nicht und hatte auch nicht die Vorbildung.

Was mich von Anfang an geärgert hat, war die Tatsache, dass die Polizei damals die sogenannte Einheitslaufbahn eingeführt hatte. Das bedeutete, dass alle die gleiche Ausbildung absolvieren mussten, egal welche Schulbildung oder Vorbildung sie mitbrachten. Man hatte keinen Vorteil durch das Abitur oder einen Studienabschluss.

Dass die Ausbilder und Vorgesetzten bei der Bereitschaftspolizei ehemalige Wehrmachtsoffiziere waren, bemerkte man an ihrem Stil – es war alles typisch militärisch. Das wurde auch gar nicht negiert; sie erzählten ganz offen von ihrer Zeit bei der Wehrmacht. Es war nicht negativ, sondern positiv zu sehen. Sie wussten, wie man mit Menschen umgehen musste. Es gab natürlich auch einige Leute, die konnte ich auf den Tod nicht ausstehen: Wenn sie mit Untergebenen sprachen, dann kehrten sie immer sofort ihre Überlegenheit heraus, auf eine völlig unpersönliche Art. Es gab eben auch solche Vorgesetzte. Aber mein Hundertschaftsführer zum Beispiel war ein sehr guter Mann, ein ehemaliger Hauptmann der Wehrmacht.

Einiges in Biberach legte den Grundstein für meine spätere Karriere. Ich sah mir meine Vorgesetzten sehr genau an und stellte fest, dass ich Vieles von ihrem Vorgehen später auf keinen Fall machen dürfte. Da ich viel aus meinem militärisch geprägten Elternhaus mitbekommen hatte, wusste ich, welche Linie es zu vertreten galt. Allzu viel nahm ich von der Bereitschaftspolizei nicht mit, das sage ich ganz offen. Einige – wie der Hundertschaftsführer – waren für mich ein Vorbild, es gab aber auch andere, die ich weniger positiv in Erinnerung habe.

Anfang bis Mitte der 1950er Jahre spielte auch die Auseinandersetzung mit der nationalsozialistischen Vergangenheit eine Rolle. Ich erinnere mich an einen Mann, der damals im mittleren Dienst als Ober- oder Hauptmeister tätig war. Er wurde wegen Kriegsverbrechen festgenommen und verschwand plötzlich. Es wurde hier und da darüber geredet. Alleine die Tatsache, dass die Kaserne eine ehemalige Wehrmachtskaserne war, war schon eine eindeutige Weiterführung der Traditionen.

Meine Ausbildung zum Polizeivollzugsbeamten bei der Bereitschaftspolizei sah so aus, dass ich zuerst in einer geschlossenen Einheit ausgebildet wurde, zunächst in Biberach, später in Freiburg auf der Landespolizeischule. Dort durchlief ich einen speziellen Lehrgang als Polizeibeamter. Nach meinen bestandenen Fachprüfungen als Ausbilder und Oberbeamtenanwärter, also Laufbahn des höheren Dienstes, bei der Bereitschaftspolizei hatte ich schon meine Fühler ausgestreckt, weil mir das alles nicht wirklich gefiel. Mittlerweile hatte ich zwar einige Freunde dort, die mit mir die Ausbildung absolviert hatten, aber die hatten eine andere Vorbildung und das machte schon etwas aus. Ich war mit meiner Funktion nicht zufrieden. Eines Tages erschien bei uns eine Einheit des Bundesgrenzschutzes, eine Pioniereinheit. Die hatten in der Nähe ein Objekt gesprengt. Ich unterhielt mich mit dem Kommandeur und er fragte: „Warum kommen Sie nicht zu uns?“ Ich fragte zurück, wie ich das denn machen solle. Er meinte, dass er mir etwas zuschicken lassen würde. Es gab eine Annahmestelle in Bonn-Duisdorf, die mir Unterlagen zuschickte. Zur gleichen Zeit – 1958 – bekam ich auch eine Nachricht von der Bundeswehr, eine Bewerbungseinladung aus Köln. Dies waren die ersten Anzeichen, dass sich etwas zum Guten verändern würde. Ich ließ mich beurlauben, fuhr nach Köln und nahm an der Aufnahmeprüfung bei der Bundeswehr und in den gleichen Tagen beim Bundesgrenzschutz in Bonn-Duisdorf teil. Der BGS kam mit der Einberufung zuerst, sonst wäre ich bei der Bundeswehr gelandet. Ich hatte beide Prüfungen bestanden, das war kein Problem. Die militärische Laufbahn wäre meinen Vorstellungen sehr wahrscheinlich nicht näher gekommen.

6. Bundesgrenzschutz und Offizierslaufbahn

Der Bundesgrenzschutz war die frühe Antwort der Bundesregierung unter Konrad Adenauer auf die Tatsache, dass die Bundesrepublik Deutschland bis 1955 über keine Armee verfügen konnte. Seit seiner Gründung im März 1951 wurde der Bundesgrenzschutz unter dem Dach des Bundesministeriums des Innern kontinuierlich ausgebaut. Überwachung und Schutz der innerdeutschen Grenze waren die Hauptaufgaben dieser paramilitärisch organisierten Truppe, die im Jahr 1956 auf über 16.000 Mann angewachsen war. Der Aufbau der Bundeswehr seit 1955 bedeutete einen gewaltigen Aderlass für den Bundesgrenzschutz, denn über 55 Prozent der Offiziere, Unteroffiziere sowie der Mannschaften wechselten zu den Streitkräften. Das bedeutete gleichzeitig, dass innerhalb der Großorganisation viele Stellen unbesetzt waren – enorme Aufstiegschancen für junge Offiziere. Vor dem familiären Hintergrund Wegeners war es nicht verwunderlich, dass er eine Offizierslaufbahn anstrebte. Mehrere Faktoren kamen noch hinzu. Wegener merkte rasch, dass er über eine gute Menschenkenntnis verfügte. Sie ermöglichte ihm nicht nur Einblicke in die innere Verfasstheit seiner Kameraden, sondern er erkannte auch unterschiedliche Ansatzpunkte, um auf Menschen einwirken zu können. Darüber hinaus war ihm gleichsam in die Wiege gelegt worden, auch in kritischen Situationen Verantwortung zu übernehmen. Haltung und hohe Ansprüche an sich selbst waren die Grundvoraussetzungen für Wegeners erfolgreichen Weg durch den Bundesgrenzschutz.

Der Bundesgrenzschutz war damals eine Top-Organisation. Das Gesetz sah vor, dass der BGS Teil der bewaffneten Macht war, der im Verteidigungsfall sofort einbezogen wurde. Daher rührten die militärischen Strukturen. Er entsprach im Bereich der Ausbildung, der Ausrüstung – es gab beispielsweise auch gepanzerte Fahrzeuge mit Kanonen – und der Einheiten mehr meinen Vorstellungen einer militärischen Organisation als die Bundeswehr. Der BGS hatte vieles von der Wehrmacht übernommen, auch das Personal – der damalige Inspekteur des Grenzschutzes war beispielsweise ein ehemaliger General aus der Wehrmacht. Auch mein damaliger Hundertschaftsführer war Kompaniechef in der Wehrmacht gewesen. Die militärische Prägung führte dazu, dass wir alle die gleiche Sprache sprachen.

Was mir gefiel, schon bei der Annahmeprüfung als Offiziersanwärter in Bonn-Duisdorf, waren die Kameraden, die wirklich viel drauf hatten. Sie waren hochintelligent und verkörperten gleichzeitig eine bestimmte Linie. Das Motto lautete immer: „Wir sind die Besten.“ Ich bekam für den 16. April 1958 einen Einberufungsbefehl und kam zu einem Kommando. Damals war der Grenzschutz in vier Kommandos unterteilt – Großorganisationen. Mir wurde mitgeteilt, dass ich zu einem bayerischen Kommando käme, da ich in Süddeutschland wohnte. Daher wurde ich zur Ausbildung bei einer Grenzschutzabteilung in Coburg einberufen. Coburg war einer der ältesten und größten Standorte des Bundesgrenzschutzes, dort gab es mehrere Abteilungen. In der Hindenburgkaserne in Coburg/Oberfranken war zudem eine amerikanische Panzereinheit stationiert. Seit Juli 1946 hatte die US-Armee zur Grenzüberwachung und -sicherung Einheiten in der Kaserne stationiert, die durch das 6th Constabulary Battalion, eine Polizeitruppe, abgelöst wurde. Im Rahmen einer Neugliederung wurde Ende 1948 das 6th Constabulary Regiment durch das 6. leichte Panzerregiment (6th Armored Cavalry Light Regiment) ersetzt. Im Oktober 1949 wurde die Kaserne zum Andenken an den am 7. Oktober 1944 in Frankreich gefallenen Leutnant James L. Harris in „Harris Barracks" umbenannt. 1955 bis 1958 übernahm das 3. Panzeraufklärungsregiment (3rd Armored Cavalry Regiment) die Verantwortung für die militärische Grenzsicherung. Dazu war ab März 1952 mindestens eine verstärkte Kompanie der 2. Eskadron (2nd Squadron) wechselweise in Coburg stationiert.

Vor kurzem war ich wieder in Coburg und trug mich ins Buch der Stadt ein. Ich war verwundert, dass sie dort den Grenzschutz völlig aufgegeben haben, das wäre überhaupt nicht notwendig gewesen. Man hätte dort auch weiterhin eine Bundespolizeieinheit stationieren können. Dort gibt es nach wie vor eine tadellose Kaserne. 1958 kam ich zu der Einheit „Neunte Hundertschaft" – mit sehr guten Vorgesetzten. Hundertschaftsführer war der junge Leutnant Zumkley, mein unmittelbarer Vorgesetzter. Er war schwer auf Zack und kam auch aus einer militärischen Familie, wie das so üblich war. Ich wurde mit einem Dienstgrad übernommen, weil ich bei der Bereitschaftspolizei Vordienstzeit hatte – diese Zeit zählte. Ich wurde also als sogenannter Hauptwachtmeister OA – Offiziersanwärter – übernommen, das war ein Vorteil. Ich hatte zuvor in Freiburg eine Prüfung an der Landespolizeischule absolviert und war nun Hauptwachtmeister. Mich hat es immer begeistert, etwas für den Staat zu tun. Bereits mein Vater hatte mir beigebracht, dass man etwas für die Allgemeinheit tun müsse. Daher dachte ich mir: „Das kannst du am besten dadurch, dass du dich freiwillig meldest und die Offizierslaufbahn einschlägst."

Hubertus Grützner: *Der Bundesgrenzschutz hatte einen großen Offiziersmangel durch die „Option", der Anwerbung für die Bundeswehr. Die Masse ging zur Bundeswehr, weil sie dort einen Dienstgrad höher befördert wurden und ihnen versprochen wurde, dass sie, wenn sie einigermaßen bei der Stange blieben, auch Stabsoffizier werden könnten. Es wurde bei der Länderpolizei geworben. Früher war es so, dass man nur mit Abitur Offizier werden und in den gehobenen Dienst kommen konnte. Bei der Polizei gab es hingegen nur die Einheitslaufbahn, auch der Abiturient durchlief all diese Stufen des einfachen und mittleren Dienstes, um in den gehobenen Dienst zu kommen. Wir fingen zwar im einfachen Dienst an, stiegen aber praktisch innerhalb von zwei Jahren zum gehobenen Dienst auf. Wegener war auch Abiturient und Hauptwachtmeister in Baden-Württemberg, da wagte er es und kam zum Grenzschutz.*

Nach Abschluss dieser ersten Monate der Grundausbildung kam ich 1958/59 zur Offiziersschule nach Lübeck. Ein Jahr war ich dort, das gefiel mir gut, auch sportlich konnte ich mich gut betätigen. Zu meinem Offizierslehrgang gehörten Hubertus

Grützner und Klaus Blätte, die beide später meine Arbeit in der Aufstellungsphase der GSG 9 unterstützten.

Hubertus Grützner: *Bei den früheren Lehrgängen war es so, dass man bis an den Rand der Leistungsfähigkeit getrieben wurde. Es sollte getestet werden, wie man unter Stress reagiert. Das ist ja einer der wesentlichen Punkte für eine Führungsperson. Wir hatten dann die „Mosel-Übung“. Es wurde eine Grenzlage durchgespielt. Die Grenze stellte die Mosel dar. Rot war auf der einen und Blau auf der anderen Seite. Die Stimmung war mies, man kam kaum zum Schlafen. Als Offiziersanwärter mussten wir an verschiedenen Stellen sein, wir mussten das Geschehen sehen, Berichte schreiben. Wir wurden auch mal angegriffen und sollten dann die Entscheidung für den Leutnant treffen, der dort aktiv war. Wenn man dann abends in die Jugendherberge zurückkam, mussten die Sachen gesäubert werden. Dann kam bereits wieder der nächste und sagte zu einem, dass man mitkommen und in einen bestimmten Abschnitt rausfahren solle. Wegener bügelte das geschickt weg und sagte, dass wir zu der Besprechung am anderen Morgen geschlossen hinmarschieren würden. Wir sangen ein paar Lieder, die Bürger freuten sich darüber. Das war in Wittlich an der Mosel. Von da an war Wegener der Anführer.*

Ich bestand den Lehrgang als Zweitbester und bewarb mich gleich wieder für die Coburger Abteilung. Dorthin kam ich als Fähnrich zurück, das war der offizielle militärische Dienstgrad. Ich war zunächst stellvertretender Einheitsführer einer normalen Grenzjägereinheit, 1959 wurde ich zum Leutnant befördert. Dort war ich ein paar Monate. Der damalige Abteilungskommandeur, der mich bei einer Besichtigung traf, bemerkte, dass ich einer der wenigen war, die vernünftig Englisch sprechen konnten. Er ordnete direkt an, dass ich ab dem kommenden Montag bei ihm zugeteilt sei. Ich fragte, wie meine Aufgaben dort aussähen. Er sagte: „Bei mir sind Sie Adjutant.“ Es kamen Offiziere aus Bonn, unter anderem auch Amerikaner, sodass man englischsprachige Mitarbeiter benötigte. Englisch hatte ich in der Schule gelernt und mich immer für englische Literatur interessiert. Während der Schul- und Studienzeit las ich sehr viel auf Englisch. Das machte einiges aus. So wurde ich Abteilungsadjutant. Mein damaliger Kommandeur war Oberstleutnant Schirmer. Er war 1956 aus sowjetischer Kriegsgefangenschaft als einer der letzten Gefangenen zurückgekehrt. Er litt immer noch darunter; er war so viele Jahre in Gefangenschaft gewesen. Manchmal war es daher auch nicht einfach, mit ihm klarzukommen, die Erlebnisse aus der unmittelbaren Vergangenheit machten sich deutlich bemerkbar. Aber mir brachte diese Zeit mit ihm sehr viel, weil ich viele Freiheiten hatte und der Auffassung war, alles bewältigen zu können. So arbeitete ich als Adjutant und leitete die Offiziersbesprechungen. Diese Ausbildung veränderte mich – ich entwickelte mich weiter. Das war eine schöne Zeit, muss ich ganz ehrlich sagen.

Ich war einer derjenigen Offiziere in der Abteilung, der die Übungen anlegte. Mein Kommandeur hatte gleich festgestellt, dass ich einer der wenigen war, der taktisches Verständnis hatte. Daher musste ich immer die Übungen leiten, wurde überall hingeschickt und musste mich einbringen. Eines Tages kam mein Regimentskommandeur, Gruppenkommandeur Oberst Leopold Baumeister, genannt „Poldi“ dazu. Wir waren auf einem Übungsplatz in Wildflecken, dies ist auch heute noch ein großer bayerischer Übungsplatz. Dort habe ich eine Übung zum Scharfschießen geleitet. Er sah sich das an und sagte: „Sie kommen zu mir.“ Von dieser Idee war Oberstleutnant Schirmer nicht begeistert, konnte daran aber nichts ändern. Oberst Baumeister unterstanden damals vier Grenzschutzabteilungen; er war der jüngste Divisionskommandeur bei der deutschen Wehrmacht im Zweiten Weltkrieg gewesen. Er war ein exzellenter Taktiker und geistig weit vorne – von ihm habe ich sehr viel gelernt. Baumeister förderte mich und schickte mich zu Lehrgängen. Er war mein großes Vorbild.

Was immer Probleme bereitete: Oberst Baumeister war Junggeselle, das war seine schwache Seite. Ich war damals schon verheiratet und meine Frau bot mir immer an, ich solle Baumeister mal zum Kaffee mitbringen. Wenn wir ihn einluden, gefiel ihm das sehr. Ich kümmerte mich auch privat ein bisschen um ihn. Er war militärisch exzellent, da konnte man ihm nichts vormachen, aber Alltägliches, wie: „Wir brauchen mal neue Möbel oder einen neuen Anzug“ war für ihn völlig unwichtig. Ich wies ihn darauf hin, dass wir bei bestimmten Paraden oder öffentlichen Auftritten anders angezogen sein müssten – nicht ausschließlich in der Kampfuniform. Das war für ihn ein echtes Problem. Ich weiß es noch wie heute: Wir nahmen in Bayern einen neuen Standort in Betrieb. Es gab einen Empfang mit dem Bürgermeister, dem Regierungspräsidenten und anderen – ich gab Baumeister zu verstehen: „Herr Oberst, mit dem Hemd können Sie da nicht hingehen.“ Er antwortete: „Was haben Sie gegen das Hemd?“ Ich erwiderte: „Dies ist ein Uraltding.“ Inzwischen konnte ich auf diese Weise mit ihm reden. „Wir müssen ein paar neue Hemden kaufen.“ Er meinte nur: „Na, dann kaufen Sie mal eins oder zwei.“ Ich bestellte die Hemden und musste ihn regelrecht zwingen, sie anzuziehen. Er lernte später eine Schauspielerin vom Landestheater in Coburg kennen und heiratete sie. Das war gut – sie hat ihn in privater Hinsicht so richtig auf Vordermann gebracht. Wir fanden sie auch sehr nett und beide gingen bei uns ein und aus. Wir hatten viel Spaß zusammen.

Meine Frau Regina hatte ich 1952 bei einem Jazzkonzert von Stan Kenton in Stuttgart kennengelernt. Sie war fünf Jahre jünger als ich und absolvierte gerade eine medizinische Ausbildung. Wir hatten beide eine Vorliebe für Jazz, besonders für den Swing. Mit meiner Vespa „Bobby“ fuhren wir durch die schöne süddeutsche Landschaft und unternahmen viele Ausflüge. Ich erinnere mich noch genau daran, dass wir eines Abends zu einer Tanzveranstaltung fuhren und Regina die Füße schmerzten, da sie Schuhe mit sehr hohen Absätzen trug. Ich nannte sie immer „Spinatstecher“. Diese Schuhe warf sie an diesem Abend auf dem Heimweg kurzerhand in den Straßengraben und fuhr barfuß nach Hause.

Am 3. Dezember 1955 heirateten wir. Unsere Tochter Simone wurde am 30. Juni 1956 geboren, unsere Tochter Susanne am 7. April 1959. In Coburg wohnten wir gemeinsam in meiner Dienstwohnung, es war nichts Großartiges, aber es reichte uns aus.

Als ich Adjutant des Kommandeurs wurde, bekamen wir eine größere Wohnung auf dem Judenberg in Coburg. Diese Wohnung war besser. Sie war von der Lage her schöner, von der Höhe aus konnte man über die ganze Stadt hinwegsehen. Aber es hatte auch seine Nachteile: Ich bekam damals mein erstes Auto und hatte immer Probleme, den Berg hochzufahren. Es war ein alter VW-Käfer. Mit der Zeit schaffte ich mir einen Fiat an – das war die Sensation in der Abteilung, ein sportlicher Fiat, da kaum einer ein Auto besaß.

In der Coburger Zeit besuchten mich auch meine Eltern ein paar Mal. Mein Vater war sehr angetan von meiner Arbeit. Ich absolvierte damals einen Unterführerlehrgang, der ihn an seine alten Zeiten erinnerte. Als ich später Kommandeur der GSG 9 wurde, mussten die Besuche ausbleiben. Sie durften in der DDR auch nichts über mich erzählen, da sie sonst Schwierigkeiten bekommen hätten.

Während meiner Zeit in Coburg kam ich als Leutnant für kurze Zeit nach Bonn. Man hatte im Palais Schaumburg eine besondere Einheit aufstellen müssen, weil am 19. August 1959 US-Präsident Eisenhower zu Besuch kam. Der Kommandeur ließ mich kommen und meinte, dass ich mit meiner Größe von 1,86 m gerade der Richtige für diese Aufgabe wäre, ich hätte das Gardemaß. Er trug mir auf, ich solle noch einige Männer aus meiner Einheit mitnehmen, die ebenso in das Bild passen sollten. Wir bildeten demnach einen Zug innerhalb der Wacheinheit, die vor dem Palais Schaumburg als Ehreneinheit aufgestellt wurde. Der Besuch Eisenhowers bei Adenauer lief hervorragend. Wir stellten erstmal eine Einheit am Flughafen und später am Palais Schaumburg. Ich weiß noch, dass amerikanische Begleitoffiziere von Eisenhower zu uns sagten: „Mensch, ihr seht aus wie die deutsche Wehrmacht." Ja sicher, das war damals auch so. Insgesamt waren diese Tage in Bonn für mich ein Erlebnis.

Nachdem wir die Ehreneinheit für Eisenhower und Bundeskanzler Adenauer gestellt hatten, hieß es, dass wir noch ein paar Wochen in Bonn bleiben und die Wacheinheit weiterhin stellen sollten. Dadurch hatte ich Gelegenheit, den Bundeskanzler kennenzulernen. Da kamen einige Erlebnisse im Palais Schaumburg zusammen. Einmal ließ Adenauer mich als diensthabenden Offizier zu sich kommen. Im Palais war immer ein diensthabender Offizier vor Ort, dem die Wachen unterstanden. Ich musste also zum Bundeskanzler, war ganz aufgeregt und fragte mich, was er denn von mir wolle. Ich rief zunächst den Abteilungskommandeur der Wachabteilung an, der mich aber unversehens zu Adenauer schickte und meinte, ich werde schon sehen, was er wolle. Der Abteilungskommandeur kannte Adenauer bereits. Ich meldete mich also vorschriftsmäßig, die Sekretärin kam und teilte mir mit, ich müsse noch etwas warten, weil ein ausländischer Besucher da sei. Der Besucher kam heraus. Ich sprang auf und erwies meine Ehrenbezeugung. Adenauer bat mich, hereinzukommen, er müsse mir mal etwas erzählen. Ich trat ins Zimmer des Bundeskanzlers ein.

Adenauer erklärte, dass er mit mir nicht ganz zufrieden wäre. Ich bekam natürlich einen großen Schrecken. Adenauer fuhr fort: „Nein, nein, so nicht, aber mit Ihren Leuten. Sie kennen ja inzwischen Ihr Wachgebiet.“ Ich antwortete: „Ja, natürlich, das Kanzleramt und den Garten mit dem Teehaus.“ Adenauer wies darauf hin, dass dort im Garten überall schöne Bäume wären. Ich bejahte dies, wusste aber nicht, worauf er hinaus wollte. Der Bundeskanzler erklärte daraufhin, dass an den Bäumen bestimmte Bezeichnungen befestigt wären, damit die Besucher erkennen könnten, was das für Bäume wären. Bei meiner Truppe gäbe es hingegen Kameraden, die nachts Langeweile hätten. An dieser Stelle ahnte ich, worauf es hinauslief. Er sagte, der Hausmeister hätte festgestellt, dass die Bezeichnungen an den Bäumen in den letzten Tagen mehrfach verändert worden seien. Ich entschuldigte mich dafür und versprach ihm, dafür zu sorgen, dass dies nicht mehr vorkomme. Wir ließen diese Sache daraufhin auf sich beruhen und fragten nicht nach, wer genau damit zu tun gehabt hatte. Das hätte keinen Sinn gemacht. Jedenfalls war das Ganze ein bisschen lächerlich. Dadurch lernte ich aber den Bundeskanzler kennen.

Nach meiner Zeit als Adjutant in Coburg bekam ich eine Einheit. Oberst Baumeister war nach Oerlenbach bei Bad Kissingen – das war der neueste Standort des BGS – verlegt worden und es ging darum, neue Einheiten in Coburg aufzustellen, auch gepanzerte Einheiten. Das interessierte mich und ich bewarb mich für eine gepanzerte Einheit. In meiner Abteilung war niemand davon begeistert, dass ich weggehen wollte. Aber ich wollte führen. Das war mein Ziel. Ich übernahm dann tatsächlich eine gepanzerte Einheit. Wir hatten die ersten gepanzerten Fahrzeuge, das war damals eine Sensation.

Die Grenzabschnitte waren ein Problem. Die Einheit hatte zusammen mit den Amerikanern Streife zu fahren. Da eine amerikanische Einheit in unserer Kaserne stationiert war, führten wir die Überwachung der Grenze mit denen zusammen durch. Da die Grenzbefestigungen noch nicht so perfekt ausgebaut waren wie in späteren Jahren, erlebten wir täglich, wie Menschen auf der Flucht beschossen wurden. Jeden Tag passierte etwas an der Grenze. Die Aufgabe des Grenzschutzes bestand darin, Übergriffe von Seiten der DDR zu verhindern, ob gegenüber Flüchtlingen aus der DDR oder gegenüber Bundesbürgern. Wir mussten dauernd Alarmeinheiten bereithalten, falls es wieder zu irgendwelchen Vorkommnissen kam. Im Sommer 1960 retteten wir bei der ehemaligen Weihersmühle eine ostdeutsche Familie, die in die Bundesrepublik fliehen wollte. Die Grenztruppe der DDR hatte versucht, sie wieder zurückzuholen, obwohl diese Leute schon über die Grenze waren. Wir kamen rechtzeitig mit einer Einheit dazu und ich forderte über Lautsprecher den Befehlshaber der Grenztruppe auf, sich sofort auf das DDR-Gebiet zurückzubegeben. Ich sagte: „Sonst werden Sie hier Ihre erste Niederlage erleben.“ Sie sahen, dass wir gepanzerte Fahrzeuge hatten und sie nichts ausrichten konnten. Die Familie war gerettet. Der BGS Coburg war schon vorher darüber informiert worden, dass sich etwas an der Grenze ereignen würde. Diese Familie hatte Verwandte in Westdeutschland und uns davon in Kenntnis gesetzt, dass sie an dieser Stelle bei Coburg über die Grenze kommen würden. Sonst wären wir nicht früh genug vor Ort gewesen.

Dieser Grenzabschnitt bei Coburg war groß, er ging bis nach Kronach, das liegt südlich davon. Im Norden begann der Abschnitt Hessen. Das war eines der kritischsten Gebiete, wo es immer zu Vorfällen kam und Flüchtlinge beschossen wurden. Das Gelände bot sich für Flucht und Verfolgung an, weil dort viel Wald war und es bergig ist. Für Flüchtlinge war es eine Einladung, ausgerechnet dort über die Grenze zu kommen. Damals gab es noch keine großen Zäune oder Mauern. Es sind viele Flüchtlinge rübergekommen. Einer Sache kann ich mich entsinnen – zu der Zeit war ich noch Adjutant bei Oberst Baumeister. Eines Tages kam der Bürgermeister eines Ortes in der Nähe von Kronach zu uns und erklärte, dass er Kenntnis über Flüchtlinge hätte und dass die DDR versuchen würde, einen Teil eines kleinen Ortes in der Nähe von Kronach zu besetzen. Sie wollten den Ort in die Grenzanlagen der DDR miteinbeziehen. Oberst Baumeister sagte: „Das dürfen wir nicht zulassen." Wir verlegten sofort eine Einheit dorthin. Ich fuhr mit Oberst Baumeister in abenteuerlichen Autos – wir hatten alte Rover. Als wir in diesem Ort ankamen, war schon eine Einheit der DDR-Grenztruppe da, allerdings noch auf ostdeutschem Gebiet, der Ort war geteilt. Sie merkten, dass sich auf unserer Seite etwas tat und dass wir ihre geplanten Aktionen verhindern würden. Es gab in diesem geteilten Ort eine Kneipe, in der mehrere Tische auf westdeutschem und die anderen auf ostdeutschem Gebiet aufgestellt waren. Wir saßen an einem Tisch und warteten ab. Es kamen ein paar ostdeutsche Offiziere, die sahen uns und verschwanden sofort wieder. Sie hatten nicht geglaubt, dass wir darauf bestehen würden, dass sie die Grenze nicht verletzen dürften. Damit hatte sich das erledigt. Wir sorgten dafür, dass dieser Ortsabschnitt laufend in die Bestreifung und in die Überwachung unserer Einheiten miteinbezogen wurde. Die bayerische Grenzpolizei war auch daran beteiligt.

Auf der ostdeutschen Seite wurden ganze Ortsteile geräumt, da durfte niemand hin. Es kam immer wieder zu Flüchtlingsbewegungen, das war das Einzige, was dort hin und wieder vor sich ging. Später zogen sie in den 1960er Jahren durch Zäune eine eindeutige Grenze, das waren riesige Anlagen.

Den Mauerbau am 13. August 1961 erlebte ich als Einheitsführer einer gepanzerten Einheit und gleichzeitig als Verbindungsoffizier zum amerikanischen Kavallerieregiment oder Panzerregiment, das sich in unserer Kaserne befand. Dass ich Hauptverbindungsoffizier wurde, lag daran, dass ich nicht nur gut Englisch sprechen und somit als Dolmetscher fungieren konnte, sondern auch ein Faible für Übungen hatte und selbst viele Übungen für meine Abteilung angelegt hatte, auch gemeinsame Übungen mit den Amerikanern. Diese Einheit, die bei uns in der Kaserne stationiert war, war Teil des 14th American Armored Cavalry Regiment. Das Regiment selbst lag in Bamberg, diese Einheit befand sich bei uns in Coburg. Wir nahmen viele Übungen zusammen vor, dadurch kannten wir uns sehr gut. Viele Familien wurden bei ihnen zum Essen eingeladen, die Amerikaner waren in dieser Beziehung immer großzügig. Es war ein sehr gutes Verhältnis.

Eines Tages, es war am 13. August 1961, rief mich ein amerikanischer Kamerad an und fragte: „Du, wollen wir heute mal an die Grenze fahren, nach Sonneberg?" Das war ein Nachbarort. Ich fragte zurück: „Gibt es da etwas Besonderes?" Er meinte: „Wir haben Informationen der Nachrichtendienste, dass sie etwas vorhaben." Tatsächlich waren sie auf ostdeutscher Seite dabei, Zäune hochzuziehen und in Berlin die Mauer zu bauen. Wir kamen an die Grenze und sahen riesige Menschenmengen in Arbeitsuniformen. Sie rammten Betonpfähle ein. Man merkte, dass das Ganze einem neuen System unterlag. Es waren drei Meter hohe Zäune mit Betonpfählen und Stacheldraht – mehrere Zäune hintereinander. In einigen Abschnitten, nicht bei uns, verlegten sie später auch noch Minen.

Nachdem die Zäune standen, war es für Flüchtlinge so gut wie unmöglich, über die Grenze zu kommen. Die Kompanien der NVA-Grenztruppe hatten bestimmte Grenzabschnitte und verhinderten Fluchtversuche. Ich kann mich nicht entsinnen, dass es irgendjemand an unserem Abschnitt nach diesen Vorkehrungen mehr geschafft hat, über die Grenze zu kommen.

Teilweise wurde von unserem Grenzstreifen aus beobachtet, wie Menschen erschossen wurden. Hin und wieder erlebten wir, dass Überläufer von der NVA-Grenztruppe zu uns kamen. Meistens waren es junge wehrpflichtige Leute, die eine Grenzstreife nutzten und an bestimmten Durchlässen an Zäunen zu uns kamen. Sie wurden als Überläufer bekannt. Ich erinnere mich, dass ich einmal einen ostdeutschen Unteroffizier nach Coburg brachte, um ihn dem Kommandeur vorzuführen. Ich werde es nie vergessen: Der Unteroffizier meldete sich bei ihm militärisch mit den Worten „Ich melde mich zur Stelle, Genosse Baumeister!"

7. Wechsel ins Bundesministerium des Innern nach Bonn

Das Bundesministerium des Innern war auch unter Minister Ernst Benda eine konservative Institution, die stark auf Disziplin und Geschlossenheit setzte. Als eines der klassischen Ressorts war die gesamte Ausrichtung äußerst hierarchisch geprägt und zudem vom juristischen Denken der Ministerialbeamten durchdrungen. Einzig die Abteilung BGS fiel aus diesem starren Korsett heraus, da in ihr auch Offiziere des Bundesgrenzschutzes Dienst taten. Nachdem die Bundeswehr im Laufe der 1960er Jahre zu einer einsatzfähigen Armee geworden war, relativierte dies die Rolle des Bundesgrenzschutzes. Doch wegen der andauernden Teilung Deutschlands behielt diese Bundespolizei eine wichtige Rolle in der Sicherheitsarchitektur der Bundesrepublik. Für die weitere Laufbahn eines Offiziers des Bundesgrenzschutzes war es von großer Bedeutung, wenn er den Stabsoffizieren unterhalb des Inspekteurs aufgefallen war. Wegeners Weg nach Bonn war so ein Fall. Zunächst nur für eine Übung angefordert, bewährte er sich über alle Maßen und wurde im Anschluss als Offizier für Nachrichtenwesen eingesetzt. Die Arbeit im Aufklärungsbereich war ein weiterer Schritt in Wegeners Berufsweg, der ihm vertiefte Einblicke sowohl in die Schattenwelt der Geheiminformationen als auch in die Funktionsweise des potentiellen Gegners Warschauer Pakt vermittelte. Dass aus dieser Perspektive auch der Blick auf das eigene Bündnis geschärft wurde, liegt aus der Rückschau klar auf der Hand.

Meine Offizierslaufbahn nahm ihren Gang. Ich wurde Oberleutnant und dann Hauptmann. Zeitweilig war ich für kurze Zeit in Oerlenbach, kam dann wieder nach Coburg zurück und führte die 15. geschützte Hundertschaft. Eines Tages kam mein damaliger Kommandeur Oberst Schulz zu mir und sagte: „Ich habe einen Anruf aus Bonn. Der Grenzschutz soll an einer NATO-Großübung teilnehmen.“ Das war für den BGS damals nichts Außergewöhnliches. Heute kann man sich das gar nicht mehr vorstellen, bei der Bundespolizei ist das vollkommen anders. Damals war es im wörtlichen Sinne „Grenzschutz“. Ich fragte nach, wie meine Aufgaben aussehen würden, und bekam die Antwort, dass jemand nach Bonn abgestellt werden müsse, um für den Bereich Grenzschutz eine Übung auszuarbeiten. Oberst Schulz meinte: „Da gibt es nur einen, der in Frage kommt, und das sind Sie.“ Auf meinen Einwand, ich hätte doch vor Ort eine Einheit, meinte Oberst Schulz, die anderen könnten das nicht, ich wäre der Einzige, dem er diese Aufgabe zutrauen würde. Ich ließ mich schließlich davon überzeugen und nahm den Auftrag an. Meine Frau war weniger begeistert, weil ich erst einmal allein nach Bonn gehen musste. Auf diese Weise kam ich in die Bundeshauptstadt und habe die NATO-Fallex-Übung vorbereitet. Die Übung „Fallex 68“ gehörte zur „Fallex-Reihe“, die turnusmäßig durchgeführt wurde. Das Hauptziel bestand in der Überprüfung der vor allem nach der im Dezember 1967 durchgeführten Tagung des NATO-Ministerrates präzisierten Mobilmachungs-, Alarm-, Operations-

und Einsatzpläne der NATO sowie der nationalen Kommandos der NATO-Staaten. Mit ihr sollten die Wirksamkeit der einzelnen Pläne der einzelnen NATO-Staaten überprüft sowie die Pläne im Interesse des Gesamtsystems der Kriegsvorbereitung besser koordiniert und noch zielstrebiger auf die geplanten Hauptvarianten einer Aggression gegen die Staaten des Warschauer Vertrages ausgerichtet werden. Als Thema der Übung standen die kurzfristige Überführung der NATO-Staaten und deren Streitkräfte vom Friedens- in den Kriegszustand, die Entfaltung der Streitkräfte auf den wichtigsten Land- und Seekriegsschauplätzen und die Durchführung von Operationen im Rahmen eines begrenzten Krieges ohne und mit selektivem und abgestuftem Kernwaffeneinsatz und dessen Ausweitung zum allgemeinen Kernwaffenkrieg. Die Übung lief sehr gut, es gab keine Schwierigkeiten. Ich konnte auf diese Weise ein Netzwerk an Bekanntschaften bei der Bundeswehr wie auch bei den Amerikanern aufbauen. Das hat mir später sehr geholfen. Als ich im Anschluss wieder zurück nach Coburg wollte, meinte der damalige Stabschef, General von Platen: „Nein, das können Sie streichen. Sie bilden sich doch nicht ein, dass ich jemanden wie Sie wieder gehen lasse. Sie bleiben jetzt bei uns im Stab." Auf meine Frage, was ich machen solle, bekam ich die Antwort, dass ich dies schon sehen werde. Auf jeden Fall sollte ich dort bleiben, ich würde gebraucht. Ich würde einen Umzugsbefehl bekommen und meine Familie nachholen können. Genauso ergab es sich; unsere erste Wohnung war in Birlinghoven. Auf diese Weise bin ich 1968 in Bonn gelandet und wurde somit als Stabsoffizier für Nachrichtenwesen Teil des Innenministeriums. In diese Stabsabteilung wurde ich integriert, weil ich General von Platen mitgeteilt hatte, dass ich gerne mit meiner Einheit in Verbindung bleiben würde. Er schlug vor, dass ich Nachrichten von der anderen Seite auswerten könne, und schickte mich zur Nachrichtenschule der Bundeswehr nach Bad Ems. Das brachte mich entscheidend weiter. Man lernte auf dieser Nachrichtenschule auch die Gegenseite kennen sowie die Möglichkeiten der nachrichtlich-dienstlichen Zusammenarbeit mit Amerika. Wir lernten, dass bestimmte Kenntnisse für die NATO von Bedeutung waren, die man aus verschiedenen Lageberichten herauslesen sollte. Es war sowohl eine militärische wie auch politische Arbeit, das ging ineinander über. Militärisch gesehen war es von großer Bedeutung. Stellte man zum Beispiel fest, dass eine bestimmte Befehlsstelle plötzlich irgendwo im Grenzgebiet auftauchte, musste man klären, wozu die gehörte. Es kam zum Beispiel heraus, dass da eine Division war. Dann war sofort klar, was im Gange war.

Nach dem Lehrgang in Bad Ems kam ich nach Bonn zurück. General von Platen war zu diesem Zeitpunkt Stellvertreter von General Miller, der wiederum Inspekteur war. General von Platen trug mir auf, dass ich ab sofort die Einheiten überwachen, die Grenzaufklärung übernehmen und die Funkaufklärung an der Grenze überwachen solle. Ich stimmte sofort zu. Das gefiel mir und war interessant. Wir fingen Funksprüche ab. Aus den Tages-, Wochen- und Monatsberichten mussten wir die entsprechend wichtigen Informationen herauslesen und an die politische Führung weitergeben. Auf diese Weise waren die Aufklärungseinheiten des BGS die ersten, die feststellten, was in der Tschechoslowakei vor sich ging. Eines Tages im August 1968 kam der Kommandeur der Einheit, die in Heimerzheim lag – zuerst lag diese Einheit in Bonn-Duisdorf und wurde später nach Heimerzheim verlegt, nachdem diese Kaserne aufgebaut wurde – zu mir und sagte: „Wir müssen miteinander reden, wir haben eine wichtige Meldung.“ Er brachte einige Unterlagen mit, unter anderem auch eine Lagekarte vom Grenzbereich und der Tschechoslowakei. Er zeigte mir auf, was sie dort durch die Fernmeldeaufklärung an der Grenze festgestellt hatten: Befehlsstellen und Gefechtsstände sowjetischer Großverbände hatten sich verändert und sich plötzlich um die Tschechoslowakei herum positioniert. Die Aufklärungseinheiten hatten es eine Weile beobachtet, offensichtlich ein paar Tage, und festgestellt, dass ein Teil der Befehlsstellen des Militärbezirks Kiews plötzlich in Grenznähe der Tschechoslowakei auftauchte. Kein Mensch in der Bundesrepublik wusste davon. Ich sah mir die Unterlagen genau an und informierte sofort General von Platen anhand einer Lagekarte – ich hatte das noch einmal aufgezeichnet, damit es klarer wurde. Seine Reaktion war aufgeregt: „Mensch, damit müssen wir zum Innenminister. Das ist politisch hochinteressant. Das kann enorme Folgen haben.“ Ich fragte: „Wollen Sie da alleine hingehen?“ Er wollte mich auf jeden Fall dabei haben.

Wir meldeten uns bei Innenminister Ernst Benda und trugen ihm anhand der Karte alles vor. Benda sagte: „Ja, damit müssen wir gleich ins Kanzleramt.“ Ich wendete mich direkt an General von Platen: „Das können Sie ja machen.“ „Nein“, sagte er, „das machen Sie. Ich gehe mit.“ Zusammen mit dem Innenminister und von Platen fuhr ich also zum Kanzleramt. Dort gab es eine außerordentliche Kabinettssitzung unter Kiesinger und wir fanden den großen Krisenstab mit dem Generalinspekteur der Bundeswehr de Maizière sowie allen Ministern vor. Bundeskanzler Kiesinger hörte sich an, was ich vorzutragen hatte. Alle waren perplex. Nach meinem Vortrag erwartete ich nun eine große Entscheidung, Maßnahmen von Seiten Kiesingers, zum Beispiel die Verlegung von Großverbänden an die Grenze. Aber der Bundeskanzler fragte stattdessen: „Was machen wir denn jetzt?“ Das war für mich enttäuschend. Regierungssprecher Günter Diehl erwiderte, dass die Inspekteure dazu etwas sagen sollten. Letztlich nannte der Generalinspekteur der Bundeswehr Ulrich de Maizière Vorschläge für Aktionen an der Grenze: Eine verstärkte Grenzüberwachung sei sinnvoll. Damit war die Sache beendet. Letztlich war es der Beginn der Niederschlagung des Prager Frühlings.

Simone Stewens: *In der Nacht vom 21. auf den 22. August 1968 – mein Vater wurde 39 Jahre alt – wachte ich auf und fand meinen Vater ebenfalls wach vor. Er hatte die Nachricht erhalten, dass die sowjetischen Streitkräfte in Prag einmarschiert waren. Es war zwischen zwei und drei Uhr morgens. Gemeinsam warteten wir weitere Nachrichten ab. Ich war damals zwölf Jahre alt und stolz, diese historischen Stunden quasi gemeinsam mit meinem Vater „miterlebt“ zu haben.*

8. Verbindungsoffizier bei Hans-Dietrich Genscher

Im Herbst 1969 begann die sozial-liberale Koalition unter Bundeskanzler Willy Brandt. Erstmals nahm ein Sozialdemokrat im Palais Schaumburg seine Dienstgeschäfte auf. Auch für das Bundesministerium des Innern war es ein Novum, dass der Minister nicht länger aus den Reihen der Unionsparteien kam. Hans-Dietrich Genscher war einer der führenden Repräsentanten des kleinen Koalitionspartners, der FDP. Wie Wegener aus der DDR geflohen, war Genscher ein dynamischer und zugleich fordernder Minister, der in diesen ersten Jahren des Terrorismus mit vielen Initiativen zur Verbesserung der Fahndungsmethoden an die Öffentlichkeit trat. Genscher stand für eine robuste Antwort des Staates auf diese Fundamentalherausforderung, gleichzeitig setzte er auf die feste Verankerung der staatlichen Gegenmaßnahmen in der Verfassungsordnung der Bundesrepublik Deutschland. Wegener, inzwischen zum Stabsoffizier befördert, wurde von Genscher als Verbindungsoffizier zum Bundesgrenzschutz in sein Ministerbüro geholt. Diese Nähe zum Minister bietet Chancen, birgt aber auch Gefahren. Sie kann eine Karriere beflügeln, aber auch abbremsen, denn zum einen schauen viele Kollegen mit Neid auf diese herausgehobene Position, zum anderen können bei einer engen Zusammenarbeit auch persönliche Animositäten erwachsen, die einen Mitarbeiter dann in Ungnade fallen lassen können. Was sich auf jeden Fall als großer Vorteil für Wegener herausstellte, war die Tatsache, dass er auf höchster Ebene Einblicke in die Funktionsweise von Politik gewann. Mit Recht konnte er behaupten, von einem Meister zu lernen, denn Hans-Dietrich Genscher war Vollblutpolitiker mit einem Hang zur Finte, mit strategischem Weitblick sowie mit robuster Durchsetzungsfähigkeit.

Eine Zeitlang war ich noch im Stab von General von Platen, Inspekteur des Bundesinnenministeriums, da ich der einzige war, der die Sachlage des BGS darstellen und Informationen vermitteln konnte. Ein gutes Jahr später, am 22. Oktober 1969, wurde Hans-Dietrich Genscher Bundesinnenminister. Nachdem ich die Prüfung meines Stabsoffizierslehrgangs erfolgreich absolviert hatte, rief er mich zu sich, denn er war bei dieser außerordentlichen Kabinettssitzung unter Kiesinger als parlamentarischer Geschäftsführer der FDP-Fraktion dabei gewesen. Zu dieser Zeit war er noch kein Innenminister, hatte jedoch meinen Vortrag mitbekommen. Das hatte ihm imponiert und nun wollte er mich in sein Ministerbüro holen. Ich war gar nicht begeistert davon, weil ich lieber mit der Truppe zusammen war. Eine Tätigkeit im Bundesministerium des Innern war für mich zu bürokratisch. Auf der anderen Seite muss ich zugeben, dass Genscher eine Art hatte, die mir gefiel, weil er Entscheidungen traf und nicht viel Zeit mit Abwägungen vertat. Er neigte nicht dazu, alles wegzudiskutieren.

***Hans-Dietrich Genscher:** Als ich Innenminister wurde, war der Bundesgrenzschutz eine paramilitärische Einrichtung, die – wie der Name es sagt – zur Grenzsicherung gedacht war. Das war durch die politische Entwicklung praktisch überholt. So fand ich im Innenministerium die Vorbereitungen für die Auflösung des BGS vor. Das indessen erschien mir als eine Fehleinschätzung der inneren Sicherheitslage. Ich entschied, den Bundesgrenzschutz zu einer modernen Polizeitruppe umzugestalten für den Einsatz im Innern des Landes, vor allem zur Unterstützung der Länderpolizeien sowie zum Schutz unserer Auslandsvertretungen. Sehr bald zeigte sich, dass diese Veränderung der Aufgabenstellung dringend notwendig war.*

Genscher ließ mich also eines Tages kommen und fragte: „Ich möchte Sie gerne hier oben haben, im Ministerbüro. Haben Sie Lust?" Ich erwiderte: „Gibt es denn eine Stelle?" Er antwortete: „Das lassen Sie mal meine Sorge sein."

***Hans-Dietrich Genscher:** Ich legte Wert darauf, in meinem Ministerbüro eine direkte Verbindung zum Bundesgrenzschutz und seinem Inspekteur zu haben. Deshalb bat ich den Inspekteur des Bundesgrenzschutzes um zwei bis drei Personalvorschläge. Einer davon war Ulrich Wegener, für den ich mich entschied.*

Der Innenminister entließ daraufhin einen seiner persönlichen Referenten, den er nicht mochte. Somit musste ich ab 1970 als Verbindungsoffizier im Ministerbüro von Bundesminister Genscher alle anfallenden Aufgaben unter dem Leiter Schaible erledigen. Schaible kam aus der FDP. Als Leiter des Ministerbüros trat er vielen im Ministerium auf die Füße. Dann folgte Klaus Kinkel als Leiter des Ministerbüros. Ich verstand mich mit allen immer gut.

Mein Aufgabengebiet als Verbindungsoffizier war vielfältig. Ich legte Genscher jeden Morgen eine Lage des Grenzschutzes vor und begleitete ihn zu bestimmten Anlässen, zum Beispiel zu Grenzschutzverbänden. Unter anderem brachte ich ihn einmal zu einer großen Parade nach Lübeck. Wenn er zu bestimmen Verbänden oder als Minister auf Reisen ging, fuhr ich mit. Wir verstanden uns immer gut und ich brachte ihn oft nach Hause. Dadurch lernte ich seine Familie kennen. Seine Mutter lebte damals noch. Sie hatte das absolute Sagen, seine Frau hingegen entsprechend weniger. Sie war seine zweite Frau und frühere Sekretärin gewesen, auf diese Weise hatten sie sich kennengelernt. Mit ihr bekam Genscher keine Kinder mehr. Mit seiner ersten Frau hatte er eine Tochter, die lebte damals noch in Bonn. Er besuchte sie hin und wieder, aber das wurde immer geheim gehalten. Sie wohnte damals am Heiderhof; ich brachte ihn dorthin und holte ihn auch wieder ab. Seine Mutter brachte mir einmal einen Kaffee. Sie war sehr einflussreich. Wie es typisch für Mütter ist, versuchte sie stets, aus mir etwas herauszuholen. Sie fragte: „Wie war er denn so?" oder: „Was hat er denn wieder angestellt?"

***Hans-Dietrich Genscher:** Durch die tägliche Zusammenarbeit mit Wegener wurde der Kontakt zum Bundesgrenzschutz auf allen Ebenen immer enger. So war ich mit der Entwicklung im Bundesgrenzschutz, vor allem im Rahmen der Umstellung auf polizeiliche Aufgaben, recht gut vertraut. Die Zusammenarbeit mit Wegener war optimal. Ich habe ihn als einen ausgesprochen fähigen, einsatzbereiten und zuverlässigen Mitarbeiter kennen und schätzen gelernt.*

Natürlich entsteht bei einer jahrelangen Zusammenarbeit mit vielen Belastungssituationen auch ein immer engeres menschliches Verhältnis.

Meine Zusammenarbeit mit Genscher verlief sehr gut. Bereits Jahre zuvor hatte ich einen Lehrgang beim NATO Defense College geplant. 1972 war es dann soweit und ich wollte mich dort in strategischer und taktischer Hinsicht fortbilden. Nun musste ich das nur noch dem Innenminister nahebringen. Es gefiel Genscher überhaupt nicht, dass ich vorübergehend fortgehen wollte. Ich versuchte, ihn zu überreden: „Herr Minister, sehen Sie doch ein, dass es für meinen weiteren Werdegang wichtig ist. Ich habe für die internationale Zusammenarbeit ein Faible. Das erweitert meinen Horizont ganz wesentlich. Das ist für mich wichtig!“ Das überzeugte ihn letztlich und er ließ mich mit den Worten gehen: „Aber danach kommen Sie wieder zu mir zurück.“ Ich sagte: „Ja, selbstverständlich!“ Aber dann kam München.

9. NATO Defense College in Rom

Für Offiziere in der Bundeswehr und im Bundesgrenzschutz gab es grundsätzlich die Möglichkeit zum Aufstieg durch Lehrgänge. Sie boten die Chance, dass auch Nicht-Akademikern der Sprung auf die Ebene der Stabsoffiziere, das heißt, der Sprung in den höheren Dienst, gelingen konnte. Wegener beschritt diesen Weg konsequent und erfolgreich. Im Jahr 1972 ging er an das NATO Defense College – eine Kaderschmiede des westlichen Verteidigungsbündnisses. Das College geht zurück auf eine Idee des ersten NATO-Oberbefehlshabers, General Dwight D. Eisenhower, der es 1951 in Paris ins Leben rief, um die Zusammenarbeit im Bündnis zu verbessern und eine gemeinsame Sichtweise auf die strategische Lage zu entwickeln. Allein die Teilnahme an den etwa sechsmonatigen Lehrgängen war bereits eine Auszeichnung, auch der Aufenthalt in Rom, wo das College seit dem Ausscheiden Frankreichs aus der militärischen Organisation der NATO im Jahr 1966 residiert, ist alles andere als beschwerlich. Kurzum: Der erfolgreiche Abschluss eines Lehrgangs am NATO Defense College ist ein weiterer Meilenstein auf dem Weg eines Stabsoffiziers. Hinzu kommt die Tatsache, dass im College Freundschaften geschlossen werden, die sich wechselseitig als ebenfalls karrierefördernd herausstellen können. Wegener jedenfalls blühte in diesem internationalen Umfeld auf. Gleichzeitig stellte sich erneut heraus, dass er gerne und rasch lernte. Mit Neuem konfrontiert zu werden, forderte ihn heraus und stachelte ihn zu Höchstleistung an.

Zunächst war ich nun beim NATO Defense College. Es stellte den höchsten Ausbildungsstandard der NATO dar. Dort wurden die militärische Lage zwischen der NATO und dem Warschauer Pakt – das war damals an der Tagesordnung – und die Beurteilungen der Streitkräfte durchgesprochen und Übungen durchgeführt, Planübungen, wie man Verbände in unterschiedlichen Situationen an bestimmte Lagen heranführt. Mir bedeutete diese internationale Zusammenarbeit damals sehr viel. Ich war als Jüngster in einer Arbeitsgruppe, der Älteste war ein Amerikaner, ein Oberst. Es waren noch ein Kanadier und ein Türke dabei. Für den Türken war die Ausbildung ein echtes Problem, er sprach so schlecht Englisch – die Umgangssprache vor Ort. Da ich nun schon einmal in Rom war, versuchte ich, aus dem Leben in Italien etwas zu machen. Erstmal war ich ein paar Wochen alleine dort. Ich suchte eine Wohnung und fand bei einer italienischen Gräfin in der Via Marco Aurelio etwas Passendes. Die Gräfin war sofort einverstanden, sie sagte, ich solle die Familie mitbringen, die tatsächlich in den Schulferien nach Rom zog. Die Kinder waren begeistert, meiner Frau gefiel es dort auch sehr gut. Insgesamt lebte ich dort ein halbes Jahr. Wir hatten ein Landhaus in Lavinio, das liegt nur wenige Kilometer von Rom entfernt an der latinischen Küste. Es war klasse – ich bekam das

Landhaus durch die italienische Armee. Zuvor hatten sie mich gefragt, wohin ich denn ziehen wolle, und ich äußerte, dass ich gerne in Meeresnähe wohnen würde. Ich wollte einfach auch mal von Rom Abstand gewinnen. Zudem war es für die Familie gut, die Kinder konnten dort schwimmen gehen. Tatsächlich stellten sie mir ein Landhaus zur Verfügung. Die Armee hatte dort alles mit Beschlag belegt, sonst kam man an diese Unterkünfte gar nicht heran. Simone knüpfte direkt erste Kontakte zu den italienischen Jugendlichen. Es war nett, ich verstand mich mit den Italienern gut. Dabei machte es auch viel aus, dass ich grundsätzlich gerne kommunizierte. Ich versuchte sogar, Italienisch zu sprechen. Jede Woche sonntags ging ich zum italienischen Offiziersclub in den Palazzo Bavorini, um dort zu essen und viele italienische Kameraden zu treffen. Das verstanden die Amerikaner und Briten gar nicht. Ich meinte dazu nur: „Mensch, wir sind hier in Italien. Es wäre zu schade, wenn man das nicht nutzen würde.“

10. München

Die Olympischen Sommerspiele 1972 boten für die Bundesrepublik Deutschland auf internationaler Ebene eine Möglichkeit, sich als weltoffenes, freiheitliches Land zu präsentieren. Das gesellschaftliche Leben und politische Handeln der Bundesrepublik standen dabei stets unter dem Aspekt der Bewährung nach der Zeit des Nationalsozialismus. Somit wollte die Bundesrepublik bei den Olympischen Spielen in München 1972 den Spielen von Berlin 1936 ein modernes, demokratisches Deutschland im Sinne heiterer und friedlicher Wettkämpfe gegenüberstellen. Vor diesem Hintergrund wurde das Sicherheitskonzept so angelegt, dass keinerlei polizeistaatliche Assoziationen aufkommen sollten. Als am 5. September 1972 ein Attentat auf die israelische Olympiamannschaft durch die palästinensische Organisation „Schwarzer September", die 1971 als Tochterorganisation der Fatah und der Volksfront zur Befreiung Palästinas (PFLP) gegründet worden war, verübt wurde, stellte der Angriff eine Zäsur in der jüngeren Geschichte der deutsch-israelischen Beziehungen und der internationalen Politik dar. Erstmals fand auf bundesdeutschem Boden eine erpresserische terroristische Geiselnahme statt, wurde Terror zu einem globalen Medienereignis sowie die Bundesrepublik in international ausgetragene Konflikte verstrickt, herausgefordert und mit einem neuen Antisemitismus konfrontiert. Am 5. September 1972 hatten in den frühen Morgenstunden acht Palästinenser der Gruppe „Schwarzer September" den Zaun überwunden, der den Bereich des Olympischen Dorfes für die männlichen Athleten abgrenzte. In den israelischen Quartieren erschossen die Terroristen zwei Sportler und nahmen neun Israelis als Geiseln, während alle anderen fliehen konnten. Gegen 5 Uhr erhielt die Münchner Polizei einen Anruf der Geiselnehmer, die bis 9 Uhr die Freilassung von 200 Gefangenen aus israelischen Gefängnissen forderten. Ein politischer Krisenstab mit Bundesinnenminister Hans-Dietrich Genscher, dem bayerischen Innenminister Bruno Merk, Alt-Oberbürgermeister Hans-Jochen Vogel, dem Münchner Polizeipräsidenten Manfred Schreiber und dem Präsidenten des deutschen Nationalen Olympischen Komitees Willi Daume verhandelte mit den Terroristen. Die Bundeswehr durfte aus rechtlichen Gründen nicht eingreifen, die Hilfe einer israelischen Spezialeinheit wurde von deutscher Seite abgelehnt. Die israelische Regierung unter Golda Meir lehnte es wiederum kategorisch ab, Gefangene freizulassen und damit den Forderungen der palästinensischen Terroristen zu entsprechen. Nach langen Auseinandersetzungen wurden die Terroristen mit den israelischen Sportlern zum Bundeswehrflughafen Fürstenfeldbruck geflogen, wo eine Boeing 727 für den Weiterflug bereitstand. Zwei Terroristen inspizierten die leere Maschine und wurden danach von Präzisionsschützen der Polizei beschossen, während sich die beiden anderen Terroristen noch in den Hubschraubern befanden. Es entstand ein Feuergefecht, bei dem alle neun israelischen Geiseln von den Entführern getötet und ein deutscher Polizist sowie fünf Terroristen erschossen wurden. Für die gescheiterte Geiselbefreiung in Fürstenfeldbruck lehnte die Bundesregierung die Verantwortung weitestgehend ab, während Israel die bundesdeutsche Haltung scharf kritisierte, die offensichtlich das deutsch-arabische Verhältnis nicht gefährden sollte. Erst 1965 waren offiziell die diplomatischen Beziehungen zwischen Israel und der Bundesrepublik Deutschland aufgenommen worden. Sowohl Annäherungen als auch Spannungen prägten seitdem den deutsch-israelischen Austausch. Trotz dieser schwierigen Situation hatte Israel seine bisher größte Delegation zu den Olympischen Spielen nach München geschickt.

Anfang September 1972 kam ein Anruf von Genscher. Er war kurz angebunden: „Sie kommen jetzt direkt nach München. Ich brauche Sie hier." Also teilte ich meiner Familie mit, dass ich wieder zurück nach Deutschland müsse. Das ging nicht anders. Zum Glück war das Studium bereits beendet. Ich reiste unverzüglich nach München und meldete mich bei Genscher. Er hatte seinen Stab in einem Hotel in der Nähe vom Bahnhof eingerichtet. Ich begleitete ihn zu den anstehenden Besprechungen. Er war im Olympischen Organisationskomitee. Dort merkte ich nach und nach, wie schlecht die Vorbereitungen von Seiten der Polizei bezüglich der Sicherheitsvorkehrungen liefen. Es gab weder bewaffnete Polizeibeamte im Olympischen Dorf noch bei den Spielen. Nicht einmal uniformiert sollten sie sein, sondern stattdessen einen komischen blauen Anzug tragen. Ich konnte mir das gar nicht vorstellen. Aber das geschah alles im Hinblick darauf, dass man es anders machen wollte als 1936 und nun nach dem Motto „Deutschland will fröhliche Spiele" vorging. Das war der Hintergedanke bei der ganzen Geschichte – welch ein Unsinn. Ich unterhielt mich mit vielen Münchener Polizeibeamten, die sich auch darüber aufregten, denen bei der Sache auch nicht wohl war. Der Chef des Bundeskriminalamtes, Horst Herold, und ich gaben zu bedenken, dass wir auf diese Weise nur mit einem Minimum an Polizeikräften unsere ausländischen Gäste schützen würden, das würde niemals ausreichen – wir wurden leider nicht ernst genommen.

Die ersten Fehler bei der Planung bestanden darin, dass man das Olympische Dorf nicht vernünftig sicherte. Es gab lediglich einen Zaun – der war lächerlich. Über den Zaun kletterten sie am laufenden Band. Damit fing es schon an. Es gab keinerlei Sicherheitsinstitutionen für das Olympische Dorf, die entsprechend ausgerüstet waren. Das war der zweite Fehler. Die Polizei betrachtete das alles mehr als Zeitvertreib. Es war ein unmöglicher Zustand. Die ganze Misere kam so richtig zum Ausdruck – ich war erst ein paar Tage vor Ort –, als der Überfall geschah: Am 5. September 1972 waren wir im Hotel und bekamen die Information, dass ein Überfall auf die israelische Olympiamannschaft im Olympischen Dorf stattgefunden hatte. Ich fragte: „Was genau ist passiert?" Man konnte mir gar nicht richtig sagen, was geschehen war. Das war katastrophal. Ich dachte: „So, jetzt müssen sie endlich etwas tun." Genscher fuhr sofort ins Olympische Dorf und traf sich dort mit dem Polizeipräsidenten Manfred Schreiber und mit Bruno Merk, dem damaligen bayerischen Innenminister. Der meinte nur: „Ja, wir müssen mal verhandeln." Ich fragte: „Was ist denn bisher an Einsatzmaßnahmen geschehen?" Gar nichts war geschehen, absolut nichts. Es standen lediglich Polizeibeamte herum. Man hatte keinerlei Gegenmaßnahmen eingeleitet. So lief das Ganze auch weiter. Man hatte zuerst angenommen, man könnte mit denen verhandeln und käme auf diese Weise schon klar. Das war natürlich ein Witz. Ich war in den Verhandlungen selber nicht dabei, sondern bekam alles von Genscher erzählt, aber was er erzählte, war erschreckend.

Ehud Barak: *Also stand für mich eindeutig fest, dass durch die israelische Erfahrung mit Terrorismusabwehr im Fall einer solchen Situation die richtige Option gewesen wäre, mich anzurufen und zu beauftragen, mich um die Sache zu kümmern. Ich rief zuerst unseren Kommandeur des Nachrichtendienstes an. Zu der Zeit war das General Aharale Yariv. Ich sagte ihm: „Aharale, wird sind abmarschbereit. Keine Chance, dass die Deutschen das hinbekommen, die nicht einmal wissen, was sie da haben. Die Deutschen haben keinerlei Erfahrung im Kampf gegen solche Terroristen, wo es um Geiselbefreiungen geht, und dann auch noch an einem Ort wie dem Olympischen Dorf. Keine Chance, dass sie das schaffen. Sie werden alle möglichen Anfängerfehler machen, die jeder macht, wenn er nicht gut genug ausgebildet ist. Und das könnte sehr teuer werden. Also, ich bitte dich dringlich, denjenigen, der die Entscheidung zu treffen hat, zu überzeugen." Ich nahm an, dass es ein Minister sein würde, den es zu überzeugen galt, uns dorthin zu schicken. Dann fing ich an, meine Leute vorzubereiten, in der Annahme, dass wir nach München fliegen würden. Ich sagte ihnen, dass sie sich informieren sollten, wie die Situation vor Ort sei, dass sie die Nachrichten verfolgen sollten, dass sie versuchten sollten, zu verstehen, was dort vor sich ging. Aharale Yariv, der kommandierende General des Nachrichtendienstes, sagte mir, dass General Zamir, der oberste Befehlshaber des Mossad-Geheimdienstes, bereit sei, sofort nach München zu fliegen, um zu beobachten, dort zu sein und mit den deutschen Behörden in Kontakt zu treten. Ich sagte ihm, dass ich mitgehen würde. Er würde sich auf höchster Ebene unterhalten – er war Mossad-General, er unterhielt sich nur mit den ranghöchsten Vertretern der Bundesregierung. Ich hingegen war Oberstleutnant. Ich wäre in der Lage gewesen, die Situation vor Ort zu beurteilen, hätte nachvollziehen können, was genau vor sich ging und was man hätte tun können, um die Geiseln zu retten. Wir mussten nicht bei null anfangen und wussten, worüber wir in dieser Lage sprachen. Die Antwort Yarivs war, dass es sehr unwahrscheinlich wäre, dass ich in München von Hilfe sein könnte, denn man hätte bereits mit den Deutschen gesprochen: „Oh nein, das ist vollkommen undenkbar, fremde Einheiten einzusetzen, deren Streitkraft einer anderen Staatshoheit unterliegen, und das auf deutschem Boden, um einen Einsatz durchzuführen, der auch noch gegen das Grundgesetz geht." Also sagte ich ihm: „Schau, aber dann bin ich zumindest vor Ort. Wenn ich mit General Zamir dort bin, dem Direktor des Mossad, dann kann ich wenigstens behilflich sein, wenn er mit den Leuten dort spricht, denn er ist ja General, er versteht die Nuancen nicht, wie man einen solchen Einsatz durchführt." Ich erklärte Aharale, dass es nur gut wäre, wenn ich vor Ort wäre. Wir könnten die besseren Entscheidungen treffen, denn ich würde diese Problematik kennen und verstehen. Ich hätte an ähnlichen Einsätzen teilgenommen und so weiter. Aber er konnte das nicht durchsetzen. Dann hob das Flugzeug ab – es war ein Linienflug. Also umging ich meine Befehlshaber und* *fand eine Möglichkeit, direkt das Verteidigungsministerium zu kontaktieren. Ich sagte ihnen: „Meiner Meinung nach ist das verrückt! Ich verstehe nicht, warum wir nicht gerufen werden. Die Deutschen sind doch nicht betroffen. Es sind unsere Leute, nur Israelis sind gefangen genommen worden. Lassen Sie es uns tun. Lassen Sie uns das Rechtliche später regeln, lassen Sie uns zuerst unsere Leute retten." Er sagte: „Ehud, es tut mir sehr leid, keine Chance. Bleib hier." Und nur Zamir ging nach Deutschland.*

Ich habe in dieser Zeit ein paar Mal Gäste für Genscher abgeholt, unter anderen auch den Mossad-Chef Zvi Zamir. Die ersten Maßnahmen gegen die Geiselnehmer waren derart, dass man zu dem Schluss kam: „Die Fahndungen führen zu keinem weiteren Erfolg." Die Bayern hatten sich dazu entschlossen, eine Einsatzmaßnahme im Olympischen Dorf durchzuführen – das war der größte Witz. Von jeder Fernsehanstalt konnte das mitgeschnitten werden, die Presse war beteiligt – das kann man sich nicht schlimm genug vorstellen – es gibt davon jede Menge Aufnahmen. Ich war entsetzt. Zu Genscher meinte ich: „Das widerspricht allen taktischen Grundregeln." Er antwortete: „Davon wissen allerdings viele von der Polizei nichts." So ging das Ganze über die Bühne, ein einziges Fiasko. Der Anführer der Terroristen bestand schließlich darauf, dass sie verlegt würden. Sie wollten ein Flugzeug haben, welches sie nach Kairo oder nach Libyen ausfliegen sollte. Bei diesen Verhandlungen versuchten Genscher und auch die Polizei, Zeit zu gewinnen. Währenddessen drohten die Terroristen immer wieder: „Wenn es noch lange dauert, erschießen wir jede einzelne Geisel!" Das ging so lange, bis die Bayern zustimmten und als nächstgelegene Luftwaffenbasis Fürstenfeldbruck vorschlugen, da ein Ausfliegen nur von dort aus möglich sei. Nach Fürstenfeldbruck sollten sie mit Hubschraubern gebracht werden. Der Hintergedanke dabei war, dass man die Entführer auf dem Weg zu den Hubschraubern überwältigen wollte. Doch die ganze Planung war so ungeschickt, dass der palästinensische Verhandlungsführer bei seinem Erkundungsgang durch die Tiefgarage bemerkte, dass überall Polizeibeamte mit Gewehren herumliefen. Da bekam er einen Wutanfall und forderte einen Bus an, der die Geiseln und die Palästinenser zu den Hubschraubern bringen sollte. Das wurde ihm zugestanden. Dieser erste Plan ging also schon einmal daneben. Die Terroristen wurden mit Hubschraubern nach Fürstenfeldbruck gebracht. Nun hatte die bayerische Polizei die Idee, dass sich an Bord der Maschine, welche die Entführer ausfliegen sollte, getarnte Polizeibeamte befinden sollten, die dann die Terroristen überwältigen sollten. Es war vorgesehen, dass die Befreiung der Geiseln am Flughafen Fürstenfeldbruck über die Bühne gehen sollte. Als die Hubschrauber dort landeten, hatten die bayerischen Polizeibeamten, die an Bord der Lufthansa-Maschine waren, das Flugzeug inzwischen wieder verlassen. Sie weigerten sich, sich den Terroristen entgegenzustellen. Als der Anführer der Terroristen mit einem seiner Leute zu der abgestellten Lufthansa-Maschine kam und feststellte, dass die Besatzung gar nicht mehr an Bord war, bemerkte er, dass man ihn täuschen wollte.

Die ganze Zeit über befand ich mich zusammen mit Genscher im Tower in Fürstenfeldbruck, wir waren im Zimmer des Geschwaderkommandeurs im ersten Stock. Von dort aus konnte man alles sehen. Wir hatten die ganze Katastrophe vor Augen. Der Anführer der Entführer kam mit einem Begleiter wieder zu den Hubschraubern zurück, eröffnete sofort das Feuer und schoss auf die Geiseln. Die Terroristen zündeten Sprengladungen und Handgranaten, sodass die israelischen Sportler elendig in den Hubschraubern verbrannten. Vorher hatte es ein Feuergefecht mit den Präzisionsschützen auf dem Tower gegeben. Da man nur fünf Präzisionsschützen auf dem Tower platziert hatte, es aber acht Geiselnehmer waren, führte das zu weiterem Chaos. Die Geiselnehmer schossen auch in den Tower, wo wir uns im Kommandeurszimmer befanden. Ich brachte Innenminister Genscher schnell unter den Tischen in Sicherheit. Bei der Schießerei wurden einige der Terroristen tödlich getroffen. Es kam zu mehreren Schusswechseln und zur Festnahme von einigen der überlebenden Geiselnehmern. Was mich dabei am meisten störte, war die Tatenlosigkeit der bayerischen Polizei im Tower. Da war eine Einheit der Bereitschaftspolizei in den Tower verlegt worden, die bereitstanden, aber offensichtlich keine Weisung hatten, etwas zu tun. Nach den ersten Schüssen sprach ich mit dem Hundertschaftsführer und fragte: „Wollt ihr nun nicht endlich eingreifen? Wollt ihr nicht rausgehen und einen Angriff durchführen, um wenigstens einige Geiseln zu retten?“ Da antwortete er: „Ich habe keine Weisung, ich muss warten, bis jemand kommt und mir einen Befehl erteilt.“ Ich bin ziemlich überzeugt davon, dass er froh war, keine Weisung zu haben. Es war ein einziges Fiasko. Das war für mich das traumatischste Ereignis meiner Laufbahn. Ich musste neben Genscher vom Tower aus zusehen, wie die israelischen Olympiateilnehmer ermordet wurden – und konnte nichts tun. In dem Augenblick schwor ich mir, dass so etwas nicht noch einmal passieren würde.

Ehud Barak: *Ich nehme an, dass die deutschen Einsatzkräfte ihr Bestes getan haben, aber sie hatten einfach keine Chance. Die Art und Weise, wie der Einsatz durchgeführt wurde, war extrem amateurhaft. Diese riesige Gefahr – sie wurde nicht einmal von den Leuten verstanden, die den Einsatz planten und die Befehle gaben. Wenn man das überhaupt Planung nennen kann. Ich habe niemals jemanden verdächtigt, dass er sich diesen Ausgang der Dinge gewünscht hat. Natürlich nicht. Es war ein ernst gemeinter Versuch, Leben zu retten. Aber wenn man nun das Ergebnis sieht – also, ich möchte nicht noch deutlicher werden. Ich möchte nicht urteilen, denn ich bin mir sicher, dass die Leute nach bestem Wissen und Gewissen gehandelt haben. Aber ihre Kenntnisse waren sehr beschränkt. Es ist, als würden wir beide uns in einer Extremsituation befinden, in der wir an jemandem eine Gehirnoperation vornehmen müssten. Die Chancen, dass der Patient am Ende noch lebt, wären sehr gering. Aber wir sind doch intelligente, fähige Leute, wir haben sehr viel Erfahrung in vielen anderen Gebieten. Aber wir haben nun mal keinerlei Erfahrung darin, eine Gehirnoperation durchzuführen und es ist eine heikle Operation, die auf Details basiert. Also, es war eine schmerzliche Tragödie und man kann sich bei niemandem beschweren. Man kann sich ja noch nicht einmal über das Gesetz beschweren. Ich glaube, dass es einen tief verwurzelten geschichtlichen Grund gab, warum die Bundesrepublik Deutschland ein Gesetz erließ, das besagt, dass kein anderer*

Staat beteiligt werden darf. Nochmals: Ich bin der Meinung, dass wir das hätten besser lösen können.

Wir flogen schließlich zurück ins Olympische Dorf, weil dort eine weitere Pressekonferenz stattfinden sollte – inzwischen hatte es bereits eine erste Pressekonferenz gegeben. Auf dieser hatte Conrad Ahlers bekanntgegeben, dass der Einsatz von Erfolg gekrönt gewesen sei und alle Geiseln befreit worden wären. Wie es zu diesen Falschmeldungen kommen konnte, verstehe ich bis heute nicht. Da läuft alles schief und in der Pressekonferenz wird erzählt, dass der Einsatz erfolgreich war.

Dann kam die zweite Pressekonferenz mit dem bayerischen Innenminister Bruno Merk, Bundesinnenminister Hans-Dietrich Genscher und dem Münchner Polizeipräsidenten Manfred Schreiber. Darin erklärte Merk in aller Klarheit, dass die Sache leider zum Tod aller Geiseln geführt habe. Genscher hatte ich selten so mitgenommen gesehen, wie an diesem Tag. Er wollte gar nicht mehr angesprochen werden. Es ging ihm sehr nahe, dass er mit seinen eigenen Kräften die Katastrophe nicht hatte verhindern können. Nach der Pressekonferenz sagte er zu mir: „Ich habe das inzwischen dem Kanzler gemeldet und wir müssen jetzt überlegen, was wir zu tun haben." Ich erwiderte: „Wir müssen eines tun, Herr Minister, das habe ich Ihnen schon früher gesagt: Wir brauchen eine Anti-Terror-Spezialeinheit, die in Zukunft mit solchen Situationen fertig wird." Das sah er genauso.

Hans-Dietrich Genscher: *Für mich ist der gewalttätige, politische Terrorismus eine Herausforderung des freiheitlichen Rechtsstaates und als solcher auch ein Anschlag auf Menschenrechte und Menschenwürde. Die Antwort des freiheitlichen Rechtsstaats wird umso wirksamer sein, je weniger sich der freiheitliche Rechtsstaat verleiten lässt, seine Grundsätze ganz oder teilweise aufzugeben. Deshalb hat es in meiner Zeit als Innenminister keine freiheitseinschränkenden Gesetzesänderungen gegeben – dafür eine praktische, aber auch psychologische Stärkung der Polizei.*

Erst hieß es, dass die neue Einheit beim Bundeskriminalamt aufgestellt werden solle. Das wusste ich aber durch eindringliche Gespräche mit Genscher zu verhindern: „Wir brauchen keine weiteren Kriminalisten, sondern eine Spezialeinheit, die truppenmäßig gegen diese Terroristen vorgehen kann." Dann kam es zur Innenministerkonferenz, in der die Aufstellung einer Spezialeinheit beschlossen wurde – auf Anraten von Genscher. Er kam schließlich aus dieser Sitzung und ich meinte: „Herr Minister, Sie sind sehr mitgenommen; ich möchte Ihnen einen Vorschlag machen: Ich möchte diese Spezialeinheit führen, ich möchte sie aufstellen und dafür sorgen, dass so etwas nicht noch einmal passiert." Da stimmte er zu.

Hans-Dietrich Genscher: *Ich unterrichtete das Bundeskabinett und den zuständigen Ausschuss des Deutschen Bundestages – nicht nur über die Absicht der Gründung einer Anti-Terroreinheit, sondern auch über meine Entscheidung, damit Ulrich Wegener zu betrauen. Nach meiner Überzeugung besaß er die notwendige fachliche und charakterliche Qualifikation für einen solchen Auftrag.*

11. Eine neue Spezialeinheit

Der Befreiungsversuch in Fürstenfeldbruck nach dem Überfall des palästinensischen Terrorkommandos „Schwarzer September" auf die israelische Olympiamannschaft scheiterte, da zu diesem Zeitpunkt keine Spezialeinheit in der Bundesrepublik Deutschland existierte, die auf eine derartige Aufgabe vorbereitet war – hinzu kamen starke Kommunikations- und Kompetenzprobleme. Das kostete 17 Menschen das Leben. Knapp zwei Monate später erreichten die bereits belasteten Beziehungen zu Israel einen neuen Tiefpunkt: Am 29. Oktober 1972 entführten palästinensische Terroristen eine Lufthansa-Maschine auf ihrem Weg von Beirut nach Ankara und landeten in Zagreb. Sie forderten eine Freilassung der überlebenden drei Olympia-Attentäter. Die Bundesregierung gab nach und flog die Terroristen nach Zagreb aus, wo sie den Entführern übergeben wurden. Die 13 Geiseln und sieben Besatzungsmitglieder wurden im Anschluss an den Weiterflug nach Tripolis freigelassen. Bereits der Fehlschlag von München war Anlass für den Bundesminister des Innern, Hans-Dietrich Genscher, politische Konsequenzen zu ziehen und eine Anti-Terroreinheit aufzubauen, die sich auf schwierige Geiselnahmen spezialisieren sollte – eine wegweisende Maßnahme auf dem Gebiet der Inneren Sicherheit, die zunehmend als internationale Kooperation angelegt werden sollte. Der Beschluss der Innenministerkonferenz vom 13. September 1972 und der Aufstellungserlass vom 26. September 1972 führten zur Gründung der GSG 9 mit Standort in Sankt Augustin in unmittelbarer Nähe zum Regierungssitz. Die Verantwortung für die Gründung der Spezialeinheit übergab der Innenminister seinem Verbindungsoffizier Ulrich Wegener. Der Bundesgrenzschutz war zu diesem Zeitpunkt bereits in vier Kommandos zu je zwei Gruppen gegliedert. Somit erhielt die neue Spezialeinheit die Bezeichnung Grenzschutzgruppe 9 (GSG 9) und wurde dem Bundesministerium des Innern unterstellt. Das war ein maßgeblicher Unterschied zu anderen Spezialeinheiten wie beispielsweise den israelischen und amerikanischen, die dem Militär unterstanden. Zudem fielen auf diese Weise die Zwischenhierarchien der Länder weg, die oftmals schnelle Entscheidungen verhinderten und Kompetenzkonflikte hervorriefen. Wegener stand nun vor der Herausforderung, in kürzester Zeit eine Einheit aufzubauen, für die es in Deutschland keinen Vergleich gab und die dem Kampf gegen Terrorismus gewachsen sein sollte. Zusammen mit Hauptmann Hubertus Grützner, danach erster Adjutant der GSG 9, entwickelte Wegener eine Konzeption, die Bundesinnenminister Genscher innerhalb weniger Tage in Händen hielt. Die GSG 9 rekrutierte sich fast ausnahmslos aus Beamten des Bundesgrenzschutzes – viele kamen aus der 1. Hundertschaft der Technischen Grenzschutzabteilung in Hangelar. Einheitsführer Grützner übernahm in der Folgezeit die Umsetzung der Aufstellungspläne. Kommandeur Wegener richtete sein Augenmerk zugleich auf diejenigen, die mit Terroranschlägen die größte Erfahrung besaßen: die israelischen Verteidigungsstreitkräfte ZAHAL, deren Spezialeinheit Sajeret Matkal sowie der israelische Auslandsgeheimdienst Mossad. Ein Sonderlehrgang bei der ZAHAL in Israel im Herbst 1972 prägte Wegeners Linie beim Aufbau der GSG 9 entscheidend.

Die Innenminister der Länder hatten sich eindeutig für die Gründung einer Spezialeinheit ausgesprochen. Vor dem Hintergrund, dass die Aktion in München eine Blamage für die gesamte Bundesrepublik darstellte, war das zu erwarten gewesen. Was mich heute noch wundert, ist die Tatsache, dass das für die Akteure in Bayern überhaupt keine Konsequenzen hatte. Polizeipräsident Schreiber blieb nach wie vor im Amt, Innenminister Merk ebenso.

Ich überlegte lange und tauschte mich mit Leuten aus dem BGS sowie mit Hauptmann Hubertus Grützner aus, wie wir die Geschichte angehen sollten. Nachdem Genscher den Erlass zur Gründung der GSG 9 verfasst hatte, musste die Aufstellung schnell erfolgen. Ich fuhr am darauffolgenden Sonntag zu Grützner und traf ihn an seinem Angelteich. Als ich ihm erzählte, dass ich vom Bundesinnenminister die Aufgabe erhalten habe, die Konzeption für eine Spezialeinheit zu entwickeln, erklärte er sich sofort bereit, mir behilflich zu sein. Wir zogen uns zurück und erarbeiteten handschriftlich eine erste Konzeption, die ich kurz darauf in den Schreibdienst des Innenministeriums gab. Genscher hatte auf diese Weise umgehend einen ersten Entwurf unserer Ideen in der Hand.

Hubertus Grützner: *Wegener kam zurück und schilderte mir die Situation. Er sagte, dass wir eine Anti-Terroreinheit haben müssten, die Hijacking, Kidnapping und Terroranschläge verfolgen und abstellen müsse. Er machte dem Minister einen Vorschlag. Er rief an und sagte mir, dass wir uns treffen sollten. Wir müssten das jetzt mal durchgehen, wir müssten wenigstens einen Rahmen haben, etwas, was wir dem Minister vorlegen könnten. Wir sprachen das durch, es war an einem Sonntag. Danach fuhr er ins Ministerium und diktierte es. An den Wochenenden war das Schreibbüro ebenfalls geöffnet.*

Mit General von Platen – dem damaligen Stabschef des BGS – sprach ich ebenfalls, da ich ihn sehr schätzte. Er war ein sehr guter Mann. Ich wusste natürlich, dass das eine schwierige Sache war, und überlegte, woher ich Informationen bekommen könnte. Ich dachte zuerst an die Briten, was richtig war, aber an und für sich sofort auch an die Israelis und ihre Spezialeinheiten. Als ich meine Überlegungen, nach Israel zu reisen, dem Minister mitteilte, erwiderte er entrüstet: „Sie spinnen wohl, die werden Sie bestimmt begeistert empfangen." Ich entgegnete: „Das kann schon sein, aber wir müssen doch aus allem Konsequenzen ziehen. Die Israelis haben bisher in der Terrorismusbekämpfung am meisten Erfolg gehabt, haben die größten Erfahrungen – warum sollten wir mit denen nicht eine zukünftige Zusammenarbeit anstreben?" Ich wusste, dass es schwierig werden würde, die Israelis zu überzeugen, uns zu helfen, das war mir klar. Aber ich spürte, dass diese Kooperation den erhofften Erfolg bringen würde.

Insgesamt war München 1972 der Wendepunkt meiner Laufbahn. Auf einmal wurde mir klar, was mir vorher gar nicht so bewusst gewesen war, dass die Terrorismusbedrohung ein sehr aktuelles Problem darstellte – auch für Deutschland. Wenn man keine entsprechenden Gegenmaßnahmen treffen würde, dann könnte das auch für Deutschland ungeheure Folgen haben. Deswegen war ich so vehement der Meinung: „Wenn, dann müssen wir jetzt etwas tun."

Der Plan, eine Spezialeinheit zu gründen, ergab sich also erst durch die Katastrophe von München. Vorher hatte ich nicht daran gedacht. Erst als Konsequenz aus dem Versagen der Sicherheitskräfte bei den Olympischen Spielen entstand die Idee – aus der Notwendigkeit heraus.

Mein Wunsch war es, in Israel Informationen einzuholen – die israelische Terrorismusbekämpfung galt als die fortschrittlichste überhaupt und ich kannte den israelischen Nachrichtendienstchef; er war während der Spiele vor Ort in München gewesen. Ich kannte seinen Vertreter, der in Bonn an der Israelischen Botschaft tätig war. Ich hatte immer einen sehr guten Draht zu den Israelis und trug dort meine Pläne vor. Da meinte der Israeli angesichts der angespannten deutsch-israelischen Beziehungen nach den Vorkommnissen in München und dem Austausch der Olympia-Attentäter: „Leicht wird das nicht für Sie." Ich erwiderte: „Nein, das habe ich auch nicht erwartet. Aber prüfen Sie das erst einmal, fragen Sie mal beim Mossad und beim Shin Bet an, ob die mit mir zusammenarbeiten wollen." Das tat er und brachte in Erfahrung, dass sie sich eine Zusammenarbeit vorstellen könnten und ich kommen könnte. So kam es dazu, dass ich nach Israel reiste. Vom 30. Oktober bis zum 12. November 1972 dauerte mein erster Aufenthalt in Israel, ein Sonderlehrgang bei den israelischen Verteidigungsstreitkräften, der ZAHAL. Thema war die Bekämpfung von arabischen Terroristen durch Spezialeinheiten unter dem Leiter Colonel Zvi Reuter.

Natürlich waren die Israelis zunächst sehr negativ eingestellt, da sie die Morde in München unmittelbar vor Augen hatten, die israelischen Spezialeinheiten nicht hatten eingreifen dürfen und das deutsch-israelische Verhältnis sowieso belastet war. Auf der einen Seite bekam ich das immer wieder zu hören. Auf der anderen Seite hatte ich dafür auch Verständnis, dass die Bundesregierung nicht wollte, dass eine israelische Einheit in der Bundesrepublik eingesetzt würde. In den ersten Tagen war das Verhalten der meisten Israelis mir gegenüber entsprechend – entweder ablehnend oder höflich zurückhaltend. Während der Diskussionen im Verlaufe des Lehrgangs kam immer wieder eine versteckte Kritik an der Haltung der Bundesrepublik bei der Gefangenenbefreiung in München zum Ausdruck. Ich meldete mich dann nach der ersten Woche im Dienst bei dem Kommandeur und sprach deutlich – in der israelischen Armee duzen sich alle: „Jetzt hör mal zu, so geht es nicht mehr weiter. Es wäre gut, wenn du abends die Leute zusammenholen würdest, die mit mir im Lehrgang sind, damit wir einmal darüber reden." Am Abend bekam ich natürlich alles Mögliche zu hören, die Verbrechen der Nationalsozialisten und so weiter. Das sah ich alles ein und erwiderte, dass wir aber für die Zukunft etwas tun müssten. Das bedeute eben, dass wir zusammenarbeiten und die Grundlagen dafür schaffen müssten, dass eine deutsch-israelische Freundschaft entstehe. Das verstanden sie. Da waren Leute wie Ehud Barak und Jonathan Netanjahu. Die hörten gut zu und dann wurde es anders.

Ehud Barak: *Er war eine beeindruckende Person mit seiner Aufrichtigkeit. Sogar sein Erscheinungsbild ist beeindruckend. Er war sowohl intelligent und empathisch als auch einsichtig. Er verstand sehr gut, dass der Unterschied zwischen Himmel und Hölle in den Details liegt und dass Anti-Terror-Arbeit eine höchst professionelle Angelegenheit ist. Wir überlegten, was zu tun sei. Es war uns nicht wirklich erlaubt, ihn in unsere Einheit zu nehmen. Das konnten wir nicht. Wir sollten ihn an andere Einheiten verweisen. Aber wir waren diejenigen, die in diese Art von Arbeit involviert waren. Ich war der Kommandeur der Spezialeinheit. Diese unterstand dem Nachrichtendienst. Wir teilten ihn dann einer anderen Abteilung zu. Diese war Teil der normalen Streitkräfte, nicht Nachrichtendienst, nicht Spezialeinheit, sondern Fallschirmjäger. Der Kommandeur der Fallschirmjäger hatte spezielle Gruppen, die sich mit Anti-Terror-Aufgaben beschäftigten oder mit Training für die gesamte Armee und mit Spezialeinsätzen.*

Zuletzt war es so, dass sie mich als dazugehörig betrachteten. In der letzten Woche war ich mehrmals bei israelischen Offizieren zum Abendessen mit ihren Familien eingeladen. Es war eine hervorragende Möglichkeit, um Vorurteile gegenüber Deutschland abzubauen. Ich schloss dort viele Freundschaften.

Reuven Caspy: *Als Wegener nach Israel kam, standen ihm alle Türen offen, nachdem er bewiesen hatte, dass er mit den Israelis zusammen gegen den Terror kämpfen wollte. Das Verteidigungsministerium, das Außenministerium, die Armee – alle Türen standen ihm offen. Es gab keine Geheimnisse, er bekam volle Einsicht. Diese deutsch-israelische Beziehung war sehr wichtig. Aber das hing natürlich auch mit seiner Person zusammen. Wegener ist ein Individuum, hat Charakterstärke – er ist kein gewöhnlicher Mann.*

Eli Levy: *Daher kam Wegener vor bzw. bei der Gründung der GSG 9 nach Israel. Dort wurde er der Schützling und Schüler von Rafael Eitan, genannt Raful, der später Generalleutnant wurde, das ist bei uns das Allerhöchste. Wir haben nur einen Chef des Generalstabs. Aber damals war er der Kommandeur der Luftlandeeinheit. Wegener war ihm sehr eng verbunden. Wegener schätzte Raful und Raful schätzte Wegener.*

Der Sonderlehrgang „Bekämpfung von arabischen Terroristen durch Spezialeinheiten“ wurde vom israelischen Verteidigungsministerium durchgeführt. Ich war nicht nur in Tel Aviv beim Verteidigungsministerium, sondern auch beim Mossad und bei der Sajeret Matkal, der israelischen Spezialeinheit. Diese Zeit war für mich sehr wichtig und wertvoll. Sie machten gar keinen Hehl daraus, wie sie vorgingen. Sie sagten mir offen, wie es gemacht würde und wie sie die Vorgänge beurteilten. Ich gewann Erkenntnisse der Terrorismusbekämpfung, die in Europa noch vollkommen unbekannt waren, die zudem auch die Verhältnisse im Nahen Osten betrafen. Das war für uns wesentlich, da wir wussten, dass wir in Zukunft auch mit Palästinensern immer wieder zu tun haben würden. Mit Ehud Barak, der damals auch bei der

Sajeret Matkal war, führte ich sehr heftige Diskussionen über taktische Maßnahmen. „Ihr könnt nicht mit konventionellen Truppen gegen Terroristen vorgehen, das wird nichts“, meinte er zu mir. „Ihr müsst ganz neue Ideen entwickeln, neue Konzeptionen, nur so kommt ihr weiter.“ Das war vollkommen richtig. Barak ist kein einfacher Typ, aber er sah ein, dass ich von Taktik viel verstand. Wir wurden nachher richtige Freunde, das kann man nicht anders sagen. Am Anfang war es aber nicht einfach mit ihm.

Ehud Barak: *Wenn wir Israelis uns einer Herausforderung zu stellen hatten, so wie derjenigen, auf die General Wegener die GSG 9 vorzubereiten hatte, dann sollte er direkt mit uns kooperieren. Wir waren die Informationsquelle für die Ideen, die man den Deutschen erzählen sollte, für das, was man ihnen beibringen und geben sollte, denn wir hatten dieses Wissen. Ich traf Wegener mehrmals. Ich kannte die Anweisungen. Wir waren grundsätzlich bereit, sehr weit mit ihm zu gehen, als wir sahen, wie wichtig es war, so eine Anti-Terroreinheit in Deutschland aufzubauen. Nach meiner Erfahrung mit den Deutschen war mir sofort bewusst, dass sie extrem gut sein würden, sobald sie es gelernt hatten. Weil sie systematisch sind; sie wissen, dass alles viel Übung und Training erfordert, sie arbeiten äußerst sorgfältig. Zunächst sprach Wegener nicht sehr viel. Er stellte viele Fragen, er schaute sehr interessiert zu. Das war der Anfang der GSG 9.*

Bei der Durchführung des Lehrgangs waren der zentrale Nachrichtendienst, der militärische Nachrichtendienst, die 1. Fallschirmbrigade, der Sicherheitsdienst, der Grenzschutz und der Polizeiführungsstab Jerusalem beteiligt. Die Ausbildung erfolgte auch durch Teilnahme an Übungen sowie durch Unterweisungen im Raum Tel Aviv, Haifa, Jerusalem und an anderen Plätzen. Vor allem wurde der Einsatz von Kommandoeinheiten gegen Terroristen im Fall von Flugzeugentführungen geübt, da kurz vorher eine Maschine auf dem Flughafen Lod in Tel Aviv von Terroristen besetzt worden und der israelische Einsatz nicht gut ausgegangen war. Dort hatte es Tote gegeben. Also wurde zum Abschluss der Ausbildung von Kommandoeinheiten gegen Terroristen eine Übung unter einsatzmäßigen Bedingungen auf dem Flugplatz Lod durchgeführt. Diese Ausbildung wurde vom Kommandeur der Fallschirmbrigade Brigadegeneral Shaked geleitet. Jeder Teilnehmer wurde auf die Beherrschung mehrerer Rollen geradezu gedrillt – bei Tag und bei Nacht. Am Flugzeug selbst wurden einzelne Phasen durchgespielt: Zunächst das unsichtbare Annähern, dann das gleichzeitige Eindringen mehrerer Teams durch alle Flugzeugtüren und dann das Schießen aus allen Lagen sowie das Vorarbeiten im Flugzeug. Flugzeugbefreiungen waren auch für die Israelis neu. Da brachten sie mich an jede Stelle des Landes, wo geübt wurde. Es gab noch ein paar alte britische Militäranlagen, die sie zum Üben benutzten. Das ließ ich alles auf mich einwirken, zum Beispiel wie Übungen im Häuserkampf aussehen mussten. Das war sehr lehrreich. Sie bemerkten, dass mich das wirklich interessierte und dass es für mich nicht nur eine theoretische Geschichte darstellte. Neben den praktischen Übungen wurden wir auch theoretisch geschult und erhielten Auskunft über arabische Terrororganisationen in Israel und im Ausland: Standorte, Aktivitäten,

Methoden, Aufbau, Ausrüstung, ideologischer Hintergrund und Ziele. Dabei spielten auch die Psychologie der Araber sowie mögliche zukünftige Terroraktionen eine große Rolle.

Ehud Barak: *Die Spezialeinheiten müssen sich immer Herausforderungen stellen. Also sind diese Männer sehr viel agiler, anpassungsfähiger und auf gewisse Weise auch unkonventioneller – das ist für deutsche Einheiten besonders schwierig wegen der hohen Bedeutung von Formalität im deutschen Leben. Sie sind um einiges kreativer und offener für den Dialog. Eine Spezialeinheit im Einsatz arbeitet mit offenem Geist. Das hat, glaube ich, Kommandeur Wegener auf den ersten Blick verstanden. Als er die israelische Vorgehensweise sah, verstand er sofort, dass das keine Kleinigkeit ist. Das kann man nicht von einer Kultur auf die andere übertragen. In Israel ist man allgemein viel weniger organisiert als in Deutschland. Sogar in der deutschen Spezialeinheit läuft alles deutlich formalistischer ab als hier. Aber Wegener verstand, ohne dass man ihn darauf hinweisen musste, die Bedeutung von freiem Verstand und unabhängigem Geist. Man kann nicht diktieren, wie man etwas zu tun hat. Niemals. Jeder Einsatz einer Spezialeinheit verläuft ab der ersten Minute nicht nach Plan.*

Für die Ausbildung und Ausrüstung der zukünftigen Truppe konnte ich wichtige Erfahrungen sowie praktische und geistige Anregungen sammeln, die sich später im Ausbildungsplan und in der Ausrüstungsanweisung der GSG 9 wiederfanden.

12. Aufbau der GSG 9

Mit einem Etat von 6,3 Millionen DM für die Grundausstattung und unter Berücksichtigung der gesammelten Erfahrungen bei Lehrgängen in Israel, beim FBI, den US Special Forces und beim britischen SAS stellte Kommandeur Wegener mit der GSG 9 einen taktisch und technisch neukonzipierten Anti-Terrorverband auf. Dabei mussten viele Schwierigkeiten bewältigt werden, da die bisherigen Mittel unzureichend waren: Beispielsweise mangelte es an geeigneten Waffen. In den Polizeien der Länder gab es in den Waffenkammern keine professionellen Ausrüstungen für eine Spezialeinheit. Experten aus den verschiedensten Bereichen wurden herangezogen, um das Beste zu beschaffen, was es auf dem Markt gab, zudem wurden in Zusammenarbeit mit der Industrie neue Spezialwaffen entwickelt. Für die GSG 9 wurden zunächst Revolver des amerikanischen Herstellers Smith & Wesson bestellt, die einige Jahre später durch das neue Pistolenmodell P7 von Heckler & Koch ergänzt wurden. Aktuelle Waffenentwicklungen sowie leistungsstarke Neuheiten in der Fernmeldetechnik wurden so schnell wie möglich umgesetzt. Als Kooperationspartner konnte zu Beginn lediglich der britische Special Air Service (SAS) gewonnen werden. In einem neuentwickelten Auswahlverfahren in Zusammenarbeit mit dem Institut für Konfliktforschung in München unter dem Diplom-Psychologen Wolfgang Salewski fand Kommandeur Wegener überdurchschnittlich intelligente Polizeibeamte, die über eine herausragende geistige Flexibilität, eine ausgewogene Persönlichkeit sowie ein starkes Selbstwertgefühl verfügten und sich zudem durch physische Leistungsfähigkeit auszeichneten. Durch exklusive Ausbildung und hartes Training wurden die Männer bei der GSG 9 bis an ihre Leistungsgrenze geführt. Diese Elite bewies hohe Leistungsbereitschaft, persönlichen Mut, körperliche Härte und Teamgeist. Orientiert an den führenden Spezialeinheiten im Ausland, an modernster Technik und Taktik stand die GSG 9 nun als Spezialeinheit für Einsätze in äußersten Gefahrenlagen zur Verfügung.

Bereits vor meiner Reise nach Israel hatte ich Weisung erteilt, geeignetes Personal aus dem Grenzschutz zu rekrutieren; das lief inzwischen, war aber noch nicht weit vorangeschritten. Es sollte sich mit den Grenzschutzeinheiten in Verbindung gesetzt werden, dem Offiziersstab, der damals existierte. Ich hatte angeordnet, dass dort vernünftige Leute herausgeholt werden sollten, die vor allem selbstständig handeln konnten – sowohl Offiziere wie auch Mannschaften. Das lief während meines Israelaufenthalts an, aber alle warteten darauf, wie der Rahmen aussehen würde. Unter anderen bewarb sich auch der mir aus der Offiziersschule bekannte Klaus Blätte als Mann der ersten Stunde für die GSG 9. Er wurde bald mein Stellvertreter.

Hubertus Grützner: *In der GSG 9 ging alles schnell. Es mussten Geräte beschafft werden. Genscher musste melden, wie viele Millionen die Aufstellung kostete. Zum Teil war nichts auf dem Markt. Die Waffen mussten neu entwickelt werden, ebenso die Anzüge, die Kraftfahrzeuge. Im Grunde genommen waren wir Tag und Nacht im Einsatz. Ich kam häufiger erst um Mitternacht nach Hause. Wegener ging nach seinem Israelaufenthalt noch in die Vereinigten Staaten zur Ausbildung. Ich war insgesamt ein Jahr lang bei der GSG 9. Da hatte ich meine Planstelle. Ich stimmte mich mit Wegener ab, wie bestimmte Dinge laufen sollten. Personalmaßnahmen mussten wir längerfristig anlegen und die Leute aussuchen. Wir starteten große Werbeaktionen und schickten Werbetrupps in die Abteilungen. Diese mussten während der Dienstzeit die Möglichkeit haben, die GSG 9, ihren Auftrag und die Ausbildung vorzustellen. Wir hatten von Mercedes eine schöne Flotte bekommen. Damit statteten wir die Trupps aus. Sie fuhren dann vor und präsentierten die neue Einheit – das hat gezogen. Letztlich hatten wir dann so um die 200 Männer. Die Zusammenarbeit mit Wegener lief gut. Ich kümmerte mich überwiegend um die Technik, das war meine Stärke. Wegener hatte gute Umgangsformen. Das ist es, was heutzutage fehlt. Er lernte ständig dazu.*

Dieter Fox: *Es gab eine Umfrage, und zwar nur beim Bundesgrenzschutz, nicht bei der Bundeswehr, weil es zum damaligen Zeitpunkt eine Angelegenheit des Innenministers war. Der BGS war damals noch keine Bundespolizei. Es war eine Umfrage, wer generell Interesse hätte und sich im Stande fühlte, dieser Truppe beizutreten.*

Natürlich hatte ich mir bereits in Israel Gedanken über die Konzeption gemacht. Ich studierte Präzedenzfälle aus der Militärgeschichte, sah mir die Vorgeschichte deutscher Spezialeinheiten an, hatte in der Zwischenzeit aus dem Bundesarchiv Unterlagen über die Brandenburger, den Spezialverband der Wehrmacht, recherchiert, aber das passte alles nicht so richtig. Ebenso hatte ich inzwischen mit den Briten, dem SAS, Kontakt aufgenommen. Das war auch interessant, da waren Ideen vorhanden, die man gut verwerten konnte, aber es traf nicht genau die deutsche Situation. Ich las T. E. Lawrence, Ernst Jünger, David Stirling.

Es gab auch das Gegnerbild, das „Handbuch für die Stadt-Guerilla“ von Carlos Marighella, an dem sich die Terroristen orientierten. Das war eines der Bücher, das ich sehr viel benutzte. Ebenso waren mir die Schriften von Ulrike Meinhof und Frantz Fanon bekannt. Das trug alles dazu bei, dass wir einen Grundsatz von Anfang an ins Auge fassten: Die Einheit musste unkonventionell sein. Sie durfte nicht normalen Vorbildern entsprechen. Das haben wir bis heute beibehalten.

Die Organisation selbst war eine ganz andere als im Militär oder bei der Polizei. Erstens: Geführt werden musste von oben und von vorne. Es sollte nicht die Führung von einer entfernten Befehlsstelle, von einem gesonderten Gefechtsstand geben. Führung von vorn im Einsatz war der Grundsatz, der bis heute besteht. Damit warfen wir in vielerlei Hinsicht alte militärische Grundsätze über den Haufen. Unser neues Führungsprinzip war wichtig für die Spezialeinheit – nur dadurch kann man bei der Truppe Vertrauen erwecken. Das ist mit einer der Gründe, weshalb man von Spezialeinheiten Höchstleistung erwarten kann. Das Beispiel des Kommandeurs ist wichtig. Er muss ebenfalls mit in Gefahr geraten und als Vorbild dienen. Das war von vornherein klar. Bei der Organisation dachten wir daran, dass die Sturmtruppen, die Spezialeinsatztruppen die Grundlage der neuen Spezialeinheit sein würden. Sie sollten alles können. So ein Spezialeinsatztrupp sollte so ausgebildet sein, dass er wirklich mit jeder Situation fertig würde. Das bedeutete, dass die Ausbildung eine viel umfassendere sein musste als bei normalen Einheiten und dass die Ausrüstung entsprechend angelegt sein musste. Dadurch ergab sich auch, dass wir Männer benötigten, die zum Beispiel als Rettungssanitäter oder im Sprengwesen ausgebildet worden waren. Dieses System, das wir damals festlegten, ist heute noch Vorbild in der ganzen Welt. Das hat sich bewährt. Als ich aus Israel zurückkam, fingen wir an. Dann wurde es schwierig.

Zunächst berichtete ich alles dem Innenminister und erläuterte, wie ich mir den Aufbau der GSG 9 vorstellte. Der Minister gab zu Bedenken, dass es mit der Hierarchie im Grenzschutz Schwierigkeiten geben könnte. Ich antwortete ihm sofort: „Ja, da haben Sie recht, aber ich rechne mit Ihrer Unterstützung." Die sagte er mir zu.

Der Name „Grenzschutzgruppe 9" wurde bereits formell und polizeilich organisationsrechtlich in Dokumenten verwendet, da bereits acht Grenzschutzgruppen existierten. Es wurde von mir aber bis zum Jahresende 1972 eine Abfrage gestartet, in der innerhalb des damaligen Verbandes eine Namensgebung für unsere neue Anti-Terroreinheit ermittelt werden sollte. Jeder Angehörige der damaligen 1. und 2. Einheit sowie des Innendienstes sollte Vorschläge einbringen. Da aber kein Name in den deutschen Beamtenrahmen passte, wurde Anfang 1973 offiziell entschieden, dass diese Truppe künftig „GSG 9" heißen sollte.

Wir fingen an, unser Personal aus dem Bundesgrenzschutz herauszusuchen. Annahmeuntersuchungen waren manchmal äußerst schwierig. Wir bekamen daher am Anfang nicht genügend Männer zusammen, das war ein Problem. Es gab viele Bewerber, aber die entsprachen nicht unseren Anforderungen.

Dieter Fox: *Die damalige Anfangsformation wurde von Wegener in Form einer kleinen Rumpfmannschaft in Sankt Augustin zusammengestellt – das erste Gebäude, in dem wir untergebracht wurden, gibt es immer noch, es liegt genau gegenüber dem heutigen Wirtschaftsgebäude. Wir begannen dort mit zehn oder fünfzehn Mann. Das war zum einen Oberstleutnant Wegener selbst, der sich zum damaligen Zeitpunkt mit verschiedenen Leuten in Israel zu Informations- und Erfahrungszwecken aufhielt. Er führte dort verschiedene Inspektionen durch. Weiterhin gab es einen Innendienstleiter, einen Rechnungsführer, den Schirrmeister, der für das Kfz-Wesen zuständig war, vier Offiziere, darunter mein zukünftiger Chef, sowie weitere vier Unterführer, die später den Einsatzeinheiten zugeteilt wurden. Es war eine kleine Erstformation, die Basis der kommenden GSG 9, der Kern der sogenannten Männer der ersten Stunde, die im November 1972 anfingen.*

Wir verfolgten 1973 die Auswahlprüfungen weiter und arbeiteten auch mit Psychologen zusammen. Die versuchten, Ideen umzusetzen wie: Was muss man von einem Mann in psychologischer Hinsicht erwarten können, der bei einer Spezialeinheit tätig ist? Aber es blieb schwierig, geeignete Männer zu finden. Letztlich stellten wir dem

Innenminister im April 1973 die ersten Teileinheiten bei einer Großübung im Kreis Siegburg/Bonn vor, weil er keine Ruhe gab. Er wollte so schnell wie möglich Ergebnisse sehen, um politisch besser dazustehen. Wir führten eine Übung durch, bei der wir eine Ziegelei stürmten. Das war schon mal etwas. Ich konnte ihm zwei ausgebildete, einsatzbereite und ausgerüstete Einheiten melden. Das konnte man aber nicht vergleichen mit der heutigen GSG 9, das war nur der Anfang. Wir sagten uns, dass wir an diesem Punkt weitermachen müssten, bloß nicht bei einem bestimmten Grad der Effizienz stehenbleiben. Glücklicherweise unterstützte mich Genscher dabei. Dazu kam, dass ich gerade in der Aufstellungsphase deutlich gemacht hatte, dass ich niemanden haben wollte, der mir sagte, was zu tun sei. Ich brauchte keinen General – wir mussten selbstständig aus dieser Situation etwas machen. Auf diese Weise wurden wir direkt dem Ministerium unterstellt. Verwaltungstechnisch gehörten wir noch dem damaligen Kommando Mitte an. Das Problem war, dass schnell auffiel, dass die GSG 9 aufgrund ihres Anspruchs viel Geld kostete. Das führte zu entsprechenden Reaktionen – auch beim Grenzschutz –, die nicht immer einfach zu verkraften waren. Im Grunde genommen wusste Genscher, was auf dem Spiel stand, und unterstützte mich. Wir setzten uns überall durch, auch bei der Waffenauswahl. Wir hatten bestimmte Waffen im Auge, welche zu dieser Zeit aber nur in der Entwicklungsphase existierten, und fuhren zu dem Hersteller Heckler & Koch nach Oberndorf. Dort sprach ich mit dem Entwicklungschef: „Rufen Sie mich an, sobald die Waffen soweit sind." Das tat er auch. Wir holten die Waffen vom Band und übernahmen sie sofort. Das hatte es so auch noch nicht gegeben, aber es funktionierte. Wir hatten dann die ersten modernen, neuen Maschinenpistolen, Sturmgewehre und Präzisionsschützengewehre.

In der Anfangszeit gab es in der GSG 9 weder maritime Einheiten noch Luftlandeeinheiten. Wir wussten, dass wir Präzisionsschützen, also Scharfschützen, benötigten sowie bestimmte Stoßtrupps innerhalb der Kampfeinheiten. Alles andere ergab sich erst im Laufe der Jahre. Die ersten zwei Einheiten begannen im Jahr 1972 mit der Ausbildung und die dritte kam 1973 hinzu. Nach meinem Adjutanten Frieder Baum war Hans-Jürgen Schmidt Führer der 1. Einheit, Dieter Tutter Führer der 2. Einheit und Anselm Weygold Führer der 3. Einsatzeinheit.

Dieter Fox: *Wir fanden zusammen, wurden zusammengewürfelt und verteilt. Wir begannen im November 1972, nachdem vorher bestimmt worden war, dass es zunächst eine 1. und eine 2. Einheit geben solle – im Januar/Februar 1973 wurde dann die 3. Einheit gegründet. Wer nun in welche Einheit kam, wurde von Wegener und seinem damaligen Führungsstab bestimmt. Der Führer der 1. Einheit, Frieder Baum, und der Führer der 2. Einheit, Dieter Tutter, gaben uns zu verstehen: „Wir bekommen aus dem gesamten BGS Bewerber, von Nord zehn, von Süd zehn, von Mitte zehn, von der Küste auch noch zehn Leute, das sind dann 40 Leute und jede Einheit bekommt 20 Männer, fertig."*

Nachdem ich immer wieder die Unkonventionalität der GSG 9 in den Vordergrund geschoben hatte, sagte ich mir: „Sie sollen nicht wie eine normale Einheit aussehen.

Meine Männer müssen nicht eine bestimmte Uniform tragen, sie müssen auch in Zivil vorgehen können, sie müssen mit bestimmten Spezialanzügen ausgerüstet werden.“ Das waren Gedanken, die nach deutschen Maßstäben unvorstellbar waren. Aber wir setzten das alles durch und entwarfen sogar die Anzüge selbst. Auch über unser Abzeichen machten wir uns Gedanken. Wir kannten die Abzeichen der Briten und Israelis. Ich überlegte, wie unseres aussehen könnte, und sah mir im Bundesarchiv die Abzeichen der Wehrmacht an – da gefiel mir die Nahkampfspange von Anfang an gut. Diese konnten wir nicht übernehmen, aber etwas daraus machen. Wir übernahmen sie letztlich in den Grundzügen, mit dem Eichenlaub an beiden Seiten und setzten in die Mitte den Bundesadler. Das war ein Ausdruck des Traditionsbewusstseins, welches auf dem Fundament der freiheitlich demokratischen Grundordnung basiert.

Dieter Fox: *Bis zu diesem Zeitpunkt hatten wir einen Mercedes, ein paar VW-Bullis, unsere Langwaffen, Maschinenpistolen, Faustfeuerwaffen, unsere Barretts und Stahlhelme sowie einige Basisausrüstungen. Das war es aber auch schon, mehr gab es nicht.*

Von 1973 bis 1977 nahm ich an verschiedenen Kommando-Lehrgängen teil, so beim FBI, den US-Special Forces und beim britischen Special Air Service (22. SAS). Auf diese Weise konnte ich weltweit Erfahrungen sammeln, wie die besten Eliteeinheiten aufgebaut waren, wie sie taktisch vorgingen, und konnte zudem Kontakte knüpfen. Die Zusammenarbeit zwischen den Spezialeinheiten hat sich bis heute bewährt.

Beim Aufbau der GSG 9 stand für mich immer im Vordergrund, dass es nicht noch einmal ein München 1972 geben dürfe. Das war der Hauptgedanke. Der zweite Gedanke war, dass wir mit jeder Form von Terrorismus fertig werden müssten. Das trieb mich dazu, immer wieder neue Ideen zu entwickeln. Wenn ich beispielsweise hörte, dass in Südamerika Terroristen auf eine bestimmte Art und Weise vorgegangen waren, überlegten wir sofort, wie wir darauf reagiert hätten. Es gab in Deutschland damals viele Erscheinungsformen von Terrorismus, vor allem die RAF, oder bei den Italienern die Brigate Rosse. Wir mussten uns auf alle einstellen und vorbereiten.

Unser größtes Problem bestand von Anfang an in der unbefriedigenden Zusammenarbeit mit den Nachrichtendiensten. Sie verschanzten sich immer hinter den Grundzügen der deutschen Gesetzgebung. Der Gedanke, dass die Nachrichtendienste nicht direkt mit der Polizei zusammenarbeiten durften, war eine Reaktion auf die Zeit des Nationalsozialismus. Das habe ich nie verstanden. Ich brachte bei jeder Gelegenheit deutlich zum Ausdruck, dass das Unsinn sei, denn wir benötigten Aufklärungsinformationen, bevor wir in einen Einsatz gingen. Wir waren auf die nachrichtendienstlichen Erkenntnisse angewiesen. Die Zusammenarbeit änderte sich erst nach Mogadischu. Wir behielten recht: Wenn man heute das Gemeinsame Terrorismusabwehrzentrum (GTAZ) sieht, wird die enge Zusammenarbeit nicht mehr in Frage gestellt.

Der Standort der GSG 9 war von Anfang an Sankt Augustin. Das war das einzig Vernünftige, weil wir die Nähe zur Bundesregierung brauchten. Sankt Augustin war ein großer Standort, da war vieles möglich. Wir hatten am Anfang Schwierigkeiten, ein entsprechendes Gebäude zu finden, und lebten dort in Baracken. Es war nicht gerade feudal, aber es ging. Dann erklärte ich Genscher, dass wir, wenn wir so eine Einheit aufbauen wollten, auch entsprechende Gebäude bräuchten, entsprechende Installationen. Daraufhin bekamen wir 1974 ein neues Gebäude, das wir nach unseren Vorstellungen entwarfen.

Wir trainierten nicht nur in Sankt Augustin, sondern überall in Deutschland. Dabei fiel auf, dass die Länderpolizeien uns gegenüber teilweise sehr kritisch eingestellt waren und uns streckenweise nicht unterstützten. Es wurde mit der Zeit besser, wir übten zum Beispiel mal in Hessen eine Geiselbefreiung im Oberlandesgericht. Das hatte seine Wirkung, aber der grundsätzliche Durchbruch in der Zusammenarbeit mit den Länderpolizeien kam erst nach Mogadischu.

Zu Beginn nahmen wir – mehr oder weniger – Unterstützungseinsätze für die Polizei vor. Mal stürmten wir eine Wohnung oder ähnliches, aber es waren keine großen Aufgaben, weil man der GSG 9 noch nicht über den Weg traute. Unsere Kritiker waren vor allem die Politiker der Länder. Die hatten kein Vertrauen zu uns und die Befürchtung, dass wir den Länderpolizeien das Wasser abgraben würden.

Dieter Fox: *In der Öffentlichkeit hatten wir bis auf ganz wenige Leute kaum Feinde oder Anfeindungen. Letztere kamen aus den eigenen Reihen im Bundesgrenzschutz, das war in unserem Bewusstsein viel schlimmer. Wenn wir mit Wegener unsere Vorstellungs- und Werbetouren vornahmen – um Personal zu rekrutieren – und natürlich auch in unsere alten BGS-Standorte kamen, wurden wir als „Killer“ und „Rambos“ beschimpft. Meistens weniger von den Mannschaften als vielmehr von den höheren Rängen – Majore, Oberstleutnante, Kommandeure – nach dem Motto: „Was sind das für Idioten, was sind das für Killer.“*

Wir übten nichtsdestotrotz weiter und perfektionierten die Taktik: an Zügen, Bussen und vor allem an Flugzeugen. Von den Israelis hatten wir in dieser Hinsicht viel gelernt. Ich war zum Beispiel zufällig in Israel, als ein Bus mit Geiseln gestürmt wurde, und ging mit zwei israelischen Kameraden in den Bus, weil mich interessierte, wie sie vorgingen. Einer von diesen Israelis ist ein sehr guter Freund von mir geworden, zu dem ich immer noch Kontakt pflege. Er war zuletzt Kommandeur einer israelischen Spezialeinheit.

Die Übungen zu Flugzeugentführungen zogen wir etwas anders auf als die Israelis. Sie hatten zwei Flugzeugentführungen, die beide nicht hundertprozentig gelöst worden waren. Die israelischen Spezialeinheiten schalteten die Terroristen aus, mussten aber auch Verluste bei den eigenen Männern hinnehmen. Bei der GSG 9 war unser Ziel: Wenn wir den Einsatz durchführen, dann müssen wir Menschenleben retten. So stimmten wir die Einsätze ab. Es durfte niemals zu einer Inkaufnahme des Verlusts von Menschenleben kommen, das war ein wesentlicher Punkt.

Die neue Organisation GSG 9 musste sich von allen bisherigen militärischen Institutionen sowie vom Bundesgrenzschutz unterscheiden, da ich angesichts des Desasters von 1972 wusste, dass die bestehenden Sicherheitsorgane mit dieser besonderen Bedrohung durch Terroristen nicht fertig werden konnten, weil sie zu sehr an alte polizeiliche Formen gebunden waren. Deshalb plädierte ich für eine unkonventionelle Einheit im Hinblick auf Organisation, Ausbildung und Vorgehensweise. Wir beschäftigten uns damals in vielerlei Beziehung mit Guerilla-Organisationen und lernten daraus.

Dieter Fox: *Wir analysierten zudem die Richtlinien und Ideologien der Gegenseite, nämlich der RAF und der sogenannten Stadtguerillas. Es gab in den 1970er Jahren das Buch „Stadtguerilla", das studierten wir im Detail und fragten: Wie arbeiten Partisanen? Wir versetzten uns in die Lage der Gegenseite und zogen auch dort Dinge heraus, die wir in unser Training einbauten. Unsere Devise war: Wenn die das machen und auf diese Dinge vorbereitet sind, somit ein Gegenstück zu ihrem Tun finden, dann haben wir es. So versuchten wir, uns erst einmal Konzepte zu erarbeiten, taktische Varianten zu kombinieren. Körperliche Fitness, Umgang mit den Waffen, Schießausbildung, sicheres Autofahren, entsprechend diszipliniertes Auftreten, konspiratives Benehmen – dieses alles in ein Paket zu fassen, waren die ersten primitiven Grundlagen.*

Die GSG 9 musste so aufgestellt sein, dass der Einheitsführer bei jeder neuen Lageentwicklung selbständig in die Lage führen und Entscheidungen treffen konnte. Eine wichtige Voraussetzung dafür war die Ausbildung: Alles war darauf abgestimmt, dass jeder diese durchlaufen musste, egal ob Offizier, Unteroffizier oder mittlerer Dienst. Das war für viele undenkbar. Ich setzte mich an dieser Stelle aber durch und gab nicht nach, sodass wir tatsächlich eine völlig unkonventionelle Organisation aufstellten. Als Konzept stand die Idee dahinter: „Wir werden mit jeder Situation fertig". Das war und ist das A und O der GSG 9.

Dieter Fox: *Ein solches Führungsverhalten war im damaligen Bundesgrenzschutz ein Novum und durchaus nicht üblich. Da gab es deutliche Kontaktdistanzen, da sonderte man sich – bis auf wenige Ausnahmen – ab. Das wurde auch allgemein akzeptiert, so war der Bundesgrenzschutz, das war zu dieser Zeit Führungsphilosophie. Genau das wollte Wegener aber nicht, er musste jeden kennen und jeder musste ihn kennen. Das war für uns natürlich neu und ungewöhnlich: Was ist das denn für einer, was macht der denn? Das ist ein Oberstleutnant. Und mit ihm am Tisch sitzen, mit einem Oberstleutnant ein Bier trinken, oder über Gott und die Welt reden, einfach so, das geht doch eigentlich gar nicht!*

Das Motto der GSG 9 war von Anfang an: Geführt wird von vorne. Also: In erster Linie ist immer der Kommandeur verantwortlich. Aber es muss im Notfall jeder Entscheidungen übernehmen können – das ist die Flexibilität der deutschen Auftragstaktik. Leider war diese in den letzten Jahrzehnten teilweise verloren gegangen. Das mussten wir erst wieder aufbauen. Wir mussten in der Lage sein, schnell zu reagieren. Der Führer in der mittleren Ebene unter dem Kommandeur muss jederzeit bei einer bestimmten Entwicklung der Lage den Einsatz der Kräfte ändern können. Er muss das später dem Kommandeur melden, aber in erster Linie ist er verantwortlich für das, was unmittelbar passiert. 1972 waren das völlig neue Ideen. Unsere Männer verstanden das sofort und waren begeistert bei der Sache. Ich hatte mit der Umsetzung meines Konzepts in der Truppe sowie bei Genscher grundsätzlich keinerlei Probleme.

Dieter Fox: *Er war sehr auf Teamarbeit bedacht, obwohl für ihn ein taktischer Führer vorne stehen musste. Auch in den untergeordneten Bereichen sollte Teamarbeit vorherrschen. Die Einheitsführer, die Offiziere, sollten ebenfalls das umsetzen, was besprochen und festgelegt wurde, aber auch neue Möglichkeiten, Gedanken und Initiativen einbringen. Das wiederum wollte er weitergeben – auch an seine Unterführer. Das heißt, wenn die ersten gemeinsamen Gespräche stattfanden, zum Beispiel die typischen wöchentlichen Einheitsführergespräche, zu denen immer die taktischen Führer mit ihm zusammenkamen, legte er Wert darauf, dass auch die älteren Unterführer der jeweiligen Einheit teilweise mit anwesend waren. Er wollte sie mit einbeziehen, damit nichts verloren ging. Er sagte: „Ich brauche diese Leute, ich möchte dieses Team und den Zusammenhalt bis zur letzten Konsequenz so haben." Wir als Team in der GSG 9 seien alle zusammen die GSG 9 und er sei nur der Kommandeur, weil er dazu bestimmt worden sei, aber auch er sei Teil dieses Teams.*

Aus dieser neuen Organisation für die GSG 9 resultierte vor allem die Stärke, sich auf jede Situation sofort einstellen zu können. Das war das Ziel. Zum Beispiel kann es beim Sturm eines Flugzeuges passieren, dass ein vorgesehener Sturm an einer Tür nicht funktioniert – so geschehen in Mogadischu –, dann entscheidet der zuständige Sturmführer, was gemacht wird, nicht der Kommandeur. Im Endeffekt setzte sich die Auftragstaktik durch, weil sie erfolgreich war.

Der Kommandeur ist bei großen Einsätzen immer anwesend. Wir hatten auch Einsätze, die kleiner waren, bei denen nicht die ganze Truppe eingesetzt wurde und der Kommandeur nicht dabei sein musste. So wird es auch heute in der GSG 9 gehandhabt. Meistens werden einzelne Teileinheiten gefordert. Wenn es aber eine wirklich schwierige Situation gibt, bei der die gesamte Truppe eingesetzt werden muss, dann muss der Kommandeur dabei sein – er kann das nicht von irgendeiner Befehlsstelle aus leiten.

Dieter Fox: *Wir verstanden es, begriffen aber gleichzeitig, dass das ein sehr hohes Zugeständnis an uns und ein unglaublicher Vertrauensvorschuss war. Wir genossen diese persönliche Aufwertung unseres Selbstwertgefühls sehr und behandelten sie wie ein rohes Ei. Das war auch ein Teil unserer unglaublich hohen Akzeptanz und des Respekts vor diesem Mann. Zu wissen: Der spricht auf der einen Seite mit dem Innenminister oder dem Bundeskanzler und eine Stunde später kommt er zurück, holt die Leute zusammen und setzt sich mit denen an einen Tisch und sagt: „Passt mal auf, ich habe gerade mit dem und dem gesprochen, jetzt nehmt das zur Kenntnis, das möchte ich umgesetzt haben." Das war Wegener und das ist ein Aspekt, der ihn zu einer – ich will nicht sagen – „Lichtgestalt" gemacht hat, aber für uns war er als Kommandeur der GSG 9 ein uneingeschränkter taktischer Führer.*

Selbstverständlich gab es immer mal Schwachpunkte und Probleme – in erster Linie beim Personal. Damit steht und fällt die GSG 9. Wir hatten am Anfang kein richtiges Konzept, wie man die Leute aus den Einheiten herausholen und zu einer vernünftigen

Personalauswahl kommen konnte. Wir nahmen Freiwillige aus dem Bundesgrenzschutz; später kamen Freiwillige aus der Bundeswehr und aus der Polizei der Länder dazu. In der ersten Zeit passierten auch Fehler, weil wir den größten Wert zunächst auf die körperliche und physische Leistung legten. Schon nach dem ersten halben Jahr änderten wir das und arbeiteten mit Psychologen zusammen. Ab 1978 entwickelten wir zusammen mit dem Diplom-Psychologen Wolfgang Salewski vom Institut für Konfliktforschung in München ein neues Auswahlverfahren, in dem die intellektuellen Fähigkeiten eines GSG-9-Beamten das Wichtigste sind. Für eine Spezialeinheit muss man weiter denken können als der normale Soldat oder Polizeibeamte. Weiterhin muss ein GSG-9-Beamter ein ausgezeichneter Sportler sein. Auch die Teamfähigkeit ist ein ganz wesentlicher Punkt. Dafür erarbeiteten wir ein Auswahlverfahren, das über mehrere Wochen lief. Leider bestanden nur 30 Prozent der Bewerber die erste Hürde des Verfahrens erfolgreich. Alle Polizeivollzugsbeamten waren ausnahmslos Freiwillige und mussten den Laufbahnlehrgang für den mittleren oder gehobenen Polizeivollzugsdienst abgeschlossen haben, eine dienstliche Fahrerlaubnis nachweisen, uneingeschränkt tauglich, körperlich und psychisch fit sein sowie den Willen zur Leistung und Kameradschaft besitzen. Die je vier Monate dauernde Basis- bzw. Spezialausbildung bei der GSG 9 umfasste Schießen, waffenlosen Kampf, Observieren, Sport und Taktik. Im Anschluss kamen hinzu: Tauchen, Fallschirmspringen, die Ausbildung zum Rettungssanitäter, Sprengleiter und Entschärfer. Der erste Tag begann mit einem 13 Kilometer langen Marsch, gefolgt von umfangreichen Schieß-Ausbildungen und Orientierungsmärschen über 150 Kilometer unter härtesten Bedingungen. Der zweite große Teil der Ausbildung umfasste die Vermittlung von Strategien und Taktiken – Öffnung von Bussen, Eisenbahnen, Flugzeugen – sowie verschiedene Kletterübungen. Leider bestanden nur ein paar Bewerber diese Auswahlprüfung. Das ist bis heute ein ernsthaftes Problem. Die Ausbildung der GSG 9 erfordert viel. Jeder muss sich darüber im Klaren sein, dass seine Familie einiges auszuhalten hat. Wir gaben den GSG-9-Beamten unmissverständlich zu verstehen, dass sie ihren Familienangehörigen nicht alles sagen durften. Meine Frau wusste durchaus nicht immer, wo ich war. Ein geflügeltes Wort bei uns in der Familie war: „Ich fliege jetzt in den Süden."

Das sogenannte Cross-Training, das die Austauschbarkeit jedes Angehörigen eines Spezialeinsatztrupps in den einzelnen Funktionen zum Ziel hat, sollte zu einer völligen Vertrautheit mit allen Einsatzmitteln und Waffen des SET führen und die Teamarbeit stärken. Das SET ist die kleinste taktische Teileinheit, der 5-Mann-Spezialeinsatztrupp als selbstständige Kampfeinheit, angelehnt an das „Handbuch des Stadtguerillero" von Carlos Marighella.

Nach Abschluss der Spezialausbildung wurden die Freiwilligen in die Einsatzeinheiten übernommen. Je nach Zugehörigkeit zu entsprechenden Einsatzeinheiten schlossen sich Speziallehrgänge an, zum Beispiel Freifall-Fallschirmausbildung, taktische Tauchausbildung, Spreng- und Observations- sowie Präzisionsschützenlehrgänge.

Das Wichtigste an der GSG 9 ist der Mensch. Wenn der Mensch nicht passt, dann klappt es mit der ganzen Einheit nicht. Das muss stimmen. Wir übernahmen am Anfang einige Leute in die GSG 9, die da nicht reingehört hätten.

Dieter Fox: *Wir sagten uns, dass wir ausschließlich dafür da wären, Menschenleben zu retten und Gefahrenlagen zu bereinigen. Wenn wir selbst ausgeschaltet werden, dann können wir kein Menschenleben mehr retten, so einfach ist das. Wenn wir in einen Raum eindringen und nicht entsprechend präpariert und vorbereitet sind im Rahmen der Gefahrenlage, wenn wir diese Situation nicht verinnerlicht haben und nicht mit diesem Stück „Kälte" – also professioneller Abgeklärtheit – reingehen, dann geht die Aktion schief. Das ist der entscheidende Punkt, danach haben wir gelebt, trainiert, uns zusammengefunden – das wurde auch untereinander diskutiert, wenn es zu solchen Situationen kam.*

Es passierte, dass wir Bewerber nahmen, die exzellente Sportler, aber nicht intelligent genug waren. Letzteres ist aber das Wichtigste. Es ist für uns heute unvorstellbar, nur eine der Qualifikationen in einem GSG-9-Mann vorzufinden. Die GSG 9 besteht in erster Linie aus Männern, die eine psychische Stärke, ein gutes Selbstwertgefühl und eine stabil ausgeprägte Identität haben. Sie sind mental ganz anders eingestellt als bei einer normalen Einheit, da sie sich selber in die Verantwortung für das eigene Team nehmen. Die Kameradschaft untereinander ist entscheidend. 1973 hatten wir um die 60 bis 70 Mann, 1974 waren wir schon über 100. Die GSG 9 nahm an Größe zu. Genscher machte immer Werbung für uns.

Dieter Fox: *Wir versuchten immer nach dem Dienst, nachdem wir uns in Wettkämpfen gemessen hatten und natürlich jeder auf seiner Linie das Beste bringen und punkten wollte – jeder wollte in der besten Einheit, im besten Trupp der beste Unterführer oder beste Offizier sein – jede Möglichkeit für eine familiäre oder freundschaftliche Zusammenkunft zu nutzen, egal, ob das ein Lagerfeuer oder irgendein Ausflug war. Wir wussten ja nie, wann eine große Herausforderung anstand und wir das so nicht mehr machen konnten. Das war ein ganz entscheidender Punkt, den auch Wegener prägte. Er sagte immer, dass für ihn Kameradschaft und Zusammenhalt mit das Wichtigste überhaupt seien. Wenn das in der GSG 9 nicht mehr funktioniere, hätten wir keine GSG 9 mehr. Wenn man sich in einer Einheit ein gemeinsames Ziel setzt, dann entsteht untereinander eine so tiefe Verbundenheit und Herzlichkeit – und das über Jahre hinaus –, das kann man nicht trennen. Das ist der Punkt, der uns zusammenwachsen ließ, der wurde auch in den Ausbildungseinheiten geschult und in die Körper und Köpfe gehämmert. Wenn man einmal dieser Einheit angehört, dann ist man, ob man will oder nicht, Bestandteil dieser Einheit bis zum Ende seines Lebens. Das hat die GSG 9 so stabil, unangreifbar erfolgreich gemacht: Auch wenn man sich untereinander in Wettkämpfen gemessen hat, war das vergessen, wenn es zu einem Einsatz ging. Dann gab es kein Konkurrenz- oder Wettbewerbsdenken, da gab es nur den Einsatz und die GSG 9 als Einheit.*

Simone Stewens: *An erster Stelle stehen sicherlich Mut, Risikobereitschaft, aber auch Verantwortungsbewusstsein. In diesem Dreiklang würde ich das sehen. Es ist auch nicht uneingeschränkter, bedenkenloser Mut, sondern dieser ist gewissermaßen kontrolliert durch eine Form von Verantwortungsbewusstsein.*

13. Spezialeinheiten der Länder und des Bundes

Die Gründung der GSG 9 war die bekannteste politische Maßnahme der Bundesregierung nach München 1972. Doch auch auf Ebene der Länderpolizeien wurden Spezialeinsatzkommandos (SEKs) aufgestellt sowie Mobile Einsatzkommandos (MEKs). Als Konsequenz aus den Ereignissen von München beschloss die Ständige Konferenz der Innenminister und –senatoren 1974 das „Konzept für die Aufstellung und den Einsatz von Spezialeinheiten der Länder und des Bundes für die Bekämpfung von Terroristen". Die SEKs sollten gegen die Kriminalitätsformen vorgehen, für die Polizeibeamte im Streifendienst nicht ausreichend gerüstet und ausgebildet sind. Somit wurden sie an den Brennpunkten der Kriminalität flächendeckend in den Ländern eingerichtet. In den ersten Jahren wurden SEKs bei besonders gewalttätig verlaufenden Demonstrationen eingesetzt, später auch bei Banküberfällen, Geiselnahmen, Bekämpfung von Schwerstkriminellen und Terroristen. Von 1970 bis 1980 wurde das Personal der Sicherheitsorgane in der Bundesrepublik stark aufgestockt. Prozentual gesehen stieg das Personal im Bundeskriminalamt am stärksten. Das lag nicht zuletzt daran, dass im September 1971 Horst Herold die Position des Präsidenten des BKA übernahm, der diese Institution personell und technisch ausbaute. Auch die Verfassungsschutzbehörden des Bundes und der Länder sowie die Länderpolizeien und der Bundesgrenzschutz verbesserten sich personell. In den Jahren 1973/74 folgten tiefe Zäsuren für die Polizeientwicklung aufgrund von Polizeireformen, Planstellenausbau, großen Pensionierungswellen und einer intensiveren Verwendung der EDV.

Die Zusammenarbeit mit den Spezialeinsatzkommandos der Länder war nicht einfach. Dort herrschte einerseits Konkurrenzdenken, andererseits waren wir aufeinander angewiesen.

Die Länderpolizeien merkten von Anfang an, dass sich etwas beim Bund entwickelte, das eventuell schwierig für sie werden könnte und eine Konkurrenz darstellte: Wir richteten uns nach dem Auftrag der Bundesregierung und stellten eine Einheit auf, die gegen Terroristen und bei Geiselnahmen tätig werden sollte, aber auch bei schweren Kriminalfällen zur Stelle war. Es stellte sich heraus, dass die GSG 9 weitaus breiter aufgestellt war, als es die normalen Spezialeinsatzkommandos waren. Viele Einsatzfälle der GSG 9 konnten von den SEKs gar nicht wahrgenommen werden. Es gab von Beginn an mit einigen Ländern Auseinandersetzungen über Einsatzbereiche, die die Länder wahrnehmen wollten, weil sie sich politisch mehr davon erhofften. Wir versuchten, ihnen das auszureden, aber manchmal stellten sich die Minister stur. Genscher unterstützte uns und auch die nachfolgenden Innenminister, da hatte ich nie

Probleme. Letztlich war und ist es die Entscheidung des Innenministers oder Bundeskanzlers, welche Einheit eingesetzt wird.

Wir hatten zusätzlich eine Vereinbarung mit allen Ländern, wann die GSG 9 eingesetzt werden muss. Darüber wird inzwischen auch gar nicht mehr diskutiert, weil die meisten Länder eingesehen haben, dass sie vieles nicht leisten können, zum Beispiel komplexe Terrorlagen, maritime Einsätze mit taktischen Tauchern oder auch Befreiung von Geiseln bei Flugzeugentführungen.

Dieter Fox: *Es gab auch die Frage, warum wir unbedingt mit Mercedes 280 SE fahren mussten. Aber wie soll man mit einem VW-Käfer oder einem damaligen VW-Bulli beispielsweise einem Alfa Romeo oder einem Porsche folgen, den die Terroristen zuvor geklaut hatten? Das ging einfach nicht. Der 280 SE hatte damals gerade mal 185 PS, das war schon eine Marke, heute lächerlich. Heute haben die Fahrzeuge der Spezialeinheiten ganz andere Motorstärken. Zudem mussten in den Kofferraum und den Innenraum des 280 SE die persönlichen Einsatzmittel und die Ausrüstung, drei Gewehrkisten, drei Nachtsichtgeräte und drei Personen. Ein Trupp bestand damals aus fünf bzw. sechs Leuten, das heißt, jeder Trupp hatte im Bereitschafts-, Einsatz- und Alarmfall zwei Fahrzeuge. Die Fahrzeuge waren vollbepackt bis oben hin. Es mussten zusätzlich drei Einsatztaschen hinein plus Parka, Unterlegmatten, Wetterschutzkleidung, Helme und Ähnliches, dann war das Fahrzeug voll. Ein Fahrzeug mit 100 PS wäre gar nicht von der Stelle gekommen. Der Wagen alleine wog schon fast zwei Tonnen.*

Zwischenzeitlich waren die Beziehungen zwischen der GSG 9 und dem Land Nordrhein-Westfalen schwierig. Das hing vor allem mit der Persönlichkeit von Landesinnenminister Herbert Schnoor zusammen. Er war kein Freund der GSG 9, weil er in ihr Konkurrenz sah. Es kam zu Auseinandersetzungen, währenddessen ich zu ihm sagte: „Offensichtlich haben viele Ihrer Kollegen noch nicht begriffen, wozu die GSG 9 da ist: um Leben zu retten, aber nicht, um irgendetwas in Frage zu stellen."

Inzwischen existiert eine gute Zusammenarbeit und wir unterstützten die Spezialeinsatzkommandos der Länder auch bei der Ausbildung. Die GSG 9 war und ist das Non-plus-ultra. Schwierigkeiten hatten wir 2013. Plötzlich kam der Kommandeur der GSG 9 zu mir und sagte: „Stellen Sie sich vor, Herr General, eines unserer Länder hat uns mitgeteilt, dass es in Zukunft bei Flugzeugentführungen alleine mit seinem Spezialeinsatzkommando eingesetzt werden will." Ich war ganz verblüfft und antwortete: „Das können die doch gar nicht." Der Kommandeur erklärte: „Richtig, aber sie haben uns gebeten, ob wir deren Spezialkommandos schulen könnten." Selbstverständlich antwortete Kommandeur Olaf Lindner, dass sie das vergessen könnten, da es nicht in Frage käme. Das ist ein Spezialgebiet der GSG 9, das von uns permanent weiterentwickelt wird. Die Anfrage wurde sofort gestoppt. Der zuständige Innenminister verstand sofort, welche Probleme dadurch entstehen könnten und dass die SEKs dazu gar nicht in der Lage wären. Ich gab ihm zu verstehen, dass er dadurch auch Verluste herausfordern würde. Die Sache war damit erledigt.

Anfang der 1970er Jahre gab es aus der Bevölkerung selbst keine kritischen Stimmen gegenüber der GSG 9. Einen ernsthaften Widerstand konnte man sich auch gar nicht vorstellen, denn nach der Katastrophe von München erwartete die Öffentlichkeit vom Staat eine handlungsfähige Lösung. Wir konnten am Anfang selbstverständlich nicht vorhersagen, wie sich unsere neue Spezialeinheit entwickeln würde. Doch es war allen klar – auch in der Politik –, dass etwas Besonderes geschaffen werden musste, das mit der neuen Terrorismusgefahr fertig werden würde.

Stefan Aust: *Ich gehe aber davon aus, dass die RAF sehr genau wusste, dass sie es in einer Konfliktsituation nicht mehr mit normaler Polizei zu tun haben würde, sondern mit einer sehr gut ausgebildeten, schlagkräftigen Spezialeinheit. Vielleicht nahm man sich auch selbst noch wichtiger als zuvor, weil der Staat gleichsam ihretwegen auf diese Weise aufrüstete.*

Wir spezialisierten uns auf Flugzeugentführungen, weil uns die Israelis darauf vorbereitet hatten, dass die Palästinenser vor allem durch Flugzeugentführungen auf sich aufmerksam machen würden. Es war damals hochaktuell. Die israelischen Spezialeinheiten gaben mir auch klar zu verstehen, dass Flugzeuge immer ein Angriffsziel bieten würden, welches PR-Wirkung hätte. Darauf käme es den Terroristen an. Das setzten wir bei der GSG 9 sofort um. Ich sprach mit der Lufthansa und anderen Fluggesellschaften, auch mit der Aeroflot. Wir baten sie um Hilfe: „Ihr müsst uns in diesem Bereich helfen, wir müssen an euren Maschinen üben." Das wurde gestattet. Wir fingen sofort an, die ersten Übungen durchzuführen und hielten das regelmäßig bei. Als es 1977 zur Entführung der Lufthansa-Maschine „Landshut" kam, hatten wir schon unzählige Übungseinheiten an Flugzeugen hinter uns – auch an der „Landshut". Das war reiner Zufall, dass wir unsere Übungseinheiten in Nürnberg einmal an der „Landshut" durchgeführt hatten.

Die Übungen fanden nur in der Bundesrepublik statt. Überall, wo auf einem deutschen Flughafen eine Maschine über Nacht stand, flogen wir mit Hubschraubern hin und übten. Dass das manchmal einen riesigen Aufwand darstellte, war allen klar. Die Fluggesellschaften waren oft auch gar nicht begeistert. Die Maschinen wurden durch unsere Trainingsübungen hin und wieder mal beschädigt – wie das halt so war. Nach jedem Übungseinsatz musste der Wartungsdienst kommen, damit die Maschinen wieder einsatzfähig waren, aber die Fluggesellschaften sahen das ein. Ich muss sagen, dass die Lufthansa sehr gut mitarbeitete – auch im Hinblick auf das, was Israel schon erlebt hatte – und klar Stellung bezog: „Ja, wir machen das, wir stellen euch die Maschinen zur Verfügung." Wir schulten damals auch in begrenztem Maße das Personal der Lufthansa, wie es sich bei einer Entführung verhalten sollte. Im Lufthansa-Ausbildungszentrum griff man dieses Thema ohnehin auf, konnte es allerdings erst nach Mogadischu so ausbauen, dass es eine echte Anleitung für die Flugzeugbesatzung war. Das hat sich auch bewährt.

Unsere Stärke lag darin, dass wir inzwischen bestimmte Verfahren so verfeinert hatten, gerade beim Flugzeugsturm, dass wir sicher waren, dass andere das nicht leisten konnten. Wir übten das so lange, bis es nicht mehr weiter ging. Dabei stellte sich auch heraus, wer dem Anspruch nicht standhalten konnte. Ich war auf der einen

Seite oft unzufrieden mit einigen Männern, bei denen Schwächen zu Tage traten. Auf der anderen Seite sprachen mich damals auch meine Mitoffiziere an und meinten: „Herr Oberstleutnant, schmeißen Sie die nicht gleich raus“, denn viele brauchten länger, unser neues Verfahren zu übernehmen.

Wir führten bis 1976 verschiedene Einsätze in den jeweiligen Bundesländern durch: Jedes Mal, wenn es zum Beispiel eine Geiselnahme gab, holten uns die Länder. Manchmal kam es gar nicht zum Einsatz – wir wurden zwar geholt, aber die Geiselnehmer gaben sofort auf, sobald sie unsere Männer sahen. Wir hatten einmal einen Einsatz in Frankfurt am Main, der ist mir lebhaft in Erinnerung geblieben: Es gab dort 1974 eine Geiselnahme im Oberlandesgericht und wir konnten die Einsatzleitung davon überzeugen, dass wir dafür da wären und die beste Garantie böten, um eine erfolgreiche Lösung der Lage zu erreichen. Das gelang uns und wir befreiten die Geiseln. Das stellte kein Problem für uns dar. Die Besonderheit bei diesem Einsatz war, dass wir unsere Kräfte an das Gebäude heranbringen mussten. Das war eine Herausforderung, da der Geiselnehmer im 3. oder 4. Stock des Oberlandesgerichtsgebäudes saß und immer betonte, er wolle keinesfalls Polizeifahrzeuge sehen, die an das Gebäude kämen. Wir überlegten genau, wie wir das machen könnten. Zu dem Zeitpunkt waren wir bei der GSG 9 mit Luftlandegeschichten noch nicht so weit. Dieser Einsatz führte im Nachhinein dazu, dass wir auch eine Luftlandeeinheit aufstellten, gekoppelt mit einer Ausbildung zum Fallschirmspringer, zu schnellen Hubschraubereinsätzen und besonderen Abseilverfahren. Den Einsatz von Hubschraubern und Luftlandekräften bauten wir systematisch auf; damit waren wir in diesem Bereich führend. Zur GSG 9 gehörten damals vier verschiedene Einsatzeinheiten, neben der Luftlandeeinheit die maritime Einheit, die Präzisionsschützen und die Observationseinheit.

Dieter Fox: *Die Geiselnahme von Stockholm ereignete sich am 24. April 1975. Sechs Terroristen der RAF verschafften sich Zugang zur bundesdeutschen Botschaft in Stockholm, nahmen dort zwölf Geiseln und ermordeten zwei von ihnen. Wir holten die Stockholm-Attentäter nach ihrer Festnahme am Köln-Bonner Flughafen ab, nachdem das BKA die Terroristen nach Deutschland geflogen hatte. Ulrich Wessel und Siegfried Hausner waren bei der Aktion umgekommen bzw. lebensgefährlich verletzt worden, aber Hanna Krabbe, Karl-Heinz Dellwo, Bernhard Rössner und Lutz Taufer holten wir ab und fuhren sie in die Haftanstalten. Ich fuhr Dellwo mit meinem SET nach Essen in die Justizvollzugsanstalt.*

In Zusammenarbeit mit der baden-württembergischen Landespolizei übernahmen wir ab 1975 die Bewachung des Gerichtes während des Stammheim-Prozesses. Bei diesem Strafprozess gegen die Anführer der Roten Armee Fraktion der „ersten Generation“ waren die RAF-Mitglieder Andreas Baader, Ulrike Meinhof, Gudrun Ensslin und Jan-Carl Raspe angeklagt. Ihnen wurde Mord in vier Fällen und versuchter Mord in 54 Fällen vorgeworfen. Der Prozess fand vor dem Oberlandesgericht Stuttgart statt. Aus Sicherheitsgründen wurde für die Verhandlungen auf dem Gelände der Justizvollzugsanstalt Stuttgart eine fensterlose Mehrzweckhalle errichtet, die als Gerichtssaal genutzt wurde. Der Prozess dauerte von Mai 1975 bis April 1977.

Wir schickten eine Einheit nach Stuttgart, die in einer Bundeswehrkaserne in der Nähe von Stammheim unterkam. Es gab am Oberlandesgericht Stuttgart Kontrollstellen, die jeder passieren musste, der zum Gericht wollte – auch Rechtsanwalt Otto Schily, der zunächst Wahlverteidiger von Horst Mahler und ab 1975 von Gudrun Ensslin war. Bei der Eröffnung des Stammheimer Prozesses erlebte ich Otto Schily zum ersten Mal. Auch er musste durch die Kontrollstellen, wobei wir sein Gepäck durchsuchten. Darüber regte er sich sehr auf und berief sich auf seine Anwaltsrechte. Wir behandelten ihn allerdings sehr respektvoll und es fiel nichts weiter vor. Keiner von uns hätte jedoch im Traum daran gedacht, dass genau dieser Rechtsanwalt 1998 Bundesminister des Innern werden und sich zum Freund der GSG 9 entwickeln würde. Er hatte zuletzt bei der GSG 9 einen sehr guten Ruf, da er wirklich der Auffassung war, dass die GSG 9 eine notwendige Spezialeinheit sei, die alle Erwartungen, die an sie gestellt würden, erfüllen könne. Schily war als Innenminister ein paar Mal bei der GSG 9 in Sankt Augustin, denn er legte großen Wert auf ein gutes Verhältnis zu unserer Spezialeinheit. An dieser Stelle möchte ich betonen, wie wichtig es ist, dass Bundesminister und Bundeskanzler die GSG 9 vor Ort besuchen und sich einen Eindruck von dem verschaffen, was dort getan wird und welches Potential sie dort vorfinden. Ich kann es nicht verstehen, wenn das versäumt wird.

Otto Schily: *Die GSG 9 wird zu Recht als Elitetruppe bezeichnet. Die Mitglieder der GSG 9 haben mich durch ihre Charakterstärke, ihren Mut, ohne in Abenteuertum abzugleiten, ihr hervorragendes Ausbildungskonzept und vor allem durch ihren vorbildlichen Teamgeist sehr beeindruckt.*

Der erste Schüler aus dem Ausland, den wir hatten, war ein Schweizer. Der war zuletzt Kommandeur der Kantonspolizei Aargau. Er war ein halbes Jahr bei uns und nahm an allem teil. Wir hatten damals ein paar Einsätze und er wurde miteinbezogen. Ich dachte nachher gar nicht mehr daran, dass er ein Schweizer war. Daraus entstand ein guter Draht zur Schweiz und ihren verschiedenen Einheiten in den Kantonen. Ich schätzte es immer sehr, welch unterschiedliche Anregungen wir von dort erhielten. In den 1980er Jahren sprach ich in der Schweizer Infanterieschule in Isone über Taktik und folgte immer wieder Vortragseinladungen. Die nächsten Schüler waren Niederländer, die am Anfang überhaupt nicht deutschfreundlich waren. Heute haben wir aber eine Zusammenarbeit mit den Niederlanden, die sich sehen lassen kann. Wir gingen mit denen ebenso um wie mit den Deutschen. Wir mussten dabei deutlich zum Ausdruck bringen, dass der Austausch nur unter der Bedingung der Geheimhaltung funktionierte. Na ja, einiges drang natürlich trotzdem nach außen, aber im Grunde genommen hat sich die internationale Zusammenarbeit bewährt und diese insgesamt gefördert. Bei den Österreichern hatten wir Beziehungen zum Einsatzkommando Cobra, der wichtigsten polizeilichen Sondereinheit in Österreich.

Dort hat sich inzwischen vieles geändert, da die Österreicher eine völlige Umorganisation vorgenommen haben. Als Kommandeur der GSG 9 sah ich mir damals diese Einheit an, nachdem Männer vom Einsatzkommando Cobra bei uns trainiert hatten. Wir hatten einen guten Austausch, sodass ich ihnen Ideen geben und gleichzeitig Anregungen mitnehmen konnte. Wir beneideten diese Gruppe, weil sie finanziell so viel besser gestellt war als wir. So eigenartig das klingen mag, aber die Regierung war dort in diesem Bereich sehr viel großzügiger.

14. Familienleben?

Die risikoreiche Tätigkeit, die hohe Geheimhaltungsstufe, der unregelmäßige Dienst, die langen Zeiten fern der Familien stellen eine hohe Belastung für die GSG-9-Beamten und ihre familiären sowie freundschaftlichen Beziehungen dar. Wenn der Ehemann, Vater, Bruder oder Freund bei wichtigen Familienereignissen nicht anwesend sein kann, weil er im Einsatz ist, wenn die Familie nicht weiß, bei welchem Einsatz er sich befindet, wenn das Umfeld nicht wissen darf, dass er ein GSG-9-Beamter ist, dann leiden die sozialen Bindungen darunter. Diese großen Belastungen müssen einem Bewerber für die GSG 9 und seiner Familie bewusst sein. Kommunikationsprobleme sind garantiert, wenn die Männer nicht über ihre Einsätze sprechen dürfen und die Familie nur aus der Presse erfährt, was passiert ist. Zudem wird für viele die GSG 9, in der sie Gleichgesinnte mit den gleichen Anlagen und Interessen vorfinden, zum Familienersatz. Nichtsdestotrotz sind das soziale Miteinander, Charakterstärke, Loyalität, Hilfsbereitschaft, Selbstlosigkeit und Diszipliniertheit der GSG-9-Beamten starke Vorteile, die alle im näheren Umfeld zu schätzen wissen. Doch unabhängig von der unberechenbaren, in jeder Hinsicht spannungsvollen Lebensweise müssen alle Angehörigen der GSG 9 lernen, mit der Angst umzugehen – ob vor dem Einsatz, der eventuell nicht ausreichenden Kompetenz, vor Unfällen oder dem psychischen und physischen Verschleiß. Dieser Dauerbelastung standzuhalten, ist keine kleine Herausforderung.

Da ein GSG-9-Beamter seine Identität nicht öffentlich machen darf, versuchten wir für unsere Männer das Familienleben zu erleichtern, indem wir sogenannte Familientage bei der GSG 9 einführten. Wir wollten den Ehepartnern und Familienangehörigen verdeutlichen, an welcher Aufgabe sie beteiligt sind, ohne dass dabei Geheimnisse offenbart würden. Es ging uns um Zusammenhalt und vor allem auch um Verständnis von Seiten der Ehefrauen. Denen boten wir an, dass sie sich an die GSG 9 wenden könnten, wenn sie Probleme hätten. Wir stellten ihnen Hilfe zur Verfügung, wenn die Männer im Ausland waren. Das war uns immer wichtig und ist meiner Meinung nach die Voraussetzung für den Dienst in einer Spezialeinheit.

Dieter Fox: *„Mein Vater ist bei der GSG 9", aber das war es dann auch. Mehr konnten sie nicht sagen, weil sie nicht mehr wussten. Man sah uns ja auch bei Elternabenden oder Schulfeiern. Da waren wir zwar nicht in Uniform, aber anwesend. Da wir in Sankt Augustin unseren Standort hatten und natürlich auch ständig durch die Stadt fuhren und liefen, wusste die Bevölkerung, wer man war. Aber mehr Kenntnisse hatten die Leute nicht. Zum einen, um von den Kindern eine Last zu nehmen, damit sie sich nicht verplapperten oder möglicherweise Gefahr liefen, etwas auszuplaudern und dadurch in Bedrängnis zu geraten, und zum anderen, um nichts an die Öffentlichkeit zu geben, was hinterher anders ausgelegt und gegebenenfalls* *mediengerecht vermarktet werden könnte. Deswegen lautete die Devise: Was dort passiert, das bleibt in der GSG 9.*

Letztlich waren meine Familie und ich genauso betroffen: Ich verlangte meiner Frau und meinen Töchter viel Verständnis ab. Sie mussten Zugeständnisse machen. Als ich die GSG 9 gründete, hatte ich bereits eine junge Familie, die ich ins Rheinland nachholte.

Simone Stewens: *Nachdem mein Vater 1972 von Genscher beauftragt worden war, die GSG 9 aufzubauen, gab es eine große Änderung: Es befanden sich von diesem Zeitpunkt an eine große Anzahl von Waffen im Haus. Jahrelang hatte mein Vater eine Maschinenpistole neben dem Nachttisch. Auch wenn wir uns als Kinder nicht andauernd im Schlafzimmer der Eltern aufhielten, ging man ab und an dort hinein. Das war ein ungewöhnlicher Anblick, an den ich mich auch nie gewöhnt habe. Das war immer ein Fremdkörper.*

Meine Töchter fühlten sich dort sehr wohl. Das Einzige, was sich zunächst für meine Familie änderte, war die Tatsache, dass sich meine Anwesenheit zu Hause minimierte. Es war für meine Frau manchmal schwierig im Hinblick auf die Erziehung der Kinder, aber sie bekam das immer gut hin.

Simone Stewens: *Dadurch, dass mein Vater häufig nicht zu Hause war, nahmen meine Eltern eine klassische Rollenverteilung ein. Wenn meine Mutter auch zwischendurch arbeitete, letzten Endes war das ein ganz klassisches weibliches Rollenbild und mein Vater lebte sein klassisches männliches Rollenbild. Krankenschwester und Soldat sind ja auch archetypische Berufe. Die Krankenschwester steht für das Unterstützende, kümmert sich sozusagen „um die Wunden“, die Verletzungen. Beide lebten sehr traditionell. Mein Vater kann bis heute kein Spiegelei in die Pfanne hauen, gar nichts.*

Simone Stewens: *Meine Eltern haben uns Schwestern sehr leistungsbereit erzogen. Meine Mutter war eher die zurückhaltendere, vielleicht auch sensiblere, weichere Person, während mein Vater jemand ist, der sehr nach vorne geht und auf Selbstvertrauen setzt. Uns Kindern sagte er, dass wir uns einiges zutrauen und auf uns selbst verlassen könnten, da wir mit unserer Persönlichkeit eine solide Grundlage hätten. Wir könnten im Leben nur etwas erreichen, wenn wir vorangingen. Aus heutiger Sicht ist da auch ein Stück weit so etwas wie Führung impliziert. Sicherlich wurde uns vorgelebt, dass man führt, dass man für Ideale einsteht, für eine Form von Patriotismus, auch in einer Zeit, wo es noch gar nicht opportun war, Patriot zu sein. Das waren Dinge, an denen ich mich gerieben habe, da war von meiner Seite nicht nur uneingeschränkte Akzeptanz. Aber all das wurde vorgelebt, manchmal auch mit einer gewissen Härte. Mein Vater stand eher für Härte in der Erziehung, die uns Kindern ganz schön etwas zu knabbern gab.*

Ich musste meiner Familie von Anfang an klarmachen, dass ich sehr oft weg sein würde. Darauf stellte sie sich ein. Zusätzlich musste ich dafür sorgen, dass meine Familie geschützt wurde, da ich nun als Kommandeur der GSG 9 öffentlich bekannt war. Dem BKA gab ich Bescheid, dass wir von denen keine Hilfe benötigten, sondern über die GSG 9 selber für Sicherheit sorgten. Im Personenschutz meiner Familie nahmen wir zu Anfang nur das Minimalste vor. Aber ich wies sie eindringlich darauf hin, dass nichts über meine Tätigkeit an die Öffentlichkeit dringen dürfe. Zudem sagte ich meiner Familie: „Ihr müsst selber ein bisschen aufpassen. Ihr wisst ja, um was es geht und müsst rechtzeitig melden, wenn irgendetwas nach eurer Auffassung nicht in Ordnung ist." Das handhabten wir dann auch so.

Simone Stewens: *Vielleicht hatten meine Eltern das Gefühl, dass sie auf uns Mädchen besonders gut aufpassen mussten. Gerade als Heranwachsende bekamen wir eine gewisse Strenge zu spüren, was das Ausgehen oder das Nach-Hause-Kommen zu bestimmten Zeiten anbelangte. Ich erinnere mich noch genau, wie ich meinen ersten Maibaum bekommen habe – mit 15 oder 16 Jahren. Dies geschah natürlich mitten in der Nacht. Mein Vater musste daran gehindert werden, die Beteiligten mit Schüssen zu vertreiben. Ich war entsetzt. Es ist für ein junges Mädchen eine Ehre, einen Maibaum zu bekommen. Auf gar keinen Fall will man, dass der Verehrer daran gehindert wird. Um ein Haar wäre dies aber passiert. Wenn ich mich richtig erinnere, hat meine Mutter damals gesagt, er solle sich da zurückhalten. Er stand dann hinter der Meinung meiner Mutter.*

Es gab insgesamt kaum Probleme. Einmal hatten wir einen Anschlag in unserem Haus in Troisdorf, der jedoch rechtzeitig von Technikern der GSG 9 entdeckt wurde: Eine Tasche mit Sprengstoff wurde unmittelbar vor unsere Haustür gestellt. Wir wissen bis heute nicht, warum das passiert ist – das BKA ließ uns in dieser Sache ein bisschen auflaufen. Sie tätigten die Ermittlungen, aber wir erfuhren nie, wer dahintersteckte. Es waren mit Sicherheit linksextremistische Kreise, denn der versuchte Anschlag geschah nach der Geiselbefreiung in Mogadischu.

Simone Stewens: *Mein Vater teilte seiner Familie relativ wenig über den Ernst der Lage mit – das war auch gut so. Wir wären sonst noch sehr viel stärker verunsichert worden, was die eigene Situation betraf. Man lebt ohnehin nur in einer vermeintlichen Form von Sicherheit. Als Kind gehört es aber zum Grundvertrauen, dass man sich irgendwo aufgehoben fühlen muss. Mein Vater wollte sicherlich auch meine Mutter nicht großartig ängstigen. Trotzdem gab es die Geschichte mit dem Sprengstoff vor der Tür, der dort deponiert wurde. Das war zu der Zeit, als wir in Troisdorf lebten. Ich erinnere mich an den Sprengstoff nur dunkel. Es waren zwei unterschiedliche Vorgänge: Einmal gab es tatsächlich Sprengstoff, das erfuhren wir aber erst sehr viel später. Von dieser Information wurden wir abgeschirmt. Zudem gab es einen falschen Alarm, den bekam ich voll mit. Es lag eine Melone vor unserer Haustür – das muss nach dem echten Sprengstoffanschlag gewesen sein. Die Melone wurde dann gesprengt – überall war das rote Melonenfleisch, es sah furchtbar aus, aber es war letztendlich nur eine Frucht. Das geschah in der vollkommen angespannten RAF-Phase.*

Unser Haus in Troisdorf war etwas schwierig zu schützen, da es sich um ein altes Bundeshaus aus den 1960er Jahren handelte. Es war nicht gerade bestens ausgestattet, sodass vieles geändert werden musste, was die Fenster und Türen betraf. Diese wurden komplett durch gepanzertes Material ersetzt. Zudem erhielten wir Außenscheinwerfer und Alarmanlagen. Wir wechselten unseren Wohnsitz nach dem Anschlag. Das BKA hatte mir schon einige Orte vorgeschlagen, die wir uns ansahen. Wir entschieden uns für einen sehr schönen Bungalow in Oberpleis. Der hatte nur einen Nachteil: Er lag zu nah an der Autobahn. Der Geräuschpegel war ziemlich hoch, das störte uns. Von dort aus zogen wir Mitte der 1980er Jahre nach Windhagen in die Nähe von Linz am Rhein. Das Haus gehörte einer Unternehmerfamilie in Köln, die unter Zahlungsschwierigkeiten litt, sodass sie das Haus verkaufen mussten. Wir mussten kaum etwas renovieren. Selbstverständlich wurden überall Überwachungskameras eingebaut – das Übliche, das mussten wir in Kauf nehmen.

Simone Stewens: *Sie [meine Mutter] war diejenige, die den Personenschutz am meisten miterlebte. Das waren starke Eingriffe in die Privatsphäre. Sie konnte teilweise keinen Schritt ohne Begleitung tun und hatte immer zwei junge Männer um sich, egal, ob sie Einkäufe machte oder im Haus war. Das war schon eine starke Beeinträchtigung. Sie stand ständig unter Beobachtung. Immer war jemand da, der einschätzte, ob es sich um eine gefährliche Situation handelte oder nicht. Sie hatte 1979/1980 einen Nervenzusammenbruch, weil sie überhaupt nicht mehr alleine war, keinen Moment der Besinnung, der Stille oder des Für-sich-Seins hatte.*

Umfangreichen Personenschutz hatten wir erst nach der Geiselbefreiung in Mogadischu. Ich wurde täglich von zwei gepanzerten Dienstwagen der GSG 9 zum Dienst abgeholt und auf wechselnden Routen nach Hangelar gefahren. Aber auch meine Familie musste Einschränkungen hinnehmen. Spontane Aktionen waren kaum möglich. Meine Tochter Susanne wurde von zwei Sicherheitsbeamten zur Schule begleitet. Sie mochte das gar nicht und zog kurz nach ihrem Abitur 1978 von zu Hause aus.

Eine wichtige Voraussetzung für das Haus in Windhagen war ein Hubschrauberlandeplatz neben dem Garten. Dort sind verschiedene Minister, zum Beispiel Manfred Wörner, gelandet, israelische Freunde, amerikanische Gäste. Wir hatten sehr viele Gäste hier, mit Wörner verband mich ein sehr enges Verhältnis. Er versuchte immer, mich bei der GSG 9 abzuwerben und bot mir beispielsweise die Luftlandedivision an, aber ich konnte meine Einheit einfach nicht im Stich lassen.

Meine Frau war glücklicherweise durch meine Arbeit für Innenminister Genscher bereits daran gewöhnt, dass alles unter höchster Geheimhaltungsstufe zu erfolgen hatte. Ihr war es wichtig, mich auf meinen Reisen zu begleiten, dabei zu sein. Ich fand diese Einstellung immer sehr gut. Somit begleitete sie mich auf vielen Reisen, wenn es länger dauerte und wenn es sich nicht um taktische Zwecke handelte. Sie sprach fließend Englisch, auch Französisch, das war kein Problem für sie.

Simone Stewens: *Sie ist sicher von ihrem Wesen her zurückhaltend gewesen. Sie musste aber auch irgendwann um ihr Terrain kämpfen, sonst wäre das noch kleiner geworden. Auf der anderen Seite bewunderte sie ihren Mann, dass er sich so darstellen kann. Ihr war das eher fremd, sie hätte dies auch gar nicht gewollt. Sie bewunderte ihn für seine Offenheit, für seine Fähigkeit, immer informiert zu sein, sich für alles zu interessieren. Das kommt auch von der regelmäßigen Lektüre einer ganzen Batterie von Zeitungen, Zeitschriften und historischen Büchern. Er ist da unheimlich genau. Für seine Detailkenntnis interessierte sie sich nicht so* *sehr, aber sie fand es bewundernswert. Auch seine Vitalität, die er aus Anerkennung zieht. Er war immer der wesentlich Vitalere.*

Wir mussten einerseits wegen der Repräsentationspflichten häufig Einladungen aussprechen, veranstalteten andererseits aber auch gerne Partys, zu denen wir unsere Freunde einluden. Meine Frau unterstützte mich hervorragend, wenn es für sie auch viel Arbeit bedeutete. An diesen Abenden herrschte oft eine ausgelassene Stimmung in unserem Haus.

Simone Stewens: *Es war ein reglementiertes Privatleben. In Abständen musste man die anderen Frauen zum Kaffee einladen, ob Interesse bestand oder nicht. Meine Mutter hasste solche Sachen. In gewissen Abständen musste sie diese Kaffeeveranstaltungen durchführen, um nicht aufzufallen. Meine Mutter hasste Small Talk, aber das war die dominierende Kommunikation in solchen Konstellationen. Sie litt sehr darunter, dass zu diesem Codex auch gehörte, in Abständen selbst Abendgesellschaften zu geben. Es ging ihr absolut gegen die Ehre, bei diesen Veranstaltungen ein Catering zu bestellen. Wenn es viele Gäste waren, bewirtete sie um die 30 Leute. Sie ließ sich höchstens beim Servieren helfen. Das ging irgendwann so weit, dass meine Mutter Gäste, auch wenn es nur zwei waren, nur noch mit Stress verband. Irgendwann wollte sie das gar nicht mehr haben. Es war für sie ein großer Druck und eine solche Logistik, die damit einherging. Es war schon ein sehr starkes Korsett, in dem sie sich bewegte. Sie brach aus diesem auch manchmal aus und fing eines Tages an, Kunstgeschichte zu studieren. Sie brach das Studium aber wieder ab; sie fühlte sich nicht so wohl in dieser Sache, wie sie dachte. Sie war schon Anfang 50, als sie einige Semester Gasthörerin an der Universität Bonn war. In dieser Zeit machte sie auch den Führerschein. Sie hatte ein eigenes kleines Auto. Das waren Unabhängigkeitsbestrebungen, das Bemühen, aus dem Korsett herauszukommen.*

Die Kinder hatten viele Freunde, besonders Simone. Susanne war das „enfant terrible“ der Familie. Sie hatte ihre besonderen Ideen, was Kleidung und Auftreten betraf. Meiner Frau war es immer wichtig, dass die Mädchen gut gekleidet und gepflegt aussahen – Susanne widersetzte sich diesen Vorgaben ab und zu. Wir versuchten immer, ihre „wilde“ Seite zu bändigen und legten ihr und Simone nahe, dass man etwas im Leben erreichen könne, wenn man sich nur anstrenge. Da Susanne hochintelligent ist, bestand sie ihr Abitur mit 1,0.

Wir erzogen beide Mädchen so, dass wir ihnen beibrachten, nichts aus dem Elternhaus zu erzählen, was meine Arbeit betraf. Wenn sie sich mit Freunden verabredeten, mussten sie sich von dort aus telefonisch bei uns melden, dass sie angekommen waren, aber damit hatte es sich auch schon.

Simone Stewens: *Mein Vater hat zwei Töchter bekommen, aber er wollte natürlich lieber Söhne. Der Plan war, zwei Söhne zu bekommen – das Schicksal hat es anders umgesetzt, als er sich dies gewünscht hat. Ein Teil unserer Erziehung war noch dem Ursprungsplan geschuldet. Wir spielten zum Beispiel mit amerikanischen und russischen Spielzeugpanzern und hatten auch eine Märklin-Eisenbahn, also weniger „Mädchenspielzeug“. Das machte aber auch Spaß. Mein Vater wollte vielleicht ausprobieren, inwieweit es genetisch festgelegt ist, wie Mädchen spielen, oder ob man das umpolen kann.*

Manchmal gab es auch Familienereignisse, an denen ich nicht teilnehmen konnte, weil ich im Ausland war. Zudem hatten wir Verwandtschaft in der DDR – vor allem meine Eltern, zu denen der Kontakt seit meiner Kommandeurstätigkeit abgerissen war –, die konnten wir aufgrund meines Berufes nicht besuchen. Aber das störte uns nicht besonders. Auch zu den Geburtstagen der Schwiegereltern konnte ich oft nicht kommen, weil ich im Ausland war.

Simone Stewens: *Wir zogen alle drei Jahre um. Das ist für Kinder nicht einfach, immer die Schule und den Freundeskreis zu wechseln. Da kam erst ab ca. 1968 Ruhe rein. Ein markantes Datum in meiner Kindheit war, als uns die Eltern meines Vaters aus der DDR zum ersten Mal besuchten, das muss ungefähr 1969 gewesen sein. Umgekehrt war ein Besuch unsererseits in der DDR nie möglich, weil mein Vater auch schon in dieser Zeit Geheimnisträger war und weder West-Berlin noch die DDR besuchen durfte. Es wurde befürchtet, dass er festgehalten würde, und das galt auch für seine Familie. Das bedeutete, dass ich meine Großeltern väterlicherseits erst im Alter von elf oder zwölf Jahren kennenlernte. Sie kamen in die Bundesrepublik, als die ersten Lockerungen der Reisebestimmungen für Rentner vorgenommen wurden. In dieser Zeit besuchten sie uns zum ersten Mal und kamen dann auch öfter.*

Die Einsätze im Ausland dauerten meistens eine Woche, dann war man wieder zu Hause – einmal abgesehen von Entebbe 1976. Das war eine brisante Geschichte, da war ich länger weg, alleine schon wegen meiner Verletzung. Ich lag verletzt in Nairobi, ohne dass meine Frau davon wusste.

15. Operation Thunderbolt

Die terroristischen Herausforderungen der 1970er Jahre ließen keinen Zweifel an der Notwendigkeit der GSG 9. Nach München 1972, der Entführung einer Lufthansa-Maschine im Oktober 1972 und dem Überfall des Kommandos „Holger Meins" auf die deutsche Botschaft in Stockholm folgte im Sommer 1976 der nächste große Schlag: Ein französischer Airbus 300-B4 wurde am 27. Juni auf dem Weg von Tel Aviv nach Paris von einem westdeutsch-palästinensischen Kommandounternehmen entführt. Nach einem kurzen Aufenthalt in Libyen flog die Maschine in Richtung Uganda und landete am 28. Juni auf dem Flughafen Entebbe. Als Gegenleistung für die Freilassung der 248 Passagiere forderten die vier Entführer Haftentlassungen von Terroristen aus deutschen und israelischen Gefängnissen. Die Bundesregierung stand vor einem Dilemma: Einerseits hatte Bundeskanzler Helmut Schmidt nach der Entführung des CDU-Politikers Peter Lorenz im Februar 1975 beschlossen, unerpressbar zu sein und in keinem Fall terroristischen Forderungen nachzugeben. Andererseits waren an der Entführung zwei deutsche Terroristen beteiligt: Wilfried Böse und Brigitte Kuhlmann von den „Revolutionären Zellen" (RZ). Vor diesem Hintergrund veränderten außenpolitische Motive die unnachgiebige Position der Bundesregierung, die eine gemeinsame Haltung zusammen mit Frankreich, Israel und den USA anstrebte. Die Terroristen agierten als Repräsentanten der palästinensischen Terrorgruppierung PFLP und verhandelten persönlich mit dem ugandischen Staatspräsidenten Idi Amin. Die Flugzeugentführer verließen am Nachmittag des 28. Juni den Airbus und begaben sich mit allen Geiseln in das alte Flughafenterminal von Entebbe. Zwei Tage später ließen sie 40 Geiseln frei, vornehmlich französische Staatsbürger, die nach Paris ausgeflogen wurden, am 1. Juli wurden weitere Geiseln freigelassen. 98 jüdische Geiseln sowie die Crew des Flugzeugs blieben weiterhin gefangen. Die israelische Regierung signalisierte daraufhin Verhandlungsbereitschaft und erklärte sich bereit, 15 Terroristen freizugeben. Von der französischen Regierung erreichte den deutschen Krisenstab die Anfrage, ob sechs in deutschen Gefängnissen befindliche Terroristen freigelassen werden könnten. Der israelische Außenminister Allon richtete sich nun an Außenminister Genscher und betonte, dass Israel die Entführung als ein „exklusiv israelisches Problem" ansehen würde. Deutlicher wurde die israelische Regierung gegenüber der deutschen nicht in Bezug auf die bereits laufende Befreiungsaktion Operation Thunderbolt. Während der Krisenstab verzweifelt abwog, was zu tun sei und eine öffentliche Stellungnahme zur Haftentlassung deutscher Terroristen so lange wie möglich hinauszögerte, wusste der Kommandeur der GSG 9 Ulrich Wegener bereits von dem Vorhaben der Israelis, wurde von diesen jedoch dazu angehalten, vor der Durchführung nichts an die deutsche Regierung weiterzugeben, um die Aktion nicht zu gefährden:

Wegener war zusammen mit Botschafter Ellerkmann und Kriminaldirektor Koehn vom Bundeskriminalamt am 30. Juni mit einer Lufthansa-Maschine nach Entebbe geflogen, nahm sofort Kontakt zu den israelischen Spezialeinheiten auf und gab seine Informationen aus Entebbe an die Sajeret Matkal unter dem Kommando von Oberstleutnant Jonathan Netanjahu weiter. Währenddessen landeten israelische Fallschirmjäger in Uganda und befreiten am 3. Juli die verbliebenen Geiseln aus dem alten Flughafengebäude Entebbe, zerstörten zur Sicherung des Rückzugs mehrere ugandische Jagdflugzeuge und verloren bei der Operation Thunderbolt neben drei Geiseln Jonathan Netanjahu. Alle Geiselnehmer sowie 20 ugandische Soldaten wurden ebenfalls getötet.

Im Juni 1976 kam es zur Flugzeugentführung in Entebbe. Es war keine deutsche Maschine, sondern eine Air-France-Maschine, die auf dem Weg von Tel Aviv nach Paris entführt wurde. Dass die Bundesregierung zustimmte, dass wir uns damit beschäftigten, lag daran, dass man nach den ersten Meldungen klar erkannte, dass zwei Deutsche der linksextremistischen Terrorgruppe „Revolutionäre Zellen" an der Entführung beteiligt waren. Ich sprach sofort mit dem BKA und erklärte: „Wir müssten vor Ort sein. Vielleicht können wir später helfen, wenn es dort zu irgendeinem Einsatz kommt." Gemeinsam überlegten wir, was zu tun sei. Gott sei Dank unterstützte mich das Kanzleramt und ordnete an: „Fliegen Sie mit Kriminaldirektor Koehn vom BKA und Botschafter Ellerkmann nach Entebbe." Unter der Fahne des Auswärtigen Amtes flogen wir dorthin. Als wir am 30. Juni 1976 in Uganda landeten, meinte ich zum Botschafter: „Ich brauche freie Hand. Wir müssen erst einmal klären, was da los ist." Das funktionierte. Die Botschaft unterstützte mich in jeder Hinsicht, sodass ich in kürzester Zeit herausfinden konnte, dass es sich bei den Entführern teilweise um Deutsche, teilweise um Palästinenser handelte. Ich war mir zunächst sicher, dass es sich bei der Terroristin um die RAF-Terroristin Astrid Proll handeln müsse. Innenminister Maihofer rief uns am frühen Abend an und wir beurteilten die Lage als ernst. Die Entführung war zentral von der PFLP gesteuert worden.

Wir stellten schnell fest, dass die Ugander unter Idi Amin auf der terroristischen Seite mitspielten und dass es auch Unterstützung von somalischer Seite gab, da Somalia einen Stützpunkt der PLO, der Palästinenser, darstellte. Unter diesen Bedingungen überlegten wir lange, was für Aktionen für uns in Betracht kamen. Ich hatte den israelischen Militärattaché in Deutschland angerufen, der zu mir meinte: „Ich habe gehört, du suchst nach Aufklärungsergebnissen. Wir sind daran interessiert, da ein Großteil der Geiseln entweder Israelis oder jüdischer Abstammung sind, zum Teil auch Amerikaner. Wir müssen da etwas tun." Ich schlussfolgerte: „Das bedeutet, dass ihr nach Uganda kommen wollt?" Er antwortete: „Ja, natürlich. Wir kennen Uganda, wir haben den Flughafen von Entebbe gebaut – den alten Flughafen." So erhielt ich die ersten Informationen. Ich setzte mich sofort mit meinen israelischen Freunden in

Verbindung und erfuhr, dass sie schon einen Einsatz in Entebbe zur Befreiung der Geiseln vorbereiteten. Daraufhin meinte ich zu ihnen: „Ich kann euch nicht direkt unterstützen, das wisst ihr ja. Das ist zu gefährlich für beide Seiten. Wir werden aber selbstverständlich Informationen sammeln und diese über die diplomatischen Kanäle an euch weiterleiten.“ So wurde es gemacht, sodass die israelischen Spezialkräfte, als sie mit ihrer Einheit in Entebbe landeten, genau wussten, wo sich die entsprechenden Einheiten der Ugander bzw. der Terroristen befanden und wo sie Widerstand erwarten mussten. Ich zeigte ihnen auch die Lage der Militärs auf dem militärischen Teil des Flughafens auf, wo sechs oder sieben MiGs – sowjetische Jagdflugzeuge – standen. Als erstes schalteten die Israelis fünf davon mit Raketen aus, wobei ich diese Maschinen nicht für so gefährlich hielt, weil die Ugander gar nicht die genügende Anzahl von Piloten dafür gehabt hätten, um mit denen einzugreifen, aber nun gut, das war die israelische Beurteilung. Interessant war, dass es sich beim Führer der Einheit der Israelis um Jonathan (Joni) Netanjahu handelte, den ich noch von meinem Speziallehrgang in Israel 1972 kannte. Leider sprachen wir uns während des Einsatzes nicht mehr.

Später wunderte ich mich darüber, dass so wenige Politiker und Journalisten wussten, dass die Israelis seit Jahren in Uganda tätig waren. Der kenianische Nachrichtendienst General Service Unit war von den Israelis aufgebaut worden. Das hatte niemand mitbekommen.

Selbstverständlich unterrichtete ich sofort das Bundeskanzleramt über meine Erkenntnisse vor Ort. Das lief alles über Staatssekretär Manfred Schüler, der Bedenken hatte, dass es zu einer Auseinandersetzung mit den Ugandern kommen könnte. Somit war auch Bundeskanzler Helmut Schmidt über die Vorgänge informiert, allerdings nicht im Vorfeld über die Operation Thunderbolt. Die Israelis hatten mich gewarnt, in dieser Hinsicht nichts an die deutsche Regierung weiterzugeben, da höchste Geheimhaltungsstufe herrschte.

Als die Operation Thunderbolt auf dem Flughafen in Entebbe lief und die Geschichte hochging, versuchte ich mit einem britischen Kameraden vom MI 6, neue Erkenntnisse zu gewinnen. Mit dem Botschafterfahrzeug – er fuhr Rolls Royce – fuhren wir zum Flughafengelände. Wir nahmen an, dass sie uns mit diesem Auto am wenigsten aufhalten würden. Das ging auch alles ganz gut, bis wir an eine Straßensperre kamen. Dort standen ugandische Soldaten, die vollkommen aufgeregt waren, weil inzwischen der Einsatz lief und es überall knallte. Die Geiseln befanden sich im alten Flughafenterminal. Die Israelis hatten mit der Befreiungsaktion begonnen. Wir wollten natürlich wissen, ob die Aktion erfolgreich sein würde, daher befanden wir uns an dieser Straßensperre kurz vor dem Flughafen, doch die aufgeregten Ugander ließen uns nicht weiterfahren. Ein junger, besonders nervöser Offizier befahl: „Ihr werdet sofort festgesetzt.“ Er ließ uns in den Country-Club am Viktoriasee bringen, wo wir festgehalten wurden, während die Israelis ihren Einsatz durchzogen. Wir bekamen trotzdem eine ganze Menge mit, weil sich die ugandischen Soldaten um uns herum meistens aufgeregt auf Englisch unterhielten. Die Stämme in Uganda können sich teilweise gar nicht verständigen, weil sie unterschiedliche Sprachen sprechen, und greifen häufig auf Englisch zurück. In unserem Fall sprachen sie Englisch und wir bekamen vieles mit.

Ich spielte vor ihnen den Briten und drohte: „Wenn ihr uns nicht sofort fahren lasst, gibt es großen Ärger mit Großbritannien.“ Daraufhin holten sie den Generalstabschef und der ließ uns gehen, weil er auch Angst hatte. Wir hatten inzwischen so viel mitbekommen, dass uns klar war, dass die Israelis Erfolg gehabt hatten. Die Einzelheiten kannten wir natürlich nicht. Wir wussten nur, dass ein Teil der Geiseln befreit und mit den Israelis über Kenia zurück nach Israel abgeflogen war, ein anderer Teil war zuvor von den Ugandern freigelassen worden. Das waren vor allem Passagiere aus europäischen Ländern, hauptsächlich Franzosen. Ich hatte mich mit ihnen auf dem Flughafen in Entebbe unterhalten, weil es mich interessierte, wie es an Bord des entführten Flugzeuges aussah. Dadurch bekamen wir die Bestätigung, dass es sich bei den Entführern wirklich um Deutsche und Araber handelte. Wir hatten inzwischen umfangreiche Informationen gesammelt, sodass wir wussten, dass eine PLO-Maschine aus Somalia gelandet war. Das bedeutete, dass eine PLO-Unterstützung stattgefunden hatte. Wir erfuhren – das erzählten uns einige Ugander –, dass die Israelis in einem alten Mercedes als Tarnkappe, der die Anwesenheit Idi Amins suggerieren sollte, bis zum alten Terminal gefahren waren, ohne dass es zur Gegenwehr gekommen war. Wir hatten ihnen zuvor mitgeteilt, dass es einige Stellungen der ugandischen Armee in der Nähe des alten Terminals gab. Ganz wichtig war die Information, dass in dem alten Tower Scharfschützen der ugandischen Armee saßen. Das beachteten die Israelis tragischerweise nicht, denn Joni Netanjahu wurde von einem Scharfschützen im Tower erschossen. Das war der einzige Verlust auf israelischer Seite und ich habe nie verstanden und verwunden, dass meine Informationen nur zum Teil berücksichtigt worden waren und dieser Tod hätte verhindert werden können. Für mich war es zudem der schmerzliche Verlust eines guten Freundes.

Nach der Operation Thunderbolt konnte ich nicht direkt nach Deutschland zurückkehren. Als uns die ugandischen Soldaten an der Straßensperre am Flughafen aufhielten, war einer der Soldaten so aufgeregt, dass er mir mit seinem Bajonett in die Hüfte stach und mir eine böse Verletzung zufügte. Ich konnte dem Soldaten gar keine böse Absicht unterstellen, er war so durcheinander und sah uns als Feinde an. Das war gar keine große Sache, aber es blutete stark und wenn man in Afrika blutet, gibt es immer Probleme mit Bakterien. Sie verbanden mich sofort, das war also gar nicht schlimm. Später entzündete es sich jedoch, sodass ich nach Kenia geflogen werden musste, um mich dort behandeln zu lassen. Das ging gut und ich kam ein paar Tage später nach Deutschland zurück. Meine Frau hatte weder gewusst, wo genau ich die ganze Zeit über gewesen war, noch, dass ich verletzt worden war. Während meines Aufenthalts in Kenia brachte ihr Bundesinnenminister Maihofer einen Blumenstrauß vorbei. Meine Frau war sehr beherrscht und meinte: „Herr Minister, ich freue mich über die Blumen. Ich bin sicher, meinem Mann geht es gut. Sonst hätte ich schon etwas gehört." Maihofer wusste gar nicht, was sie meinte, weil er die Zusammenhänge gar nicht kannte.

Im Anschluss wurde die Operation Thunderbolt noch einmal analysiert und bewertet. Idi Amin hatte einen miserablen Ruf, weil er sich immer gegen die Europäer wendete. Für uns war es selbstverständlich, dass wir die Israelis unterstützt hatten. Außerdem bekamen wir auf diese Weise wichtige Informationen über die beteiligten deutschen Terroristen: Wilfried Böse und Brigitte Kuhlmann, die beide bei der israelischen Befreiungsaktion getötet und auf dem Flugplatz in Entebbe zurückgelassen worden waren. Solche Informationen sind für eine Spezialeinheit immer hilfreich. Das half uns auch in Mogadischu weiter und brachte uns dazu, dass wir Somalia ganz anders beurteilen konnten. Wir wussten, dass die PLO dort einen Stützpunkt hatte, das war zuvor nicht bekannt gewesen.

Da ich alle Informationen, die wir in Entebbe zusammengetragen hatten, über Umwege an die Israelis weitergegeben hatte, luden mich die Israelis – nachdem ich wieder zuhause war – zu einem Debriefing ein. Das freute mich sehr, da das für mich einen Beweis meiner alten Freundschaft zu Israel darstellte.

Ehud Barak: *Als Wegener nach der Operation Entebbe 1976 nach Israel kam, führte ich ihn direkt zu Ran Bagg. Er war der oberste Stabsoffizier der Fallschirmjäger und für die Infanterie, Doktrin und Vorbereitung, Training, Zusammenarbeit und Einsätze zuständig. Grundsätzlich war Wegener bei ihm, denn das war unser Pendant zur GSG 9, dem Grenzschutz.*

Ran Bagg: *1976 hatten wir die Operation Entebbe. Danach kamen viele aus der ganzen Welt zu uns, um Details über den Ablauf zu erfahren. Einer von ihnen war Oberstleutnant Wegener. Das erste Mal, dass ich ihn traf, war rund drei Wochen nach der Operation Entebbe 1976. Es war Juli, vielleicht August, er kam nach Israel und ich hatte den Auftrag, ihm alle Details über das zu geben, was geschehen war. Das tat ich auch. Im Grunde war es, aus militärischer Sicht, eine recht simple Operation. Nichts Magisches oder Grandioses. Wir gaben Wegener alle Informationen. Die große Überraschung war, dass er – als wir fertig waren – sagte: „Übrigens, ich möchte Ihnen etwas sagen. In jener Nacht war ich auch in Entebbe."*

Wir spielten damals in der Negev-Wüste alles noch einmal durch. Dabei erfuhr ich auch noch einiges darüber, wie sie dort vorgegangen waren. Zum Teil übernahmen wir einige dieser israelischen Taktiken zum Sturm einer Maschine und wendeten sie später auch in Mogadischu an: das Öffnen der Türen, die besondere Ausrüstung der Sturmtrupps, abtapen der Waffen, um Geräusche zu vermeiden, keine Helme, psychische Einstellung bei einer Flugzeugbefreiung, klare Trennung zwischen Terroristen und Geiseln vor allem nach der Erstürmung.

Ran Bagg: *Wegener sagte: „Sie haben eine Kraftstoff-Pumpe in Entebbe vergessen." Ich hatte sie dagelassen. Ich hatte den Befehl bekommen, sie dort zu lassen, weil das die Grundplanung war. Innerhalb weniger Minuten hatten wir alle Geiseln in das Flugzeug zu bringen. Wir mussten etwas im Flughafen zurücklassen und hatten uns entschieden, die Kraftstoff-*

Pumpe zurückzulassen. Als Wegener einen Tag später zum Flughafen eskortiert wurde, um zurück nach Europa zu fliegen, sah er die Pumpe mitten auf dem Flughafen. Ugandische Soldaten umringten sie mit Waffen. Wir scherzten, dass wir, wenn wir zurückkämen, sagen würden: „Das hier gehört nicht den Israelis". Um den Spirit der israelischen Operation zu verstehen: Als wir zurückkamen unter Stabschef Dan Schomron – er ist leider vor fünf Jahren gestorben – fragten wir ihn: „Warum hast du die Kraftstoff-Pumpe, die hunderttausende Dollar gekostet hat, zurückgelassen? Du hast sie im Flughafen gelassen und stattdessen den Pick-up mitgenommen, der nur zehntausend Dollar kostet? Was hast du dir dabei gedacht?" Dan Schomron sagte: „Die Kraftstoff-Pumpe gehört der Luftwaffe, also ist es ihr Problem. Aber der Pick-up gehört den Fallschirmjägern. Es ist sehr schwierig für sie, einen neuen zu bekommen. Also haben wir uns so entschieden."

16. Operation Feuerzauber

Die Ereignisse des Jahres 1977 eskalierten am 5. September, als ein Kommando der Roten Armee Fraktion (RAF) den Präsidenten der Bundesvereinigung Deutscher Arbeitgeberverbände Dr. Hanns Martin Schleyer in Köln als Geisel nahm und am 13. Oktober die Lufthansa-Maschine Boeing 737 „Landshut" auf dem Weg von Palma de Mallorca nach Frankfurt am Main nach Mogadischu entführt wurde. Der „Deutsche Herbst" hielt die Bundesrepublik Deutschland sechs Wochen lang in Atem. In ihrem „bewaffneten antiimperialistischen Kampf" gegen das „System" wollte die Terrorbewegung den Kern der RAF aus dem Gefängnis freipressen. Mitglieder der „ersten Generation" der RAF (u.a. Andreas Baader, Gudrun Ensslin, Ulrike Meinhof – sie erhängte sich im Mai 1976 –, Jan Carl Raspe, Irmgard Möller) saßen seit Jahren in Stuttgart-Stammheim in Haft. Doch es gab neue RAF-Mitglieder und internationale Gesinnungsgenossen, die aus dem Untergrund heraus die terroristischen Anschläge übernahmen: „Es gibt eine Kontinuität der Stadtguerilla in der Bundesrepublik, sie ist durch unsere Verhaftung nicht die Spur gebrochen", hatte Andreas Baader am 26. August 1975 im Gerichtssaal in Stuttgart-Stammheim gedroht. „Guerilla ist eine Hydra, das heißt, sie hat viele Köpfe", verkündete auch RAF-Mitglied Brigitte Mohnhaupt vor dem Berliner Landgericht am 14. Juli 1976. Mohnhaupt wurde nach ihrer Freilassung im Februar 1977 zur Anführerin der „zweiten Generation" der RAF, die die Gefangenen in Stammheim freipressen wollte und vor allem international eingebunden war. Am 7. April 1977 wurde Generalbundesanwalt Siegfried Buback getötet, am 30. Juli der Vorstandssprecher der Dresdner Bank AG Jürgen Ponto von der RAF niedergeschossen. Nach einem versuchten Anschlag auf die Bundesanwaltschaft in Karlsruhe am 25. August folgte die lange vorbereitete Entführung von Hanns Martin Schleyer in Köln. Als am 13. Oktober die Lufthansa-Maschine „Landshut" entführt wurde, beschloss der Krisenstab der Bundesregierung gemäß seiner Strategie des Nichtnachgebens, die GSG 9 einzuschalten. Bei der „Landshut"-Entführung handelte es sich um eine transnationale terroristische Kooperation zwischen palästinensischen und westdeutschen Terroristen; die palästinensischen Entführer bezeichneten sich als „Kommando Martyr Halimeh" und nahmen damit eindeutig Bezug auf die Flugzeugentführung von Entebbe 1976, da sie den Decknamen der dort getöteten deutschen Terroristin Brigitte Kuhlmann benutzten. Durch das unkonventionelle Verhandlungsgeschick von Staatsminister im Bundeskanzleramt Hans-Jürgen Wischnewski mit Somalias Staatschef Siad Barre genehmigte dieser schließlich den Einsatz der GSG 9 zur Befreiung der 86 Geiseln auf dem Flughafen von Mogadischu. Diese Operation war in politischer Hinsicht eines der heikelsten Kapitel in der Geschichte der Bundesrepublik: Der Einsatz der GSG 9 stellte die erste paramilitärische Aktion einer deutschen Einheit auf ausländischem Territorium dar – dazu noch in einer Volksrepublik, in der sich sowjetische Militärberater einen Marine- und Luftwaffenstützpunkt hatten sichern wollen und die sich zudem als Kriegsgebiet im Konfliktfeld der Arabischen Liga befand.

Am 5. September 1977 erfuhr ich durch einen Telefonanruf des Krisenstabs, dass Arbeitgeberpräsident Hanns Martin Schleyer durch die Rote Armee Fraktion (RAF) entführt worden war. Ich fuhr anschließend mit meinem Adjutanten und einem Kommando nach Köln zum Tatort. Dort erreichte mich bereits ein Anruf von Innenminister Maihofer, der mir mitteilte, dass ich sofort ins Kanzleramt kommen müsse, da darüber verhandelt würde, wie weiter zu verfahren sei. Sofort machte ich mich auf den Weg ins Kanzleramt. Erst hieß es, dass die GSG 9 die Landespolizeikräfte in Köln und das BKA, das den Krisenstab in Köln gebildet hatte, unterstützen und bei Durchsuchungsaktionen schützen sollte. Wir befolgten diesen Auftrag, aber insgesamt gesehen war die ganze Aktion in Köln und die Durchsuchung bzw. Fahndung nach den Schleyer-Entführern wenig effektiv. Wir warteten darauf, dass man uns holte, weil man einen bestimmten Verwahrort festgestellt hatte, aber es war immer zu spät. Einmal stürmten wir eine Wohnung in Köln, aber es stellte sich nachher heraus, dass es etwas ganz anderes war. Da waren zwar auch Terroristen, aber die hatten überhaupt nichts mit Schleyer zu tun. Es kam zu mehreren Wohnungsstürmungen, aber immer erreichten uns die Informationen zu spät. Bei der einen Wohnungsstürmung, die in der Altstadt von Köln stattfand, verlief von unserer Seite aus alles einwandfrei, aber wieder ohne Ergebnis. Der damalige Innenminister von Nordrhein-Westfalen, Burkhard Hirsch, hatte sich schon eingefunden, bevor wir kamen, weil er den Sturm miterleben und sich als großen Befreier darstellen wollte. Doch es gab niemanden, den wir befreien konnten. Danach konnte ich mich nicht beherrschen und fragte Hirsch: „Herr Minister, auf was warten Sie eigentlich?" Er antwortete: „Ja, ihr stürmt doch jetzt." Ich erwiderte: „Nein, wir haben bereits gestürmt, aber dabei ist nichts herausgekommen. Meine Männer befinden sich schon wieder auf dem Rückweg."

Helmut Schmidt: *Wir forschten während dieser Wochen überall – in Holland, Belgien, Frankreich, in Deutschland sowieso – nach dem Versteck, in dem Schleyer gefangen gehalten wurde. Wir waren nahe dran, ihn zu finden. Leider ist das durch einen Fehler der nordrhein-westfälischen Polizei nicht zum Tragen gekommen. Gleichzeitig schickten wir irreführende Botschaften an die Entführer und erweckten bei denen den Eindruck, als wären wir bereit, auszutauschen.*

Das Tragische an der Sache ist, dass die GSG 9 Schleyer hätte befreien können, wenn wir die Informationen rechtzeitig gehabt hätten. Vor allem die letzte Nachricht, wo sein tatsächlicher Verwahrort gewesen war, hätte uns erreichen müssen, dann hätten wir Schleyer befreit. Bei dem Meldeaufkommen des Krisenstabs ging ausgerechnet diese Nachricht unter. Das hat mich sehr geärgert, ich sprach oft mit Familie Schleyer darüber. Es war katastrophal, dass man das nicht hinbekommen hatte.

Stefan Aust: *Ganz sicher hat Ulrich Wegener in diesem Fall recht. Das Tragische aber ist eben der Mangel an Informationen. Vermutlich bezieht sich der GSG-9-Chef dabei auf die Tatsache, dass Hanns Martin Schleyer nach seiner Entführung für mehrere Tage in einer Wohnung in einem Hochhaus in Erftstadt-Liblar gefangen gehalten wurde. Durch eine Verkettung kaum nachvollziehbarer Fehlleistungen entging es damals der Einsatzleitung, dass Schleyer dort festgehalten wurde. Ein Polizeibeamter, der damals an den Ermittlungen beteiligt war, hatte die Information korrekt weitergegeben und ging auch davon aus, dass im Krisenstab über eine Befreiungsaktion nachgedacht wurde. Doch die Information blieb irgendwo in der polizeilichen Bürokratie hängen. Hätte die GSG9 diese Information bekommen, wäre es in der Tat relativ einfach gewesen, Schleyer zu befreien.*

Insgesamt lernten alle aus der Schleyer-Entführung eine Menge, so dramatisch sie auch war und uns alle psychisch mitnahm: die einen, was die rechtzeitige Weitergabe von bestimmten Informationen betraf, wir bei der GSG 9 übten den Sturm von Wohnungen. Es ist nicht einfach, in einem Hochhaus an eine bestimmte Wohnung heranzukommen, da mussten wir viel nachholen. Meine Spezialisten aus dem technischen Bereich waren hinterher Profis auf dem Gebiet. Wir waren damals der „schnellste Schlüsseldienst“ in Köln.

Dieter Fox: *Der 13. Oktober lag in einem Zeitrahmen, in dem wir uns schon lange in Alarmbereitschaft befanden – seit dem 5. September, dem Tag der Schleyer-Entführung. Vom 5. September bis zum 13. Oktober 1977 war die GSG 9 in verschiedenen Abständen Tag und Nacht unterwegs. Wir wussten, dass Schleyer sich im Großraum Köln befinden musste. Wir waren sogar einmal nah dran, ihn zu befreien – das klappte leider aufgrund verschiedener Unzulänglichkeiten nicht. Wir durften die Kaserne nicht mehr verlassen; seit dem 5. September spielten sich unser Leben und unsere Ausbildung in der Unterkunft ab. (...) Wenn der Alarm oder der Einsatzbefehl kam, sind wir in die Autos gesprungen und dorthin gefahren, wo Hilfe benötigt wurde. Deswegen war die Zeit für uns vom 5. September bis 13. Oktober nichts, was uns überrascht hätte, sondern wir standen jeden Tag unter Hochspannung, weil wir überall eingesetzt wurden. Wir durchsuchten Häuser, Wohnungen, Geländeteile, Erdlöcher und vieles mehr. Am besagten 13. Oktober 1977 befanden wir uns im Studentenhochhaus in Köln. Die GSG 9 war im gesamten Gebäude unterschiedlich eingesetzt. Das Uni-Center war ein riesengroßer Komplex mit tausend Winkeln und kleinen Wohnungen. Wir durchsuchten jedes einzelne Stockwerk und jede Wohnung mit dem BKA und anderen Polizeibeamten. Wir hatten Kenntnis, dass Schleyer in einer der Wohnungen sein sollte, – aber leider nicht mehr zu diesem Zeitpunkt. Wir waren seit dem frühen Morgen dort. Wir arbeiteten uns in unterschiedlichster Art und Weise am und im Gebäude vor.*

Doch dann kam am 13. Oktober 1977 ein Anruf vom Krisenstab, dass ich ins Kanzleramt kommen solle, da eine deutsche Maschine entführt worden sei. Das war der Beginn der Operation Feuerzauber.

Zuerst lief alles völlig schief. Der Anruf kam von Innenminister Maihofer, der im Krisenstab saß. Er ordnete an: „Sie müssen mit sechs Leuten nach Rom fliegen und dort die Italiener bei einer Flugzeugentführung unterstützen. Da ist eine Maschine der Lufthansa auf dem Weg von Palma de Mallorca nach Frankfurt am Main entführt worden." Ich antwortete: „Das kann doch nicht Ihr Ernst sein. Ich brauche mehr Informationen, um die Lage beurteilen zu können." Maihofer redete sich heraus und ich sagte schließlich: „Ich fliege doch nicht mit sechs Männern dorthin, Herr Maihofer, was denken Sie sich denn?" Da legte ich mich mit ihm fast an. Gott sei Dank hielt ich dann noch einmal mit dem Kanzleramt und dem Krisenstab sowie mit Bundeskanzler Helmut Schmidt Rücksprache. Der Auftrag des Krisenstabs der Bundesregierung an die GSG 9 lautete: „Die GSG 9 verfolgt die entführte Maschine und bereitet einen Sturm zur Befreiung der Geiseln vor." Weitere Einzelheiten wie Kräftegliederung, Waffen, Geräteausstattung und so weiter wurden nicht vorgegeben. Der Bundesregierung waren Einsatzwert und taktische Verfahren der GSG 9 bekannt. Sie setzte volles Vertrauen in die Führung und die Professionalität des Verbandes. Daraufhin beschloss ich: „O.K., wir machen uns bereit. Wir stellen ein Einsatzkontingent von 60 bis 70 Spezialisten für die Flugzeugbefreiung zusammen und dann sehen wir weiter." Zwei taktische Einheiten wurden von mir für den Einsatz bereitgestellt. Die Auswahl war schwierig. Jede Einheit wollte unbedingt an dem Einsatz teilnehmen. Ausschlaggebend für mich war, dass die vorgesehenen Einsatzeinheiten erst kurz zuvor bestimmte Angriffsverfahren an einer Boeing 737 geübt hatten. Die Stimmung bei der GSG 9 war trotz tagelanger Einsatzbelastung während der Jagd auf die Schleyer-Entführer gut. So wurde meine Frage, ob jemand aus persönlichen Gründen zurückbleiben wolle, nur mit erstaunten Blicken beantwortet. Beide Einheiten waren drillmäßig im Flugzeugsturm ausgebildet und hatten verschiedene Verfahren an unterschiedlichsten Flugzeugmustern geübt. Die Trupps vertrauten auf ihr Können und die Führung der GSG 9. Es war nicht der erste Einsatz.

Dieter Fox: *So um die Mittagszeit mussten im Studentenhochhaus die Einheitsführer zu Kommandeur Wegener kommen. Er hatte sie kurz zusammengerufen. Es gab eine Einsatzbesprechung, weil wir nicht mehr weiterkamen. Wir hatten fast alles durchsucht und mussten uns eine neue Taktik zurechtlegen, weil im Haus die Hölle los war. Der gesamte Gebäudekomplex war in Bewegung. Man kann sich das gar nicht vorstellen. Die Presse war natürlich auch da und Köln in heller Aufregung, weil die GSG 9 und die Polizei das Unihochhaus im Griff hatten. Genau in diese Situation platzte die Nachricht, dass eine Lufthansa-Maschine entführt worden sei. Daraufhin ließ Wegener die Einheitsführer zu sich kommen, die sofort ihre Einheit informierten. Mein Einheitsführer sagte: „Fox, Sie suchen sich jetzt aus der Einheit ein paar Leute aus. Jede Einheit stellt ein größeres Team zusammen." Ich fragte, wie stark das Team sein sollte – es sollte aus maximal 15 Leuten bestehen. Bei drei Einheiten hatten wir dann quasi wieder eine Einheit zusammen, die funktionsfähig und dazu in der Lage war, einen Einsatz zu bewältigen. Ich suchte mir die Leute zusammen, natürlich alles Freiwillige. Es waren auch einige dabei, in deren Augen ich Skepsis sah, aber wer freiwillig bei einer Spezialeinheit ist, der hat auch freiwillig in den Einsatz zu gehen. So einfach ist das. Das erwartete Wegener von uns allen. Ich fragte also, wer sich freiwillig meldet. Ich glaube, es gingen zehn oder 15 Hände hoch. Natürlich war klar, dass eine Lufthansa-Maschine entführt* *worden war und wir sofort nach Sankt Augustin verlegen mussten, um weitere Maßnahmen einzuleiten.*

Wir erhielten laufend Informationen über den Weiterflug der Maschine, die nach Zypern flog und noch am gleichen Tag gegen 20:30 Uhr in Larnaka, einem britischen Stützpunkt, landete. Als ich von diesem neuen Standort hörte, war ich zuversichtlich: „Larnaka ist günstig. Vielleicht lassen sie sich dazu bringen, dort eine Pause zu machen. Wir fliegen nach Larnaka." Das setzte ich im Kanzleramt durch, wo man letztlich zustimmte. Noch am 13. Oktober 1977 flogen wir nach Zypern. Ich hatte mit den Briten gesprochen und der Leitung auf dem Flughafen. Ich hörte anschließend, dass die Maschine schon wieder weitergeflogen sei. Ich war sehr enttäuscht darüber und fragte: „Können wir von euch noch ein paar Informationen bekommen?" Es war interessant, dass es sich bei den Terroristen um Araber handelte. Es waren mehrere, darunter auch eine Frau. Das war für uns völlig neu. Ich fragte nach, ob es Anhaltspunkte gäbe, wohin sie weitergeflogen sein könnten. Daraufhin gab man mir nur die Antwort, dass sie in den arabischen Raum wollten, aber wohin genau, wusste keiner. Mein Entschluss stand fest, dass wir hinterherfliegen würden, wovon ich erst einmal den Krisenstab überzeugen musste. Dort gab man grünes Licht. Zunächst wollte ich in ein Gebiet fliegen, das der NATO angehörte, woraufhin wir nach Ankara in die Türkei flogen. Dort befanden wir uns auf einer militärischen Basis und hielten uns bereit. Ich hielt laufend Verbindung zum Krisenstab, der uns mitteilte: „Die sind inzwischen schon weiter. In Damaskus wollte man sie nicht landen lassen, sodass sie in den Bereich der Emirate geflogen sind, also an den Persischen Golf." Ich fragte nach, ob sie schon wüssten, wohin die „Landshut" als nächstes unterwegs sei, aber das war noch nicht bekannt. Die Verfolgung der entführten Maschine wurde zum Geduldsspiel für uns. Es war für meine Einheit schlimm, nur rumzusitzen und zu warten. Das ist das Letzte, was man als GSG-9-Mann in einer solchen Situation machen möchte. Ich gab schließlich meinem Stellvertreter und meinem Adjutanten den Auftrag: „Macht irgendwas. Beschäftigt euch sinnvoll." Dem Einheitsführer gab ich zu verstehen: „Setze irgendwelche dienstlichen Themen an." „Ja, dann machen wir Sport", schlug er vor. Das war eine gute Idee. Also kämpften wir im Fußball gegen die türkische Armee und gewannen alle Spiele. Zudem ordnete ich zur Auflockerung der Spannung einen Dienstplan mit Waffendurchsichten und taktischen Übungen an. Es war notwendig, um die psychische Anspannung zu verringern, und diente unter anderem zur Ablenkung. Am 14. Oktober bekam ich schließlich vom Krisenstab einen Anruf, dass die Maschine in Dubai gelandet sei und offensichtlich dort auch ein paar Tage bleiben würde, weil sie aufgetankt werden müsste. Der Tank der „Landshut" sei leer, ob ich nicht nach Dubai kommen könne. Ich antwortete: „Gerne, wenn ihr mir eine Maschine schickt, dann komme ich sofort." Der BND stellte mir eine Maschine zur Verfügung, sodass ich mit meinem Adjutanten Baum und Unterführer Dieter Fox dorthin flog – wir wussten, dass in Dubai neben den Arabern die Briten saßen, die dort einen ziemlich großen Einfluss hatten. Von diesen Zusammenhängen versprach ich mir etwas, was sich nachher auch bewahrheitete.

Dieter Fox: *Wegener entschied daraufhin nach Rücksprache mit dem BKA und mit Wischnewski, dass die GSG 9 zurückfliegen solle. Wegener selbst, Baum, ich, zwei Leute des Flugfahrtbundesamtes, ein kleiner Stab aus dem BMI und zwei oder drei BKA-Beamte flogen nicht nach Deutschland zurück. Wir flogen stattdessen mit einer kleinen Maschine, wo zehn oder zwölf Leute reinpassten, hinter der entführten Lufthansa-Maschine her. Wir flogen von Ankara nach Teheran, da es möglich sein konnte, dass dort die „Landshut" zwischengelandet war oder wir neue Informationen erhielten. Wir blieben dort nur ein bis zwei Stunden, weil uns die Iraner sehr abweisend gegenübertraten. Zum damaligen Zeitpunkt herrschte in Teheran bereits Krisenstimmung. 1978/1979 kehrte Khomeini in den Iran zurück und der Schah musste abdanken. Der Schah war 1977 schon nicht mehr der absolute Herrscher. Wir hielten uns nur am Flughafen auf, diesen verließen wir nicht, nahmen dort ein paar Getränke zu uns, tauschten mit der Polizei einige Informationen aus und stiegen dann wieder in die Maschine Richtung Dubai.*

Am 15. Oktober landeten wir am späten Mittag in Dubai. Inzwischen hatte man mir mitgeteilt, dass Staatsminister Wischnewski schon in Dubai wäre. Er versuchte bereits, den Verteidigungsminister Mohammed Bin Rashid al-Maktum davon zu überzeugen, dass die GSG 9 eine Befreiungsaktion durchführen dürfe. Das alles war nur möglich, weil Bundeskanzler Schmidt im Hintergrund ganz entscheidend wirkte und mit dem Präsidenten der Vereinigten Arabischen Emirate Sheik Zayed Bin Sultan al-Nahayan mehrere Telefongespräche geführt sowie Telegramme geschickt hatte. Wischnewski handelte vor Ort auf dieser Grundlage. Scheich Mohammed wollte sich darauf aber nicht einlassen, sondern die ganze Geschichte einfach nur loswerden und sich auf keinen Fall in die Angelegenheit einmischen, weil er vor der Arabischen Liga Angst hatte, in die er integriert war. Als wir in Dubai ankamen, wurde ich sofort zu Hans-Jürgen Wischnewski und Mohammed al-Maktum, der im Tower saß, geführt. Wischnewski – der wegen seiner guten Kontakte zu den Arabern auch „Ben Wisch" genannt wurde – unterrichtete mich sichtlich genervt: „Mensch, die wollen da nicht mitspielen und der GSG 9 keine Erlaubnis zur Stürmung geben." Scheich Mohammed sagte gleich zu mir: „Sie können stattdessen dafür sorgen, dass meine Fallschirmjäger ausgebildet werden." Ich erwiderte: „Stellen Sie sich das nicht so einfach vor." Tatsächlich übte ich nach dem Gespräch mit ein paar Briten an einer Maschine, aber nur, damit sie Ruhe gaben.

Dieter Fox: *Daraufhin zeigten wir – Wegeners Adjutant und ich – den Soldaten an einer 737, wie das taktisch abläuft. Wir hatten zum Glück einen deutschen Flugkapitän bei uns, er war Chef der 737-Flotte. Er sagte uns, die Version der „Landshut" sei eine andere als die, die dort stehe, diese wäre genau seitenverkehrt. Das war generell kein Problem, man orientiert sich dann eben zur anderen Seite, wenn man in die Maschine geht. Jedenfalls versuchten wir, den Soldaten beizubringen, wie man die Türen öffnet, in die Maschine eindringt, dann in der Maschine vorgeht. Es war eine einzige Katastrophe. Es funktionierte nicht nur nicht, sondern die Dubaier wollten es auch nicht verstehen. Es waren aber auch nicht nur Dubaier* *dabei, sondern auch noch britische Söldner, die in Dubai als Soldaten angestellt waren. Mit denen konnte man wenigstens noch halbwegs taktisch reden, aber die Dubaier waren nicht auf unserer Wellenlänge. Schließlich waren die Entführer ihre „islamischen Brüder". Das war ein großes Problem. Den Briten war das prinzipiell gleichgültig.*

Inzwischen hatte ich meinen beiden Männern aufgetragen: „Ihr müsst zusehen, dass wir ein paar Informationen über die Maschine bekommen." Das funktionierte: Wir schossen Fotos, als die Flugzeugtür der „Landshut" aufging. Das waren die ersten Aufnahmen von den Terroristen. Anhand der Fotos bekamen wir erste Informationen über den Nachrichtendienst der Briten – nicht der Deutschen: Wir erfuhren, dass ihr Anführer, Zohair Youssif Akache, – der selbsternannte Captain Martyr Mahmud – bereits bekannt war und bei einem Anschlag in London den früheren Premierminister von Nordjemen erschossen hatte. Bei den Entführern handelte es sich also um Palästinenser. Das war für uns sehr wichtig zu wissen. Es war schlimm, dass die Zusammenarbeit mit den Dubaiern praktisch überhaupt nicht zustande kam. Das lief nicht, weil sie nicht wollten. Die hatten nur ein Interesse: die „Landshut" loszuwerden. Wir bekamen trotzdem eine ganze Reihe von Informationen. Mein Adjutant fuhr einmal – mit einer anderen Uniform getarnt – mit einer Lufthansacrew an die Maschine. Er sah ein paar von den Terroristen und konnte diese fotografieren. Diese Informationen waren sehr wichtig. Bereits zuvor hatte Kapitän Schumann die Nachricht herausgeschmuggelt, dass es sich um vier Terroristen – zwei Männer und zwei Frauen – handelte.

Kurz vor der Schleyer-Entführung hatte ich einen meiner Offiziere, Tutter, nach England geschickt, weil ich gehört hatte, dass die Spezialeinheit der britischen Luftwaffe zur Terrorismusbekämpfung neue Waffen bekommen hatte. „Schauen Sie sich das beim SAS an, ob das für uns brauchbar ist", hatte ich ihm aufgetragen. Er rief mich an und meinte: „Ja, sie haben dort neue Explosionskörper entwickelt, die wir als Blendgranaten benutzen können – auch in der Maschine." Ich sagte: „Sprechen Sie mit den Briten."

Dieter Fox: *Mein damaliger Einheitsführer, Dieter Tutter, Chef der 2. Einheit, musste kurzfristig nach Großbritannien, um neue Panzerwesten zu testen. Diese Kooperation war nur möglich, weil der deutsch-britische Kontakt über Kommandeur Wegener so gut lief und er diese Verbindung ermöglicht hatte. Wir hatten damals veraltete Westen mit Bleiplatten, die funktionierten hinten und vorne nicht, sie waren zu schwer und überhaupt nicht für einen derartigen Einsatz geeignet. Die Briten hatten die sogenannten Bristol-Armor-Westen entwickelt. Das waren Kohlefaserstoffelemente (Aramid), die als Schichten verarbeitet wurden, sowie eine Keramikplatte, die in die Weste eingeschoben werden konnte. Sie waren nur halb so schwer wie unsere alten Westen. Diese neuen Westen wurden in Großbritannien in verschiedenen Einsätzen verwendet. In diesem Zusammenhang kam weiterhin auf, dass es eine sogenannte Blendsprenggranate geben sollte, die unter anderem häufig in Nordirland eingesetzt wurde und dort große Erfolge erzielt hatte. Wir, die GSG 9, baten die Briten darum, sie uns doch einmal vorzuführen, was dann auch geschah.*

Major Alastair Morrison und Sergeant Barry Davies vom SAS besuchten uns damals in Sankt Augustin und führten die Blendgranaten vor: Grelle Blitze und laute Detonation sollten den Gegner ablenken, bzw. ihn kampfunfähig machen, da er nichts sehen konnte. Als dann die „Landshut" entführt wurde und wir nach Dubai flogen, traf ich vor Ort auf Morrison und Davies, die zur Unterstützung der GSG 9 mit ihren neuen Blendgranaten von Premierminister Callaghan aus dem britischen Hereford nach Dubai geschickt worden waren, nachdem dieser am 14. Oktober mit Bundeskanzler Helmut Schmidt telefoniert hatte. Als ich mit einigen Beduinensoldaten auf einem nahe gelegenen Luftwaffenflugplatz einen Flugzeugsturm übte, waren deren britische Ausbilder auch dabei. Dort haben wir auch noch einmal die neuen Blendgranaten ausprobiert und einen entscheidenden Nachteil festgestellt: Sie waren zu schnell entzündbar. Die hätten wir in der Maschine nicht verwenden können, weil die Gefahr zu groß war, dass sie zu früh losgingen. Ich war der Meinung: „O.K., die können wir verwenden, aber nur außerhalb der Maschine."

Wischnewski unterrichtete ich von unseren guten Verbindungen zum SAS und kam mit ihm häufig zusammen. Ich vermittelte ihm, dass wir die Briten ruhig dabei behalten sollten, da sie in diesem Bereich behilflich sein könnten.

Plötzlich, obwohl Wischnewski alles versucht hatte, genau das zu verhindern, startete die „Landshut" wieder am 16. Oktober um die Mittagszeit.

Dieter Fox: *Auf einmal sah ich, nachdem die Maschine wohl aufgetankt worden war, wie sie zu rollen begann; sie drehte sich langsam, fuhr auf die Startbahn, startete und flog an uns vorbei. Die Söldner ruhten mehr oder weniger, sie bekamen das kaum mit. Der Adjutant und ich sahen das voller Erstaunen und riefen uns gegenseitig zu: „Da fliegt sie!" Da flog die Maschine wirklich und war dann verschwunden. Wegener erfuhr das wohl zeitgleich, er war noch in einer Besprechung. Der Tower meldete es ihm. Wegener kam runter und wir unterrichteten ihn. Wir überlegten, was nun zu tun sei, und entschieden dann, noch eine Nacht in Dubai zu bleiben. Da wir aber über keinerlei frische Textilien verfügten, besorgte uns die Chefflugbegleiterin unserer 707 Bekleidung und Unterwäsche. Ich hatte nur meine Notbekleidung aus der Alarmbereitschaft dabei, das war eine Lederjacke, die mir mein Kamerad in Ankara noch geliehen hatte, weil wir wussten, dass wir möglicherweise in wärmere Länder fliegen würden. Vorher hatte ich so einen alten Eskimo-Parka mit Fell dabei. Nachdem unsere Bekleidung nicht mehr gut gerochen hatte, besorgte man uns also frische, neue Kleidung.*

Die Dubaier waren froh, dass sie die Maschine wieder los waren. Kein Mensch wusste, wohin die Flugroute ging. Wischnewski war der Auffassung, dass sie in irgendein arabisches Land fliegen würden. Ich erwiderte: „Das kann schon sein, aber die arabischen Länder haben alle deutlich gemacht, dass sie die Maschine nicht haben wollen. Die sehen alle die Schwierigkeiten, die damit in der Arabischen Liga verbunden sind. Wo es grundsätzlich schwierig werden könnte, weil die eine kommunistische Regierung haben, ist der Südjemen." Genauso kam es dann auch. Die „Landshut" landete noch am gleichen Tag gegen 16 Uhr auf einer Sandpiste am Rande des Flughafens von Aden. Wir wiederum flogen mit der Lufthansa-Maschine von Wischnewski der

„Landshut" hinterher, weil wir endlich eine Situation erhalten wollten, um zugreifen zu können. Unser Kopilot war übrigens Rüdeger von Lutzau, der Freund von Gabriele Dillmann, einer der entführten Flugbegleiterinnen aus der „Landshut". Er hatte sich als Lufthansa-Pilot sofort gemeldet, als der Krisenstab in Bonn beschloss, dass Staatsminister Wischnewski mit einer Maschine der „Landshut" folgen sollte. Ben Wisch hatte einen Koffer voll Geld dabei – womöglich, um bei den Verhandlungen mit den Arabern eine bessere Ausgangslage zu haben. Wir landeten in der saudi-arabischen Hafenstadt Dschidda, weil die Regierung von Südjemen den gesamten Luftraum über ihrem Staatsgebiet hatte sperren lassen und Wischnewski die Unterstützung der Saudis einholen wollte. Das war der Hintergrund. Er führte dort ein Gespräch mit einem Vertreter der saudi-arabischen Regierung. Es gab kurze Überlegungen, ob wir mit einem kleineren Flugzeug oder dem Auto in den Südjemen fahren sollten, aber diese Planungen gingen nicht über einen ersten Gedanken hinaus. Die Informationslage in Dschidda war schwierig. Wir waren immer darauf angewiesen, was uns die jemenitischen Kräfte mitteilten. Das war nicht allzu viel. Vor Ort hatten wir jedoch Unterstützung durch das deutsche Konsulat, das Wischnewski einschaltete. Der Jemen war ein schwieriger Verhandlungspartner und wir waren sehr skeptisch. Es gab von Seiten der Bundesrepublik keine Kontakte dorthin, während die DDR dort durchaus aktiv war. Wir konnten das nicht beweisen, aber wir merkten, wie eigenartig das Verhalten der jemenitischen Soldaten war.

Wir hörten über den Stab der Lufthansa, der immer noch Verbindung zu der „Landshut" hatte, dass es in Aden zu einer Auseinandersetzung gekommen und Pilot Jürgen Schumann erschossen worden war und dass die Maschine am 17. Oktober gegen 2 Uhr wieder gestartet war. Jetzt wusste man überhaupt nicht mehr, wohin es ging. Ich hatte ein Gefühl dafür, wohin es gehen könnte, weil ich an die Reichweite der Maschine dachte, und sagte zu Wischnewski: „Die können nicht weit fliegen, die haben nicht mehr viel Sprit. Es gibt also nur die Möglichkeit, in einem afrikanischen Land zu landen, und da bietet sich Somalia an." Ich erinnerte mich an Entebbe: Dort hatten wir erfahren, dass die PLO einen Stützpunkt in Mogadischu hatte. Um dorthin zu kommen, mussten sie nur über den Golf fliegen. Genauso kam es dann auch.

Jürgen Vietor: *Ich fragte Mahmud, wo es hingehen solle. „Mogadischu", antwortete er. „Where is Mogadischu?", war meine Frage. Mogadischu kannte ich nicht. Ich wette, von 100 Leuten wussten 99 damals nicht, wo Mogadischu liegt. Wir hatten, Gott sei Dank, Flugkarten dabei. Auf der letzten Karte war Mogadischu eingezeichnet, ein oder zwei Millimeter über dem untersten Kartenrand. (...) Damals gab es Krieg zwischen Äthiopien und Somalia, den Ogaden-Konflikt. Ich sagte Mahmud, es wäre das Beste, wenn wir uns funkmäßig nicht mehr irgendwo melden würden, weil dann wieder der Flughafen gesperrt werden würde. In manchen Momenten war er zugänglich. Er sagte, dass dies in Ordnung wäre und wir sind dann ohne Funkkontakt über diese Länder geflogen. Ich grübelte: „Wenn die uns dort unten sehen, ein Flugzeug, das nicht antwortet, dann werden sie uns abschießen."*

Gegen 4:30 Uhr landete die „Landshut“ in Mogadischu. Wischnewski und ich waren uns einig, hinterherzufliegen: „Dort ergibt sich vielleicht eine Möglichkeit der Geiselbefreiung. Vieles hängt natürlich auch von Ihnen ab“, gab ich dem Minister zu bedenken, „dass Sie mit der politischen Führung dort klarkommen.“ Dieser Auffassung war er auch, da er sehr gute arabische Kontakte besaß, und so überzeugten wir zusammen den Krisenstab davon, die Genehmigung zum Hinterherfliegen zu bekommen.

Dieter Fox: *Nachdem wir nun aus Dschidda gestartet waren, höre ich noch, wie Wischnewski sagte: „Letzte Aktion jetzt, wenn in Mogadischu nichts passiert, dann fliegen wir zurück, dann ist das Thema für uns erledigt.“ In Erwartung einer möglichen Wende nahmen wir Kurs auf Mogadischu.*

Inzwischen war meine Einheit der GSG 9 von Ankara aus nach Köln/Bonn geflogen. Damit sollte die Presse getäuscht und verhindert werden, dass bekannt wurde, dass die GSG 9 im Spiel war. Von der Presse wurden sie beim Aussteigen aus der Maschine auch wahrgenommen. Nach einem sehr kurzen Aufenthalt in Sankt Augustin, wo sich die Männer nur kurz umzogen, ging es direkt weiter nach Kreta auf die NATO-Basis. Um sie in die Nähe des Geschehens zu holen, sagte ich zu meinem Vertreter Klaus Blätte: „Seht zu, dass ihr dort fertig werdet und fliegt in Richtung Süden.“ Die GSG 9 befand sich nach dieser Ansage also im afrikanischen Luftraum und wartete auf weitere Befehle.

Von Dschidda aus ging es für uns auch am 17. Oktober nach Mogadischu, wo wir mittags landeten.

Dieter Fox: *Wischnewski ging raus, Wegener, sein Adjutant und ich durften noch nicht aussteigen. Keiner kannte unsere Gesichter, wir hätten genauso gut zu der Delegation Wischnewskis gehören können, wenn es so gewesen wäre. Es war zu diesem Zeitpunkt auch Presse vor Ort. Die nahmen nur Wischnewski sowie die Geschäftsträger von Deutschland und der Schweiz sowie einige aus Wischnewskis Stab wahr. Man sieht in den damals entstandenen Filmausschnitten, wie Wischnewski die Treppe herunterkommt und die Somalier ihn begrüßen. Nachdem der erste Tross den Bereich der Maschine verlassen hatte, stiegen wir aus. Unsere Pässe waren zu dem Zeitpunkt schon fort, das heißt, man nahm uns erst einmal unsere Identität. Unsere Waffen ließen wir in der Maschine. Wegener meinte, wenn wir bewaffnet aussteigen würden, könne das gefährlich werden. Somalia befand sich damals mit Äthiopien im Kriegszustand. Das war eine höchst brisante Angelegenheit, dessen Nervosität wir noch erleben sollten. Wir wurden dann in ein Hotel gebracht – es war schrecklich, ich legte mich gar nicht hin. Es gab ein Bett, Hocker und Lehmwände; Ameisen und verschiedene andere kleine Tiere liefen permanent an mir vorbei.*

In Mogadischu trafen wir zunächst auf eine sehr feindselige Stimmung und wussten nicht, wie es weitergehen sollte. Ich bat Wischnewski darum, alle Möglichkeiten der politischen Einwirkung zu nutzen. Das tat er auch. Wischnewski war räumlich von uns getrennt und befand sich im Präsidentenpalast, wo er direkt zum somalischen Präsidenten Siad Barre ging und diesen darum bat, die Erlaubnis zu geben, die GSG 9 zur Erstürmung der „Landshut" einzusetzen. Da war erst einmal nichts zu machen, da Siad Barre den Einsatz einer deutschen Spezialeinheit gegen Palästinenser auf dem Hoheitsgebiet eines Mitgliedslandes der Arabischen Liga fürchtete.

Hans-Dietrich Genscher: *Ich bestellte den Botschafter Somalias in das Bundeskanzleramt ein, wo der Krisenstab tagte. Auf meine Bitte stellte er eine Telefonverbindung aus dem Raum heraus, in dem ich mich mit ihm beriet, zu dem somalischen Staatspräsidenten, Siad Barre, her.*

Aber Wischnewski erreichte immerhin, dass ich mit dem somalischen Generalstabschef sprechen durfte, der auf dem Flughafen die Befehle von Barre umsetzte. Ich sehe ihn heute noch vor mir, wie er an seinem Tisch saß, vor Aufregung zitterte und eine Zigarette nach der anderen rauchte. Er hatte einen Plan der „Landshut" vor sich liegen. Auf meine Frage, was er denn nun vorhabe, antwortete er: „Ich habe den Befehl von meinem Präsidenten erhalten, dass ich den Einsatz zur Befreiung der Maschine vorbereiten soll. Wir werden die Maschine stürmen." Diese Aussage konnte ich kaum fassen und meinte dazu: „Das ist wirklich sehr gut und beruhigend. Haben Sie so etwas schon einmal gemacht?" Er antwortete: „Nein, aber wir üben schon daran." Daraufhin fragte ich ihn: „Das ist sehr schön, können Sie mir das einmal zeigen?" Der General ging mit mir und meinen zwei Männern in die Hangar-Halle, wo die Präsidentenmaschine stand, eine 720, die gibt es gar nicht mehr. Das war der Vorgänger der Boeing 707. Bei dem Anblick bat ich den General: „Nun zeigen Sie mir mal, wie Sie mit Ihren Leuten in die Maschine reinkommen, das ist doch das Wichtigste. Sie müssen schließlich an die Geiselnehmer ran." Er brachte einen Trupp von Spezialisten aus der somalischen Armee zusammen, eine Einheit der Somali-Rangers, die bereits Schwierigkeiten damit hatte, eine Leiter an die Maschine zu stellen, da alle defekt waren. Als sie den mittleren Ausgang, den Ringexit, öffnen wollten, schafften sie es nicht. Das war eine Katastrophe. Sie bekamen nicht einmal die Türen auf. Da meinte ich zum General: „So können Sie das Flugzeug nicht stürmen." Ich höre noch meinen Adjutanten Baum – er ist inzwischen leider tot – wie er sagte: „Oberstleutnant, lassen Sie mich das mal machen." Ich erwiderte: „Ja, geh mal da hoch und zeige denen, wie man das macht." Innerhalb von zwei Sekunden war die Maschine auf. Da waren die Somalier verständlicherweise perplex. Das hatten wir bewusst so eingeleitet, weil wir ihnen zeigen wollten, dass sie das nicht können. Der somalische General meinte zu mir: „Aber Sie können das ja nicht alleine durchführen." Ich antwortete: „Nein, aber meine Einheit ist schon auf dem Weg hierher. Sie können sich darauf verlassen, dass wir eine Zusammenarbeit mit Ihnen benötigen." Das war ein wichtiger Schachzug, den Somaliern zu zeigen, dass wir sie brauchen. Der Ausdruck „joint venture", den ich benutzt hatte, wirkte Wunder. Ich redete weiter auf den General ein: „Versuchen Sie, Ihren Präsidenten zu überzeugen, dass wir das gemeinsam machen. Es muss schließlich auch in seinem Interesse sein, Leben zu retten." Das tat er auch, während Bundeskanzler Helmut Schmidt in einem Telefongespräch auf Barre einwirkte und Wischnewski ihn auf seine Weise zu überreden versuchte. Wir ahnten, dass er Barre Versprechungen machte. Wir konnten uns vorstellen, was es war, weil Siad Barre ein Interesse daran hatte, von den Sowjets loszukommen. Es war bekannt, dass die Sowjets teilweise der somalischen Luftwaffe eine wehrtechnische Unterstützung gegeben hatten. Das war auch an den russischen Soldaten der Luftwaffe auf dem Stützpunkt in Mogadischu sowie an den MiGs ersichtlich, die auf dem Flughafen standen. Barre war daran interessiert, von den Deutschen politische und finanzielle Unterstützung zu erhalten. Das war wiederum sehr heikel, weil er zu dem Zeitpunkt Krieg gegen Äthiopien führte. Somit versprach ihm Wischnewski wohl rund 100 gebrauchte Bundeswehr-LKW, was indirekt eine militärische Unterstützung bedeutete. Ich bin mir sicher, dass er das ohne Rücksprache mit dem Kanzleramt in Bonn regelte. Er dehnte seine Vollmachten oft bis zum Äußersten aus und überschätzte sie dabei auch manchmal. In diesem Fall mit Erfolg. Überhaupt muss man Wischnewski lassen, dass er die GSG 9 immer hervorragend unterstützte.

Währenddessen kontaktierte ich meine Einheit – die sich noch im Großluftraum Horn von Afrika, Nordsomalia, befand und auf ein Signal von mir wartete – und gab Anweisungen: „Steuert Somalia an und landet in Mogadischu." Zufällig fing ein israelischer Amateurfunker die Pläne zur Erstürmung der „Landshut" ab. Israelische Medien berichteten wenig später darüber. Bundeskanzler Helmut Schmidt konnte gerade noch verhindern, dass auch die deutsche Presse darüber Auskunft gab und damit die Terroristen informiert hätte. Das wäre definitiv das Ende der Befreiungsaktion gewesen.

Dieter Fox: *Nachdem Wegener und Barre sich nun geeinigt hatten und auch Wischnewski sein O.K. gegeben hatte, brauchte es dann noch ca. dreieinhalb Stunden, um die GSG 9 einfliegen zu lassen. Ab diesem Zeitpunkt durften wir uns auch freier bewegen. Wir fuhren noch einmal zum Flughafen und sahen uns die aktuelle Lage an. Ich war in Gedanken, wir konnten die entführte Maschine sehen, die Sonne ging langsam unter. Unsere Angehörigen in Deutschland wussten immer noch nicht konkret, wo wir waren. Sie wussten, dass wir im Einsatz für Schleyer waren, aber sie wussten nichts von Mogadischu. Die GSG 9 und auch andere Stellen gaben keine Auskunft mehr. Ich sah mir also die Sonne an und dachte: „Na ja, schönes Abendrot, aber es wäre nicht so schön, wenn du hier dein Leben lassen müsstest, aber ich denke mal, nö. Das packen wir, das ist einfach so, das schaffen wir."*

In der Zwischenzeit leisteten wir Aufklärungsarbeit, da wir die GSG-9-Maschine runterbekommen mussten, ohne dass die Terroristen etwas davon bemerkten. Es gab am Ende des Flughafens die Luftwaffenbasis. Ich sprach mit denen, da waren auch Sowjets dabei, die hielten sich aber sehr zurück, das muss man ihnen lassen. Ich sagte nur zu dem Luftwaffenbefehlshaber: „Ihr könnt uns unterstützen. Wir haben inzwischen die Genehmigung, dass wir zusammenarbeiten. Ich würde euch bitten, damit ich meine Maschine reinbekomme, dass ihr ein paar von euren alten MiGs zur Ablenkung fliegen lasst." Zuvor war ich mit Baum zum somalischen Generalstabschef nach Mogadischu-Stadt gefahren, um ihn darum zu bitten, dass die somalischen Kräfte den

Flughafen absperrten. Wir wollten unter allen Umständen verhindern, dass jemand auf den Flughafen kam – schon gar nicht Anhänger der PLO, die in Mogadischu einen Stützpunkt hatte. Somit hatten wir die Gewissheit, dass niemand ohne unser Wissen auf das Gelände kam. Der Luftwaffenführung gab ich anschließend die Anordnung: „Von euch erwarte ich nichts anderes, als dass ihr uns bei der Bereitstellung unterstützt, damit wir unsere Maschine runterbekommen.“ Der Luftwaffenchef ließ zwei MiGs starten und landen, sodass den Entführern gar nicht auffiel, dass die Maschine mit meinen GSG-9-Männern gegen 19:30 Uhr Ortszeit in der Dunkelheit in Mogadischu landete. Meine Jungs waren erleichtert, dass sie endlich aus der Maschine herauskamen. Einige waren aufgeregt – teilweise waren sie zum ersten Mal bei so einem Einsatz dabei. Angst hatte keiner, sie wollten nur, dass alles erfolgreich verlief. Das war grundsätzlich das Hauptbedenken. Wir hatten genau diese Aktion jahrelang geübt, sogar den Flugzeugtyp kannten wir in- und auswendig. Das war alles nichts Neues. Die Routine überlagerte die Angst, alle handelten so, wie es seit Jahr und Tag abgesprochen und geübt worden war.

Dieter Fox: *Daraufhin sagte ein Führungsoffizier der GSG 9 zu mir: „Herr Fox, Sie sind jetzt fünf Tage unterwegs gewesen, ich glaube, Sie sind sehr angespannt und psychisch auch sehr unter Druck und vielleicht auch körperlich in nicht ganz guter Verfassung. Sie kommen mit in die Präzisionsschützentruppen und gehen nicht mit an die Maschine.“ Ich sagte zu ihm: „Ich denke, nein. Ich werde mit in die Maschine gehen und ein Team führen, Wegener hat mir das versprochen.“ Wegener hörte die Auseinandersetzung aus ein paar Metern Entfernung. Er fragte: „Was ist los?“ Der Offizier sagte: „Herr Fox soll besser rausbleiben.“ Wegener antwortete: „Ich habe gesagt, Fox führt ein Team und er führt ein Team.“ Wegener fragte daraufhin noch einmal nach: „Ist jemand hier nicht in der Lage, diesen Einsatz mitzumachen?“ Erst entstand ein Raunen, es gingen ein paar Hände hoch von Männern, die erklärten, dass sie nicht glaubten, augenblicklich mental in der Lage zu sein an der Maschine, als Zugriffstrupp. Wegener sagte dann: „Gut, alles klar, verstehe ich.“ Es waren – meine ich – noch zwei, drei, die sagten: „Ja, ich würde aber lieber in den Deckungstrupp, weil ich mich mit der langen Waffe sicherer fühle.“ Wegener hatte auch dafür Verständnis. Die kamen dann in die Präzisionsschützentruppen. Das Präzisionsschützenkommando wurde vom stellvertretenden Kommandeur geführt. Wegener sagte dann: „O.K., ich übernehme das Kommando an der Maschine.“*

Meinen Stellvertreter Blätte unterrichtete ich, was aktuell zu tun sei: „Du übernimmst den Präzisionsschützenbereich und gehst auf die Dünen, die um die Maschine herum zu sehen sind. So können wir laufend beobachten, was an der ‚Landshut‘ vorgeht.“ Das funktionierte gut, das führten wir nachts immer noch durch. Ich holte die anderen beiden Einheitsführer heran und sagte: „So, ihr bereitet jetzt den Sturm der Maschine mit den entsprechenden Sturmtrupps vor. Wir brauchen sechs Sturmtrupps, zwei Observations- und Präzisionsschützentrupps, einen Reservetrupp mit Rettungssanitätern. An erster Stelle steht die Rettung der 86 Geiseln. Hierzu werden alle Terroristen kampfunfähig gemacht. Wie das aussieht, überlasse ich jedem einzelnen.“ Die Vorbereitungen wurden sofort getroffen, daran waren alle gewöhnt. Die Einsatzkräfte gingen nach der üblichen Routine und nach Checklisten die üblichen Einsatzvorbereitungen durch. Man merkte jedem Einzelnen an, dass er sich der Bedeutung des Auftrags bewusst war. Ich sehe heute noch einen jungen Leutnant vor mir, dem ich ansah, dass ihn das alles furchtbar langweilte. Ich fragte ihn: „Was ist denn los mit dir?“ Er antwortete: „Ja, Sie tun gerade so, als ob wir so etwas zum ersten Mal machen.“ Ich entgegnete ihm: „In einem afrikanischen Land haben wir so etwas mit Sicherheit noch nicht gemacht. Aber ich verstehe, was du meinst. Denk mal daran, wofür du ausgebildet wurdest.“ Es stand wirklich viel auf dem Spiel. Ich hörte, wie einige Männer kurz vor der Stürmung zueinander sagten: „Jetzt ist der Fall da, für den wir geübt haben. Jetzt wird sich zeigen, ob das Konzept stimmt. Wir müssen im richtigen Augenblick voll konzentriert sein und uns aufeinander verlassen können.“ Wir gingen noch einmal den Ablauf durch, überprüften alles, wie es vor so einem Einsatz üblich und taktisch notwendig ist. Es lief alles hervorragend. Inzwischen hatten wir auch die ersten Informationen von den Präzisionsschützen bekommen sowie vom Tower, dass die Geiselnehmer am Nachmittag versucht hatten, Sprengstoff an den Türen anzubringen sowie die Geiseln mit Alkohol übergossen hatten, „damit sie besser brennen“.

Jürgen Vietor: *Mahmud hatte das Ultimatum gesetzt, dass, wenn nicht ausgetauscht würde, er das Flugzeug in die Luft jagen würde. Wir wurden dann alle gefesselt, mit Duty-free-Alkohol übergossen, „damit wir besser brennen“. Das war ganz schlimm. Da gab es Sprengstoff. Die hatten Sprengstoff mit Zündern und allem dabei. Ich dachte noch: „Es ging bis hierhin so einigermaßen gut, und das soll dann das Ende sein?“*

Gabriele von Lutzau: *Die kleine schmale, zierliche Terroristin ging mit einem Lächeln durch die Reihen und übergoss uns fast anmutig mit Alkohol. Es war eine unwirkliche Szene. Man denkt nur an den Tod, wenn es heißt: „Jetzt haben Sie noch eine Viertelstunde.“ Dann macht der Nachbar die Armbanduhr ab und hängt sie hin – und dann schaut man den Zeigern zu. Wahrscheinlich denkt jeder Mensch dabei an etwas anderes. Es war nicht so, dass das Leben an einem vorüberzog, ganz und gar nicht, im Gegenteil, ich dachte: „Du bist noch so jung! Du könntest noch so viel tun. Du könntest noch leben. Du könntest noch Kinder kriegen.“*

Den Sprengstoff bauten sie aber wieder ab, nachdem sie informiert worden waren, dass die Bundesregierung ihren Forderungen nachgeben würde. Das war natürlich eine Kriegslist, eine Hinhaltetaktik, damit die Terroristen ihr Ultimatum vergaßen und wir Zeit für die Befreiung der „Landshut“ bekamen. Wir brauchten eine ruhige Lage. Dafür hatte unser Psychologe Salewski gesorgt, der das Verhandlungskonzept entworfen hatte, um die Terroristen hinzuhalten. Die Terroristen sollten auf keinen Fall erfahren, was als nächstes von unserer Seite passieren würde. Inzwischen hatte ich mit dem damaligen deutschen Gesandten gesprochen, der im Tower die Verhandlungen mitführte, sowie mit einem Fernmeldeoffizier von mir: „Seht zu, dass ihr die Terroristen in der Maschine dauernd informiert haltet, das heißt, dass die Leute, die mit euch sprechen, dort permanent beschäftigt sind und zwar so, dass wir auch über das, was an Bord passiert, im Bilde sind.“ Das funktionierte vom Tower aus gut. Ich holte meine beiden Einheitsführer noch einmal zu mir und wies sie ein: „Wir wollen die Dunkelheit abwarten. Die Geiselnehmer sind durch die langen Verhandlungen mit der Bundesregierung ermüdet. Der Haken ist, dass die Beleuchtung des Flughafens nicht ausgeschaltet werden kann, da das zu auffällig wäre. Ihr müsst also so langsam vorgehen, dass nichts auffällt. Der Schattenwurf ist das Problem. Gegen null Uhr müsst ihr mit dem Einsatz rechnen." Wir überlegten, wie wir am besten an die Maschine herankämen, die ungefähr 1.500 Meter von der Luftwaffenbasis entfernt stand.

Dieter Fox: *Mir wurde ein Team zugeteilt. Wegener ordnete an: „Männer, macht euch einsatzbereit." Wir bereiteten uns vor – ich hatte gar nichts dabei: keine Uniform, keine Bereitschaftssachen. Die anderen hatten ihre Uniformteile dabei, sie drehten ihre Jacken auf links, damit die Rangabzeichen und die Hoheitsabzeichen nicht zu sehen waren. Sie hatten zumindest dunkle Sachen an. Ein Lufthansa-Ingenieur gab mir seinen Overall, der mir gerade so passte. Im Waschbecken der Maschine verbrannten wir eine alte Zeitung, ließen ein bisschen Wasser drüber laufen und schwärzten damit unsere Gesichter. Camouflage oder ähnliches hatten wir nicht dabei. Einige hatten jedoch schwarze Farbe in der Ausrüstung. Das war so o.k. Wir waren zumindest nicht mehr kenntlich, nicht nur für die Operation bei Nacht, sondern auch für die Presse. Wir bekamen noch etwa eineinhalb Stunden Zeit, um an den Maschinen zu üben, aber nicht an einer 737, wir mussten an einer 720 arbeiten. Wegener fragte ab: „Habt ihr eure Taktik zurechtgelegt?" Wir sagten: „Ja, so wie wir das gelernt haben." Er sah sich jeden einzelnen Trupp an, wie der arbeitete. Schließlich meinte er: „Ja, ich bin zufrieden." Das Vorgehen an der Maschine und das Eindringen, das Öffnen, die Situation auf der Leiter, das kannten wir alle. Schließlich erklärte Wegener: „So, alles klar. Wir haben jetzt noch ein bis zwei Stunden Zeit. Legt euch hin, besprecht euch miteinander oder relaxed. In eineinhalb Stunden marschieren wir. Und dann geht es los."*

Inzwischen hatte mir Wischnewski, der sich hauptsächlich im Terminal aufhielt, mitgeteilt, dass der Bundeskanzler mit mir sprechen wolle. Ich fuhr zum Terminal und meldete mich beim Kanzler. Schmidt fragte mich, wie ich die Lage einschätzen würde. Ich antwortete: „Normal." „Was heißt das?", fragte der Bundeskanzler nach. Ich antwortete: „Wir haben so etwas schon sehr häufig gemacht, Herr Bundeskanzler – das läuft." Er fragte mich weiter, ob ich davon überzeugt sei. Ich bestätigte: „Wenn ich das sage, dann bin davon zu 100 Prozent überzeugt. Das klappt, ich kann mich auf meine Jungs vollständig verlassen." Schmidt war aufgrund meiner Aussage beruhigt. Ich fügte hinzu: „Voraussetzung ist, dass Sie mir jetzt den Einsatzbefehl geben." Wir benötigten für unsere Aktion den Befehl von politischer Seite. „O.K., wir machen es jetzt, es gibt keine andere Lösung. Das ist Ihr Teil, ich habe meinen Teil schon getan. Sie melden mir nachher die Ausführung." Auf diese Weise gab mir Schmidt den Einsatzbefehl – das war beruhigend. Den Bundeskanzler sprach ich erst nach Beendigung der Operation wieder. Weder Wischnewski noch Schmidt redeten mir in unser Aufgabengebiet hinein – hier herrschte eine klare Befehlsgebung. Ich ging nach dem Telefonat zu einem der Sturmtrupps und erklärte meinen Jungs, dass ich mit ihnen heute in die Maschine gehen würde. Durch die Präzisionsschützen bekamen wir die

Meldung, dass sich Mahmuds Stellvertreter schlafen gelegt hatte, während sich zwei Terroristen im Cockpit aufhielten, der Standort des vierten war unbekannt und für uns ein Risiko. Wir mussten damit rechnen, dass sich auch im hinteren Bereich der Maschine einer aufhielt. Diese Information gab ich an alle weiter. Ich erklärte den beiden Einheitsführern, welchen Sturmtrupp sie an welchen Stellen einsetzen müssten. Als wir unsere Einsatzbekleidung und Ausrüstung anlegen wollten, fiel auf, dass wir nicht genügend neue Westen dabei hatten. Es reichte nicht für alle im Sturmtrupp aus, als wir die „Landshut" stürmen wollten. Daher gab ich meine ab und ging ohne Weste in den Sturm. Gegen 22 Uhr Ortszeit bezogen alle Einsatzkräfte Ausgangs- und Bereitstellungen.

Dieter Fox: *Es gibt in dem Augenblick nur eins: den Auftrag. Es gibt keine Kinder zuhause, es gibt keine Ehefrau, es gibt nur noch die GSG 9, diese Lage und diesen Auftrag. Die paar Minuten im Zeitraffer oder diese echte halbe Stunde muss man sich auf das konzentrieren, was in der Lage zu tun ist.*

Da wir nur ganz langsam vorgehen konnten, weil der Flughafen hell erleuchtet war und wir daran nichts ändern konnten, machten wir uns gegen 23 Uhr auf den Weg. Die Terroristen wurden müde und meine Mannschaft – Spezialisten, Sprengstofffachleute inklusive Reserve – näherte sich der Maschine. Wir mussten immer damit rechnen, dass wir beobachtet wurden. Ich hatte den Somaliern gesagt, dass sie mit einem Ablenkungsfeuer vor der Maschine beginnen sollten. Das funktionierte und sie zündeten das Blendfeuer. Wir näherten uns vom Heck aus. Schon während des Annäherns fiel das Funksystem aus – vielleicht aufgrund der Hitze. Wir hatten also keinen direkten Kontakt mehr zum Tower. Auch untereinander hatten wir keine Funkverbindung mehr und mussten mit Handzeichen arbeiten. Aber daran waren wir gewöhnt. So etwas kann immer passieren und wir waren darauf eingespielt, alles so zu handhaben, wie wir es trainiert hatten. So leise wir konnten pirschten wir uns an die Maschine heran. Tatsächlich zeigte sich am Himmel plötzlich eine Sternschnuppe. In afrikanischen Ländern wirken diese besonders groß. Sie erhellte das Rollfeld, sodass ich mich darüber ärgerte, weil die Terroristen auf uns aufmerksam werden konnten. Die Leitern, die die Sturmtrupps mit sich führten und an die „Landshut" stellten, durften kein Geräusch von sich geben. Wichtig war, dass jeder Sturmtrupp an seiner bestimmten Position ankam und wusste, was er zu tun hatte. Dort warteten sie auf den direkten Befehl zum Stürmen. Ich stand unter der Maschine in der Mitte und konnte alle sehen. Durch ein Handzeichen gab ich den Befehl „Feuerzauber!" ungefähr fünf Minuten nach Mitternacht. Die SAS-Männer Morrison und Davies zündeten die Blendgranaten vor der „Landshut", damit die Terroristen abgelenkt waren. Durch das Knallen und das Licht wurden die Entführer ins Cockpit gelockt.

Dieter Fox: *Es war kurz vor Mitternacht, 23:15 Uhr oder 23:30 Uhr. Wir verließen unseren Bereitschaftsraum und mussten über einen langen Weg – unweit des Strandes – vorgehen. Es waren große Gras-, Sand- und Bodenbereiche, in denen sich allerlei Getier herumtrieb, unter* *anderem auch giftige Schlangen. Davon erfuhren wir aber erst im Nachhinein. Schlangen kommen vielfach nachts heraus, wenn Flächen noch warm sind. Sie nehmen auf diese Weise die letzte Wärme auf. Ich weiß gar nicht, ob uns welche begegnet sind. Aber hinterher sagte man uns, dass gerade in Strandnähe einige giftige Schlangen herumschlichen – kleine Nattern und Vipern. Wir sahen aber keine. Es gab relativ starkes Mondlicht und es war klarer Nachthimmel. Was uns dann im Annähern widerfahren ist, war für uns augenblicklich schlimmer als Schlangen: Wir hatten bereits die Hälfte der Strecke zurückgelegt, als rechts von mir Strandhühner oder ähnliche Vögel mit einem lauten Geschrei aufflogen. Wir waren bestimmt noch 200 bis 300 Meter von der Maschine entfernt, die Hühner konnte eigentlich keiner hören. Wir stoppten, gingen runter und überlegten: Was ist passiert? Wir mussten abwarten. Wenn jetzt in der Maschine Licht anging oder eine Tür geöffnet würde, dann wäre unsere Aktion stark gefährdet. Die gesamte Taktik war darauf abgestimmt, dass die entsprechende Ablenkung durch Feuer stattfinden sollte und wir dann in taktischer Ruhe an und unter die Maschine kommen konnten. Diese Vögel verzogen sich schließlich irgendwann und wir hörten das unheimliche Flügelschlagen, dieses Flattern. Wenn man nachts unterwegs ist, gerade in so einer derart angespannten Situation, glaubt man, dass nun wirklich alle etwas davon mitbekommen. Vor allen Dingen dachten wir, dass die Presse etwas mitbekommen würde, die war ja auch da. Die Pressevertreter waren zwar nicht in unmittelbarer Nähe, aber mit ihren starken Fotoobjektiven hätten die möglicherweise das ein oder andere erkennen können. Diese Vögel flogen jedoch in eine völlig andere Richtung ab und waren dann, Gott sei Dank, auch verschwunden. Wir gingen weiter vor. Ich schaute zum Himmel und gerade in diesem Moment ging dort eine riesengroße Sternschnuppe herunter. Da klopfte ich meinem Einheitsführer vor mir auf die Schulter und sagte: „Jetzt packen wir es." Das war für mich ein Zeichen: Das kann nur gut gehen; so eine Sternschnuppe, das heißt, dass wir Glück haben werden. Wir marschierten weiter Richtung Maschine und nahmen unter ihr unsere taktischen Positionen ein. Unser Funkverkehr brach plötzlich zusammen, weil wir, was die Funkausrüstung betraf, nicht sehr vorteilhaft ausgestattet waren. Dies betraf hauptsächlich die Übertragungssensibilität. Wir hatten zwar, so gut es ging, eine Art Relaisstation aufgebaut, aber die funktionierte nicht so korrekt, wie wir es benötigt hätten, und unter der Maschine entstanden zusätzliche Störfaktoren. Darauf hatte Wegener aber vorher hingewiesen: „Wenn die Geräte ausfallen, gibt es mündliche Anweisungen. Dann müsst ihr gut hören, beobachten und euch per Zeichen verständigen." Gut, das kannten wir. Wir stellten uns auch im Training immer darauf ein, dass dies passieren könne. Wir sollten immer Kontakt zum Teamführer halten, um zu sehen, was er tat. Die Funkgeräte fielen also quasi aus. Man hörte nur noch Rauschen und abgerissene Sätze. Das hätte für einen Befehl nicht ausgereicht. Wir positionierten uns an den Türen und dann kam von Wegener das Kennwort „Feuerzauber". Er hatte sein Funkgerät noch an. Wir hatten unsere auch nicht abgelegt. Wegener machte per Hand Zeichen und schrie dann: „Feuerzauber!" Das bedeutete: Eindringen – Türen öffnen, rein in die Maschine, Positionen einnehmen und den Feuerkampf aufnehmen.*

Der Sturm verlief anstandslos wie bei einer Übung – koordiniert durch gleichzeitiges, gewaltsames Öffnen aller sechs Zugänge des Flugzeugs – bis auf einen Sturmtrupp rechts vorne an der Maschine, der die Tür nicht richtig aufbekam, weil diese durch Müll verstellt war. Das war eine ganz typische Situation für die GSG 9. Der Führer des Sturmtrupps entschied sofort – ohne nachzufragen –, dass er hinter einem anderen Sturmtrupp an der Tür vorne links in die Maschine eindringen musste. In diesem Fall bewährte sich in nahezu klassischer Weise die Führung durch Auftragstaktik: Führer der unteren Führungsebenen verfügen aufgrund ihrer Nähe zur Entscheidungssituation über die aktuellen Lageinformationen. Sie können daher in krisenhaften Situationen am schnellsten lageangemessen handeln. Vorher hatte aber einer der Männer dieses Sturmtrupps durch den Türspalt einen der Entführer so stark verletzt, dass er sofort tot war. Er wurde erschossen. Der anschließende Feuerkampf mit den Terroristen war kurz und heftig. Die mit Pistolen und Revolvern sowie Handgranaten bewaffneten Terroristen eröffneten sofort das Feuer, wurden jedoch innerhalb von vier Minuten ausgeschaltet. Ich ging mit einem der Sturmtrupps in den mittleren Bereich der „Landshut" rein. Der Eindruck im Inneren der Maschine war eine Katastrophe. Alles war vollkommen vermüllt und es stank furchtbar. Wegen der Hitze waren alle Sonnenblenden unten. Plötzlich stand einer der Terroristen im Gang vor mir, der in der ersten Klasse geschlafen hatte – einer meiner Männer schoss sofort auf ihn – ich ebenfalls. Der Terrorist fiel sofort um und warf im Fallen noch zwei russische Handgranaten, wobei die eine nicht explodierte; die zweite explodierte zwar unter einem Sitz, hatte aber keinen Sprengmantel. Die Wirkung war begrenzt. Die Flugbegleiterin Gaby Dillmann bekam noch etwas von der Sprengkraft ab und wurde am Bein verletzt.

Insgesamt hatten wir die Terroristen sofort unter Kontrolle. Der ganze Sturm verlief anstandslos, so wie wir es oft an den Maschinen geübt hatten. Ich forderte laufend Meldungen von den Einheitsführern, weil wir nicht sicher waren, ob wir alle Terroristen erwischt hatten. Der Einheitsführer, der die vorderen Einheiten befehligte, meldete, dass er zwei der Entführer erledigt hatte. Der eine war verwundet, der andere tot. Der zweite Einheitsführer hatte den Schusswechsel im Gang mitbekommen. Wir sprachen die Geiseln bewusst zweisprachig an, da wir aus den Fehlern von Entebbe gelernt hatten, und befahlen ihnen, dass sie sich geduckt in Sicherheit zu bringen hätten. Sie zeigten sich überaus erfreut, dass wir Deutsche waren, und erklärten uns, dass eine der Terroristinnen in einer der Toiletten war. Bis dahin wussten wir nicht, wo sie geblieben war. Eine Geisel sagte uns, in welche Toilette sie gegangen war. Für uns war dann alles klar: Wir machten die Tür halb auf, sie saß dort, feuerte sofort und wurde von uns an Ort und Stelle erschossen. Innerhalb von sieben Minuten war der Einsatz praktisch beendet. Die Evakuierung der Geiseln erfolgte in den nächsten zehn Minuten. Das lief sehr gut, bis auf einen älteren Herrn, der meinte: „Ohne meine Schuhe gehe ich nicht." Das habe ich heute noch im Ohr. Ich erklärte ihm, dass es auch noch woanders Schuhe gäbe.

Jürgen Vietor: *Es waren Geräusche von überall. Es wurde geschossen und dann hörte ich deutsche Stimmen. „Köpfe runter, Köpfe runter, wo sind die Schweine, Köpfe runter, Köpfe runter!" Da dämmerte mir – es findet eine Aktion statt. Immer wieder dieses „Köpfe runter", die deutschen Stimmen, das war so positiv. Dann hörte das Schießen langsam auf und ich hörte Anweisungen: „Hier raus, hier raus, hier raus, schnell, schnell, schnell".*

Gabriele von Lutzau: *Als ich dann deutsche Stimmen hörte, da war mir irgendwo klar, dass es Spezialisten sein mussten. Und dann dachte ich nur noch: „Die einzig richtige Lösung!" Ich erinnere mich daran, dass ich unglaublich froh war, dass es Deutsche waren und nicht irgendwelche somalischen Rambos, die beschlossen hatten, einen dilettantischen wie auch immer gearteten Befreiungsversuch zu starten.*

Jürgen Vietor: *Ich sah, wie Passagiere geduckt zu den Türen oder zu dem Notfenster gingen. Erst da merkte ich, dass ich auch an der Reihe war. Ich bin dann über die Lehne hinten rüber. Ich wollte nur raus, raus, raus, durch das Notfenster. Ich bin da irgendwie raus und dann über die Tragfläche – da waren Leitern – runter und dann sah ich die Düne. Da waren unsere Passagiere schon versammelt. Das erste, was wir gemacht haben, war, einen Dackel zu suchen. „Mein Hund ist weg, mein Hund ist weg", rief eine Passagierin. Wir suchten den Dackel – und fanden ihn.*

Von unserer Seite wurde nur ein Mann vom ersten Sturmtrupp verletzt, da er einen Halsdurchschuss abbekam. Er war noch außerhalb der Maschine und wurde durch einen nach außen dringenden Schuss der Terroristen am Hals verletzt. Das meldete mir der Einheitsführer. Mein Sanitätstrupp übernahm ihn sofort und brachte ihn ins Lazarett. Er wurde am gleichen Abend wieder entlassen, das war also geringfügig, ein Durchschuss.

Erst einmal gab ich meinem Vertreter den Befehl, alle Geiseln zu sammeln. Wir überwachten deren Evakuierung. Dafür wurden Busse geschickt. Ich beauftragte meinen Vertreter: „Du sammelst jetzt die Mannschaft, überprüfst noch einmal die Waffen und nimmst auch die Waffen von den Terroristen mit und dann geht es wieder zurück zum Bereitstellungsraum." Das wurde so erledigt. Nachdem wir alle GSG-9-Männer unter der Maschine gesammelt hatten, stellten wir fest, dass wir keinerlei Verluste hatten. Das war eine enorme Beruhigung.

Dieter Fox: *Kurz danach kamen somalische Offizielle und Ärzte in die Maschine. Die Geiseln waren mittlerweile evakuiert worden, das ging sehr holperig vonstatten. Sie befanden sich im übelsten Zustand. Teilweise fielen sie die Leiter herunter. Wir hatten in der Nähe der Maschine, am Strand, einen Evakuierungsraum aufgebaut – auch dort gab es noch Schlangen. Das erfuhren wir aber auch erst später. Wir hatten den Passagieren gesagt: „Schnell in diese Mulde, weg von der Maschine, falls sie doch noch explodiert." Alle Geiseln mussten erst einmal in diese Mulde rein. Sie wurden auch dahin geleitet, es lief keine Geisel in Panik fort. Das wäre dann ein Problem gewesen: Wenn eine Geisel weggelaufen wäre, weil sie völlig durchgedreht wäre – was ja verständlich gewesen wäre – wäre sie genau in die Waffen der Somalier gelaufen und wahrscheinlich erschossen worden. (...) Die verletzte Terroristin wurde auf eine Trage gelegt; sie wurde immer wacher. Sie war wirklich so schwer verletzt, dass wir zunächst dachten, dass sie nicht überleben würde. Sie war im unteren wie im oberen Körperbereich schwer verletzt. Sie wurde in die Airport-Halle getragen. Dabei hielt sie das Victory-Zeichen in die Kameras und schrie „Free Palestine".*

Anschließend fuhr ich mit meinem Adjutanten zum Tower und meldete mich bei Wischnewski, der mir vorher schon gesagt hatte, er wolle mit mir nach der Aktion einen Whiskey trinken – den hatte er aber schon alleine ausgetrunken. Ich meldete

Wischnewski sofort, die Sache sei erledigt und es gäbe keinerlei Verluste – weder bei den Geiseln noch bei der GSG 9. Wischnewski wollte das erst gar nicht glauben.

Helmut Schmidt: *Wir hielten unseren sogenannten Krisenstab zusammen bis nachts um 24 Uhr, zum Beispiel für den Fall, dass das Ganze schief ging. Die Wahrscheinlichkeit hatte ich 50/50 eingeschätzt. Wenn es einige 80 oder 90 Tote gegeben hätte, dann wäre es wichtig gewesen, dass nicht jeder seine eigene Presseerklärung herausgegeben hätte. Deshalb hielten wir die Leute künstlich zusammen.*

Nach ihm sprach ich auch mit dem Bundeskanzler, der mich ebenfalls fragte: „Wie viele Tote, wie viele Verletzte?" Ich antwortete ihm: „Wir haben keine Verluste. Einer meiner Leute ist leicht verletzt, das ist alles. Bei den Terroristen hat eine Terroristin schwerverletzt überlebt, drei sind tot. Es hat alles sehr gut geklappt." Ich merkte dem Kanzler an, dass es ihn richtig mitnahm. Er sprach mich mit „Herr Oberst" an. Ich antwortete ihm darauf: „Ich verstehe, dass Sie das jetzt zu mir sagen, aber ich bin doch Oberstleutnant." Er meinte: „Das wird sich ändern."

Helmut Schmidt: *Wischnewski sagte: „Die Sache ist gelaufen". Ich fragte: „Wie viele Tote habt ihr?" Ich rechnete damit, dass es eine Reihe von Toten geben würde. Das Risiko, dass das Flugzeug in die Luft gesprengt werden würde, hielt ich für 50 Prozent wahrscheinlich. Das Ganze war ein höchst riskantes Unternehmen. Später stellte sich heraus, dass die GSG 9 tatsächlich das Öffnen eines Verkehrsflugzeuges von außen mit demselben Flugzeugtyp geübt hatte, um den es sich bei der „Landshut" handelte. Das war ein Glücksfall. Einer von vielen Glücksfällen. Wischnewski antwortete: „Wir haben keine Toten." Da kamen mir die Tränen.*

Dieter Fox: *Wenn es nur Verletzte gibt, dann haben wir eben Glück gehabt. Wenn es überhaupt keinen Toten gibt, dann hat der liebe Gott aber die ganze Nacht die Hand auf dieser Maschine gehabt. Dass es keine eigenen Toten zu beklagen gab, war das Unglaubliche, was in der Welt niemand für möglich gehalten hatte. Weswegen Bundeskanzler Schmidt Tränen vergoss, als Wischnewski ihm das Ergebnis mitteilte, weshalb hinterher fassungslose Menschen vor uns standen, als wir ihnen das Erlebte schilderten, und sie sagten: „Das kann nicht wahr sein, dass ihr noch lebt."*

David Schiller: *Mogadischu hätte auch schiefgehen können, es gibt keine Garantie. Wir hatten 1974 in Israel – da war ich Augenzeuge – eine Aktion in Ma'alot. Eine ganz tragische Geschichte in einer Schule, wo durch Fehler, Nicht-Erkennen der Lage, politischen Druck und durch einen falschen Angriffszeitpunkt eine Geiselbefreiung völlig schief lief. Am Ende stand man mit 25 Toten und 30 bis 40 verletzten Kindern da. Auch so etwas hätte in Mogadischu passieren können. Dann hätte keiner mehr nach der GSG 9 gefragt und man hätte einen Sündenbock gesucht. Das ist dann meistens der Kommandeur.*

Dieter Fox: *Aber eine solche Kommandooperation wie in Mogadischu, die hatte es bis dahin in der Geschichte noch nicht gegeben: Mit 30 Mann eine Maschine stürmen, in der vier bewaffnete, zu allem entschlossene Terroristen mit 90 Geiseln sind, wo sich Sprengstoff an den Türen befindet und die Menschen mit Alkohol übergossen wurden. Es hätten einige Funken gereicht und es wäre anders ausgegangen. Gut, dass der Alkohol bereits eingetrocknet war, da er einige Stunden zuvor über die Leute gegossen worden war. Gleichwohl wäre, wenn die*

Maschine Feuer gefangen hätte, der Alkohol in seiner Wirkung wieder aktiv geworden und alle Geiseln hätten gebrannt wie Fackeln.

Wir hatten uns jahrelang darauf vorbereitet. Jetzt war der Ernstfall gekommen und ich war der festen Überzeugung: Jetzt müssen wir der Welt zeigen, dass wir das können, dass wir dazu in der Lage sind, das Leben der Geiseln zu retten. Leben zu retten – das stand immer im Vordergrund unserer Arbeit. Das hatten wir nun geschafft. Mein Hauptgedanke, dass dabei keiner meiner Leute zu Schaden kommen solle, hatte sich ebenso erfüllt. Deswegen hatte ich immer Wert darauf gelegt, dass der Sanitätstrupp dabei war. Meine Leute sollten gut aus der Geschichte herauskommen. Deswegen war es eine enorme Erleichterung, dass wir bis auf einen Verletzten keinen Schaden hatten.

David Schiller: *Wegener ist einer von denen, die ihre Leute zurückgebracht haben. Es gibt einen ganz bestimmten Führungscharakter, den wir in der israelischen Armee versuchen herauszubilden. Das Wichtige ist nicht nur, ob die Mission erfüllt wird, sondern, ob die Leute zurückgebracht werden. Das gilt in Israel noch ungleich mehr, weil es nur ein kleines Land ist, wo jeder jeden kennt und wo man nachher als Führer im Einsatz dasteht und den Eltern oder den Angehörigen der Gefallenen ins Gesicht schauen muss.*

Helmut Schmidt: *Es waren transnationale anti-terroristische Kooperationen. Selbstverständlich gab es außer diesen entscheidenden Gesprächen schon routinemäßige Zusammenarbeit der Polizeieinheiten, in diesem Falle auch der GSG 9. Wegener und die Mitglieder der GSG 9 haben gute Arbeit geleistet.*

Ich ging noch einmal zum Terminal, weil meine Techniker in der Maschine Waffen und Sprengstoff sicherstellen mussten. Wir fanden 1,5 Kilogramm Sprengstoff, TNT. Auf dem Weg zum Flugzeug kamen mir zwei Leute entgegen, die ich wegen der Dunkelheit nicht so leicht erkennen konnte. Dann sah ich, dass einer von ihnen Kopilot Vietor war. Ich fragte ihn, was er denn hier noch mache, und er druckste etwas herum. Schließlich meinte er: „Das müssen Sie verstehen, ich wollte noch mein Toupet aus der Maschine holen."

Die Geiseln wurden alle in den Terminal gebracht, wo sie medizinisch versorgt und betreut wurden sowie etwas zu essen bekamen. Inzwischen wurde eine Maschine bereitgestellt, die die Geiseln nach Deutschland bringen sollte. Es war die Maschine, die mein Kommando nach Mogadischu gebracht hatte. Wir klärten mit den Somaliern, wie der Abtransport geregelt werden sollte und so lief es auch problemlos: Ich forderte noch eine zweite Maschine für die GSG 9 an. Die Geiseln sollten mit einem Schutzteam von uns nach Frankfurt gebracht werden. Ich hatte der Lufthansa Anweisung gegeben, dass die Geiseln nicht alleine fliegen dürften. Wenn ihnen wieder etwas passiert wäre, wäre das auf uns zurückgefallen.

Dieter Fox: *Die „Landshut" wurde in Mogadischu noch fotografiert und so gut es ging hergestellt. Sie war nicht unerheblich beschädigt. Nachdem die Maschine wieder halbwegs zusammengeflickt worden war, ist sie noch geflogen. Sie musste ja von Mogadischu wieder zurück* *nach Frankfurt geflogen werden. Bei dem, was diese Maschine ausgehalten hat, kann ich nur sagen: Alle Achtung. Sie ist in Aden auf dem Wüstensand gelandet, dann die Beschädigungen durch den Einsatz, – das war schon stark, was die Maschine miterlebt hat. Aber die „Landshut" ist in Frankfurt gut runtergekommen. Dort wurde sie generalüberholt und soll auch noch ein paar Jahre geflogen worden sein.*

Dieter Fox: *Unsere GSG-9-Maschine hatte auf dem Rückflug natürlich einen sehr turbulenten Flug: einen Rückflug der Freude. Wir konnten es zum einen noch nicht begreifen, dass wir das wirklich gemacht hatten, dass wir durch unseren Einsatz Menschen vor dem sicheren Tod gerettet hatten. Diese Menschen, die wie sonst etwas gelitten hatten, holten wir heraus, denen gaben wir das Leben zurück. Zudem war es eine Bestätigung unserer Leistungen, unseres jahrelangen Trainings. Wir hatten das geschafft, wofür wir da waren: Menschen, Geiseln befreien, gegen Terror und Gewaltkriminalität kämpfen – und das erfolgreich.*

Am 18. Oktober 1977 flog die GSG 9 mit einer separaten Maschine direkt nach Köln/Bonn. Auch unser verletzter Mann war dabei. An einen Empfang in der Größenordnung, wie man ihn für uns vorbereitet hatte, hätte ich nicht gedacht. Es war ein großer Aufmarsch: Ein paar Einheiten standen dort als Empfangskomitee. Es kam ein Offizier an Bord und wollte mir eine Uniform bringen. Ich fragte, was ich damit solle. Er bat mich, ich solle sie anziehen. Ich antwortete: „Das kannst du gleich vergessen. Wie stellt ihr euch das vor? Meine Leute sind noch alle in den Klamotten, mit denen sie im Einsatz waren, und ich habe ebenfalls noch diese Kleidung an, also gehe ich auch so aus der Maschine." Der Offizier entgegnete, dass dies Ärger geben könnte. Ich sagte: „Höchstens für dich, aber nicht für mich." Als wir aus der Maschine stiegen, wurde uns große Begeisterung entgegengebracht. Auf dem Flugfeld warteten nicht nur Politiker und Journalisten, sondern vor allem auch unsere Familienangehörigen. Meine Frau war mit unseren beiden Töchtern dort. Meine Männer kamen im Laufschritt aus der Maschine und stellten sich auf dem Flugfeld auf. Von politischer Seite waren Innenminister Maihofer und einige Kabinettsmitglieder anwesend. Maihofer begrüßte uns und war glücklich, dass er die Befreiung als Innenminister melden konnte, obwohl er nicht der stärkste Innenminister gewesen ist, den ich erlebt habe.

Simone Stewens: *Es war höchste Anspannung. Das ganze Land war angespannt. Wir fühlten uns wie im Auge des Orkans. Wir wussten überhaupt nicht, wie nahe das an meinen Vater herantrat. Wie gefährlich es werden würde, wie genau der Kontakt mit den Terroristen aussah. Dass das lebensbedrohlich war, war uns ab dem Moment klar, als die Terroristen den Kapitän der „Landshut" umgebracht hatten. Nie in meinem Leben werde ich vergessen, wie ich an dem Morgen des 18. Oktober 1977 aufwachte. Es war um 6 Uhr morgens. Ich hatte an meinem Bett ein Radio, schaltete es ein und hörte die Stimme des damaligen Regierungssprechers Bölling, der die geglückte Befreiung der „Landshut" verkündete. Es geht mir noch heute nahe, wenn ich daran denke. Zu dem Bulletin gehörte sozusagen eine Auflistung der Verletzten und Toten, dem konnte man entnehmen, dass meinem Vater nichts passiert war. Dass er tatsächlich eine Terroristin erschossen hatte, das wussten wir zu dem Zeitpunkt noch nicht. Das wurde nicht so detailliert kommuniziert. Mein Vater kam am gleichen Tag nach*

Hause. Wir Kinder waren dann auch zu Hause bei meinen Eltern, meine Schwester lebte noch dort. Ich fuhr dann auch zu ihnen, um diesen Moment mitzuerleben. Mein Vater stand noch vollkommen unter Strom, es war wie ein andauerndes Adrenalinbad. Er schlief nicht, sondern war total aufgedreht. Es war ein historischer Moment.

Stefan Aust: *Das unmittelbare Resultat der Nachricht über die Befreiung der Geiseln in Mogadischu führte zum Selbstmord von Baader, Ensslin und Jan-Carl Raspe. Insofern hatte der entschlossene und erfolgreiche Einsatz der GSG 9 den RAF-Kadern offenbar deutlich gemacht, dass sie mit ihrer Strategie gescheitert waren. Im Anschluss daran haben auch die kommenden Generationen der RAF niemals wieder versucht, durch Geiselnahme RAF-Häftlinge aus den Gefängnissen zu befreien.*

Der Verletzte aus meinem Kommando war nach einer Woche wieder dienstfähig. Insgesamt war unsere Operation Feuerzauber ein großer Erfolg. Der Kanzler empfing mich sofort am nächsten Tag. Er sprach mir nochmals seinen Dank aus. Gleichzeitig ordnete er an, dass ich das Bundesverdienstkreuz bekommen sollte. Ich fragte daraufhin: „Und wer noch?" Er antwortete: „Na, nur Sie." Ich sagte: „Entweder alle GSG-9-Männer oder keiner." Er meinte: „Sind Sie wahnsinnig? Das haben wir noch nie gehabt." „Ja, auch eine derartige Befreiungsaktion hat es wahrscheinlich noch nicht in der Bundesrepublik gegeben", entgegnete ich. Schmidt setzte daraufhin das Bundesverdienstkreuz für alle beteiligten GSG-9-Männer durch. Man muss sich das vorstellen: Es waren 60 Mann und die Besatzung der Lufthansa-Maschine, die ebenfalls ausgezeichnet werden sollte. Ich sollte als einziger das Große Bundesverdienstkreuz erhalten. Für die Einheitsführer und Sturmtruppführer war das Bundesverdienstkreuz „erster Klasse" vorgesehen, für die anderen das normale Bundesverdienstkreuz.

Die mediale Aufarbeitung der Operation Feuerzauber war eine Sache zwischen dem Bundeskanzler und mir. Vieles lief durch die Presse, aber einiges unterstand der Geheimhaltung. Ich teilte Schmidt mit, dass wir Einzelheiten des taktischen Vorgehens nicht bekannt geben würden, und bat ihn: „Halten Sie uns die Presse vom Leibe." Er verstand das, meinte aber, wir müssten ein paar Informationen an die Medien weitergeben. Daraufhin schlug ich vor, diese zur Ordensverleihung einzuladen. So wurde es gemacht. Zwei Tage nach unserer Rückkehr wurden die Verdienstkreuze am 20. Oktober 1977 im Bonner Bundeskanzleramt verliehen. Bei der Ordensverleihung war die gesamte Presse da. Wir hatten bei der GSG 9 Informationen zusammengestellt, die wir an die Medien weitergeben konnten.

Ich rechnete es Schmidt hoch an, dass er tatsächlich durchsetzte, dass alle meine Männer ausgezeichnet wurden. Es war keine Selbstverständlichkeit; ich höre heute noch den Abteilungsleiter im Innenministerium, der sagte: „Das hat es überhaupt noch nicht gegeben." Ich antwortete auch ihm: „Das ist auch keine alltägliche Sache, dass wir alle Geiseln lebend herausbekommen haben."

Dieter Fox: *Das ist für mich typisch Wegener. Wegener hat nicht nur das Bundesverdienstkreuz, sondern den großen Orden bekommen. Die Zuordnung zur Verteilung wurde wie folgt festgelegt: Die Einheitsführer und die Spezialeinsatztruppenführer bekamen das Bundes-*

verdienstkreuz 1. Klasse, alle anderen GSG-9-Männer erhielten das Bundesverdienstkreuz 2. Klasse. Wegener sagte ganz klar: „Diese GSG 9 habe ich aufgebaut, mit denen habe ich gelitten, mit denen habe ich die vergangenen Jahre gekämpft. Ich weiß, wie die ticken, was sie können und welche Opfer sie gebracht haben, um jetzt diesen Erfolg zu haben und diese Ehrungen entgegenzunehmen. Also haben sie auch das Gleiche verdient, was ich verdient habe. Ich möchte darum bitten, dass diese Leute die gleiche Auszeichnung bekommen, die ich bekomme." Da wurde um plausible Begründungen und diplomatische Argumente gerungen. So etwas hatte es in dieser Form seit dem Zweiten Weltkrieg nicht mehr gegeben, dass ein Spezialverband, eine Polizeieinheit, ca. 50 bis 60 Bundesverdienstkreuze bekommen hat. Der damalige Bundespräsident Scheel musste am Stück reichlich Unterschriften leisten, um die Urkunden für alle auszustellen. Insofern gab es schon Diskussionsbedarf, aber Wegener hatte Genscher und Bundeskanzler Schmidt auf seiner Seite. Schmidt stand ganz klar dahinter.

Mainhardt Graf von Nayhauß: *„Herr Bundeskanzler, ich melde Ihnen das Sonderkommando ‚Landshut' der GSG 9", schallte die Stimme des Kommandeurs, Ulrich Wegener. Anwesend war auch der ebenfalls heimgekehrte Staatsminister Wischnewski, der die Aktion von Mogadischu aus koordiniert hatte. Zugegen waren außerdem Franz Josef Strauß, Willy Brandt und andere hohe Politiker. Man hätte die bewusste Stecknadel fallen hören können. Schmidts Ansprache war kurz, gipfelte in dem an die Heimkehrer gerichteten Satz: „Ihr habt ein Vorbild für die Jugend im Land gesetzt!" Wegener, ein großer, hagerer, gleichermaßen drahtiger Typ, war nach der Meldung zurück zu der vordersten Reihe seiner Männer getreten. Nun fragte der Kanzler plötzlich: „Wo ist er denn?" Wegener trat wieder vor, in die Mitte des Raumes. Schmidt, der versuchte, der kleinen Feier die Steifheit zu nehmen: „Bleiben Sie ruhig etwas im Vordergrund." Inzwischen war Innenminister Werner Maihofer an einen Tisch getreten, auf dem 62 Orden in aufgeklappten Schatullen lagen. Der Minister griff zu der einzigen Schachtel mit dem großen Bundesverdienstkreuz. Mit einer fürsorglichen Geste legte er den am Halsband zu tragenden Orden dem Kommandeur um. Dieser schaute für ein paar Sekunden ungläubig auf das vor seiner Brust hängende rot-goldene Kreuz.*

Mainhardt Graf von Nayhauß: *Überschattet wurde diese feierliche Zeremonie allerdings von der anschließenden Tragik, dass Arbeitgeberpräsident Hanns Martin Schleyer, sechs Wochen zuvor von der RAF entführt, noch am selben Tag aus Rache ermordet wurde.*

Nach der Verleihung wurde eine Feier im neuen Bundeskanzleramt gegeben, bei der mich Schmidt beiseite nahm und sagte: „Übrigens, ich habe vor, Sie mit Ihren Männern im Palais Schaumburg zum Abendessen einzuladen." Ich konnte das zunächst gar nicht glauben. Das hatte es bei Helmut Schmidt noch nie gegeben. Ich antwortete ihm: „Ich halte das zwar nicht für nötig, aber wir freuen uns darüber." Er sagte: „Ja, das können Sie auch. Wir machen das so. Sie bekommen die Einladung und sorgen dafür, dass alle Ihre Leute kommen." Die Feier war sehr schön. Schmidt hatte genau festgelegt, wer wo sitzen sollte, sodass ich an diesem Abend neben ihm saß. Wischnewski sollte auch an unserem Tisch sitzen sowie die Besatzung der Lufthansa. Es war ein gelungener Abend. Der Bundeskanzler war so richtig gelöst. Man merkte, dass eine große Last von Schmidt gefallen war.

Helmut Schmidt: *Die Arbeit, die die Polizisten dort geleistet hatten, war gleichbedeutend mit einer militärischen Aufgabe. Hier kommt der Umstand ins Spiel, dass Soldaten ausgestattet* *sind mit tödlichen Waffen, um den Feind zu erledigen. Polizeibeamte sollen hingegen die öffentliche Ordnung und Ruhe wiederherstellen. Ihre Aufgabe ist es, den Frieden zu bewahren oder wiederherzustellen. Die Aufgabe der Soldaten ist es, den Krieg zu gewinnen. Das sind zwei grundsätzlich verschiedene Aufgaben. Im Falle der GSG 9 in Mogadischu war es in Wirklichkeit keine polizeiliche Aufgabe, sondern eine quasi soldatische Aufgabe, man kann auch sagen, eine „militärische" Aufgabe. Und sie wurde erstklassig gelöst.*

Danach lud er mich noch einmal persönlich ein und fragte genau nach, wie die Aktion in Mogadischu gelaufen war. Er wollte jede Einzelheit wissen, vor allem die taktische Seite. Die Verbindung zwischen Helmut Schmidt und der GSG 9 hatte sich durch die Operation Feuerzauber verstärkt und es setzte eine intensive Zusammenarbeit ein. Der Bundeskanzler setzte uns innerhalb der NATO als Botschafter und Rückendeckung ein. Wir hatten inzwischen einen derartig guten Ruf, dass wir uns vor Angeboten aus dem Ausland nicht retten konnten. Dreimal war Schmidt in Sankt Augustin bei der GSG 9 – vermittelt von Wischnewski –, um sich unsere drei Einheiten anzusehen. Er wollte alle Möglichkeiten des Waffeneinsatzes sehen – das interessierte ihn immer sehr. Sein Nachfolger Helmut Kohl war auch bei der GSG 9, aber wir hatten nicht so ein enges Verhältnis. Er schickte lieber jemanden aus seinem Stab, der sich darum kümmern sollte. Andererseits wurde ich immer ins Kanzleramt eingeladen, wenn es große Feierlichkeiten gab. Zudem verabschiedete mich Kohl, bevor ich nach Saudi-Arabien ging. Was ich Bundeskanzler Helmut Kohl allerdings hoch anrechnete, war sein Besuch bei der GSG 9 nach dem Einsatz in Bad Kleinen 1993. Er kam nach Sankt Augustin und stellte sich in einer für die GSG 9 schweren Zeit schützend vor sie. Dabei nahm er für sich selbst bewusst politisches Risiko in Kauf. Bundeskanzlerin Angela Merkel hielt zur 40-Jahrfeier der GSG 9 eine Rede in Berlin, in der die GSG 9 erwähnt wurde, aber ansonsten war sie selbst noch nie vor Ort.

Wischnewski gab nach Mogadischu einige Details über die Vorgänge preis – zum Beispiel die Verzögerungstaktik mit den Terroristen, bei der vorgetäuscht wurde, dass die Bundesregierung einem Austausch der Geiseln mit RAF-Terroristen zugestimmt habe. Er konnte als Politiker freimütiger vorgehen als die GSG 9 und die Öffentlichkeit für sich nutzen. Ich hatte viel Kontakt zu ihm. Er bat darum, auch ohne Schmidt zur GSG 9 kommen zu dürfen und zusammen mit den Einheitsführern noch einmal über die Aktion in Somalia zu sprechen. Von Seiten der GSG 9 haben wir ihn bei offiziellen Einladungen immer berücksichtigt. Das passte Genscher oft nicht. Zwischen ihm und Wischnewski gab es Konkurrenzstreitigkeiten, obwohl Genscher Wischnewski sehr geschätzt hat. Es ging eher um Eifersüchteleien: Genscher war der Vater der GSG 9. Er sah seinen Nimbus durch Wischnewskis Auftreten in Mogadischu wohl etwas gefährdet. Aber für uns alle war klar, dass Genscher nach wie vor als Vater der GSG 9 dastand. Auch privat war ich mit Wischnewski verbunden – wir luden uns gegenseitig ein. Ich erinnere mich gerne an seine großen

Feiern zu runden Geburtstagen in Hahnwald in Köln, da waren Helmut Schmidt und auch meine GSG-9-Männer eingeladen.

Durch Mogadischu hatte sich das Ansehen der GSG 9 enorm verändert. Zuvor wussten viele nicht, dass es eine Spezialeinheit wie uns gab, nach der Aktion waren wir weltberühmt und die Medienanfragen nahmen kein Ende.

Hans-Dietrich Genscher: *Entscheidend für den öffentlichen Sinneswandel in der Auseinandersetzung mit dem Terrorismus war die strenge Beachtung rechtsstaatlicher Grundsätze. Die Rechnung der Terroristen, der Staat werde seine eigenen Grundsätze verraten, ging nicht auf. Deshalb verloren sie auch zunehmend Unterstützung in der öffentlichen Meinung. Immerhin hatte es ja anfangs eine breite Sympathisantenszene gegeben. Diese zerfiel mehr und mehr.*

Ein weiterer positiver Effekt war, dass Mogadischu abschreckende Wirkung auf Terroristen hatte. Danach fand keine Flugzeugentführung in dieser Art mehr statt. Es gab noch eine bei den Franzosen: Arabische Terroristen hatten am 24. Dezember 1994 eine Maschine der französischen Air France in Algier in ihre Gewalt gebracht. Auf Druck von Frankreichs Premierminister Balladur gestattete Algeriens Präsident Zeroval 39 Stunden nach Beginn der Geiselnahme den Abflug der Maschine. Der Airbus musste in Marseille landen, da er nicht mehr genügend Treibstoff hatte. Die französischen Behörden hatten inzwischen Hinweise erhalten, dass die Maschine als fliegende Bombe auf Paris stürzen sollte – der 11. September 2001 wäre somit vorausgenommen worden. Doch der Weiterflug wurde verzögert und die französische Spezialeinheit versuchte, die Maschine zu stürmen. 30 Männer der GIGN konnten die vier Entführer töten, dabei wurden acht GIGN-Gendarmen verletzt. Wenn diese Aktion taktisch auch nicht astrein verlief, so war sie dennoch im Ergebnis ein Erfolg, denn es gab keine Toten auf Seiten der Geiseln – bis auf die drei Menschen, die schon in Algier getötet worden waren.

Die Nachricht von der Ermordung Hanns Martin Schleyers stellte einen schrecklichen Schlag für uns dar – vor allem in dem Bewusstsein, dass wir ihn hätten befreien können, wenn uns sein Aufenthaltsort rechtzeitig bekannt geworden wäre. An der Beerdigung Schleyers auf dem Friedhof in Stuttgart-Sillenbuch am 25. Oktober 1977 nahm ich ebenso wie fast alle führenden deutschen Politiker teil. Es fand ein Staatsakt statt. Dort hatte ich sogar Gelegenheit, mit seinem Sohn Hanns-Eberhard Schleyer zu sprechen, der verbittert reagierte. Dennoch sprach er mich später an, ich möge doch Mitglied in der Hanns-Martin-Schleyer-Stiftung werden, die noch 1977 gegründet wurde. Sie fördert heute vornehmlich junge Wissenschaftler aus dem Bereich der Rechts-, Wirtschafts- und Kulturwissenschaft. Selbstverständlich wurde ich dort Mitglied und hielt Vorträge zu sicherheitspolitischen Themen.

17. Internationaler Austausch

Die Zusammenarbeit auf unterschiedlichen Ebenen mit Spezialverbänden des Auslands – vor allem in Israel, Großbritannien, der Schweiz, den Niederlanden und den USA – hatte für die GSG 9 immer höchste Priorität. Seit 1975 existierten die sogenannten Commander meetings, die vor allem dem gegenseitigen Kennenlernen dienten und von immer mehr Einheiten genutzt wurden, so von Israelis, Amerikanern, Briten, Franzosen, Österreichern, Belgiern, Schweizer, Italienern und Spaniern. Erfahrungen und Kenntnisse in der operativen Terrorismusbekämpfung wurden auch an Indonesien, Singapur, Thailand und die Türkei weitergegeben. Zwischen dem SAS, dem SFOD Delta und der GSG 9 wurden Teileinheiten ausgetauscht. Offiziere und Spezialisten der GSG 9 nahmen an Ausbildungsgängen bei den Partnerverbänden teil sowie an gemeinsamen Übungen mit wechselnder Führung an bestimmten Objekten im In- und Ausland, so in den USA, Norwegen und Großbritannien. Das führte nicht nur zur Schulung der eigenen Führung und Überprüfung von taktischen Verfahren, sondern diente auch der Zusammenarbeit mit den Partnerverbänden. Das auf diese Weise gewachsene Vertrauen in die Professionalität des jeweiligen Partners war in mehreren Fällen Voraussetzung für die Teilnahme an Einsätzen oder Einsatzunterstützung. Aufgrund der zahlreichen Anfragen befreundeter Länder bei der Bundesregierung hatte sich die Ausbildungsunterstützung der GSG 9 für ausländische Spezialeinheiten so ausgeweitet, dass sie zeitweilig zur Belastung der Einsatzeinheiten wurde. Nicht immer konnte ein nach deutschen Maßstäben befriedigender Ausbildungserfolg erzielt werden.

Die Operation Feuerzauber war von dienstlicher Seite aus gesehen ein Höhepunkt, aber privat hatte es auch seine Nachteile. Meine Familie litt sehr darunter, dass ich nie zu Hause war – vor allen Dingen in den letzten Wochen der Schleyer-Entführung und den damit verbundenen zahlreichen Einsätzen der GSG 9. Ich bewunderte meine Frau häufig – sie akzeptierte es grundsätzlich und unterstützte mich immer, wenn ich eine Auslandsreise hatte. So oft es ging, kam sie mit auf Reisen. Dadurch half sie mir sehr.

Ich war nach dem Einsatz in Mogadischu kaum zu Hause, da rief mich mein Adjutant an. Ich hatte gerade endlich einmal ein paar Stunden geschlafen – nach all den Tagen, an denen ich nicht zum Schlafen gekommen war. Er meldete: „Herr Oberst, Sie müssen sofort nach Sankt Augustin kommen." Ich fragte: „Was ist denn jetzt los?" Er antwortete: „Die Amerikaner sind da." Ich fuhr zum GSG-9-Stützpunkt und empfing den Kommandeur des amerikanischen Zentrums für Spezialeinheiten Fort Bragg, der sich mit mir unterhalten wollte, um eine deutsch-amerikanische Zusammenarbeit in die Wege zu leiten.

Danach mussten wir unsere Ausrüstung wieder in Ordnung bringen und ein sogenanntes Debriefing durchführen – das führten wir nach jedem Einsatz durch. Wir überprüften, was gut gegangen und was noch zu verbessern war. Ich ärgerte mich beispielsweise furchtbar darüber, dass wir mit einem Sturmtrupp nicht in die Maschine gekommen waren. Das lag nicht an dem Trupp selbst. Der Truppführer erklärte mir, dass es nicht ging, da die Tür zugestellt war. Er hatte alles richtig gemacht und ich lobte ihn im Nachhinein, weil er nach deutscher Auftragstaktik gehandelt hatte. In einem Einsatztagebuch hielten wir jede Einzelheit der Operation fest. Mit einem Psychologen wurde auch im psychischen Bereich alles aufgearbeitet. Der GSG-9-Mann, der mit mir auf den Terroristen in der „Landshut" geschossen hatte, sagte damals: „Es war doch ganz klar, wir mussten den Entführer erschießen. Hätten wir ihn nicht erschossen, hätte er auf die Geiseln geschossen." Das war genau der Punkt, der auch mich bewegte. Ich war immer der Meinung: „O.K., du hast einen Menschen erschossen, aber das diente dazu, das Leben anderer zu retten." Dieser Gesichtspunkt spielte auch immer dann eine Rolle, wenn ich darauf angesprochen wurde, dass „die Djangos der GSG 9" Schusswaffen einsetzen würden. An dieser Stelle erklärte ich immer die Linie der GSG 9 und gab zu verstehen, dass wir zwar Schusswaffen verwenden würden, diese aber ausschließlich dazu dienten, das Leben anderer zu retten. Genau das ist uns in Mogadischu gelungen.

Dieter Fox: *Psychologische Unterstützungen oder sogar Therapien sind sehr sensibel zu bewerten und nicht jedermanns Sache. Wir hatten Wolfgang Salewski, der uns auch in Mogadischu beraten und begleitet hatte. Ihn akzeptierten wir. Ich selbst bin kein Fan derartiger Anwendungen, das sage ich ehrlich und sage es auch weiterhin. Das hat nichts mit diesen Menschen an sich zu tun. Aber Salewski war der einzige, den ich wirklich akzeptierte, weil seine Art, mit uns umzugehen, gleichgestellt war, es wurde immer auf Augenhöhe kommuniziert. Auch er führte Einzelgespräche und wir mochten den Umgang mit ihm als Gesprächspartner und Kollegen. Er verdeutlichte immer wieder: „Die Psychologie ist das eine, aber mit euch mitzufühlen und auf einer Stufe zu stehen, das erlebt zu haben und euch weiterzuführen, das ist das andere." Das akzeptierte ich. Das war das, was wir brauchten: jemanden, der im Nachgang eines solchen Einsatzes unsere Sprache sprach.*

Der Erste, der mir gratulierte, war der israelische Militärattaché und Ehud Barak. Darüber freute ich mich sehr. Die Israelis waren ganz „von den Socken", das hatten sie uns bis dahin nicht zugetraut. Sie hatten nicht gedacht, dass wir das schaffen. Dazu kam noch, dass zu dieser Zeit ein israelischer Einsatz in Lod nicht hundertprozentig erfolgreich verlaufen war. Daher hatten die Israelis besonderen Respekt vor uns. Unmittelbar nach dem Einsatz in Somalia kam der israelische Militärattaché zu mir und fragte, ob ich nach Israel fliegen könne, um den Israelis Rückmeldung über die Aktion zu geben und weitere Möglichkeiten der Zusammenarbeit zu besprechen. Als ich in Tel Aviv ankam, wurde ich von Reuven Caspy abgeholt und ins Hotel gefahren. Ich war unter Pseudonym eingereist, aber mein Bild konnte man auf vielen Zeitschriften sehen.

Reuvven Caspy: *Nach Mogadischu kam Wegener unter einem Decknamen nach Israel. Nicht als Wegener, sondern als Frank Schulz. Also ging ich zum Ben-Gurion-Flughafen, um ihn abzuholen. Er nahm nicht den normalen Ausgang, sondern kam als einziger an der Hintertür des Flugzeugs heraus. Das war höchst illegal! Danach fuhr ich ihn zum Hotel in Tel Aviv. Es war das Hotel „Grand Beach", daran erinnere ich mich. Normalerweise befinden sich die Souvenir-Shops in einem Hotel innen. Aber in diesem Hotel war der Shop direkt an der Tür. Dort sah ich auf der Titelseite des TIME-Magazins ein großes Foto von ihm. Es war eine Aufnahme vom Einsatz in Mogadischu. Da sagte ich zu ihm: „Wegener, du musst sofort das Hotel wechseln, du kannst unmöglich hier wohnen." Also wechselten wir das Hotel.*

Ehud Barak: *Es gab Informationsaustausch über Terrorismus und Technologien. Es gab Besuche. Unsere Einheiten pflegten Deutschland zu besuchen, die GSG 9 pflegte jahrelang und bis heute, nach Israel zu kommen und zu beobachten. Zusätzlich gab es während dieser Zeit ständig Austausch. Alle machten sich Notizen und kauften Material. Was die Ausrüstung betrifft, haben die Deutschen viel bessere Waffen, da sie eine gute Industrie besitzen. Vor diesem Hintergrund gab es einen ständigen Austausch an Technologien, an Ideen. Das geschah immer unter dem leitenden Geist des Generals. Er war stets daran interessiert, dass Israel mit der modernsten deutschen Technologie ausgerüstet wurde.*

Die Armee und der Kommandeur der Sajeret Matkal waren daran interessiert, über die Vorgänge in Mogadischu genau informiert zu werden. Das waren Männer, die auch in Entebbe mit dabei gewesen waren und sich für jede Einzelheit interessierten. Darunter war auch Ran Bagg. Ich wusste zunächst nicht, welche Funktion er einnahm, aber er erzählte mir, dass er nun für Spezialeinsätze zuständig sei. Zuvor war er Stabschef bei der Golandivision gewesen. Seitdem waren wir dann viel zusammen in Israel unterwegs und wurden sehr gute Freunde.

Unter meinen Bekanntschaften in Israel gab es nur wenig intensive – darunter mit ihm, der damals Oberst in der israelischen Armee war, und seiner Frau. Sie war damals Chefstewardess bei der El Al und trug sehr viel dazu bei, dass unser Verhältnis so gut war, weil sie Interesse an mir hatte und der Auffassung war, dass es auch ihrem Mann nützen würde. Die ersten Begegnungen fanden immer in Israel statt: in Tel Aviv und Umgebung. Ich war häufig bei Ran Bagg zu Hause und traf dort auch seine Mutter. Das trug viel zu unserem guten Verhältnis bei und vereinfachte mir insgesamt das Leben in Israel. Frau Bagg kam dann auch mal mit nach Deutschland und besuchte uns. Das wirkte sich auch auf das deutsch-israelische Verhältnis aus: Die Spezialeinheiten verstanden sich hervorragend und kooperierten auf Augenhöhe.

Es ging in unserer Freundschaft nicht nur um militärische Themen: Wir gingen in Bonn auch zusammen aus, zum Beispiel in die Bonner Rheinaue. Das war immer ein Vergnügen. Ich ging mit Bagg und seiner Frau einmal in das Lokal, in dem Helmut Kohl immer gerne aß, Restaurant Cäcilienhöhe in Bonn/Bad Godesberg. Das war ursprünglich ein italienisches Restaurant, das für Politiker und die Bonner Prominenz einen Anziehungspunkt darstellte. Als wir dort waren, kam tatsächlich Helmut Kohl. Kohl kannte mich, aber meinen Besucher nicht. Also schickte er den Ober zu uns, der herausfinden sollte, wer neben mir saß. Als der Ober kam und fragte, antwortete ich:

„Richten Sie Herrn Kohl einen schönen Gruß von mir aus, aber diese Information kann ich leider nicht öffentlich herausgeben. Das sind Freunde der GSG 9."

Als Ran Bagg die GSG 9 besuchte, hatte ich ihm ein Quartier in Bad Godesberg besorgt. Er wurde krank. Ich versprach ihm, dass wir dafür sorgen würden, dass sich ein Arzt der GSG 9 um ihn kümmern würde. Das trug alles sehr viel dazu bei, dass das Verhältnis zwischen uns immer enger wurde. Er hatte immer blendende Ideen. Manche davon waren zum Teil gar nicht umzusetzen, aber es waren auch Erfindungen dabei, die im militärischen Bereich weiterhalfen und sehr gut waren. Zum Beispiel der Einsatz von Abseiltechniken – das war eine tolle Sache. Das übernahmen wir für die GSG 9. Manchmal wollte er uns auch israelische Techniken beibringen, die wir schon kannten. In jeder Beziehung war die Zusammenarbeit im militärtaktischen und militärtechnischen Bereich sehr positiv.

Reuven Caspy: *Es herrschte ein Klima des Terrorismus auf der Welt. Wegener und ich hatten eine gute Diskussion darüber. Es gab die Baader-Meinhof-Gruppe in der Bundesrepublik und wir in Israel hatten die Palästinenser und viele palästinensische Gruppen. Aber im Grunde hatten wir alle den gleichen Feind. Alle und alles wurden angegriffen, bzw. waren Ziele des Terrorismus: Zivilisten, Kinder, Frauen, Bars, Züge. Darum fühlte es sich an, als wären wir alle eine gemeinsame, große Sondereinheit.*

Simone Stewens: *Mein Vater hatte in Israel einen Ruf wie ein Donnerhall. Er gab mir immer wieder Empfehlungen, wen ich in Israel treffen sollte.*

Auch der US-Verteidigungsattaché besuchte mich und sagte mir, dass schon Einladungen in die USA für mich auf dem Weg wären. Ich dachte mir, dass ich erstmal abwarten und schauen wollte, was da kommt. Dann kam eine Einladung nach Washington und Fort Bragg, dem Zentrum der Spezialeinheiten. Wir waren daraufhin einige Wochen in den USA, ich nahm auch meine Frau mit. Ich hielt Vorträge im Außenministerium, Department of State sowie beim Zentrum des FBI und anschließend bei der Armee im Fort Bragg. Im Hinblick auf eine Zusammenarbeit besprachen wir dort die ersten Schritte. Ich plädierte dafür, dass wir Einheiten austauschten. Darauf konnten wir uns einigen. Es kamen in der Folge jeweils zehn bis zwölf Mann, also zwei Sturmtrupps zu uns, die bei der GSG 9 trainierten und ausgebildet wurden. Wir stellten bald fest, dass wir gegenüber den Amerikanern in vielerlei Hinsicht im Vorteil waren. Es war sehr schwierig, ihnen die deutsche Auftragstaktik nahezubringen. Die US-Amerikaner waren immer sehr vorschriftentreu. Was nicht schriftlich festgelegt war, wurde nicht gemacht. Bei uns war das ganz anders. Ich ermutigte meine Jungs immer zu unkonventionellen Entscheidungen und sagte ihnen: „Wenn ihr bessere Vorschläge habt, wenn euch etwas Besseres dazu einfällt, dann sagt es. Dann machen wir das." Diese Haltung machte einen großen Unterschied aus. Dieses unkonventionelle und eigenständige Element war anfangs auch für die Deutschen neu. In dieser Beziehung – das hatte ich auch Genscher von Anfang an klargemacht – wollten wir neue Wege gehen. Wir lehnten die Uniformität der Armee und anderer

Einheiten bewusst ab, gerade das wollten wir nicht. Unser Motto war: Es gibt nichts, was wir nicht können. Das übernahmen auch die Amerikaner, aber es gab mit ihnen Schwierigkeiten: Bei den Übungen bemerkten wir, dass sie ihre Befehlstaktik befolgten, die so typisch für amerikanische Armee-Einheiten war. Wenn sich eine Lageveränderung ergab, dauerte es immer zu lange, bis sich die Männer orientierten. Sie warteten darauf, dass ihnen ein Vorgesetzter sagte, was sie tun sollten. Bei der GSG 9 war das ganz anders. Wenn bei uns eine Lageveränderung bei irgendeinem Trupp entstand, dann entschied der Truppführer selbst und gab dem Kommandeur im Nachhinein Meldung. Das ist Auftragstaktik. Das war ein wichtiger Punkt, der erheblich zum Können und Erfolg der GSG 9 beitrug.

Die Bundesregierung lud nach der Operation Feuerzauber im Juni 1978 Siad Barre zu einem Besuch in die Bundesrepublik ein, sodass ich ein weiteres Mal mit ihm zusammentraf. Der Präsident der somalischen Republik sagte mir, dass er mit der Bundesregierung gesprochen und man ihm zugesagt hätte, dass die GSG 9 seine Leibgarde ausbilden würde. Das überraschte mich, aber ich verstand es und gab ihm zu verstehen, dass ich mir das vorstellen könne. Er war sehr angetan von dem Gespräch. Zwei Monate später war ich wieder in Somalia und sprach mit ihm die Einzelheiten durch. Gleichzeitig brachte ich auch den Offizier mit, der das durchführen sollte. Ein Vierteljahr später fingen wir an und bildeten die Leibgarde aus. Davon waren die Somalier beeindruckt.

Dieter Fox: *Wir wurden natürlich auch „herumgereicht", um zu beraten, zu unterstützen, taktische Hilfe oder unser „Know How" anzubieten: Ich war dafür zum Beispiel 1978 in den Staaten, bei den Special Forces, bei der Einheit, aus der später die Delta Force hervorging. Da gab ich für zwei oder drei Monate Ausbildungsunterstützung in der Schießausbildung, da diese Einheit deutsche Einsatzwaffen bekam. Weiterhin war ich sechs Monate lang mit weiteren Kameraden meiner Einheit in Singapur. Dort bauten wir eine Spezialeinheit, eine klassische Anti-Terroreinheit, auf.*

Der internationale Austausch nahm immer mehr zu, nicht nur mit den Vereinigten Staaten – zu den US Navy SEALs (Seal Team VI/DEVGRU) und den Special Forces. Mit den Franzosen lief es nicht so gut. Wir hatten zwar ein gutes Verhältnis zur Kommandoebene, aber mit den Operativkräften verstanden wir uns nicht so gut wie mit den Briten. Die Franzosen zogen sich entsprechend ihres zentralistischen Aufbaus oft zurück und waren mit sich selbst beschäftigt. Somit waren wir mit den Briten enger verbunden. Beim SAS in Großbritannien bewährte es sich, dass wir den Kontakt schon zuvor gepflegt hatten. Ich vertrat von Anfang an die Meinung, dass eine systematische Bekämpfung des internationalen Terrorismus nur auf einer internationalen Basis möglich sei. Zum SAS hatten wir damals die engsten Beziehungen. Ich war immer in Hereford – dort ist das Hauptquartier des SAS – sogar einmal mit meiner Frau, was für die Briten vollkommen ungewöhnlich war. Wir hatten ein sehr gutes Verhältnis zum Kommandeur des SAS. Der war zuletzt Generalgouverneur von Jersey. Unsere maritime Einheit hatte eine sehr gute Verbindung zum Special Boat

Service, Royal Marines (SBS) in Poole. Das wirkte sich auch auf die Ausbildung aus. Zudem übernahmen wir spezielle Bootstypen vom SBS.

Neben der verstärkten internationalen Zusammenarbeit führten wir Erweiterungen durch, zum Beispiel schufen wir die maritime Einheit, die 1986 nach der Entführung des italienischen Kreuzfahrtschiffs „Achille Lauro" aufgestellt wurde. Da Angriffsziele wie Schiffe, Ölplattformen und in Wassernähe befindliche Infrastruktur für Terroristen attraktiv sein können, musste gehandelt werden. Genauso wie Flugzeuge können auch Kreuzfahrtschiffe betroffen sein. Die Luftlandeeinheit hatten wir schon in den ersten Jahren der GSG 9 aufgestellt. Wir mussten neue Möglichkeiten finden, um an bestimmte Ziele heranzukommen.

In Frankfurt hatten wir einmal genau so einen Fall, bei dem wir nur aus der Luft mit Fallschirmspringern unbemerkt an ein Objekt herangekommen wären, um die dort befindlichen Geiseln zu befreien. Aus diesem Grund mussten wir unsere taktischen Möglichkeiten mit der Zeit verändern. Zuerst wurde das Einsatzspektrum um Fallschirmspringer und später (1986) um taktische Einsatztaucher erweitert.

Ich musste das immer mit dem Ministerium absprechen, das war nicht immer bequem. Da dieses Vorhaben sehr kostenintensiv war, mussten viele Gespräche geführt werden. Man brauchte eine Ausrüstung, Fallschirme und vieles mehr. Für die Kampfschwimmer brauchten wir Speedboote und Taucherausrüstungen. Auch im Ministerium sahen grundsätzlich alle ein, dass diese Ideen umgesetzt werden mussten, auch wenn es manchmal großes Stirnrunzeln gab – gerade wenn es sich um größere Geldbeträge handelte. Letztlich setzten wir es immer durch, weil man auf dem Erfolg der GSG 9 aufbauen wollte. Für die Ausbildung dieser zusätzlichen Einheiten griffen wir auch auf die Erfahrungen der Bundeswehr zurück, zum Beispiel übernahm die Luftlandeschule in Altenstadt die Grundausbildung der Luftlandeeinheit. Wir arbeiteten mit der Marine im Hinblick auf die taktischen Einsatztaucher zusammen. Das hatte sich bewährt. Wenn wir später eigene Ideen in Form der Einsatztrupps umsetzen, dann war das eine andere Sache und hatte mit der Bundeswehr nichts zu tun. Bei der Grundkonzeption halfen uns andere Spezialeinheiten.

Leider gab es trotz guter Zusammenarbeit viel Neid, den man uns entgegenbrachte. Wir bemerkten häufig, dass man gerade beim KSK der Bundeswehr nicht immer gut auf uns zu sprechen war, weil die im Hinblick auf Einsätze andere Voraussetzungen brauchen. Die GSG 9 benötigt keine Genehmigung des Parlaments bei Einsätzen im Ausland, nur den Einsatzbefehl des Innenministers. Die Bundeswehr braucht bis heute alle Genehmigungen und das ist für sie ein Nachteil. Das versuchen sie jetzt zu ändern, aber das ist nicht so einfach.

Dieter Fox: *Einige verloren im Nachhinein ein wenig die Bodenhaftung. Natürlich unterlagen auch viele den Verlockungen, in die freie Wirtschaft zu gehen. Es schieden damals einige aus und gingen auch zu den Spezialeinheiten der Länder, in die Polizeien der Bundesländer, wo sie heimatlich herstammten. Sie wurden indirekt abgeworben, da sie eine Topausbildung hatten, und die SEKs der Länder, die sich zum damaligen Zeitpunkt im Spezialaufbau be-*

fanden, umwarben solche Leute. Das führte dazu, dass nach 1977 eine Personalreduzierung erfolgte. Es war so ein bisschen „Ausverkauf der GSG 9".

Wir überlegten kontinuierlich, wie wir uns verbessern konnten – technisch, ausrüstungsmäßig. Es gab nie einen Stillstand. Nach Mogadischu kam beispielsweise die Anfrage von einem Uhrenunternehmen, das auch Uhren für militärische Zwecke herstellt, ob wir nicht für die GSG 9 besondere Uhren benötigten. Ich fand diese Idee gar nicht schlecht, dass für uns Uhren gebaut wurden, die an unsere Anforderungen angepasst waren. Sie waren bei Nacht ablesbar, hatten besondere Stoppfunktionen. Die Firma Sinn entwickelte für uns drei verschiedene Uhrentypen: eine für die maritime Einheit, eine für die Luftlandeeinheit und eine für die Führung. Die Uhren waren absolut zuverlässig. Das war das Beste, was ich je an Uhren gesehen habe. Noch heute hat die GSG 9 Sinn-Uhren.

Es hat sich bewährt, dass wir jede Gelegenheit wahrnahmen, uns immer weiter zu qualifizieren. Die Amerikaner halfen uns dabei, zum Beispiel bei der Ausbildung von Sprengstoffexperten, das war sehr wichtig. Diese stetige Qualifizierung macht die GSG 9 letztlich aus. Daher besitzt die GSG 9 heute ein Allround-Paket, das kam nicht von alleine.

18. Kommandeur des Grenzschutzkommandos West

Im Jahr 1981 bestimmte der NATO-Doppelbeschluss die innen- und außenpolitischen Debatten. Wieder einmal rangen die Parteien um den richtigen Kurs. Während Bundeskanzler Helmut Schmidt und die FDP mit Hans-Dietrich Genscher an der Spitze sich für eine Stationierung amerikanischer Mittelstreckenwaffen einsetzten, falls die Verhandlungen mit der Sowjetunion fehlschlagen sollten, waren große Teile der SPD und die wortgewaltige Friedensbewegung anderer Ansicht. Sie glaubten in letzter Konsequenz, dass von den Vereinigten Staaten von Amerika unter Präsident Ronald Reagan eine größere Gefahr für den Weltfrieden ausgehen würde als von der UdSSR unter Leonid Breschnew. Es war eine Zeit leidenschaftlicher Debatten. Dem Bundesinnenministerium unterstehend, war der Bundesgrenzschutz 1951 gegründet worden und erhielt neben der Grenzsicherung zunehmend schutzpolizeiliche sowie kriminalpolizeiliche Aufgaben. Die GSG 9 gehörte neben anderen Sondereinheiten und Abteilungen zum Grenzschutzkommando West, zu dessen Kommandeur Bundesinnenminister Gerhart Baum 1981 Ulrich Wegener ernannte, der auf diese Weise zum Brigadegeneral aufstieg. Wegener stand somit 3.700 Grenzschützern vor, die in und um Bonn stationiert die Terrorismusbekämpfung sowie den Objektschutz der Verfassungsorgane wahrnahmen. Neben der GSG 9 gehörte auch eine hochspezialisierte Fernmeldeeinheit zum Grenzschutzkommando West, die vom Bundeskriminalamt häufig zur Terrorbekämpfung herangezogen wurde. Bekannt war das Grenzschutzkommando für seine kurzen Dienstwege und wurde „Kommando der kurzen Wege" genannt. Als Kommandeur des Grenzschutzkommandos West baute Wegener dieses personell weiter aus und bildete seit dem 1. Oktober 1987 die ersten Frauen zu Polizeivollzugsbeamtinnen für einen späteren Einsatz im grenzpolizeilichen Einzeldienst aus. Im April 1988 verlieh US-Präsident Ronald Reagan Ulrich Wegener das Offizierskreuz des Ordens „Legion of Merit" für seine herausragenden Verdienste auf dem Gebiet der Terrorismusbekämpfung. Die hohe Auszeichnung überreichte US-Botschafter Richard R. Burt.

Bis 1979 war ich Kommandeur der GSG 9. Nach Mogadischu bekamen wir laufend Anfragen aus europäischen Ländern, ob wir zusammenarbeiten könnten, um ihre Leute auszubilden. Wir bildeten damals Spezialeinheiten aus 13 Staaten aus, unter anderem auch aus Thailand, Indonesien und den Philippinen.

Dieter Fox: *Das war immer seine Devise: ein Leben lang GSG-9-Teams formen, als Vorbild dienen, Teamgeist fördern, Teambeschaffenheit, Teamzusammenhalt, Teamphilosophien prägen und nicht ein Stück nach rechts oder links ausbrechen lassen, denn sonst funktioniert das Konstrukt GSG 9 nicht. Das kleinste Team in der GSG 9 ist der Trupp, dann kommt die Einheit, dann die übergeordnete GSG 9. Das ist es, was er führen musste, wofür er verantwortlich war. Wenn das nicht gelebt worden wäre von oben nach unten, dann hätten wir geringe Chan-*

cen gehabt, dann hätte jeder gemacht, was er wollte. Allein schon deswegen war er für uns die Gestalt des taktischen Führers.

1980 wandte sich der stellvertretende Kommandeur der amerikanischen Spezialkräfte, der gleichzeitig für die Ausbildung der US-Einsatzkräfte zuständig war, an uns und meinte, dass sie vorhätten, die amerikanischen Gefangenen in Persien zu befreien – ob wir ihnen dabei helfen könnten. Er meinte die Operation Eagle Claw, die am 24. April 1980 als Militäroperation der USA im Iran erfolgte, um 53 Geiseln aus der US-Botschaft in Teheran zu befreien. Den stellvertretenden Kommandeur störte es, dass er nicht selber als Kommandeur der Operation eingeplant war und somit unmittelbaren Einfluss auf das Geschehen hätte nehmen können. Wir halfen ihnen selbstverständlich, unterstützten sie taktisch, gaben Informationen weiter und berieten sie, welche Gefahren wir sahen. Damals hatten wir die erste Zusammenarbeit mit den amerikanischen Special Forces und dem Seal Team VI. Ich warnte von Anfang an, dass man sich auf die Gefahrenlage im Iran einstellen solle. Sie hielten sich aber nicht daran. Der damalige Oberbefehlshaber der Amerikaner, der in Kairo saß und nicht vor Ort im Iran war – darüber regten sich auch die Amerikaner auf – dachte, wenn er seine Befehle aus der Ferne anordnen würde, ginge schon alles gut. So funktionierte das aber nicht. Ich hatte ihnen immer wieder gesagt, dass sie sich daran erinnern müssten, was wir damals in Somalia vorgefunden hatten: afrikanische Verhältnisse wie Wüste und Sandsturm. Zudem musste man darauf gefasst sein, dass die einheimischen Kräfte von außen Unterstützung erhielten, was nicht vorherzusehen war. Das unterschätzten die Amerikaner. Am 24. April 1980 landeten sechs Transportmaschinen C 130 mit dem US Special-Forces-Verband SFOD Delta unter Colonel Charles Beckwith auf einem durch Agenten erkundeten und vorbereiteten sandigen Flugfeld in der iranischen Wüste nahe der Stadt Taba. Wenig später folgten nur fünf der angedachten acht Marine-Hubschrauber RH 53 vom Flugzeugträger „USS Nimitz“, weil drei aufgrund technischer Probleme nicht zum Einsatz kamen. Die Operation Eagle Claw zur Befreiung der amerikanischen Geiseln in der von Revolutionsgarden besetzten US-Botschaft in Teheran hatte begonnen. Unmittelbar nach der Landung der Hubschrauber kam es jedoch zu einer Reihe von katastrophalen Fehlleistungen: Die Spezialeinheit kam gar nicht erst bis zur Hauptstadt, da Sandstürme einen Hubschrauber zur Umkehr zwangen und ein weiterer notlanden musste. Die Operation wurde abgebrochen, als ein dritter Helikopter mit Hydraulikproblemen ausfiel. Beim Start zum Rückflug kollidierten ein Hubschrauber und eine C 130; beide Maschinen gingen sofort in Flammen auf, acht Soldaten starben in den brennenden Maschinen. Kurz vor der Kollision und während des chaotischen Durcheinanders erschien ein iranischer Tanklastzug, der in die Luft gesprengt wurde. Der Fahrer konnte unbehelligt aufgrund fehlender taktischer Führungsentscheidung entkommen und den örtlichen iranischen Militärbefehlshaber verständigen. Wer war verantwortlich? Wer führte? Zwischen den Kommandeuren der beteiligten US-Verbände SFOD Delta, US-Navy

Hubschrauber Squadron und US-Airforce C 130 Squadron entwickelte sich eine hitzige Debatte, ob der Einsatz fortgesetzt werden sollte. Schließlich entschied der in Kairo stationierte Task Force-Befehlshaber, Generalleutnant Vault, nach Rücksprache mit den JOINT CHIEFS OF STAFF in Washington D.C. in völliger Unkenntnis der tatsächlichen Lage bei Desert I den Abbruch des Unternehmens und den sofortigen Abtransport aller Einsatzkräfte mit den C-130-Transportern – unter Zurücklassung der Hubschrauber. Bei der völlig überhasteten Evakuierung der US-Kräfte wurden außer den sechs einsatzklaren Hubschraubern Waffen und acht tote Soldaten zurückgelassen. Das war ein ungeheurer Verstoß gegen die militärische Ethik. Aufgrund des durch Befehls- und Führungswirrwarr verursachten Chaos auf Desert I erlitt der Kommandeur des Special-Forces-Verbandes, Colonel Beckwith, noch vor dem Abflug einen Nervenzusammenbruch. Letztlich war die Operation Eagle Claw ein absoluter Fehlschlag. Bei der zwei Wochen später in Washington D.C. erfolgten Untersuchung der Gründe für das Scheitern der Operation war ich als Experte zusammen mit einem britischen Kameraden eingeladen worden. Es wurden gravierende Verstöße gegen Führungsgrundsätze festgestellt: Die Führung der Einsatzkräfte vor Ort lag nicht in einer Hand. Jeder Kommandeur der eingesetzten Teilstreitkräfte hatte Führungsverantwortung für seinen Teil. Der Gesamtverband und die Operation wurden von Kairo aus geführt. Die Unteilbarkeit der Führungsverantwortung vor Ort, eines der wichtigsten Führungsprinzipien, war nicht beachtet worden. Das Führungsversagen bei der Operation Eagle Claw kam für mich nicht völlig überraschend. Bei gemeinsamen Ausbildungsveranstaltungen mit der SFOD Delta, gemeinsamen taktischen Übungen und Kommandeursbesprechungen im internationalen Rahmen hatten wir, vor allem britische Kameraden und ich, immer wieder das Festhalten an der Befehlstaktik durch die Amerikaner, d.h. formell das Festlegen jeder Einzelheit durch die oberste Führungsebene durch Hineinbefehlen in die taktischen Teileinheiten, festgestellt und als falsch kritisiert. Im Einsatz, also in Extremsituationen, muss am Ort des Geschehens direkt, lageangemessen und ohne Verzug durch den verantwortlichen Führer in Eigeninitiative, d.h. im Sinne des Auftrags, taktisch reagiert werden. Das Warten auf Befehle „von oben" führt zur Initiativlosigkeit, zur Lähmung in bestimmten Situationen, zu Verlusten und fast immer zum Misserfolg.

Der Ausgang der Operation führte zur Ablösung des Kommandeurs der Special Forces. Mit ihm hatte ich auch entfernten Kontakt, aber er hatte zu wenig Einfluss auf die amerikanische Planung, die der amerikanische Oberbefehlshaber in Kairo zu verantworten hatte.

Später fand auch ein reger Austausch unter den Einheiten statt: Unsere GSG-9-Männer gingen nach Amerika, um sich fortzubilden, und die Amerikaner kamen zu uns, um mit der GSG 9 zu trainieren und Erfahrungen auszutauschen. Zudem hielt ich in Amerika unentwegt Vorträge. Wir wussten, dass viele Terroristen eine taktische Vorgehensweise hatten, die sie von den Russen übernommen hatten. Da wollten die Amerikaner natürlich genau wissen, wie sich das darstellte.

Eines Tages sprach mich der israelische Militärattaché in Bonn an und meinte: „Wir bekommen einen neuen Attaché. Er war früher bei der Marine und soll nach Deutschland kommen, weil er deutsche Vorfahren hat und auch Deutsch spricht.“ Eines Tages erschien dann Eli Levy und meldete sich bei mir. Wir verstanden uns auf Anhieb. Er wusste natürlich, wer ich war und welche Verbindungen ich zur israelischen Armee hatte, die für uns sehr wichtig waren. Mit den Attachés war es immer so, dass man sich auf militärischem Gebiet kannte und austauschte, dann aber auch im privaten Bereich Zeit miteinander verbrachte. Mit Levy tauschte ich gemeinsame Geschichten aus Israel aus, sprach über Freunde, die wir beide kannten, und ging mit ihm zusammen in Bonn aus. Levy lud mich sogar zu der Bar-Mizwa-Feier seines Sohnes ein, an der ich auch teilnahm. Als er wieder zurück in Israel war, besuchte ich ihn in Netanya, wo er wohnt.

Eli Levy: *Wir hatten Freunde in der Nähe von Köln, die luden meine Frau und mich zum Abendessen ein. Sie fragten mich, ob ich etwas dagegen hätte, wenn sie auch den pakistanischen Verteidigungsattaché einladen würden. Warum sollte ich etwas dagegen haben? So lernten wir Dorani kennen. Als unser jüngster Sohn 1983 seine Bar Mizwa hatte, hatten wir ab 17 Uhr die jüdische Gemeinde zu uns nach Hause in Bad Godesberg eingeladen und um 19 Uhr unsere Freunde – selbstverständlich war Dorani dabei. Kurz nach Dorani erschien Ulrich Wegener. Dorani fragte: „Was macht er denn hier?“ Ich sagte: „Er macht das, was du machst, er ist mein Gast.“ Da war er ganz verblüfft.*

Der nachfolgende Militärattaché hieß Zvi Tenne, mit dem ich auch gut befreundet war. Mit Tenne war es immer ein Problem, dass er nicht aus der normalen Armee kam, sondern von der Luftwaffe. Daher war es ihm zunächst wichtig, das Verhältnis zu Deutschland im Luftwaffenbereich zu stärken. Doch die Israelis klärten ihn schnell auf und meinten: „Das Wichtigste ist das Verhältnis zur GSG 9.“ Da kam es manchmal zu Schwierigkeiten, weil wir sonst immer mit Heeressoldaten zu tun gehabt hatten oder mit Männern aus Spezialeinheiten. Ich rief dann immer – weil ich sichergehen wollte, dass sie auf unserer Linie blieben – in Israel an und fragte: „Kennt ihr den? Was ist das für einer?“ Auf diese Weise bekam ich die ersten Informationen. Mit der Zeit verstanden wir uns sehr gut. Zvi Tennes Frau Ruthi war Schriftstellerin und schrieb Kinderbücher. Für meine Tochter Simone ermöglichten sie es, einen Ferienaufenthalt im Kibbuz in Israel zu bekommen.

Simone Stewens: *Ich wurde von dem damaligen israelischen Militärattaché in Deutschland am Flughafen abgeholt. Er hatte damals eine besonders innige Verbindung zu meinem Vater, der ihm sehr geholfen hatte. Zvi Tenne und seine Frau Ruthi hatten große Angst davor, nach Deutschland zu gehen, sie wurden als Mitglieder des Diplomatischen Korps entsandt und konnten sich gegen eine Versetzung nicht wehren. Insbesondere Ruthi – sie ist Kinderbuchautorin und hat Bilderbücher über den Holocaust gemacht – konnte sich gar nicht vorstellen, dass man in Deutschland auch nur atmen könne. Beide befürchteten eine völlig feindliche Umgebung. Sie erzählten mir bei meinem Aufenthalt in Israel, wie sehr mein Vater ein Brückenbauer für sie gewesen sei und wie er ihnen das Bild eines anderen Deutschlands* *vermittelt habe. Er hat sich sehr dafür eingesetzt, dass sie sich als Israelis und Juden in der Bundesrepublik wohlfühlten, die für sie immer noch ein Land des Schreckens war.*

Simone Stewens: *Ich hatte schon früh viele Kontakte zu Israel, dort verbrachte ich meinen ersten Auslandsaufenthalt als 16-Jährige. Das hatte natürlich sehr viel mit meinem Vater zu tun. Er gab mir schon als Zehnjähriger Hefte zur politischen Bildung. Ich beschäftigte mich daraufhin intensiv mit dem Holocaust. Es war geradezu eine besessene Auseinandersetzung, die über Jahre andauerte, über die Entstehungsgeschichte des Staates Israel und deren Verknüpfung. Es war für mich klar, dass meine erste Reise, die ich allein durchführte, nach Israel ging. Das machte ich auch. Ich arbeitete dort sechs Wochen in einem Kibbuz in der Nähe von Haifa und war so eingenommen von diesem Leben, dass ich nicht zurückkehren wollte. Meine Eltern mussten Himmel und Hölle in Bewegung setzen, um mich zurückzuholen, damit ich die Schule fertigmachte.*

Bereits 1979 bin ich Ständiger Vertreter des Inspekteurs des Bundesgrenzschutzes im Bundesministerium des Innern geworden, weil man bei der GSG 9 keine Generalstelle hat, sodass ich zunächst Stellvertretender Inspekteur wurde – das war eine Idee von Genscher, vermute ich. Es wurde gleich dazu gesagt: „Auch wenn der Wegener jetzt Stellvertretender Inspekteur ist, muss er gleichzeitig ein Auge auf die GSG 9 haben, als Inspizient für Spezialeinsätze." So regelte man das damals. Dadurch hatte ich noch Einfluss bei der GSG 9, den nahm ich bei meinen Nachfolgern auch wahr. Das geschah nicht immer zu deren Begeisterung. Mein erster Nachfolger bei der GSG 9 war mein ehemaliger Stellvertreter Klaus Blätte, der 1980 zum Kommandeur ernannt wurde. Leider hatte er nicht immer den Rückhalt in der Truppe. Wenn er von mir einen Befehl bekam, führte er diesen auch aus, da war alles in Ordnung. Aber er hatte wirklich Schwierigkeiten, die Männer richtig zu führen. Er machte dabei Fehler, trat den Leuten auf die Füße. Das führte dazu, dass er bereits 1982 wieder abgelöst wurde und an die Akademie kam. Sein Nachfolger war ein Mann, der eine Zeitlang in einer Einheit bei uns gedient hatte, Uwe Dee. Der war an und für sich gut, aber er trank gerne auch mal zuviel. Das wirkte sich nachteilig auf die GSG 9 aus. Somit wurde er 1991 abgelöst. Im Mai 1991 übernahm Jürgen Bischoff das Amt des Kommandeurs der GSG 9. Er war ein Mann, der aktenmäßig gut war, dem Verband aber nicht sehr nahe stand. Das war auch ein Nachteil. Er wurde in der Zeit Kommandeur der GSG 9, als ich in Saudi-Arabien war. Ich war davon überhaupt nicht begeistert. Bischoff musste den verunglückten Einsatz in Bad Kleinen verantworten, das war nicht gerade eine Empfehlung. So gesehen war die Kommandeur-Nachfolge zunächst eine ziemliche Durststrecke für die GSG 9. Nach Bischoff kam 1997 Friedrich Eichele, ein guter Mann, der sich in der Truppe hochgedient hatte. Er war bei mir Einheitsführer gewesen. Ich hatte ihn manchmal stark unter Druck gesetzt, aber er vertrug das und hielt durch. Er war ein sehr guter Mann, der das Fundament für die internationale Weiterentwicklung der GSG 9 legte. So ist in seiner Zeit als Kommandeur die Atlas-Gruppe entstanden. Heute ist er Präsident der Bundesbereitschaftspolizei. 2005 wurde Olaf Lindner Kommandeur der GSG 9. Lindner ist wie

Eichele ein Mann der GSG 9; er ist dort groß geworden. Zuvor war er bei der Bundeswehr. Sein Vater war beim Bundesgrenzschutz als Präsident des Grenzschutzpräsidiums West tätig. Das waren alles Voraussetzungen, die sehr gut waren. Wir verstanden uns von Anfang an hervorragend. Lindner verfolgte mit aller Macht meine Linie. Das hat ihn zu einem erfolgreichen Kommandeur der GSG 9 gemacht. Es gab auch keinerlei Probleme mit den GSG-9-Männern, obwohl sie Lindner aus der Einheit kannten und er sich mit vielen auch duzt. Keiner hatte irgendwelche Bedenken, dass er das Sagen hatte. Diese Kommandeurseigenschaft, die man braucht, die hat er. Weil er auch meinen Rat befolgte: Ich sagte ihm immer, er solle sich informieren, was andere im internationalen Bereich tun. Das ist für die GSG 9 ganz wichtig. Diese internationale Zusammenarbeit erreichte einen Höhepunkt, als Lindner die Atlasgruppe führte, einen losen Zusammenschluss der wichtigsten polizeilichen Spezialeinheiten der EU-Mitgliedstaaten. 2014 übernahm Jerome Fuchs das Amt des Kommandeurs der GSG 9 und wurde 2016 Präsident des Atlas-Verbundes. Mit ihm hat die GSG 9 eine großartige Fortführung der Grundsätze, die ich vorgegeben habe.

Otto Schily: *Die GSG 9 hat in der Sicherheitsstruktur der Bundesrepublik einen sehr hohen Stellenwert.*

Als Ständiger Vertreter des Inspekteurs war ich für die Ausbildung aller Einheiten verantwortlich. Dabei riss ich mehr oder weniger alles an mich, was ich bekommen konnte, und interessierte mich vor allen Dingen für Einsätze. Ich wertete Lageberichte aus und bereitete diese für den Innenminister vor. Hinsichtlich der Organisation brachte ich einige Verbesserungen für den gesamten Grenzschutz ein. Es war manchmal äußerst schwierig, weil der damalige Inspekteur nicht gerade ein Freund der GSG 9 war. Das war ein Mann, der aus der Landespolizei kam. Ich verstand nicht, dass man damals nicht jemanden aus dem Bundesgrenzschutz für diese wichtige Position ausgewählt hatte. Die Zusammenarbeit mit ihm war nicht einfach, weil er oft versuchte, bei der GSG 9 einiges in Frage zu stellen. Das passte mir gar nicht.

Meine Ernennung zum Kommandeur des Grenzschutzkommandos West, also zum Brigadegeneral, erfolgte 1981 durch den Bundesinnenminister. Damit unterstand mir die GSG 9 weiterhin. Das war ein großer Vorteil, weil ich mich in dieser Position sehr intensiv um die GSG 9 kümmern konnte: Ich bin mindestens einmal am Tag dort gewesen. Es war nicht immer zur Freude der Kommandeure, aber so lief das.

Mein Kontakt zu den Israelis blieb nach wie vor bestehen. 1982 erhielt ich vom Chef des Generalstabs der israelischen Streitkräfte, Rafael Eitan – den alle nur „Raful" nannten – eine Einladung, nach Israel zu kommen. Er hatte mir bis dahin nicht erzählt, dass die Israelis vorhatten, im Libanon einen Feldzug durchzuführen. Den Feldzug nannten sie „Peace for Galiläa" – daraus wurde später der Libanon-Krieg. Davon wusste ich also noch nichts und folgte der Einladung Rafuls, der meinte, wir würden einiges zusammen machen, was für mich interessant wäre. Ich fragte, ob meine Frau mitkommen dürfe, und er meinte: „Klar, wir kümmern uns um sie, das läuft schon." Wir kamen in Tel Aviv auf dem Flughafen in Lod an. Dort stand bereits ein Hubschrauber für mich parat, in den ich einsteigen sollte. Meine Frau war völlig perplex. Die Tochter des Sprechers der israelischen Regierung – sie war Oberleutnant in der Armee – nahm meine Frau sofort in Beschlag und meinte: „Sie sehen Ihren Mann natürlich wieder. Ich darf Sie jetzt in Ihr Quartier im Country Club bringen." Währenddessen flog ich mit dem Hubschrauber direkt nach Beirut. Auf dem Flug wurde ich darüber informiert, dass die Israelis inzwischen im Libanon einmarschiert waren. Sie hatten bereits Westbeirut eingenommen und Raful wollte, dass ich das dort alles einmal sähe. Sie hätten einige Fragen an mich, weil auch deutsche Waffen entdeckt worden seien. Die Israelis sahen in mir einen ihrer eigenen Offiziere. Sie wussten, was sie von mir zu halten hatten. Ich kam daraufhin in das Hauptquartier von Eitan. Er meinte, dass wir am nächsten Tag nach Westbeirut weiterfahren würden, wo ich mir Waffen ansehen sollte. Gleichzeitig wollte man mir das Hauptquartier von Jassir Arafat zeigen. Das war ein riesiger, unterirdischer Palast. Arafat hatte dort im größten Luxus mit zahlreichen Angestellten gelebt. Es war sagenhaft. Die Palasträume standen im krassen Gegensatz zu den Flüchtlingslagern der PLO, deren Bilder durch die Medien gingen. Arafat hatte dort wirklich alles bis hin zu einer riesigen Garage mit 16 Autos. Die Israelis zeigten mir die Waffen, die dort gefunden worden waren. Es waren Waffen der Firma Heckler & Koch. Ich schrieb mir die Seriennummern auf und fragte telefonisch nach, woher sie genau kamen. Es stellte sich heraus, dass die Waffen nicht aus Deutschland stammten, sondern in Spanien hergestellt worden waren. Sie waren demnach in Lizenz in Spanien hergestellt und dann an die PLO geliefert worden. Ich war zunächst erleichtert, dass die Waffen nicht aus Deutschland kamen. Wir informierten Heckler & Koch und unterrichteten sie, dass sie besser aufpassen sollen, an wen sie Lizenzen vergaben.

Neben den Waffen entdeckten wir in Arafats Hauptquartier auch tonnenweise Papiere – Ausbildungspapiere –, die im Zusammenhang mit der RAF standen. Es waren Ausbildungspläne der RAF, sodass wir einen eindeutigen Beweis dafür hatten, dass die RAF von der PFLP im Libanon ausgebildet wurde. Ich meldete das sofort nach Bonn und fotografierte die Beweisunterlagen. Das Material bekamen der BND und die Bundesregierung. Ich sprach mich mit Raful ab, der sich sichtlich freute, mich dort zu haben. Ich wiederum sah es als einen großen Vertrauensbeweis von seiner Seite an, als Israeli betrachtet zu werden. Viele, denen ich später davon erzählte, konnten das gar nicht glauben – es war eine kleine Sensation. Er lud mich dann auch noch zu sich nach Hause in einen Kibbuz ein. Zunächst einmal beruhigte ich nach meiner Rückkehr aus Beirut meine Frau und wir nahmen zusammen die Einladung Rafuls an. Dabei lernte ich auch dessen Mutter kennen, die aus Deutschland kam. Raful erzählte mir, dass seine Mutter wegen der Verbrechen im Nationalsozialismus mit keinem Deutschen mehr sprach. Als sie mich sah, waren die Vorbehalte verschwunden und wir unterhielten uns. Das stärkte mein Verhältnis zu Raful noch mehr. Wir hatten eine besonders gute Beziehung zueinander.

Reuven Caspy: *Zum Beispiel, in einem Winter in Israel, hatten wir eine besondere israelische Winterjacke für unsere Einheiten. Du [Wegener] wolltest diese Jacken für deine Einheit kaufen. Unser Stabschef Raful gab sie euch umsonst, für die gesamte Einheit. Er gab den Befehl, euch in jeder Hinsicht zu unterstützen.*

Eigenartigerweise war er nach seiner militärischen Karriere in mehreren Regierungen tätig, er war Umweltminister und stellvertretender Ministerpräsident. 2004 starb er bei einem Wellenbrecher-Projekt an der Küste Israels. Das traf mich hart, weil er ein sehr guter Freund gewesen war. Ich habe zu vielen israelischen Offizieren ein gutes Verhältnis, aber zu ihm war es eines der besten.

Anfang der 1980er Jahre kam auch der israelische Anti-Terrorspezialist Muki Betser nach Sankt Augustin zur GSG 9. Er erzählte mir damals, dass er an seinem Buch „In geheimem Auftrag" arbeite. Leider geriet er darüber mit Ehud Barak und Raful in Auseinandersetzungen, da er sich nach deren Ansicht in seinen Ausführungen selbst zu stark herausstellte. Zudem hätte er einige Informationen in seinem Buch nicht erwähnen dürfen – zum Beispiel die Erbeutung von Waffen. Daher ist sein Werk in Israel nicht weit verbreitet worden.

Auch als Brigadegeneral fühlte ich mich immer verpflichtet, nachzuschauen, wie die Lage bei der GSG 9 gerade war, wie es weiterging. Damals wurde vieles von meinen Ideen umgesetzt, aber große Entwicklungen gab es nicht. Neben den größeren Einsätzen 1982 – Verhaftung der Terroristinnen Brigitte Mohnhaupt und Adelheid Schulz – sowie im August 1988 – Inhaftierung der Rockergruppe „Bones" – gab es für die GSG 9 in dieser Zeit kaum Einsätze, hin und wieder bei den Länderpolizeien, aber das Problem bei der Zusammenarbeit blieb, da diese vieles alleine regeln wollten. Diese Rivalität von politischer Seite erschwerte der GSG 9 das Leben. Wir arbeiteten gerade mit den süddeutschen Ländern immer sehr gut zusammen. Inzwischen hatten viele Innenminister der Länder eingesehen, dass bestimmte Aktionen nur von der GSG 9 wahrgenommen werden können. Das war ein Fortschritt und führte dazu, dass die GSG 9 durch das Üben bestimmter Einsatzlagen immer besser wurde. Es lag in meinem Aufgabengebiet als Kommandeur des Grenzschutzkommandos West, diese Zusammenarbeit zu fördern. Doch dann begann meine Zeit als Brigadegeneral in Saudi-Arabien.

19. Aufbau einer Spezialeinheit in Saudi-Arabien

Im Juni 1988 nahm Brigadegeneral Wegener im Rahmen der polizeilichen Zusammenarbeit eine Beratertätigkeit mit dem Königreich Saudi-Arabien auf. Beeindruckt von dem Besuch bei der GSG 9 in Sankt Augustin im April 1986 wünschte sich Prinz Naif Ben Abdul-Aziz von Saudi-Arabien, in seinem Land ebenfalls eine Spezialeinheit aufzubauen. Der Bundesminister des Innern Friedrich Zimmermann hielt den Gründer der GSG 9 für den geeigneten Mann, diese Aufgabe zu übernehmen. Als Berater des Innenministers des Königreichs Saudi-Arabien für den Bereich der „Special Security Forces" zeigte Wegener erneut sein persönliches Engagement auf dem Gebiet der internationalen Terrorismusbekämpfung. Die Bundesrepublik Deutschland unterhielt seit 1954 diplomatische Beziehungen zum Königreich Saudi-Arabien, wobei die wirtschaftlichen Interessen im Vordergrund standen. Der rüstungs- und sicherheitspolitische Austausch zwischen den Ländern geriet vielfach in Kritik. Bereits 1981 hatten die Streitkräfte Saudi-Arabiens neben Waffenkäufen auch den Wunsch geäußert, Panzer des Typs Leopard 2 aus deutscher Produktion zu kaufen. Als Gegenleistung bot Saudi-Arabien langfristige Kredite zu niedrigen Zinsen und eine finanzielle Beteiligung an deutschen Industrieunternehmen an. Bundeskanzler Helmut Schmidt und der bayerische Ministerpräsident Franz Josef Strauß mit seinen engen Verbindungen zur Industrie stimmten dem Geschäft zunächst zu, mussten der Anfrage aufgrund von Widerständen aus Regierungskreisen letztlich aber doch eine Absage erteilen. 1983 entschied die Bundesregierung unter Helmut Kohl, keine Waffensysteme an einen potentiellen Gegner Israels zu liefern. Während seiner Zeit in Riad erreichte Wegener im August 1989 das Pensionsalter – bei einem Kurzbesuch in der Bundesrepublik übergab ihm der Bundesinnenminister seine Entlassungsurkunde aus dem aktiven Dienst, obwohl Wegener bis Ende 1989 weiterhin in Saudi-Arabien tätig war.

Die Beförderung zum Generalmajor erfolgte 1988/89, während ich als Leiter der deutschen Beratergruppe bei den „Royal Saudi Special Security Forces" in Saudi-Arabien war. Die Verbindung zu Saudi-Arabien entstand, als deren König sowie Innenminister Prinz Naif 1986 in der Bundesrepublik waren und dabei auch die GSG 9 besuchten. Das gefiel ihnen so gut, dass Prinz Naif mir später sagte, dass er an die Bundesregierung herantreten werde, um anzufragen, ob wir ihn nicht bei der Aufstellung einer Spezialeinheit unterstützen könnten. Auf diese Weise entstand unsere intensive Verbindung. Ich machte ihm Hoffnung, dass sich das wahrscheinlich umsetzen ließe. Mir wurde mitgeteilt, dass ich in diesem Fall jedoch mitkommen müsse. Ich gab zu bedenken, dass ich nicht wisse, ob diese Bitte von der Bundesregierung genehmigt werden würde, obwohl mich diese Anfrage schon reizte.

Es vergingen ein paar Monate und dann erfolgte die Bitte aus Saudi-Arabien an die Bundesregierung. Es war praktisch eine Aufforderung, welche die Bundesregierung nicht ablehnen konnte. Dazu war Saudi-Arabien zu wichtig – es stellte das reichste Land im Nahen Osten dar. Wir hatten zu den Saudis immer exzellente Beziehungen – auch im Bereich der Rüstungsindustrie. Innenminister Zimmermann schickte schließlich an Prinz Naif 1987 eine Zusage und versprach ihm, dass ich in Kürze nach Saudi-Arabien käme. Als ich diesen Auftrag bekam, setzte ich mich sofort mit den entsprechenden Unternehmen in Verbindung, zum Beispiel mit Daimler und Krauss-Maffei sowie Rheinmetall. Die wussten alle, worum es ging, und hatten Interesse. Ich konnte ihnen nichts versprechen, das habe ich nie gemacht, aber ich wollte helfen, wo es vertretbar war. Ende 1987 bildete ich einen Stab aus zehn bis zwölf Männern, der mich nach Saudi-Arabien begleiten sollte. Dazu brauchte ich zu diesem Zeitpunkt eine Genehmigung von Bundeskanzler Helmut Kohl. Kurz bevor ich nach Saudi-Arabien ging, verabschiedete mich Kohl. Mit ihm unterhielt ich mich über mein Vorhaben in Saudi-Arabien, wobei ich merkte, dass er keine wirkliche Beziehung zur Terrorismusbekämpfung im Mittleren Osten hatte. Das Gespräch wäre mit Helmut Schmidt ganz anders verlaufen.

Der Stab bestand aus Oberst Jürgen Reimann, der später Präsident bei der Bundespolizei wurde, einem jüngeren Offizier und weiteren Unteroffizieren. Sie kamen aus dem Bereich der GSG 9 und des Bundesgrenzschutzes. Am 31. Mai 1988 flogen wir von Frankfurt am Main aus nach Saudi-Arabien. Beim Verlassen der Maschine am Abend in Riad spürten wir zum ersten Mal die Hitze: über 30 Grad Celsius. In der imposanten Abfertigungshalle mit Wasserspielen stand bereits der deutsche Botschafter mit einigen Offizieren und Unteroffizieren zum Empfang bereit. Am nächsten Tag meldeten wir uns beim kommandierenden General der Saudischen Special Forces, der sich bemühte, uns in allem zu unterstützen: Büroräume, private Wohnunterkünfte, Dienst-Kraftfahrzeuge, Verpflegung und saudische Papiere – doch die Organisation sollte Wochen dauern. Gegen Mittag hatten wir dann um die 45 Grad im Schatten. Am Abend gab der saudische General mit seinen Offizieren im Offiziersclub uns zu Ehren ein festliches Dinner, einige Tage später lud man uns in die Deutsche Botschaft ein, wo wir zusammen mit den Militärattachés der wichtigsten westlichen Länder zu Abend aßen. So knüpften wir unsere ersten Kontakte.

Eine Woche später bekamen wir die ersten vier Kraftfahrzeuge und konnten Riad motorisiert erkunden. Es war nicht so einfach, da die Straßenbeschilderung fast ausschließlich auf Arabisch war, aber es machte viel Freude. Manchmal glaubten wir, in den USA zu sein, da überwiegend US-amerikanische Straßenkreuzer das Bild prägten. Riad war eine große Baustelle: Öffentliche Gebäude, Wohnblöcke und prachtvolle Eigenheime, Autobahnen und Straßen entstanden an allen Ecken und Enden. Dazwischen gab es große, vollklimatisierte Einkaufscenter.

Nach kurzer Zeit fiel mir auf, dass wir bis zu Beginn unserer Arbeit nicht nur viel Geduld brauchten, da alles sehr langsam anlief, sondern auch, dass der General der Air Force bezüglich einer Spezialeinheit leider keine Ahnung hatte und dass ich von ihm nicht viel erwarten konnte. Aufgrund seiner familiären Beziehungen war er in seine Position gekommen. In den arabischen Ländern ist die Familienherkunft das A und O. Wir einigten uns darauf, dass wir seine Unterstützung bekamen – das war das Wichtigste. Als nächstes kamen die Absprachen, wie wir weiter mit der Personalauswahl und dem Festlegen der Unterkünfte vorgehen sollten. Dazu kam, dass sie offensichtlich sofort eine neue Kaserne mit einem Ausbildungszentrum bauen wollten. Ich riet dazu, erst einmal abzuwarten, bis wir klar sehen würden, wie es liefe. Das Ausbildungszentrum wurde noch während meiner Zeit in Saudi-Arabien umgesetzt, dort war eine deutsche Firma aus Stuttgart am Bau beteiligt.

Nach etlichen Tagen, die mit der gemächlichen Organisation ins Land zogen, konnten wir endlich mit der Ausbildung beginnen. Das lief gar nicht so schlecht. Trotzdem gab es ein paar Probleme, da dort außer uns keine Deutschen waren. Manchmal hakte es; die arabische Mentalität war nicht leicht zu begreifen. Insgesamt gesehen gelang uns in diesen eineinhalb Jahren, die wir dort waren, der Aufbau der saudischen Spezialeinheit: Special Security Force (SSF). Sie bewährte sich während des ersten Golfkrieges. Die Einheiten wurden auf Übungsplätzen in der Nähe von Riad ausgebildet. Zuerst nahmen wir die Einzelausbildung vor, dann die Gruppenausbildung. Später führten wir Übungen in der Wüste durch, zum Beispiel Geiselbefreiungen. Schließlich kam die Übernahme des Ausbildungszentrums, das inzwischen fertig gestellt worden war, das war eine phantastische Sache. Die Saudis mussten nicht mit Geld sparen und integrierten sogar ein Schießzentrum.

Ein Problem war die Besetzung bestimmter Führungsfunktionen: Wir schlugen dem General und auch dem Minister in diesem Zusammenhang bestimmte Männer vor, die sich bei uns in der Ausbildung bewährt hatten, und wollten diese auf die wichtigen Posten bringen. Das wurde fast immer abgelehnt, weil diese Männer nicht zu bestimmten Familien gehörten oder zu bestimmten Clans. Gerade bei so ausschlaggebenden Bataillonen haben die Führungsfunktionen einen hohen Stellenwert, es ist wichtig, dass dort fähige Leute am Werk sind. Doch die Bevorzugung bestimmter Familienangehöriger führte dazu, dass die Führungspositionen im Endeffekt schlecht besetzt wurden.

Ehrlich sage ich, dass ich diese Zeit in Saudi-Arabien nicht missen möchte, weil ich dort die arabische Mentalität kennenlernte: Die Saudis sind ein stolzes, von sich überzeugtes Volk mit scharfem Blick, überraschend viel Menschenkenntnis und stoischer Gelassenheit. Selbstverständlich bekam ich auch die Nachteile mit. Nachdem ich ein paar Mal im Ministerium in Riad furchtbare Auftritte hatte, weil sie einfach nicht einsehen wollten, dass ich die fähigsten Männer fördern wollte, die aber nicht aus bestimmten Familien stammten, teilte ich dem Minister mit: „Wir haben die Einheiten inzwischen gut ausgebildet und ich bin dafür, dass wir unser Projekt jetzt abschließen." Nach eineinhalb Jahren beendeten wir die Ausbildung in Saudi-Arabien.

Während dieser Zeit setzten die Saudis meine Beförderung zum Generalmajor durch, weil ich in ihrer Riege einen bestimmten Rang einnehmen sollte. Sie wandten sich dafür an die Bundesregierung. Anschließend wurde ich pensioniert, denn meine Tätigkeit in Saudi-Arabien ging über meine aktive Zeit hinaus. Innenminister Wolfgang Schäuble überreichte mir bei meinem Heimaturlaub im August 1989 die Entlassungsurkunde. Wir feierten mit ihm zusammen, weil zudem mein 60. Geburtstag anstand. Das habe ich in guter Erinnerung. Schäuble sagte zu mir: „Herr Wegener, glauben Sie bloß nicht, dass ich Sie zufrieden lasse. Ich möchte natürlich, dass Sie mich weiterhin beraten." Das sagte ich gerne zu.

Trotz der Pensionierung blieb ich bis zum Abschluss unserer Arbeit in Saudi-Arabien im Amt. Mir machte meine Tätigkeit dort Spaß. Ich nutzte diese Zeit sehr aus und erfuhr viel über das Land und seine Menschen: Ich wusste nun, dass sie sehr tapfer sind, aber in einigen Bereichen einen eingeschränkten Horizont haben können. Wechselnde Lagen sind nichts für sie, das können sie oft nicht umsetzen. Das gab oft Probleme, zum Beispiel bei Übungen in der Wüste, da ärgerte ich mich nur allzu häufig. Aber es war nicht zu ändern, ich musste diese Mentalität akzeptieren. Es gab selbstverständlich einige Offiziere in Führungsfunktionen, die ragten deutlich heraus und waren wesentlich leistungsfähiger als andere – wie in allen Einheiten dieser Welt. Ich hätte sie gerne mehr gefördert, aber mir waren die Hände gebunden, da ich darauf angewiesen war, dass das Ministerium mitspielte – und das war eben nicht der Fall.

Für die GSG 9 konnte ich wichtige Erfahrungen sammeln, vor allem, was die Bedingungen in der Wüste betraf. Aber auch für meinen Stab lief die Zeit aus; viele gingen nachher in Pension oder taten nur noch eine beschränkte Zeit Dienst. Insgesamt hat mir Saudi-Arabien viel gegeben. Ich unternahm großartige Touren, weil ich immer historisch interessiert war. Zum Beispiel fuhr ich mit einem britischen Kameraden die ganze historische Linie von Lawrence von Arabien in den verschiedenen Ländern des Nahen Ostens ab – die Hedschasbahn. Dort existieren heute noch Bauten, die dort von den Deutschen unter osmanischer Leitung angelegt worden sind. Da lagen noch Teile von Güterwagenachsen und –rädern in der Wüste, so wie sie damals gesprengt worden sind – so, wie Lawrence die Überfälle geleitet hatte. Das war eine tolle Sache. An vielen Wochenenden standen Wüstentouren und Besuche bei saudischen Bekannten auf dem Programm. Die Wüste übte auf mich schon seit langem eine besondere Anziehung aus. Sonnenuntergänge in der Wüste muss man einfach erlebt haben. Außerdem machten mir auch rasante Fahrten mit starken Geländefahrzeugen bis zu 120 km/h über Wüstenpisten ungeheuren Spaß – dafür musste man aber ein bisschen routinierter sein und fahren können. Häufig traf ich dabei auf Beduinen mit ihren Herden. Sie waren schon mit modernen Geländewagen ausgestattet, aber ihr Stolz waren immer noch ihre Kamelherden. Mit ihnen unterhielt ich mich gerne – Zeitdruck war dort ein unbekannter Begriff.

Wir hatten ein schönes Haus mit Swimmingpool und Garten in einem der Außenbezirke von Riad, das mir die saudische Regierung zur Verfügung gestellt hatte.

Meiner Frau bot ich an, dass sie bei den Touren in die Umgebung mitkommen könne. Wir hatten drei Angestellte, die für uns sorgten, und konnten auch unseren Hund, einen Boxer, mitnehmen. Der schlief wegen der Hitze den ganzen Tag, aber abends, wenn ich lief, um mich fit zu halten, lief er mit mir in die Wüste. Am Tag war es dafür zu heiß. In der Nähe von Riad gab es ein Gelände mit kleinen Hügeln, wo wilde Hunde lebten. Mit denen legte sich unser Boxer immer an, sodass sie sich gegenseitig bissen. Wir sahen viel von Saudi-Arabien, zum Beispiel Dschidda, das ist die interessanteste saudische Stadt. Riad ist zwar die Hauptstadt, aber Dschidda ist als Vielvölkerzentrum und Hafenstadt viel reizvoller. Zudem wurden wir häufig von der königlichen Familie eingeladen. Ein Freund von mir, Prinz Turki--Bin al-Faisal, zuletzt war er Botschafter in London, zuvor Chef des Nachrichtendienstes, wohnte damals in Dschidda. Das waren immer ganz interessante Begegnungen, von denen ich viel mitnahm. Das einzige, was ich nicht gelernt habe, ist Arabisch. Ich kann ein paar Sprüche, aber die Sprache ist schwierig und zeitaufwendig zu lernen. Insgesamt war diese Zeit für mich und mein Leben wertvoll, weil ich viele Araber kennengelernt habe. Ich hatte schließlich eine Reihe von saudischen Bekannten und Freunden, die ich regelmäßig traf. Überhaupt bestand von Seiten der Saudis ein starkes Interesse an engen freundschaftlichen Beziehungen zu Deutschland und den Deutschen. Leider ist von offizieller deutscher Seite hier viel versäumt worden. Oft waren wir in Riad und haben in einem der Soukhs mit einem arabischen Händler bei zahlreichen Tassen Tee und Kaffee über den Preis eines Teppichs gefeilscht. Man musste sich dafür Zeit nehmen. Vieles, was heute für Europäer im Hinblick auf den Islam unverständlich ist, verstehe ich gut, weil ich ihre Mentalität kenne.

20. Internationaler Sicherheitsberater und Terrorismusbekämpfung

Seit ihrer Gründung hat die GSG 9 die unterschiedlichsten Arten des internationalen Terrors bekämpft: RAF, Rote Zellen, palästinensische Terroristen unterschiedlicher Prägung, rechtsextremistische Netzwerke, Al-Qaida, internationalen islamistisch/fundamentalistischen Terrorismus. Bis zum heutigen Tag führte die GSG 9 rund 1.900 Einsätze durch und machte in nur wenigen Fällen von der Schusswaffe Gebrauch. Darüberhinaus war die GSG 9 über die Jahre in allen Krisenländern und -regionen im Einsatz. Drei Angehörige der GSG 9 sind während der Ausbildung ums Leben gekommen und drei bei Einsätzen – zwei davon wurden im Irak getötet. Nach der von Bundesinnenminister Otto Schily vorgenommenen Polizeireform wurde der Bundesgrenzschutz am 1. Juli 2005 in „Bundespolizei" umbenannt und die Anti-Terroreinheit zur „GSG 9 der Bundespolizei". Damit wollte man den international mit Reputation verbundenen Namen erhalten. Angesichts der zunehmenden transnationalen terroristischen Anschläge und Organisierten Kriminalität entschied der Rat der Europäischen Union bereits 1996, ein Anti-Terrorkompetenznetzwerk zu schaffen. Später entwickelte sich daraus der Atlas-Verbund, ein Zusammenschluss der renommiertesten polizeilichen Spezialeinheiten der EU-Mitgliedstaaten. Die Anschläge vom 11. September 2001 führten zum Auftakt der Kooperation. Im Oktober 2001 trafen sich die Kommandeure der GSG 9 der Bundespolizei, der EKO Cobra aus Österreich, der GIGN aus Frankreich, der DSU aus Belgien und der DSI aus den Niederlanden und vereinbarten die Atlas-Kooperation. Im Oktober 2012 wurde der damalige Kommandeur der GSG 9, Olaf Lindner, Vorsitzender des Atlas-Verbundes. Diesen Vorsitz übernahm 2014 sein Nachfolger Jerome Fuchs, der ihn bis 2016 innehatte. Da auch Wirtschaftsunternehmen zunehmend Ziel extremistischer und terroristischer Aktivitäten geworden sind, setzten diese für ihre Sicherheitskonzeptionen auf Spezialisten – gerne aus den Reihen der GSG 9.

Als ich 1990 wieder in die Bundesrepublik zurückkam, war ich zwar pensioniert, aber mein Aufgabengebiet blieb weiterhin groß. Auf der einen Seite sprachen mich die Innenminister kontinuierlich an, um meinen Rat einzuholen. In dieser Hinsicht hatte ich ein besonders gutes Verhältnis zu Wolfgang Schäuble. Als Experte in der Terrorismusbekämpfung und internationaler Sicherheitsberater war ich auf der ganzen Welt, aber vor allem in der Schweiz, Israel und Amerika tätig: unzählige Vorträge über Führung und Sicherheit – vor allem mein Vortrag „Führen unter Belastung" war sowohl für militärische Vorgesetzte als auch für Unternehmer oder Manager interessant –, politische Beratungsgespräche, Besuche bei internationalen Spezialeinheiten und intensiver Austausch im militärisch-polizeilichen Bereich.

Im März 1998 baten mich ägyptische Reiseunternehmen, die verbesserten Sicherheitsvorkehrungen im Land zu untersuchen. Nach den Anschlägen von Luxor im November 1997 verzeichnete die ägyptische Tourismusbranche einen großen Einbruch, der durch den Einsatz von Sicherheitsbeamten an Touristenattraktionen sowie durch ein besser qualifiziertes Sicherheitspersonal aufgefangen werden sollte. Ich reiste durch das Land und konnte mir ein Bild davon machen, dass tatsächlich qualifiziertere Rekruten bei der Polizei und in der Armee zu finden waren. Die hatten kürzere Dienstzeiten und bekamen Unterrichtszeit für Schießübungen. Zudem wurde im Ägyptischen Museum und am Flughafen in Kairo ein neues Sicherheitssystem nach neuestem Standard installiert. Die wichtigste Maßnahme war ein neues Sicherheitskonzept mit einem zentralen Befehlskommando für Touristen-, Distrikt- und Staatspolizei sowie für Spezialeinheiten.

Ein Jahr später wurde ich im Februar 1999 von Mirza David nach Israel eingeladen, um in der „International Security School" in Caesarea Personenschutz zu vermitteln und professionelle Bodyguards auszubilden. Ich trainierte mit 29 Kursteilnehmern aus Deutschland, der Schweiz, Dänemark, osteuropäischen Ländern, Honduras und Brasilien am Strand von Caesarea und schulte sie theoretisch. Die hatten rund 4.000 US-Dollar für das zweiwöchige Härtetraining hingelegt. Das war eine Investition, die sich nicht für alle lohnte, da ich einigen sagen musste, dass dieser Bereich nichts für sie sei. Nach wie vor vertrauten die Israelis mir und der GSG 9 im gemeinsamen Kampf gegen den internationalen Terrorismus. David sagte damals zu den Journalisten, die über das Training berichteten: „Wenn ihr Deutschen bei uns offene Türen vorfindet, habt ihr das allein ihm zu verdanken." Mirza David war selbst ein renommierter Sicherheitsexperte und kam aus der Armee und Polizei, bevor er 1992 die internationale Sicherheitsakademie in Herzliya gründete. Es war eine gute Zusammenarbeit mit ihm in Israel. Wir respektierten uns gegenseitig. Er meinte einmal über mich: „Der hat sich ein paar Jungs gesucht, ihnen eine Uniform angezogen und eine der weltbesten Kampfeinheiten daraus gemacht."

Auf der anderen Seite wurde ich in Deutschland bei einer Messe von der Familie Kötter angesprochen, ob ich nicht Vorsitzender des Sicherheitsbeirates bei Kötter werden wolle. Das überlegte ich mir erst einmal gründlich. Schließlich entschloss ich mich, zuzustimmen, da die Rolle privater Dienstleister für die Innere Sicherheit immer mehr zunimmt und deren Bedeutung ansteigt. Als fester Bestandteil der Sicherheitsarchitektur bieten sie Schutz für Veranstaltungen und öffentliche Gebäude, bei der Überwachung des Ordnungsrechts oder Sicherheits- und Serviceleistungen im öffentlichen Personenverkehr an. Seit dem Jahr 2000 wurde ich also Vorsitzender des Sicherheitsbeirates bei Kötter Security. Dort begegnete ich fähigen Männern wie dem Präsidenten des Bundesamtes für Verfassungsschutz, Dr. Peter Frisch, oder Hubertus Grützner, der auch aus der GSG 9 kam. Grützner wurde später Vorsitzender der BGS-Gewerkschaft. Es war wichtig, dass man bei Kötter solche Leute zusammenbrachte, die aus den unterschiedlichsten Bereichen Sachkompetenz aufwiesen. Zudem saßen auch Vertreter von einigen Länderpolizeien, zum Beispiel von Nordrhein-Westfalen, im Sicherheitsbeirat, der bis heute existiert. Frisch ist aus gesundheitlichen Gründen nicht mehr dabei, aber sonst läuft es dort gut.

Ich nutzte bei Kötter meine Erfahrung, um erst einmal die Ausbildung voranzubringen. Das musste völlig neu entwickelt werden. Ich empfahl ihnen ein Ausbildungszentrum, damit sie sich von anderen privaten Sicherheitsunternehmen positiv unterschieden. Kötter setzte das genauso um und es hat sich sehr positiv ausgewirkt. Das Ausbildungszentrum befindet sich in Düsseldorf und läuft gut. Immer wieder betonte ich, wie wichtig gerade die Ausbildung sei. Das kam besonders zum Ausdruck, als wir die sogenannten Luftsicherheitsassistenten ins Leben riefen: Diese Personen erhalten eine spezielle Ausbildung, um den Anforderungen auf Flughäfen als Luftsicherheitsassistent standzuhalten. Die Ausbildung ist IHK-geprüft. Das gehört zu den Bereichen, die ich bei Kötter aktiviert habe.

Gleichzeitig hielt ich die Verbindung zur GSG 9 immer aufrecht. Unter Kommandeur Bischoff lief 1993 die Aktion in Bad Kleinen. Die GSG 9 konnte die RAF-Terroristin Birgit Hogefeld am 27. Juni 1993 in Bad Kleinen verhaften, aber beim Zugriff auf den RAF-Terroristen Holger Grams kam es durch Kommunikationsprobleme dazu, dass Grams den GSG 9-Polizeikommissar Michael Newrzella tötete und sich nach einem Feuerkampf mit der GSG 9 selbst richtete. In dieser schwarzen Stunde bestand wie immer ein Aussageverbot für die GSG 9. Dafür wirbelten jedoch selbsternannte Experten durch die Medienlandschaft und stellten vollkommen falsche Zusammenhänge dar. Den Männern der GSG 9 war es aus dem genannten Grund jedoch genommen, darauf zu reagieren. Ich wollte danach sofort den Bundesinnenminister sprechen, aber Rudolf Seiters hatte bereits seinen Posten zur Verfügung gestellt. Dass Bischoff nicht vor Ort gewesen war und selbst führte, entsprach nicht meinen Prinzipien – er hätte von vorne führen müssen. Ich machte damals deutlich, dass das bei der GSG 9 so nicht noch einmal passieren dürfe. Zudem lief die Zusammenarbeit mit dem BKA nicht gut. Die Führungsperson des BKA war ebenfalls nicht vor Ort. Vielmehr saß man in Wiesbaden und dachte, man könne von dort aus die Leitung übernehmen. So etwas kann man mit einer Spezialeinheit nicht machen. Aus den Fehlern wurde gelernt: Es gibt nun eine bessere Zusammenarbeit zwischen der GSG 9 und dem SEK sowie stärkere personelle Einbindung der GSG 9 in Entscheidungsprozesse. Die Medien fielen in dieser Zeit über die GSG 9 her. Da gab es Meldungen, dass die GSG 9 den Terroristen Grams hingerichtet hätte, was natürlich nicht stimmte. Ein paar Wochen später stellte die Staatsanwaltschaft eindeutig fest, dass diese Informationen falsch waren. Es wurde dann berichtigt. Ich habe das nie geglaubt und mit den Männern bei der GSG 9 gesprochen, wie mit Raimund Gans, der später Stellvertretender Kommandeur wurde. Er war damals dabei. Ich machte ihm heftige Vorwürfe und er erzählte mir dann, dass die Berichterstattung der Medien ein schiefes und falsches Bild der Situation darstellte. Ich versicherte ihm, dass wir das richtigstellen würden. Ich regte mich sehr über die Berichterstattung auf und rief die Süddeutsche Zeitung an. Dort sagte man mir, dass der Bericht von Hans Leyendecker stamme. Der rief mich kurze Zeit später an und gab zu, dass er falschen Informationen gefolgt sei. Er entschuldigte sich ausdrücklich und meinte, er habe extra mich angerufen, weil er wisse, dass ich für die GSG 9 einstehen würde. Wir drangen beim Innenministerium darauf, dass von dort eine Richtigstellung herausgegeben werden solle. Doch diese funktionierte selbstverständlich nicht so durchschlagend wie die negativen Meldungen. Die GSG 9 musste diesen Imageschaden ertragen. Das hat längere Zeit gedauert, inzwischen ist das erledigt. Aber diese Geschichte blieb lange in den Köpfen der Bevölkerung. Das Ganze wäre vollkommen unnötig gewesen, wenn vor Ort geführt worden wäre.

Als Lindner die Kommandeursfunktion übernahm, war es eine Selbstverständlichkeit, dass wir miteinander sprachen und uns austauschten. Ich hatte seinen Werdegang verfolgt und gefördert. Entscheidend war, dass er sich innerhalb der GSG 9 in verschiedenen Funktionen bewährt hatte, bevor er Kommandeur wurde. Das führte dazu, dass ich sofort zustimmte, als das Ministerium sich entschied, Lindner als Kommandeur einzusetzen. Ich war erleichtert und brachte das auch zum Ausdruck: „Gott sei Dank, da haben sie nun endlich einmal den Richtigen erwischt." Lindner legte von Anfang an großen Wert darauf, mit mir zu sprechen und Ideen auszutauschen. Das hat auch dazu beigetragen, dass die GSG 9 ihren sehr guten Ruf ausbauen konnte. Unter Lindner kam es zu zahlreichen Weiterentwicklungen im taktischen Bereich der verschiedenen Einsatzeinheiten, die Ausrüstung wurde verbessert, die internationale Zusammenarbeit ausgebaut. Lindner hielt mich dabei permanent auf dem Laufenden. Ich versicherte ihm, dass ich bei Fragen zur Verfügung stehe würde und ihm mit Sicherheit noch helfen könne. Das Angebot nahm er auch wahr: Zum Beispiel bei der Atlas-Organisation vertraute er auf mich. Lindner fragte, ob er die Leitung übernehmen solle, oder ob das zu umfangreich wäre. Ich gab zu bedenken, dass er sich mal vor Augen halten solle, was das bedeuten würde: erstens erheblichen internationalen Einfluss, zweitens einen Imagegewinn für die Bundesrepublik. Er meinte, er wisse gar nicht, ob die Politik da mitspielen würde. Ich sagte ihm, dass er mich das mal machen lassen solle. Ich sprach daraufhin mit dem Innenminister und dem Staatssekretär, die ich überzeugen konnte. Ich stellte ihnen verschiedene Lagen so dar, dass sie sehen konnten, was passieren könnte und dass es für die GSG 9 und die Bundesrepublik positiv wäre, international vernetzt zu sein. Es war ausschlaggebend, dass die Politiker dem Vorhaben zustimmten. Lindner übernahm somit die Führung des Atlas-Verbundes. Mitglieder des Atlas-Verbundes sind alle Mitgliedstaaten der EU.

Olaf Lindner: *Das war eine visionäre Sichtweise. Heute fordert uns der globale Terrorismus heraus. Er kann unserer Ansicht nach nur im internationalen Verbund bekämpft werden. Die Grundlagen dafür sind zu Herrn Wegeners Zeiten gelegt worden. Er hat mit seinem Team Pionierarbeit geleistet.*

Das Aufgabenspektrum der GSG 9 ist heute noch wesentlich breiter angelegt. Zum einen ist die Bekämpfung des internationalen Terrorismus immer noch die Hauptaufgabe. Deswegen ist die Einheit entstanden. Zum anderen ist ganz klar, dass bei der rasanten Entwicklung der Organisierten Kriminalität heute auch die GSG 9 in diesem Bereich herangeholt wird – auch von den Länderpolizeien. Sie wird bei schwierigen oder auch gefährlichen Einsätzen hinzugenommen. Wenn wir es heute mit internationalen Kriminellen zu tun haben, sind die genauso gut bewaffnet wie Terroristen. Das bedeutet, dass die Einheit auch dort eingesetzt werden kann und eingesetzt werden muss. So hat sich das Aufgabenspektrum stark erweitert: Unterstützung der Polizei in besonders schweren Fällen der Gewaltkriminalität wie zum Beispiel Mord, Menschenraub, Geiselnahme, räuberische Erpressung, Sprengstoffanschläge, Luft- und Seepiraterie, Attentate auf Staatsgäste, Vorgehen gegen Rockerbanden – der Einsatz in Hannover gegen Hahnebuth und die Hells Angels war dafür typisch. Das ist inzwischen mehrfach auch in Sachsen passiert. Es gab auch andere Einsätze, wo es um Schleuserkriminalität ging. Ich schätze, da wird noch einiges auf die GSG 9 zukommen.

Die GSG 9 hat sich mit ihrer maritimen Einheit auch auf den Sturm von Schiffen, die von Piraten besetzt und wo die Besatzungen als Geiseln genommen werden, vorbereitet. Der Einsatz 2009 vor der Küste Somalias, als rund 200 GSG-9-Männer den entführten deutschen Frachter „Hansa Stavanger" von somalischen Piraten befreien wollten, ist deshalb eine negative Erfahrung gewesen, weil die GSG 9 zusammen mit amerikanischer Unterstützung durch die „USS Boxer" zwar hervorragend vorbereitet war. Doch durch einen eklatanten Verstoß gegen die Führungsgrundsätze von Spezialeinheiten – Führung von vorn und vor Ort – war der Ausgang unbefriedigend. Die GSG-9-Männer standen mit Hubschraubern in der Nähe des Frachters bereit, nachdem sie auf dem amerikanischen Hubschrauberträger „USS Boxer" vor die Küste transportiert worden waren. Doch die Bundesregierung machte letztlich einen Rückzieher. Die Entscheidung lag nicht bei der GSG 9, wie es normalerweise läuft, wenn der Kommandeur vor Ort entscheidet, ob es zum Einsatz kommt oder nicht, sondern der Krisenstab der Bundesregierung im Auswärtigen Amt in Berlin entschied, dass die GSG 9 nicht zum Einsatz kommen solle, da es als zu riskant bewertet wurde. Solche Geschichten sind nicht gut für die Motivation der Männer. Alle waren hervorragend vorbereitet und warteten nur auf den Einsatzbefehl. Dann wurde alles komplett abgeblasen. Aber die GSG 9 hat es bisher immer geschafft, die Männer weiterhin zu motivieren, auch wenn es mal nicht so läuft, wie erwartet. Das A und O bleibt immer die enge Beziehung zwischen den Führungskräften und den Männern. Das hat immer dazu geführt, dass auch diese negativen Ereignisse positiv verarbeitet wurden.

Es wird mit Sicherheit wieder ein großer Einsatz für die GSG 9 kommen. Die Männer sind auf solche Geschichten vorbereitet. Die GSG 9 hat inzwischen rund 1.900 Einsätze durchgeführt, sowohl gegen Schwerstkriminalität als auch gegen Terrorismus. In fast 45 Jahren ist das schon eine Leistung. Wir haben allerdings auch sechs unserer Leute in dieser Zeit verloren.

Jerome Fuchs: *An der inneren Haltung, dass man sein Leben einsetzt, um andere zu retten, hat sich bis heute nichts geändert. Das ist das, was man zu Recht von einer GSG 9 erwarten kann – dass wir kalkulierbare Risiken eingehen. Wir sind jedoch keine Hasardeure, wir sind trainiert, uns mit schwierigsten Einsatzlagen auseinanderzusetzen. Dass das bis zur Gefährdung des eigenen Lebens gehen kann, kalkulieren wir mit ein.*

Das Wichtigste ist – dafür plädiere ich seit Jahren –, dass es eine engere Zusammenarbeit zwischen den Nachrichtendiensten und den Spezialeinheiten gibt. Nur auf diese Weise kommt man zu erfolgreichen Ergebnissen in der Terrorismusbekämpfung, indem wir rechtzeitig Erkenntnisse von den Nachrichtendiensten erhalten. Nur so kann die GSG 9 operativ etwas bewirken. Hinzu kommt: Wir müssen die Intensivierung der Zusammenarbeit des Kommando Spezialkräfte (KSK) der Bundeswehr mit der GSG 9 herbeiführen. Es darf nur ein Kommando geben, auch bei Einsätzen im Ausland. Daran hat es bisher gefehlt. Das Kommando Spezialkräfte muss für einen Einsatz, bei dem sie beteiligt sind, die parlamentarische Genehmigung erhalten. Dieses Manko ist bis heute nicht behoben. Die GSG 9 hat ein eigenes Gesetz und kann ohne weiteres eingesetzt werden.

Inzwischen ist es so, dass die Wahrnehmung der GSG 9 in den Medien manchmal weit übertrieben wird. Der Ruf der GSG 9 ist ausgezeichnet, sodass diese Spezialeinheit manchmal sogar etwas mystifiziert wird. Dieser Ruf hat aber auch dazu geführt – da bin ich der festen Überzeugung –, dass terroristische Aktionen nicht durchgeführt wurden, weil man Angst hatte, es dann mit der GSG 9 zu tun zu bekommen.

Stefan Aust: *Ich bin fest davon überzeugt, dass die GSG9 einen wesentlichen Anteil daran hatte, dass Terroranschläge der RAF oder ähnlicher Organisationen damals reduziert worden sind. Allerdings haben die Nachfolge-Gruppierungen aus der Vorgeschichte gelernt und sind deshalb zu Sprengstoffanschlägen übergegangen, die aus dem Verborgenen heraus gezündet worden sind. Die dritte und vierte Generation der RAF etablierte sich dann soweit im Verborgenen, dass bis heute viele ihrer Mordaktionen nicht aufgeklärt worden sind. Schon in der RAF gab es eine gewisse suizidale Komponente, was daraus deutlich wird, dass zum Beispiel während des Hungerstreiks immer mit Selbstmord gedroht wurde. Es hieß damals: „Den Körper zur Waffe machen". Bei den Aktionen selbst wollten die damaligen Mitglieder jedoch möglichst unentdeckt bleiben und möglichst nicht ihr Leben verlieren. Das gab den Sicherheitsbehörden immer eine Möglichkeit, sich auf die Spur der Täter zu setzen. Erst in den islamistischen Anschlägen der Jahre danach, die ja ebenfalls, wie schon zu RAF-Zeiten, mit den Auseinandersetzungen des Nahen Ostens zu tun haben, wurde der Selbstmord zur Waffe. Ein Täter, der sein Leben nicht nur riskiert, sondern ganz bewusst als Mordinstrument einsetzt, ist nur sehr schwer zu stoppen.*

Zu den jeweiligen Jubiläumsdaten wurden zahlreiche Fernsehdokumentationen und Spielfilme zum Thema „München 1972" und „Mogadischu" gesendet, bei denen ich als Fachberater tätig war. Bei den Dreharbeiten erklärte ich den Schauspielern genau, wie sie sich zu verhalten hatten. Gerade Herbert Knaup, der die Rolle des GSG-9-Kommandeurs Ulrich Wegener in dem 2008 produzierten Film „Mogadischu" übernommen hatte, erinnerte ich immer wieder daran, dass er einen Offizier darzustellen habe. Das bedeutete, dass er ein bestimmtes Auftreten haben müsse. Knaup neigte immer dazu, seine Handlungen mit großen Gebärden zu untermalen. „Das können Sie sich gleich abschminken", sagte ich damals zu ihm. Das akzeptierte er. Er musste als Führer der GSG 9 seinen Sturmtrupps ganz klare Anweisungen geben – das über Gebärden zu regeln, reichte nicht aus. Im Herbst und Winter 2007 wurde an verschiedenen Orten gedreht, auch in München und Casablanca, wo ich am Film-Set war. Für die Filmszene, in der die „Landshut" gestürmt wird, ließen sie eine bayerische Einheit kommen. Das funktionierte zunächst nicht so, wie sich der Regisseur das gedacht hatte. Als mir die gedrehte Filmsequenz am Drehort gezeigt wurde, sparte ich nicht mit Kritik: „Das machen wir aber noch einmal." Es sollte wenigstens annähernd so aussehen, wie es wirklich gewesen war. 2012 wurde dann der Spielfilm „München 72" gezeigt, in dem Benjamin Sadler meine Person spielt. Mit ihm setzte ich mich am Filmset in München stundenlang zusammen, weil es ihm sehr wichtig war, zu verstehen, wie er sich als Offizier zu verhalten habe. Der hat das prima gemacht. Wie er beispielsweise mit dem Polizeipräsidenten Manfred Schreiber umgegangen ist – das war genauso, wie ich das gemacht hatte. Sadler gab viele Dinge, die ich ihm gegenüber besonders herausgehoben hatte, hundertprozentig authentisch wieder – beispielsweise das Unverständnis über die unbewaffneten Polizeibeamten des Ordnungsdienstes oder die Verhandlungen zwischen Genscher und den Bayern. Der Regisseur lud mich nach Fertigstellung des Films auch noch einmal ein.

Zusätzlich begleitete und kommentierte ich zahlreiche Dokumentationen über München 1972 und Mogadischu sowie die GSG 9. An vielen Orten konnte ich den Journalisten Informationen geben, die ihnen zuvor unbekannt waren, so beispielsweise auf dem Flughafen von Fürstenfeldbruck, wo ich auf den Tower hinwies, in dem ich mich mit Genscher befunden hatte. Da wir die Aktion in Fürstenfeldbruck nicht alleine den Bayern überlassen wollten, hatte ich Genscher soweit dazu gebracht, dass er mit mir in den Tower ging. Die Erinnerungen an diese Begebenheiten vor Ort berührten mich zum Teil sehr und ich regte mich erneut auf, als ich das plötzlich wieder vor mir sah und darüber erzählte.

Ehud Barak: *Es gibt eine hohe, professionelle Wertschätzung der GSG 9. Sie genießt ein hohes Ansehen. Falls der Ernstfall eintreten sollte, der der höchsten menschlichen Fähigkeiten bedarf, dann ist die GSG 9 dazu in der Lage. Es würde gelingen, weil die GSG 9 so professionell ist. Die Deutschen sind sehr diszipliniert. Sogar der Randbereich eines solchen Einsatzes würde sehr eng gehalten und sehr gut organisiert sein und der Einsatz an sich, das Herz der Operation, sehr gut ausgeführt werden. Sie haben hoch professionelle Einsatzleute; es sind exzellente Mitarbeiter der Spitzenklasse. Was den General betrifft: Es können nur sehr wenige Menschen im modernen Nachkriegsdeutschland von sich sagen, dass sie ein nationales Gut aus dem Nichts erschaffen haben. Etwas, das wirklich gebraucht wird und einen großen*

Einfluss hatte, als es gebraucht wurde, durch seine Handlungen und während der gesamten Zeit des Terrors. Denn Menschen, die über den Terrorismus nachdenken, denken unweigerlich an die GSG 9. Für jede nationale Krise, die mit Terrorismusbekämpfung zu tun hat – von innen oder von außen – hat der General ein nationales Gut geschaffen, das seinen Stempel trägt. Den Stempel seiner Persönlichkeit und seiner Einstellung gegenüber den Dingen. Das ist etwas, das nur wenige Leute in Uniform von sich sagen können. Das ist ein großartiges Talent.

Insgesamt gesehen kann ich nur sagen, dass die Gründung der GSG 9 und die Weiterentwicklung ein voller Erfolg waren, eine Erfolgsgeschichte. Für viele junge Männer erfüllt sich ein Lebenstraum, wenn sie dieser Eliteeinheit der Bundespolizei angehören. Im Sommer 2012 feierten wir das 40. Jubiläum der GSG 9 – mit einem großen Festakt im Haus der Geschichte in Bonn. Einer der wichtigsten Teilnehmer dieser Feier war der ehemalige Innen- und Außenminister Hans-Dietrich Genscher. Das erfüllte nicht nur die Führungsebene, sondern auch die GSG-9-Männer und ihre Familien mit Stolz und bestätigte sie darin, dass sie sich für die richtige Sache einsetzen.

Otto Schily: *Zur Bekämpfung terroristischer Verbrechen ist die GSG 9 als polizeiliche Spezialeinheit mit einem besonderen Ausbildungs- und Trainingskonzept von unschätzbarem Wert, der sich immer wieder erwiesen hat. Gerade in Zeiten einer zunehmenden Bedrohung durch Terrorismus sollten wir der GSG 9 für ihre Leistungsbereitschaft und ihr Engagement sehr dankbar sein.*

Dieter Fox: *Gleichwohl ist er [Wegener] nach wie vor für mich der erste Kommandeur der GSG 9, der sie gegründet, entwickelt und gelebt hat, deren Vorbild er ist und der sie letztendlich in die Position gebracht hat, in der sie sich noch immer befindet: eine der besten Anti-Terroreinheiten der Welt. Das ist sein Werk, das ist seine Arbeit.*

Olaf Lindner: *Wegener betrat nach den dramatischen Ereignissen bei den Olympischen Spielen in München 1972 Neuland und entwickelte gegen alle Widerstände und Konventionen die GSG 9. Er hat ein internationales Netzwerk, zum Beispiel zu israelischen Spezialeinheiten aufgebaut. Anfang der 1970er Jahre war eine Kooperation Israels und Deutschlands gerade auch im Bereich der Polizei aus historischen Gründen kaum denkbar. Wegener hat hier intensive Aufbauarbeit geleistet. Vor dem Hintergrund unserer deutschen Geschichte hat diese Leistung eine ganz besondere Dimension. Mich beeindruckt, was unter diesen schwierigen Umständen durch Wegener und seine damalige Mannschaft erreicht worden ist. Unsere Führungsphilosophie, „im Team zu arbeiten", hat zum Erfolg geführt. Das ist bis heute vorbildhaft: Wir haben uns vor kurzem mit einem US-amerikanischen Kommandeur getroffen, der zum Ausdruck brachte, dass die US-Spezialeinheiten nach wie vor von dieser historischen Leistung beeindruckt sind. Der Aufbau internationaler Kooperationen war in dieser Form zum damaligen Zeitpunkt einzigartig. Weder der Bundesgrenzschutz noch die Bundeswehr hatten bis dahin ein solches Netzwerk aufbauen können. Es gab kein Vorbild und wir profitieren heute noch davon.*

Zum 40. Jubiläum gab es viel mediale Berichterstattung. Es ist für die GSG 9 immer eine zweischneidige Angelegenheit, so im Mittelpunkt zu stehen, denn ich habe immer betont, dass wir keine Einzelheiten der Einsätze an die Öffentlichkeit geben dürfen. Dabei muss es auch bleiben. Das haben Lindner und Fuchs immer befolgt und sind der Meinung, dass diese Medienkampagnen bis zu einem gewissen Grad gut sind, aber wir anschließend wieder darauf achten müssten, dass das aufhört. Das ist völlig richtig. Natürlich soll die Öffentlichkeit über die Tätigkeit der GSG 9 informiert werden und wissen, was für ein Aushängeschild sie im Vergleich zu anderen Spezialeinheiten der Länder oder des Bundes und gerade auch zur Bundeswehr ist. Es sollte im allgemeinen Wissen verankert sein, dass es die GSG 9 gibt und sie in bestimmten Situationen tatsächlich Leben retten kann. Das ist das Wichtigste.

Stefan Aust: *Aufgrund der terroristischen Bedrohung, die in den vergangenen Jahren nicht geringer, sondern größer geworden ist, wird kein Staat der Welt in Zukunft auf Spezialeinheiten wie die GSG9 verzichten können.*

Die GSG 9 steht heute besser da denn je und ist mit rund 400 Männern sehr gut aufgestellt. Ihre Aufgabe liegt nach wie vor in der internationalen Terrorismusbekämpfung und darf keinesfalls auf untere polizeiliche Tätigkeiten herabgestuft werden. Diese Aufgaben müssen von anderen Polizeibeamten wahrgenommen werden. Die Versuche der Polizei, spezialisierte Bereitschaftspolizeigruppen (BFE+) zu schaffen, um die GSG 9 zu unterstützen, machen durchaus Sinn. Eine Spezialeinheit wie die GSG 9 ist jedoch nach einem anderen Vorbild aufgebaut. Sie ist auf hochkomplexe sowie gefährliche Aufgaben vorbereitet, die nicht auf andere Polizeieinheiten übertragen werden können.

Inzwischen ist Jerome Fuchs Kommandeur der GSG 9, der hervorragende Arbeit leistet – auch in Hinblick auf die Tradition innerhalb der GSG 9. Mario Schulz, stellvertretender Kommandeur und von mir ebenso sehr geschätzt, vertritt ebenfalls meine Wertvorstellungen von Führung, Bescheidenheit, Kameradschaft und Pflichterfüllung. Er war zudem für den Aufbau der neuen BFE+ der Bundespolizei zuständig. Als er dafür den Auftrag erhielt, war er sich von Anfang an darüber im Klaren, dass diese Einheiten keinen Ersatz für die GSG 9 darstellen können. Inzwischen unterstützen diese fünf BFE+-Einheiten die Bundes- und Länderpolizeien und arbeiten auch mit der GSG 9 zusammen.

Gerade bei den Jubiläumsfeiern werden um meine Person stets die Mystifizierungen vom „Heldentum“ bemüht. Diese Bezeichnung hat nicht immer einen positiven Charakter. Als Held werden seltsamerweise viele Leute bezeichnet, die sich durch Mut hervortun und dann im Fernsehen auftreten. Ich halte davon nicht viel. Vielmehr bin ich der Auffassung, dass man als Angehöriger einer Spezialeinheit wie der GSG 9 stolz auf das sein kann, was man erreicht hat, was man kann und wozu man eingesetzt wird. Aber das war es dann. Wir müssen uns nicht als Helden bezeichnen. Es gehört zur Aufgabe der GSG 9, in höchst gefährlichen Situationen Leben zu retten. Das ist Pflichterfüllung und zum Teil auch staatlicher Auftrag. Die GSG 9 lebt eher nach dem Begriff des Vorbildes als dem des „Heldentums“. Die Sturmtruppführer bei Geiselbefreiungen sind Vorbilder, auch andere GSG-9-Männer in bestimmten

Funktionen können für die Jugend heute richtungsweisend sein, danach zu streben, vielleicht auch einmal so etwas zu tun.

In gewisser Weise war mein Vater für mich ein Vorbild, weil er Offizier war und sein Leben in den Dienst anderer stellte. Das hat mich geprägt und mein Leben bestimmt. Für mich wäre ein anderer Weg überhaupt nicht in Frage gekommen.

21. Nachwort der Herausgeber

Dass Demokratien grundsätzlich gefährdet sind, ist eine Einsicht, die schon bei antiken Staatsdenkern vorherrschte. Das demokratisch organisierte Gemeinwesen sieht sich vor mannigfaltige Herausforderungen gestellt: Gefahren von außen, Gefahren im Innern sowie Gefahren aus sich selbst heraus. Während äußere Bedrohungen in der Regel recht deutlich auszumachen sind und auch innenpolitische Herausforderungen relativ rasch wahrgenommen werden können, verhält es sich mit den inhärenten Gefahren, die aus der demokratischen Staatsform selbst resultieren, oftmals schwieriger, denn schon die Diagnose ist mit zum Teil schmerzhaften Erkenntnisprozessen verbunden.

So ringt die Bundesrepublik Deutschland im Angesicht des global agierenden islamistischen Terrors seit Jahren um die richtige Balance zwischen Sicherheit und Freiheit: Wie viel Freiheit sind wir bereit zu opfern, um sicher leben zu können? Wie viel Sicherheit können und wollen wir uns leisten? Ab welchem Ausmaß unterhöhlen die staatlichen Sicherheitsmaßnahmen die Fundamente unserer Demokratie?

Wohl kein anderer Deutscher ist mit diesen vielfältigen Fragen intensiver konfrontiert worden als Ulrich Klaus (K.) Wegener – der Gründer der GSG 9. Sein gesamter beruflicher Lebensweg ist von Sicherheitsfragen geprägt. Wobei – dies sei sogleich angemerkt – ins Auge sticht, dass Wegener stets im polizeilichen Umfeld tätig gewesen ist. In anderen Demokratien – Großbritannien oder die Vereinigten Staaten von Amerika kommen in den Sinn – wäre seine Laufbahn mit nahezu an Sicherheit grenzender Wahrscheinlichkeit im militärischen Bereich verlaufen – auch dies ein deutsches Phänomen, das mehr über die Bundesrepublik aussagt als über die Vorlieben oder Grundannahmen von Ulrich Wegener.

Denn eine militärische Laufbahn schien für den im Jahre 1929 geborenen Wegener vorgezeichnet. Sein Vater war in Reichswehr und Wehrmacht Berufsoffizier und bekleidete zum Zeitpunkt der bedingungslosen Kapitulation am 8. Mai 1945 den Rang eines Obersts. Bis zum heutigen Tag hebt Ulrich Wegener hervor, dass er nicht nur stark geprägt worden sei durch seinen Vater, sondern dass er auch die preußischen Tugenden des Elternhauses begierig aufgesogen habe. Diese Verankerung in einem stabilen Wertekanon war ein wichtiger Baustein seines persönlichen wie auch beruflichen Werdeganges.

Diese Orientierung auf Werte wie Fleiß, Pflichterfüllung, Ehrlichkeit sowie Tapferkeit überdauerte auch die tiefe Zäsur des Mai 1945. Wegener hatte noch zum letzten Aufgebot des untergehenden „Dritten Reiches" gezählt. Das Gefühl, dem Tod noch einmal entronnen zu sein, prägte nicht nur den fast 16-Jährigen, sondern viele Jugendliche in seiner Alterskohorte. Trotz der Beschwernisse des Alltags und der Gefahren, die von der sowjetischen Besatzungsmacht und ihren deutschen Helfern ausgingen, schauten Wegener und seine Altersgenossen nach vorne. Überhaupt gilt es festzuhalten, dass Wegener – trotz ausgeprägten historischen Interesses – nie den Fehler begangen hat, die deutsche Geschichte gleichsam automatisch auf den Zielpunkt „1933" zulaufen zu lassen. Die Herrschaft Adolf Hitlers hat er in der Rückschau immer klar als Diktatur benannt, die aus einer spezifischen Legierung aus „Verführung und Gewalt" (Hans-Ulrich Thamer) bestanden habe.

Konservatives Elternhaus sowie nationalsozialistische Indoktrination während der Schulzeit hatten im jungen Wegener die Ablehnung des Bolschewismus fest verankert. Durch die Übergriffe der Roten Armee bei Kriegsende sowie durch die Etablierung einer kommunistischen Diktatur nach sowjetischem Vorbild in Ost-Deutschland ist diese Auffassung nochmals verstärkt worden.

Dieser Anti-Bolschewismus führte dann nahezu zwangsläufig zur Inhaftierung Wegeners am 15. Oktober 1950, denn er beließ es charakteristischerweise nicht bei kritischen Reflexionen, sondern ergriff die Initiative und handelte: Seine Verhaftung in einer Nacht-und-Nebel-Aktion hatte ihren Ursprung in einer Verteilaktion regimekritischer Flugblätter.

Die Aburteilung in einem Schauprozess sowie die entbehrungsreiche Haft brachten den 21-Jährigen an seine Grenzen – psychisch wie physisch. Nach der Entlassung aus dem Zuchthaus war Wegener zwar körperlich ein Wrack, doch geistig schien sein Weg nun klarer als zuvor. Für den Patrioten stand jetzt fest, dass es Ziel seiner zukünftigen Anstrengungen sein müsse, den freien Teil des Vaterlands gegen alle totalitären Feinde zu verteidigen. Seit diesem frühen Zeitpunkt verkörperte Wegener nahezu den antitotalitären Grundkonsens der frühen Bundesrepublik Deutschland. Der Schutz des Grundgesetzes avancierte zur Lebensaufgabe.

Nach seiner Flucht aus der DDR kam Wegener in das neugegründete Land Baden-Württemberg, wo er sich rasch der Bereitschaftspolizei anschloss und dort eine Ausbildung zum Polizeiwachtmeister erfolgreich durchlief. Die Wahl der Polizeilaufbahn war gleichsam automatisch gefallen, da Wegeners erste Priorität – der Beruf des Soldaten – zu diesem Zeitpunkt in der Bundesrepublik noch nicht existierte. Die Bereitschaftspolizei – zum damaligen Zeitpunkt kaserniert – kam Wegeners Auffassungen am nächsten. Die festen, hierarchisch gegliederten Strukturen gaben Halt. Kameradschaft und Zusammenhalt sowie das enge Band zwischen Befehlenden und Befehlsempfängern kamen Wegeners Auffassungen von Gehorsam und Verantwortung entgegen. Allerdings bot die damalige Polizeilaufbahn Wegeners Ehrgeiz wenig Möglichkeiten zur Entfaltung. Rasch suchte er nach Alternativen. Im Jahr 1958 bewarb er sich sowohl beim Bundesgrenzschutz als auch bei der neugegründeten Bundeswehr. Der Bundesgrenzschutz reagierte schneller und blieb fortan für 31 Jahre die berufliche Heimat Ulrich Wegeners.

Der Bundesgrenzschutz war zum damaligen Zeitpunkt eine Großorganisation, die stark durch militärische Strukturen und Traditionen geprägt war, was Wegeners Orientierung entgegenkam. Ebenfalls sagte ihm zu, dass im Bundesgrenzschutz ein

Korpsgeist herrschte, der seiner Vorstellung von Elitenbildung entsprach. Seit 1959 diente Wegener in verschiedenen Verwendungen im Offiziersrang. Zwei Aspekte dieser frühen Jahre stechen hervor: zum einen seine ausgeprägte Führungsbegabung, zum anderen sein Vermögen, von Vorgesetzten wahrgenommen zu werden. Wegener stach heraus und er wollte auch, dass seine Leistungen Anerkennung fanden.

Wichtige Voraussetzung waren weiterhin seine analytischen Fähigkeiten, die dann auch von großer Bedeutung für seinen weiteren Weg in der Bundeshauptstadt Bonn wurden. Denn im Bundesministerium des Innern arbeitete er ab 1968 als Stabsoffizier für Nachrichtenwesen, wo er Aufklärungsergebnisse für politische Entscheidungsträger aufbereitete, das heißt, auch für Laien verständlich erläuterte. Höhepunkt dieser Tätigkeit war sein Lagevortrag vor dem Großen Krisenstab im August 1968, als er über die sich verdichtenden Informationen über einen möglichen Einmarsch von Truppen des Warschauer Pakts zur Niederschlagung des Prager Frühlings berichtete.

Vor allem einem Teilnehmer war dieser Vortrag im Gedächtnis haften geblieben: Hans-Dietrich Genscher – im Jahr 1968 parlamentarischer Geschäftsführer der FDP im Deutschen Bundestag. Ein Jahr später allerdings war Genscher Bundesinnenminister der sozial-liberalen Koalition und machte Ulrich Wegener zu seinem Verbindungsoffizier zum Bundesgrenzschutz. Die Zusammenarbeit der beiden Männer verlief ausgezeichnet, es entstand eine belastbare Vertrauensbasis.

Die fröhlichen Olympischen Spiele von München fanden am 5. September 1972 ein jähes Ende. Palästinensische Terroristen überfielen das Olympische Dorf, töteten israelische Sportler und nahmen Teile der Mannschaft als Geiseln. Genscher eilte nach München und verlangte auch die Anwesenheit von Ulrich Wegener. Gemeinsam erlebten die beiden im Tower des Flughafens Fürstenfeldbruck den völligen Fehlschlag der deutschen Befreiungsaktion: Alle Geiseln wurden getötet. Wegener nennt das damalige Fiasko noch heute „das traumatischste Ereignis meiner Laufbahn".

Genscher und Wegener waren damals spontan zur Überzeugung gelangt, dass sich ein solches Desaster nicht wiederholen dürfe. Wegener plädierte nachdrücklich für den Aufbau einer Spezialeinheit, die solche Herausforderungen erfolgreich meistern könne. Und er machte einen weiteren Vorschlag: Er, Wegener, sei der richtige Mann, um eine solche Truppe aufzubauen. Der Minister folgte Wegener in beiden Punkten. Am 26. September 1972 wurde die GSG 9 gegründet.

Was konnte Ulrich Wegener zu diesem Zeitpunkt seiner beruflichen Laufbahn vorweisen? Wo lagen seine Stärken und wo seine Schwächen? Zunächst lässt sich festhalten, dass der 43-jährige Oberstleutnant im Bundesgrenzschutz über umfängliche Erfahrungen in der Menschenführung verfügte. Er war ein Anführer mit gleichsam natürlicher Autorität, der zudem bereit und willens war, nichts von seinen Untergebenen zu verlangen, das er nicht selbst bereit war zu tun. Er führte mithin nach preußischem Vorbild von vorne. Gleichzeitig, und dies sollte sich als Glücksfall herausstellen, war er bereit, Verantwortung zu delegieren. Auch hier dem preußischen

Vorbild folgend, setzte Wegener früh und konsequent auf die Auftragstaktik. Das heißt, innerhalb eines klar umrissenen Rahmens mussten die Unterführer vor Ort individuelle, der aktuellen Lage entsprechende Entscheidungen treffen, um den zuvor definierten Auftrag erfüllen zu können. Er wusste darüber hinaus, wie wichtig ein ausgeprägter Korpsgeist war, um den Männern Höchstleistungen abverlangen zu können. Kurzum: Ihm war klar, dass Auswahl und Ausbildung der zukünftigen Mitglieder der GSG 9 höchste Priorität besaßen. Damit stand oder fiel der Erfolg dieses Experiments. Denn Wegener war durch seine Zeit im Ministerium auch bewusst, dass eine solche Kopfgeburt eines Ministers und dessen engsten Umfeldes politisch zunächst höchst gefährdet war. Schon ein unvorteilhafter Ministerwechsel hätte das vorzeitige Ende der GSG 9 bedeuten können. Hinzu kommt noch die Tatsache, dass der Aufbau und Betrieb einer schlagkräftigen Spezialeinheit viel Geld verschlingt, Mittel, die an anderer Stelle nicht mehr zur Verfügung stehen. Neid innerhalb und außerhalb des Bundesgrenzschutzes war stets ein treuer Gefährte der GSG 9.

Vielleicht wichtiger noch als das Wissen und Können, das Wegener mitbrachte, war die Einsicht des ersten Kommandeurs in die eigenen Unzulänglichkeiten. Konkret fehlte es ihm an vertieften Kenntnissen zu nahezu allen Aspekten der spezifischen Vorgehensweisen von Spezialeinheiten. Allerdings brachte Wegener eine besondere Eigenart mit: Er wollte lernen – wenn möglich von den Besten – und er formte die GSG 9 zu einer lernenden Organisation. Ferner gelang es Wegener von den bescheidenden Anfängen an, einen unkonventionellen Geist zu kultivieren, der Routineabläufe stets hinterfragte. Das Überraschungsmoment ist einer der stärksten Verbündeten jeder erfolgreichen Spezialeinheit. In der Auseinandersetzung mit dem Terrorismus bedeutete Stillstand Rückschritt. Dieser Grundsatz gilt noch heute.

Mit der ihm eigenen Entschlossenheit machte sich Wegener an die Arbeit. Er fragte sich, wo er neben seinen theoretischen Studien, die ihn auch in Archive führten, konkrete Erfahrungen zur Führung von Spezialeinheiten machen konnte. Anfang der 1970er Jahre war dieses Feld weitaus weniger dicht besetzt als in der Gegenwart. Wegeners Blick richtete sich in erster Linie auf zwei Länder: den NATO-Partner Großbritannien mit der schon damals legendären Einheit SAS sowie – man ist angesichts der Vorgeschichte geneigt zu sagen: ausgerechnet – Israel mit einer Vielzahl von Spezialeinheiten aus dem militärischen und polizeilichen Bereich. So misstrauisch und ablehnend die Israelis zunächst auf den Besuch Wegeners reagierten, so intensiv und fundamental wurden die Freundschaft und Zusammenarbeit, die daraus erwuchsen. Wegener kam in einer höchstkritischen politischen Situation nach Israel: Die Israelis hatten den gescheiterten Einsatz in München sowie die nicht eingeforderte Hilfe zur Befreiung der israelischen Geiseln noch unmittelbar vor Augen. In dem Bewusstsein, dass sie ihre Landsleute professionell hätten befreien können, mussten sie zudem die politische Entscheidung hinnehmen, dass die Bundesregierung die drei inhaftierten Terroristen von München bei einer Flugzeugentführung am 29. Oktober 1972 gegen Geiseln austauschte und somit freiließ. Die deutsch-israelischen Beziehungen waren nicht nur schwer belastet, sondern wurden von den israelischen Medien grundsätzlich in Frage gestellt – und genau dies ließen die israelischen Spezialkräfte Wegener auch spüren. Dass er es schaffte, innerhalb kürzester Zeit diese Krisenstimmung in ein gegenseitiges Vertrauensverhältnis, ja in Freundschaft zu verwandeln, ist vor allem darauf zurückzuführen, dass die Israelis sehr schnell spürten, dass Wegener nicht als Politiker, sondern als Oberstleutnant, als Offizier, kam, der um Hilfe bat, damit sich ein derartiges Drama nicht noch einmal ereignete. Hier wurden keine Interessenskonflikte ausgetragen, sondern der gemeinsame Feind wurde bekämpft: Terrorismus. Dieses gemeinsame Ziel verband und führte zu einer gegenseitigen Wertschätzung und Zusammenarbeit, die das deutsch-israelische Verhältnis bis heute prägt. Nichts beschreibt diese besondere Beziehung besser als die Aussage israelischer Befehlshaber, dass für sie die Nachricht, die GSG 9 habe in Mogadischu die „Landshut" gestürmt und die Geiseln befreit, eine Siegesstimmung ausgelöst habe, als seien sie selbst beteiligt gewesen.

Mit seiner Reise nach Israel Ende Oktober 1972 begann ein Kapitel, das bis heute die Arbeit der GSG 9 prägt: die internationale Kooperation sowie der Austausch von Personal. Der Aufbau der Spezialeinheit des Bundesgrenzschutzes wäre ohne die ausländische Hilfestellung anders und gewiss auch weniger erfolgreich verlaufen. Darüber hinaus konnte Wegener auf seinen zahlreichen Auslandsreisen zwei grundlegende Einsichten gewinnen. Zum einen gelang es ihm auch im Ausland, seine Gesprächspartner für sich einzunehmen. Aus vielen dieser ersten Kontakte entwickelten sich langjährige Freundschaften. Zum anderen stellte sich heraus, dass in den Spezialeinheiten der unterschiedlichen Staaten oftmals Männer mit ähnlichen Charaktereigenschaften und vergleichbaren Weltsichten versammelt waren. Vaterlandsliebe und die Gewissheit, für eine gute Sache zu kämpfen, motivierten diese modernen Krieger zu Höchstleistungen. Elitebewusstsein und die Notwendigkeit, zumeist abseits der Öffentlichkeit zu agieren, formten diese Männer zu verschworenen Truppen. Mögliche Lebensgefahr bei jedem Einsatz und Stolz auf erfolgreich durchgeführte Operationen schufen einen Korpsgeist, der nach innen zusammenschweißte, aber der nach außen auch stark abweisend wirken konnte.

Wegener hatte ein feines Gespür für diese inhärenten Gefahren und tat alles, um Disziplinlosigkeiten oder Gewaltexzesse schon im Keim zu ersticken. Ohnehin hatte der Verband zunächst Schwierigkeiten, innerhalb des Bundesgrenzschutzes Akzeptanz zu finden. Die Vorurteile gegenüber einer elitären Spezialeinheit mit durchaus martialischem Auftreten waren groß. Auch innerhalb der westdeutschen Gesellschaft waren die Vorbehalte gegen eine Anti-Terroreinheit beträchtlich. Im Grunde stand der gesamte Zeitgeist gegen die Prinzipien von Befehl und Gehorsam, gegen Disziplin und Hingabe sowie gegen Elitenbildung. Pazifistische Grundströmungen und die Hoffnung auf friedliche Konfliktregulierung waren vorherrschend. Staatliche Gewalt erschien wie ein zivilisatorischer Rückschritt – und wurde vor allem im linken Lager als Vorbote eines neuen Faschismus auf deutschem Boden gedeutet. Mit einem Wort: Die GSG 9 befand sich in ihrer Gründungsphase in schwerem Fahrwasser.

Einzig der Tatsache, dass der Terrorismus nach 1972 nicht abflaute, sondern im Gegenteil noch zunahm, war es geschuldet, dass die Notwendigkeit einer Anti-Terroreinheit den Entscheidungsträgern doch deutlich vor Augen stand. Die GSG 9 war eine weitere Option der Bundesregierung, um der terroristischen Bedrohung Herr zu werden.

Das Jahr 1977 brachte für die GSG 9 den langersehnten Durchbruch. Endlich konnten Wegener und seine Männer zeigen, was in ihnen steckte und für was die Bundesrepublik Deutschland in den letzten fünf Jahren immense Steuergelder aufgewendet hatte. Die erfolgreiche Befreiung der Lufthansa-Maschine „Landshut" am 18. Oktober 1977 auf dem Flughafen der somalischen Hauptstadt Mogadischu war ein Musterbeispiel für einen erfolgreichen Einsatz einer Anti-Terroreinheit: Alle Geiseln konnten gerettet werden und auf Seiten der Befreier gab es keine Verluste. Drei Terroristen wurden erschossen, die vierte Entführerin überlebte schwer verletzt. Bei dieser Operation griffen viele Faktoren ineinander, die für die Bewältigung einer solchen Lage ausschlaggebend sind: erstens, dass überhaupt eine Einheit existiert, die einen solchen komplexen Einsatz durchführen kann, zweitens eine starke politische Führung – in diesem Fall durch Bundeskanzler Helmut Schmidt –, die auch einen möglichen Fehlschlag mit ins Kalkül zieht, und drittens kein politisches Mikromanagement, das vor Ort den Einsatzkräften unerfüllbare Vorgaben auferlegt – sei es aus Unkenntnis oder aus Unentschlossenheit, ja Feigheit.

Bundeskanzler Helmut Schmidt war nach dem gelungenen Einsatz der GSG 9 in Mogadischu nicht nur emotional bewegt, da es keine Toten auf Seiten der Geiseln und der GSG 9 gegeben hatte, sondern auch von einer riesigen Last befreit: Eine gescheiterte Aktion der Spezialeinheit hätte ihn dazu bewogen, sein Amt sofort niederzulegen. Somit sprach er Oberstleutnant Wegener nach dem Einsatz am Telefon mit „Herr·Oberst" an – eine Vorwegnahme der Beförderung des Kommandeurs. Gleichzeitig zeigt diese Anrede, dass Schmidt für den Bundesgrenzschutz noch in militärischen Dienstgraden dachte, obwohl diese von der sozial-liberalen Koalition 1976 durch polizeiliche ersetzt worden waren. Aus dem „Leutnant" im BGS wurde ein „Polizeikommissar", aus dem „Major" ein „Polizeirat". Dennoch blieben zunächst die Dienstgradabzeichen mit den Metallsternen. Das wurde erst 2002 unter Bundesinnenminister Otto Schily geändert, der die traditionellen Schulterstücke – noch aus der Zeit der Wehrmacht – durch schlichte grüne Schulterklappen ersetzen ließ. Letztlich wurde der „Bundesgrenzschutz" 2005 in „Bundespolizei" umbenannt. Nicht nur Bundeskanzler Helmut Schmidt hing weiterhin an den militärischen Dienstbezeichnungen – auch Wegener hält bis zum heutigen Tag unumstößlich daran fest.

Durch den Erfolg der Operation Feuerzauber wurde die GSG 9 nicht nur der breiten deutschen Öffentlichkeit bekannt, sondern erhielt auch im Ausland hohe Anerkennung. Nun verkehrten sich die Positionen: Während die GSG 9 in den ersten fünf

Jahren ihrer Existenz von ausländischen Spezialeinheiten gelernt hatte, avancierte sie nun zum vielfach gesuchten Ansprechpartner. Die internationale Nachfrage war zeitweilig so groß, dass nicht alle Anfragen auf Hospitationen in Sankt Augustin-Hangelar positiv beschieden werden konnten.

Auch für den mittlerweile zum Oberst beförderten Ulrich Wegener – dies war übrigens auch der letzte Rang seines Vaters –, änderte sich viel. Er avancierte quasi über Nacht zu einer öffentlichen Person, die nicht nur in internationalen Sicherheitskreisen bekannt war. Als Gründer der GSG 9 wurde er zum anerkannten Anti-Terror-Experten, dessen Ratschläge weltweit Gehör fanden. Doch angesichts der weiterhin vorherrschenden Bedrohungslage durch die zweite Generation der RAF hatte diese Anerkennung auch ihren Preis: Sowohl für Wegener als auch für seine Frau und seine beiden Töchter musste nun Personenschutz organisiert werden. Es verwundert nicht, dass Wegener – abweichend von der gängigen Praxis – auf Männer aus den eigenen Reihen setzte.

Nach dem Erfolg in Mogadischu entwickelte sich ein enges Verhältnis zwischen Bundeskanzler Schmidt und der GSG 9. Der ehemalige Wehrmachtsoffizier interessierte sich nicht nur für das taktische Vorgehen der Einheit, sondern auch für die oft sehr speziellen Ausrüstungsgegenstände. Diese Nähe zur Macht brachte Wegener nicht nur Anerkennung, sondern auch die Möglichkeit, im administrativen Bereich den einen oder anderen Widerstand entweder zu umgehen oder sogar zu brechen. Er setzte seinen beweglichen Geist jedenfalls wiederholt ein, um bei Ausrüstung und Ausstattung der GSG 9 das Maximum herauszuholen. Dass dieses bürokratische Ringen nicht in allen Bereichen der Bundesverwaltung auf große Gegenliebe stieß, verwundert aus der Rückschau keineswegs – auch zeitgenössisch stand dieser Sachverhalt Wegener klar vor Augen. Allerdings kümmerten ihn diese bürokratischen Fallstricke wenig, solange er sein Ziel erreichte, die GSG 9 in allen Belangen stetig zu verbessern.

Gemeinhin sagt man, dass sich die Größe eines Anführers letztendlich bei seinem Abschied zeigt. Denn erst dann stellt sich heraus, ob die Organisation, die er maßgeblich geprägt hat, ohne den Gründungsvater fortexistieren kann. Bei Wegener und der GSG 9 ist die Lage komplizierter. Denn nach seinem Ausscheiden als Kommandeur bei Erreichen des 50. Lebensjahres im Jahr 1979 behielt Wegener in seiner neuen Funktion als Ständiger Vertreter des Inspekteurs des Bundesgrenzschutzes im Bundesministerium des Innern maßgeblichen Einfluss auf den Verband. Zweifellos war dies zunächst nur von Vorteil für die GSG 9, da der Gründungsvater zum einen nun von hierarchisch höherer Warte auf das Wohl seines „Kindes“ Acht geben konnte und zum anderen die von Wegener eingeführten Prinzipien unter seiner Oberaufsicht gewiss nicht über Bord geworfen werden konnten. Doch für seinen Nachfolger Klaus Blätte, zuvor schon sein Stellvertreter, war diese Konstellation sicher nicht einfach. Schon 1982 musste er seinen Abschied nehmen. Der übergroße Schatten eines bald legendären Vorgängers kann auch lähmen.

Überhaupt dauerte es recht lange, bis aus Sicht Wegeners ein würdiger Nachfolger als Kommandeur der GSG 9 gefunden war: Im Jahr 2005 übernahm Olaf Lindner das Kommando. Zu diesem Zeitpunkt war Ulrich Wegener lange pensioniert. Er schied im August 1989 im Range eines Generalmajors aus dem Bundesgrenzschutz aus.

Seine letzte Verwendung in der Bundesrepublik Deutschland trat Wegener 1981 als Kommandeur des Grenzschutzkommandos West an. Auch in dieser Funktion blieb Wegeners Einfluss auf die GSG 9 bestehen. Gleichzeitig baute er seine weltweiten Kontakte zu Anti-Terroreinheiten kontinuierlich aus. Bei einem Besuch des saudischen Königs im Jahr 1986 in der Bundesrepublik kam es zu einem ersten Kontakt mit der Königsfamilie. Eine Vorführung zur Leistungsfähigkeit der GSG 9 hatte den saudischen Innenminister derart beeindruckt, dass er zunächst an Wegener und später an die Bundesregierung herantrat, um deutsche – namentlich Wegeners – Unterstützung für den Aufbau einer Spezialeinheit in Saudi-Arabien zu erbitten. Die offizielle Anfrage, die sich ausdrücklich auf die Person Wegeners bezog, schmeichelte dem Gründungskommandeur der GSG 9. Sie stieß auch auf offene Ohren, weil der ehrgeizige Wegener erkennen musste, dass seine Karriere innerhalb des Bundesgrenzschutzes zwar glanzvoll verlaufen war, ihn aber nicht in die höchste Verwendung führen würde – dafür hatte er sich in der Organisation selbst und im Ministerium zu viele Feinde gemacht. Die Aufbauarbeit in Saudi-Arabien dauerte insgesamt 18 Monate. Wegener hatte zunächst große Schwierigkeiten mit den arabischen Gepflogenheiten, konnte jedoch Ende 1989 melden, dass seine Mission erfolgreich beendet war. Aus der Rückschau stellt sich heraus, dass seine Zeit in Saudi-Arabien ihm Einsichten vermittelt hat, die er als internationaler Sicherheitsberater wertvoll einsetzen konnte.

Als Wegener Anfang 1990 nach Deutschland zurückkehrte, fand er ein verändertes Land vor. Nach dem Fall der Mauer am 9. November 1989 zeichnete sich rasch ab, dass die DDR nicht länger lebensfähig sein würde. 329 Tage nach dem Mauerfall feierten die Deutschen aus Ost und West am 3. Oktober 1990 die Wiedervereinigung. Nach dem Kollaps der Sowjetunion und dem Ende des Kalten Krieges träumten viele Beobachter vom „Ende der Geschichte“ (Francis Fukuyama), anders Ulrich Wegener, der am Horizont die neuen Gefahren des islamistischen Terrors aufziehen sah. Leider hat er mit seinen Prognosen recht behalten.

Eine wehrhafte Demokratie ist auf Menschen angewiesen, die im Zweifelsfall ihr eigenes Leben einsetzen, um das Leben Unschuldiger zu retten. Dieser schwierigen Aufgabe sollten alle Staatsbürger hohen Respekt entgegenbringen, denn es sind diese Männer und Frauen, die uns eine bürgerliche Existenz in Sicherheit und Freiheit erst ermöglichen. Dass in der Bundesrepublik mit der GSG 9 eine der erfolgreichsten Anti-Terroreinheiten entstanden ist, verdankt Deutschland in erster Linie Ulrich Wegener. Er hatte in dunkler Stunde nicht nur die Idee, sondern setzte seine Grundüberzeugungen beim Aufbau der Einheit auch gegen massive Widerstände durch. Mit Entschlossenheit und Tatkraft formte er die GSG 9 nach seinen Vorstellungen. Dass

Hartnäckigkeit und schiere Willenskraft für diese Aufgabe notwendig waren, liegt ebenso auf der Hand wie die Tatsache, dass Wegener auf diesem steinigen Weg viele durch seine Konsequenz und seine zum Teil brutale Offenheit vor den Kopf gestoßen hat. Auf Mittelmaß und die in vielen Bereichen des Lebens anzutreffende Flucht aus der Verantwortung blickte er stets mit Verachtung. Als Kommandeur gelang es ihm, in der GSG 9 einen Korpsgeist zu kultivieren, der nichts mit den hergebrachten Klischeebildern von Draufgängertum und Schlag-Mich-Tot-Spießgesellen gemein hat. Fest verankert im Rechtsrahmen unseres Grundgesetzes präsentiert sich der Verband als eine eingeschworene Truppe von hochspezialisierten Kämpfern, die sich mit Mut und Umsicht der terroristischen Geisteshaltung entgegenstellen, die Welt mit Gewalt verändern zu wollen.

Links: Auf dem Dreirad, um 1933 *(Privatbesitz)*

Rechts: Die Brüder Klaus (li.) und Ulrich (re.) Wegener, 1938 *(Privatbesitz)*

Ulrich Wegener in der Schule, um 1939 *(Privatbesitz)*

Links: Familie Wegener mit Freunden: Erna Wegener (li.hinten), Ulrich Wegener (li.vorne), Rudolf Wegener (3.v.li. hinten), Klaus Wegener (re.vorne) *(Privatbesitz)*

Rechts: Ulrich mit seiner Freundin Regina Wolf auf dem Weg nach Ulm, Ostern 1953 *(Privatbesitz)*

Wegener im Steinbruch in Schorndorf, Juli 1952 *(Privatbesitz)*

Links oben: Wegener bei einer Übung mit Kameraden von der Bereitschaftspolizei in Wiesbaden (Taunus), 1954 *(Privatbesitz)*
Links unten: Wegener als Verbindungsoffizier zur US-Armee in Coburg *(Privatbesitz)*
Rechts: Als Leutnant beim Bundesgrenzschutz an der innerdeutschen Grenze zu Sachsen *(Privatbesitz)*

Leutnant Wegener als Zugführer der Ehrenhundertschaft beim Besuch von US-Präsident Eisenhower in Bonn, 1959 © *Bundesbildstelle Bild Nr. 6866/10*

Links: Oberstleutnant Wegener als Kommandeur der GSG 9, 1972 © *Presse GSG 9*

Rechts: Bundesinnenminister Hans-Dietrich Genscher besucht die GSG 9 neun Monate nach ihrer Aufstellung, 1973 © *Presse GSG 9*

Links: Traniningseinheiten der GSG 9 im Bereich Selbstverteidigung © *Presse GSG 9*

Rechts: Nach der Operation Thunderbolt wird Wegener 1976 von den israelischen Spezialeinheiten nach Israel geladen: Reuven Caspy, Oberstleutnant beim militärischen Geheimdienst (li.) mit Ulrich Wegener (Mitte) *(Privatbesitz)*

Stabsoffizier Ran Bagg besucht Wegener und die GSG 9 in Sankt Augustin. © *Ran Bagg*

Links: Simone und Susanne auf dem zweiten Auto ihres Vaters: ein Fiat 1500 *(Privatbesitz)*
Rechts: Ein Hund als Begleiter beim täglichen Lauftraining *(Privatbesitz)*

Ulrich Wegener und seine Frau Regina teilen die Vorliebe für Jazz © *Poly-Press, Bonn*

Links: Zwischenlandung der entführten Lufthansa-Maschine „Landshut" in Dubai, 14. Oktober 1977 © *ullstein bild – AP*

Rechts: Der kleine Stab, mit dem Wischnewski der „Landshut" folgt, besteht aus dem Leiter der Abteilung für Terroristenbekämpfung im Bundeskriminalamt Gerhard Boeden (re. neben Wegener), dem Chefpiloten der Deutschen Lufthansa Martin Gaebel, dem Psychologen Wolfgang Salewski, Mitarbeitern und Vertretern aus den Ministerien sowie einem arabischen Dolmetscher des Auswärtigen Amtes, Ghazi Twal. *(Privatbesitz)*

Staatsminister Hans-Jürgen Wischnewski nimmt neben den Vollmachten des Bundeskanzlers auch zehn Millionen DM zur Verfolgung der „Landshut" mit, falls sich eine Möglichkeit eröffnet, die Geiseln freizukaufen. *(Privatbesitz)*

Die GSG 9 und Hans-Jürgen Wischnewski landen am 18. Dezember 1977 um 15.20 Uhr auf dem Flughafen Köln/Bonn und werden von Bundesinnenminister Maihofer und anderen Mitgliedern des Kabinetts empfangen.
Links: © *Bundesarchiv, B145-F051866-0010, Ludwig Wegmann*
Rechts: © *Jürgen Prätow, Bonn*

Am 20. Oktober 1977 empfängt Bundeskanzler Helmut Schmidt (li.) Kommandeur Ulrich Wegener im Bundeskanzleramt und verleiht ihm das große Bundesverdienstkreuz. © *Bundesbildstelle, B145-00006950, Engelbert Reineke*

Die GSG 9 nach der Ordensverleihung: die Einheitsführer und die Spezialeinsatztruppenführer mit dem Bundesverdienstkreuz 1. Klasse, alle anderen GSG-9-Männer mit dem Bundesverdienstkreuz 2. Klasse © *Presse GSG 9*

Wegener und Staatsminister Hans-Jürgen Wischnewski voller Erleichterung über den erfolgreichen Ausgang der Operation Feuerzauber © *Bundesbildstelle, B145-00006951, Engelbert Reineke*

Links: Bundeskanzler Helmut Schmidt (Mitte) lädt zu einem Abendessen ins Palais Schaumburg ein, um die Befreiung der „Landshut" zu feiern. Neben Wegener (re.) sitzt Hans-Jürgen Wischnewski und Besatzungsmitglieder der Lufthansa-Maschine. *(Privatbesitz)*

Rechts: Kanzlerbesuch bei der GSG 9: Kurz nach der Operation Feuerzauber kommt Helmut Schmidt nach Sankt Augustin, 1977 © *Presse GSG 9*

Links: Ulrich Wegener wird 1978 als erster Deutscher mit der „Golden Plate" der „American Academy of Achievement" ausgezeichnet und vom Bürgermeister von Dallas (re.) zum Ehrenbürger der Stadt ernannt. © *C.J. Zumwalt, New York*

Rechts: Wegener zu Besuch in Thailand, 1982 © *Presse GSG 9*

Links: US-Botschafter Richard Burt mit Brigadegeneral Wegener in der US-Botschaft anlässlich der Ordensverleihung „Legion of Merit" am 7. März 1986 © *Böseke*

Rechts: Kommandeur Wegener © *Presse GSG 9*

Ulrich Wegener (li.) begrüßt zusammen mit Staatssekretär Hans Neusel (li. angeschnitten) den saudischen Innenminister Naif ibn Abd al-Aziz (re.) im April 1986 bei der GSG 9 in Sankt Augustin. © *Hermann J. Knippertz*

Links: Der Kronprinz von Thailand, Maha Vajiralongkorn, am 10. November 1981 zu Besuch bei der GSG 9 in Sankt Augustin, wo er auch an Schießübungen der GSG 9 teilnimmt © *Bundesbildstelle, B145-00172546, Engelbert Reineke*

Rechts: Bundeskanzler Helmut Kohl verabschiedet Ulrich Wegener, der zum Aufbau einer Spezialeinheit in Saudi-Arabien die Bundesrepublik für eineinhalb Jahre verlässt, 1987 © *Sven Simon*

Herbert Knaup und Ulrich Wegener bei den Dreharbeiten zum Spielfilm „Mogadischu“, 2008
(Privatbesitz)

Die 1983 erstmals veranstaltete „Combat Team Conference“ (CTC), die „Olympiade der Spezialeinheiten“, zählt zu den prestigeträchtigsten Veranstaltungen ihrer Art. Reuven Caspy (re.) reist 2015 für diesen Wettbewerb aus Israel an und überzeugt sich von dem hohen Ausbildungsniveau.
© *Presse GSG 9*

Links: Am 17. September 2012 findet im Haus der Geschichte ein Festakt zum 40. Jahrestag der Gründung der GSG 9 statt. Ehrengäste sind der Gründer der GSG 9 Ulrich Wegener und „der Vater der GSG 9" Hans-Dietrich Genscher. © *Martin Magunia, Bonn*

Rechts: Zum 40. Jahrestag der Gründung der GSG 9 im September treffen sich Kommandeur Olaf Lindner und General Ulrich Wegener. © *ullstein bild / Ulrich Baumgarten*

Zur „Combat Team Conference" (CTC) 2015 begrüßen sich General Wegener und der Kommandeur der GSG 9, Jerome Fuchs, auf dem Gelände der GSG 9 in Sankt Augustin. © *Presse GSG 9*

Anhang

22. Zeitzeugeninterviews

22.1. Interview Simone Stewens

Juni 2014

Zander: Welche Charaktereigenschaft fällt Ihnen zuerst ein, wenn Sie an Ihren Vater denken?
Stewens: Es fällt mir schwer, mich auf eine Eigenschaft festzulegen. An erster Stelle stehen sicherlich Mut, Risikobereitschaft, aber auch Verantwortungsbewusstsein. In diesem Dreiklang würde ich das sehen. Es ist auch nicht uneingeschränkter, bedenkenloser Mut, sondern dieser ist gewissermaßen kontrolliert durch eine Form von Verantwortungsbewusstsein.
Zander: Wenn Sie an Ihre Kindheit denken: Welche von diesen Eigenschaften war in Ihrer Familie besonders ausgebildet?
Stewens: Ich würde dieselben benennen. Das hat mir mein Vater am eindringlichsten mitgegeben und es war auch am häufigsten Thema, wenn es um unsere Erziehung ging. Hinzufügen könnte ich noch Leistungsbereitschaft. Meine Eltern haben uns Schwestern sehr leistungsbereit erzogen. Meine Mutter war eher die zurückhaltendere, vielleicht auch sensiblere, weichere Person, während mein Vater jemand ist, der sehr nach vorne geht und auf Selbstvertrauen setzt. Uns Kindern sagte er, dass wir uns einiges zutrauen und auf uns selbst verlassen könnten, da wir mit unserer Persönlichkeit eine solide Grundlage hätten. Wir könnten im Leben nur etwas erreichen, wenn wir vorangingen. Aus heutiger Sicht ist da auch ein Stück weit so etwas wie Führung impliziert. Sicherlich wurde uns vorgelebt, dass man führt, dass man für Ideale einsteht, für eine Form von Patriotismus – auch in einer Zeit, wo es noch gar nicht opportun war, Patriot zu sein. Das waren Dinge, an denen ich mich gerieben habe, da war von meiner Seite nicht nur uneingeschränkte Akzeptanz. Aber all das wurde vorgelebt, manchmal auch mit einer gewissen Härte. Mein Vater stand eher für Härte in der Erziehung, die uns Kindern ganz schön etwas zu knabbern gab.
Zander: Letztlich hat es doch zu Selbstbewusstsein geführt.
Stewens: Ja, das kann man sagen. Je älter ich wurde, desto mehr Raum wurde mir auch gegeben. Die Strenge hat dann nachgelassen. Ich würde sagen, bis zum Alter von zwölf bis 14 Jahren, bis zur beginnenden Pubertät, wurde ich ziemlich streng erzogen, strenger als manche meiner Klassenkameraden. Dies bezog sich auf den Fernsehkonsum oder die Freizeitgestaltung, wir wurden da nicht so sehr frei laufen gelassen. Es war alles sehr beaufsichtigt, kontrolliert und gelenkt. Es wurde wenig dem Zufall überlassen. Zudem wurde sehr darauf geachtet, dass wir gut in der Schule waren und Leistungen nach Hause brachten. Dies geschah mit dem Versprechen oder der Annahme auf zukünftigen Erfolg. Erfolg war immer ein Taktgeber.

Zander: Wenn der Erfolg ausblieb, was passierte dann?
Stewens: Dann gab es auch Strafen. Die waren manchmal ganz schön happig, wie beispielsweise Hausarrest. Es wurde gelobt, aber auch gestraft.
Zander: Wie unterschied sich Ihre Kindheit von der anderer Kinder in der Schule?
Stewens: Vielleicht hatten meine Eltern das Gefühl, dass sie auf uns Mädchen besonders gut aufpassen mussten. Gerade als Heranwachsende bekamen wir eine gewisse Strenge zu spüren, was das Ausgehen oder das Nach-Hause-Kommen zu bestimmten Zeiten anbelangte. Ich erinnere mich noch genau, wie ich meinen ersten Maibaum bekommen habe – mit 15 oder 16 Jahren. Dies geschah natürlich mitten in der Nacht. Mein Vater musste daran gehindert werden, die Beteiligten mit Schüssen zu vertreiben. Ich war entsetzt. Es ist für ein junges Mädchen eine Ehre, einen Maibaum zu bekommen. Auf gar keinen Fall will man, dass der Verehrer daran gehindert wird. Um ein Haar wäre dies aber passiert. Wenn ich mich richtig erinnere, hat meine Mutter damals gesagt, er solle sich da zurückhalten. Er stand dann hinter der Meinung meiner Mutter.
Zander: Hatten Sie zu dieser Zeit noch keinen Personenschutz, der das Haus absicherte?
Stewens: Nein, damals noch nicht. Ich bin Jahrgang 1956, mit der GSG 9 ging es erst 1972 los. Ich selber habe den Personenschutz auch nur marginal erlebt. Mit großer Intensität, sodass die Familie betroffen war, setzte der Personenschutz erst nach Mogadischu – also 1977 – ein. Zu diesem Zeitpunkt war ich schon ausgezogen. Mit 19 Jahren bin ich ausgezogen und war 1977 21 Jahre alt. Den intensiven Personenschutz habe ich gar nicht mehr miterlebt. Lediglich eine Woche lang bekam ich selbst direkten Personenschutz. Ich lebte da schon nicht mehr zu Hause, sondern in meiner eigenen Wohnung mit meinem damaligen Freund zusammen.
Zander: Erhielten Sie in dieser einen Woche auch außerhalb des Hauses Personenschutz?
Stewens: Ja, ich wurde beispielsweise zur Universität begleitet, aber das war so kurz, dass ich mich daran kaum erinnern kann. Der Personenschutz wurde nach Mogadischu intensiviert, nach der Rückkehr meines Vaters und der GSG 9 setzte dieser erst richtig ein. Es gab ihn auch schon vorher, aber ich wurde nur gelegentlich damit konfrontiert, wenn mich mein Vater beispielsweise mal zum Flughafen gefahren hat. Das war dann immer ein bisschen befremdlich, weil zwei bis an die Zähne bewaffnete GSG-9-Beamte in diesem Mercedes saßen und an jeder Kreuzung aus dem Auto sprangen, – etwas Auffälligeres kann man sich ja gar nicht vorstellen. Hinterher habe ich gefragt, warum das so sein müsse, denn dadurch ziehe man doch die Aufmerksamkeit potenzieller Terroristen erst recht auf sich. Mein Vater erklärte mir, dass dies so sein müsse. Sie sollten sozusagen den stehenden Wagen nach allen Seiten absichern. Es gab einige Beispiele von terroristischen Attacken, die genau in solchen Situationen stattgefunden hatten. Das war sehr befremdlich, wenn man mit solchen Situationen nicht täglich konfrontiert wurde.

Nachdem mein Vater 1972 von Genscher beauftragt worden war, die GSG 9 aufzubauen, gab es eine große Änderung: Es befanden sich von diesem Zeitpunkt an eine große Anzahl von Waffen im Haus. Jahrelang hatte mein Vater eine Maschinenpistole neben dem Nachttisch. Auch wenn wir uns als Kinder nicht andauernd im Schlafzimmer der Eltern aufhielten, ging man ab und an dort hinein. Das war ein ungewöhnlicher Anblick, an den ich mich auch nie gewöhnt habe. Das war immer ein Fremdkörper.

Zander: Hat Ihnen Ihr Vater Schießen beigebracht?

Stewens: Er hat es versucht. Man muss dazu sagen: Mein Vater hat zwei Töchter bekommen, aber er wollte natürlich lieber Söhne. Der Plan war, zwei Söhne zu bekommen – das Schicksal hat es anders umgesetzt, als er sich dies gewünscht hat. Ein Teil unserer Erziehung war noch dem Ursprungsplan geschuldet. Wir spielten zum Beispiel mit amerikanischen und russischen Spielzeugpanzern und hatten auch eine Märklin-Eisenbahn, also weniger „Mädchenspielzeug". Das machte aber auch Spaß. Mein Vater wollte vielleicht ausprobieren, inwieweit es genetisch festgelegt ist, wie Mädchen spielen, oder ob man das umpolen kann. Als ich ungefähr zehn oder zwölf Jahre alt war, habe ich einmal beobachtet, wie er hinter dem Haus auf einem freien Feld Schießübungen machte. Wir haben damals in einem Dorf zwischen Siegburg und Köln gewohnt. Da wollte ich das auch einmal probieren. Er hat es mir nicht vorgeschrieben, ich wollte das selbst probieren. An die Waffe kann ich mich nicht mehr erinnern, aber an den Rückstoß. Ich war entsetzt, was das mit dem Körper macht, was für einen Schlag man da abbekommt. Es war wohl eine Pistole, natürlich nicht mit echter Munition geladen. Dieses Erlebnis war für mich eher abschreckend, danach habe ich nicht mehr Schießen geübt.

Zander: Hat das Wissen, Waffen im Haus zu haben, bei Ihnen eher ein Gefühl von Sicherheit oder Bedrohung hervorgerufen?

Stewens: Das hat eher das Gefühl von Bedrohung manifestiert. Mein Vater teilte seiner Familie relativ wenig über den Ernst der Lage mit – das war auch gut so. Wir wären sonst noch sehr viel stärker verunsichert worden, was die eigene Situation betraf. Man lebt ohnehin nur in einer vermeintlichen Form von Sicherheit. Als Kind gehört es aber zum Grundvertrauen, dass man sich irgendwo aufgehoben fühlen muss. Mein Vater wollte sicherlich auch meine Mutter nicht großartig ängstigen. Trotzdem gab es die Geschichte mit dem Sprengstoff vor der Tür, der dort deponiert wurde. Das war zu der Zeit, als wir in Troisdorf lebten. Ich erinnere mich an den Sprengstoff nur dunkel. Es waren zwei unterschiedliche Vorgänge: Einmal gab es tatsächlich Sprengstoff, das erfuhren wir aber erst sehr viel später. Von dieser Information wurden wir abgeschirmt. Zudem gab es einen falschen Alarm, den bekam ich voll mit. Es lag eine Melone vor unserer Haustür – das muss nach dem echten Sprengstoffanschlag gewesen sein. Die Melone wurde dann gesprengt – überall war das rote Melonenfleisch, es sah furchtbar aus, aber es war letztendlich nur eine Frucht. Das geschah in der vollkommen angespannten RAF-Phase. Das hat mich als Teenager sehr berührt, weil ich mich in diesem Alter auch mit der Linken beschäftigt habe. Es kam zu kontroversen abendlichen Diskussionen, insbesondere mit meinem Vater. Ich bin damals den Jusos beigetreten. Das wurde nicht gerne gesehen, sondern mehr oder weniger geduldet. Wenn mein Vater mich dann mal zur GSG 9 mitgenommen hat, hat er zwar dort mit seiner „links denkenden Tochter" angegeben. Das war ein Ausweis seiner Liberalität. Dort hat er mich so vorgestellt: „Das ist meine Tochter und das Herz schlägt ganz schön links." Es wurde daraufhin bei der GSG 9 mit den Offizieren ein wenig diskutiert. Ich erinnere mich, dass es gerade um die Ausbürgerung von Wolf Biermann ging, sodass tagesaktuelle Ereignisse besprochen wurden. Ich war manchmal darüber erschrocken, wie diese Konzentration auf die Bekämpfung von Terrorismus den emotionalen Haushalt meines Vaters berührt hat. Ich erinnere mich an einen Sonntagnachmittag. Da er häufig Nachrichten früher als die Öffentlichkeit bekam, erfuhren wir das teilweise auch. An diesem Sonntag war Andreas Baader gefasst worden. Mein Vater hat das mit einer solchen emotionalen Vehemenz kommentiert, dass es mich erschreckt hat. Wie solche Gefühle von jemandem ausgelöst werden können, der auf der anderen Seite steht und doch ein Fremder ist.

Zander: Im Zuge einer jugendlichen Abgrenzung von den Eltern interessieren sich viele für die „andere Seite", für das, was den Eltern entgegensteht. Das Feld „Links" ist weit. Wieweit sind Sie gegangen – hatten Sie Sympathien für die RAF?

Stewens: Eine Sympathisantin war ich nicht, das war für mich genau die Grenze. Manchmal war es in meinem Freundeskreis und in der Klasse schwierig, die standen alle noch viel weiter links als ich. Da konnte ich nicht mitziehen, dazu hatte ich zu viel Wissen „von der anderen Seite". Die Grenze verlief und verläuft auch heute noch für mich an dem Punkt, wo es um den Einsatz von Gewalt geht. Das kann ich nicht unterschreiben. Dabei habe ich mich auch von Meinungen Gleichaltriger oder Älterer abgesetzt, die in solchen Diskussionsgruppen waren. Aus heutiger Sicht würde ich sagen, dass es damals zum guten Ton gehörte, links zu sein. Ich habe im Bus die Mao-Bibel gelesen, sodass es auch jeder gesehen hat. Es war ein bisschen „Revolutionsschick". Irgendwann hat mir mein Vater gesagt, dass ich eine optische Ähnlichkeit mit Brigitte Mohnhaupt hätte. Das fand ich erst einmal eher beleidigend. In diesem Zeitraum hatte ich schon ein eigenes Auto und es wurde damals sehr viel auf den Straßen kontrolliert. Er sagte dann, es könne damit zusammenhängen, dass ich einem Foto auf den Fahndungsplakaten entfernt ähnlich sähe. Das fand ich überhaupt nicht witzig.

Zander: Kommen wir noch einmal kurz zu den Schulkameraden zurück: Inwieweit wussten die über Ihre familiäre Situation Bescheid? Wussten die, dass Ihr Vater Kommandeur bei der GSG 9 war?

Stewens: Stückweise ist das durch die Öffentlichkeit gegangen und war teilweise bekannt. Wir waren eher angehalten, darüber so wenig wie möglich zu sprechen. Es gab aber kein Sprechverbot.

Zander: Erinnern Sie sich noch, wie Ihre Mutter mit dem Personenschutz umgegangen ist?
Stewens: Sie war diejenige, die den Personenschutz am meisten miterlebte. Das waren starke Eingriffe in die Privatsphäre. Sie konnte teilweise keinen Schritt ohne Begleitung tun und hatte immer zwei junge Männer um sich, egal, ob sie Einkäufe gemacht hat oder im Haus war. Das war schon eine starke Beeinträchtigung. Sie stand ständig unter Beobachtung. Immer war jemand da, der einschätzte, ob es sich um eine gefährliche Situation handelte oder nicht.
Zander: Hat Ihre Mutter darunter gelitten?
Stewens: Ja. Sie hatte 1979/1980 einen Nervenzusammenbruch, weil sie überhaupt nicht mehr alleine war, keinen Moment der Besinnung, der Stille oder des Für-sich-Seins hatte.
Zander: Hat sich nach dem Nervenzusammenbruch etwas geändert?
Stewens: Es wurde etwas geändert, ob das unmittelbar danach war, kann ich nicht mehr so genau sagen. Man hat die Intensität des Personenschutzes gelockert. Mit fortschreitender Zeit ist es weniger geworden.
Zander: Wurde sie auch zur Arbeit begleitet?
Stewens: Ich glaube, es war die Phase, in der sie nicht mehr gearbeitet hat. Meine Mutter war Krankenschwester und hat jahrelang als Arzthelferin in einer Arztpraxis gearbeitet, als ich zwischen zwölf und 16 Jahre alt war. Damals wohnten wir noch in Birlinghoven, das ist in der Nähe von Siegburg. Wir sind dann nach Troisdorf umgezogen, in der Zeit hat sie nicht mehr gearbeitet. Als es dann mit dem Personenschutz intensiv losging, war es für meine Mutter so richtig schlimm, wenn sie sehr persönliche Sachen, wie beispielsweise Unterwäsche einkaufen, nicht mehr alleine machen konnte.
Zander: Kommen wir noch einmal zur GSG 9 zurück. Nachdem die GSG 9 gegründet war, sind Sie mit zu den Familientagen gegangen?
Stewens: Nein, das nicht, aber es gab Tage, wo ich meinen Vater begleitet habe. Er wollte mich jemandem vorstellen, oder ich wollte bestimmte Leute unter seinen Offizieren kennenlernen. Ich hatte auch einen ziemlich guten Kontakt zu dem damaligen Psychologen der GSG 9, Wolfgang Salewski. Er war für mich ein unkonventioneller Typ, über den ich später in München eine Wohnung gefunden habe. Es war die Wohnung seiner Freundin. Über meinen Vater hatte ich während meines Studiums – ich lebte nicht mehr zu Hause – eine Hospitanz beim Bayerischen Rundfunk bekommen. Das war eine Verbindung über Dagobert Lindlau, der über meinen Vater und die GSG 9 berichtet hatte. In diesem Zusammenhang habe ich auch einmal bei einer Produktion von ihm mitgewirkt, lange bevor spruchreif wurde, dass ich mich für den Bayerischen Rundfunk als zukünftigen Arbeitgeber interessieren würde. In einem Film von Lindlau habe ich eine Geisel gespielt. Ich hatte im Grunde nichts anderes zu tun, als eine weiße Bluse und eine Jeans zu tragen. Es war eine Nachtszene und ich musste in dem wenigen Licht sichtbar sein, das war quasi inszeniert. Es

wurde dort eine potenzielle Entführung nachgestellt. Da Dreharbeiten lange dauern – man sitzt viel herum und wartet –, habe ich dort zum ersten Mal GSG-9-Beamte näher kennengelernt. Wenn meine Eltern Gäste hatten, waren das häufig Offiziere der GSG 9. Ab und zu habe ich auch einen Fahrer oder Leute aus dem Personenschutz kennengelernt. Mit Unteroffizieren bin ich hingegen zum ersten Mal bei den genannten Dreharbeiten zusammengekommen. Es war ein kumpelhafter Umgang, sie haben sich natürlich auch einen Spaß daraus gemacht. Nicht zuletzt haben mir diese Dreharbeiten auch noch einmal ein Gefühl dafür vermittelt, in welche Gefahrensituationen sie sich immer wieder begeben haben, was für eiserne Nerven man haben muss und wie schwer es sein muss, solche „special operations“ durchzuführen. Es ist mir sowieso ein Rätsel, wie man in solch chaotischen Situationen den Überblick behalten kann, nicht nur strategisch denkt, sondern auch strategisch vorgeht. Es ist mir vollkommen schleierhaft, wie das funktioniert.
Zander: Welchen Eindruck hatten Sie insgesamt von den GSG-9-Männern?
Stewens: Bei aller Verbindlichkeit finde ich, dass man ihnen ihren Job ansieht. Es sind sehr trainierte, sportliche Menschen. Die Disziplin, die sie sozusagen mit ihrem Körper ausstrahlen, haben sie auch geistig. Es sind Menschen, die – wie ich glaube – sehr kontrolliert sind. Männer, die genau reflektieren, was sie tun. Sie sind überhaupt keine Abenteurer. In der Öffentlichkeit wird das oft angenommen, wenn diese martialischen Bilder gezeigt werden: Abseilen aus einem Hubschrauber oder Turnen über Dächer. Das ist alles hochprofessionell und bis ins Detail trainiert, deswegen haben sie es auch unter Kontrolle, geplant und durchstrukturiert. Ich glaube, dass man das auch alles sein muss und wenig dem Zufall überlassen werden kann. Es muss soviel antizipiert und vorausgedacht werden, wie es nur geht, abhängig von der Position in der Hierarchie. Jeder GSG-9-Beamter muss kontinuierlich taktisches Denken als Kompetenz entwickeln oder von vorneherein mitbringen. Man kann nur erfolgreich sein, wenn man sich in die andere Seite hineinversetzt und die andere Perspektive einnimmt. Dafür braucht man einen gewissen Grad an Intelligenz und Reflexionsvermögen. Man muss immer vorausdenken.
Zander: Welche Erinnerungen haben Sie an Ihren Vater aus der Zeit, als Sie noch zu Hause gelebt haben? Vor Gründung der GSG 9 war Ihr Vater auch schon viel unterwegs. Wie haben Sie das innerhalb der Familie verkraftet?
Stewens: Grundsätzlich war es so, dass wir alle viel unterwegs waren. Wir zogen alle drei Jahre um. Das ist für Kinder nicht einfach, immer die Schule und den Freundeskreis zu wechseln. Da kam erst ab ca. 1968 Ruhe rein. In der Nacht vom 21. auf den 22. August 1968 – mein Vater wurde 39 Jahre alt – wachte ich auf und fand meinen Vater ebenfalls wach vor. Er hatte die Nachricht erhalten, dass die sowjetischen Streitkräfte in Prag einmarschiert waren. Es war zwischen zwei und drei Uhr morgens. Gemeinsam warteten wir weitere Nachrichten ab. Ich war damals zwölf Jahre alt und stolz, diese historischen Stunden quasi gemeinsam mit meinem Vater „miterlebt“ zu haben.

Ein markantes Datum in meiner Kindheit war, als uns die Eltern meines Vaters aus der DDR zum ersten Mal besuchten, das muss ungefähr 1969 gewesen sein. Umgekehrt war ein Besuch unsererseits in der DDR nie möglich, weil mein Vater auch schon in dieser Zeit Geheimnisträger war und weder West-Berlin noch die DDR besuchen durfte. Es wurde befürchtet, dass er festgehalten würde, und das galt auch für seine Familie. Das bedeutete, dass ich meine Großeltern väterlicherseits erst im Alter von elf oder zwölf Jahren kennengelernte. Sie kamen in die Bundesrepublik, als die ersten Lockerungen der Reisebestimmungen für Rentner vorgenommen wurden. In dieser Zeit besuchten sie uns zum ersten Mal und kamen dann auch öfter.

Zander: Wie war die Beziehung untereinander? Ihr Vater hatte insgesamt wenig Kontakt zu seinen Eltern. Mussten sich alle wieder neu kennenlernen?

Stewens: Ja. Im Grunde hat meine Mutter sehr viel mehr für den Kontakt gesorgt als mein Vater. Sie hat auch immer Päckchen in die DDR geschickt und wir haben Kerzen ins Fenster gestellt, – das kam alles von meiner Mutter. Mein Vater ist nicht so ein Freund symbolischer Dinge. Er spricht auch nicht so ohne Weiteres über seine Gefühle, das ist bis heute so. Er hat nicht darüber gesprochen, was diese lange Distanz und die Unmöglichkeit, sich zu sehen, bei ihm ausgelöst haben.

Zander: Ein Onkel von Ihnen hat ebenfalls in der DDR gelebt. Haben Sie ihn kennengelernt?

Stewens: Er lebt heute noch in Ostdeutschland, aber ich habe ihn nie kennengelernt. Es ist sozusagen für meinen Vater eine Persona non grata. Mit ihm will er bis heute keinen Kontakt haben. Ich finde das sehr schade. In dem Alter könnte man sich versöhnen. Als ich noch beim Fernsehen gearbeitet habe, unternahm ich einmal selber den Versuch, den Bruder zu finden. Ich habe damals in Belzig gedreht, in der Gegend, in der mein Vater aufgewachsen ist. Bei der Stadtverwaltung habe ich mir die Adresse meines Onkels geben lassen. Dort habe ich aber niemanden angetroffen. Ich wäre sehr neugierig gewesen, den Bruder meines Vaters kennenzulernen. Es gab einmal ein Filmprojekt eines Freundes von mir, der Dokumentarfilme dreht. Er fand diese Geschichte dieser beiden verfeindeten Brüder sehr spannend. Der Film hatte natürlich das Ziel einer Zusammenführung, um dann zu beobachten, was passiert. Zu dieser Sache war mein Vater nicht bereit.

Zander: Was ist Ihnen über Ihren Onkel bekannt?

Stewens: Er war SED-Mitglied. Das reichte meinem Vater schon, abgesehen von dem Verrat, dass er ihn in der DDR der Stasi ausgeliefert hat. Sein Bruder hat ihn verpfiffen. Das verzeiht er ihm nicht. Mein Vater ging dann entsprechend in politischer Hinsicht den diametral entgegengesetzten Weg. Mein Onkel war hingegen SED-Mitglied, ein nicht ganz unwichtiger Parteikader – einer von denen, die es ernst genommen haben.

Zander: Hatten die Interessen Ihres Vaters auch Einfluss auf Ihr Leben?

Stewens: Ich hatte schon früh viele Kontakte zu Israel, dort verbrachte ich meinen ersten Auslandsaufenthalt als 16-Jährige. Das hatte natürlich sehr viel mit meinem

Vater zu tun. Er gab mir schon als Zehnjähriger Hefte zur politischen Bildung. Ich beschäftigte mich daraufhin intensiv mit dem Holocaust. Es war geradezu eine besessene Auseinandersetzung, die über Jahre andauerte, über die Entstehungsgeschichte des Staates Israel und deren Verknüpfung. Es war für mich klar, dass meine erste Reise, die ich allein durchführte, nach Israel ging. Das machte ich auch. Ich arbeitete dort sechs Wochen in einem Kibbuz in der Nähe von Haifa und war so eingenommen von diesem Leben, dass ich nicht zurückkehren wollte. Meine Eltern mussten Himmel und Hölle in Bewegung setzen, um mich zurückzuholen, damit ich die Schule fertigmachte.

Das Interesse für Israel hat sich bis heute fortgesetzt. Wir haben in der Filmschule sehr viele Kontakte zu israelischen Hochschulen gehabt und gemeinsame Projekte durchgeführt. Aktuell arbeite ich wieder an einem deutsch-israelischen Projekt. Das zieht sich durch mein Leben. Eine Zeit lang ist das völlig ins Hintertreffen geraten, aber seit 2006/2007 hat sich das in meinem Leben wieder intensiviert. Mein Vater hatte in Israel einen Ruf wie ein Donnerhall. Er gab mir immer wieder Empfehlungen, wen ich in Israel treffen sollte. Zwischen meinem Israelaufenthalt im Jahr 1975, kurz vor dem Ausbruch des Jom-Kippur-Krieges, und meinem nächsten Aufenthalt im Jahr 2006 lagen über 30 Jahre. Es hat mich fast der Schlag getroffen, als ich sah, wie anders dieses Land geworden war. Durch die Erinnerung konstruiert man einige Dinge, die nicht der Realität entsprechen, das war sicherlich auch idealisiert. Ich wurde von dem damaligen israelischen Militärattaché in Deutschland am Flughafen abgeholt. Er hatte damals eine besonders innige Verbindung zu meinem Vater, der ihm sehr geholfen hat. Zvi Tenne und seine Frau Ruthi hatten große Angst davor, nach Deutschland zu gehen, sie wurden als Mitglieder des Diplomatischen Korps entsandt und konnten sich gegen eine Versetzung nicht wehren. Insbesondere Ruthi – sie ist Kinderbuchautorin und hat Bilderbücher über den Holocaust gemacht – konnte sich gar nicht vorstellen, dass man in Deutschland auch nur atmen könne. Beide befürchteten eine völlig feindliche Umgebung. Sie erzählten mir bei meinem Aufenthalt in Israel, wie sehr mein Vater ein Brückenbauer für sie gewesen sei und wie er ihnen das Bild eines anderen Deutschlands vermittelt habe. Er hat sich sehr dafür eingesetzt, dass sie sich als Israelis und Juden in der Bundesrepublik wohlfühlten, die für sie immer noch ein Land des Schreckens war.

Zander: Dann kam die Phase, in der Ihr Vater nach Israel gegangen ist. Haben Sie in dieser Zeit aus Ihrem Interesse an Israel mit ihm besonderen Kontakt gehabt?

Stewens: Ich habe nicht so genau mitbekommen, wie die einzelnen Umstände seiner Reise waren. Ich weiß nur, dass er mit falschem Pass eingereist ist. Sein falscher Name war Josef Sternberg, also ein jüdischer Name. Das hat mich sehr fasziniert, dass diese Reise mit einer anderen Identität verbunden war. Heute weiß ich, dass er damals von den Israelis zum Special Forces Commander ausgebildet wurde, weil die Israelis schon Spezialeinheiten hatten. Er war zu Ausbildungszwecken auch in Entebbe dabei. Dort hat er eine Verletzung davongetragen. Das war das erste Mal,

dass seine Tätigkeit für uns manifest und sichtbar wurde, weil er verletzt nach Hause kam. Wir wussten bis dahin gar nicht, wo er war, schon gar nicht, dass er bei der Flugzeugentführung in Entebbe dabei war. Als es um die „Landshut“ ging, wurde nicht einmal meine Mutter informiert. Ab und zu hat er angerufen, als sich die Etappen der Entführung hingezogen. Er durfte nicht sagen, von wo aus er anrief.
Zander: Sie wurden während der „Landshut“-Entführung nicht davon in Kenntnis gesetzt, dass Ihr Vater dort beteiligt war?
Stewens: Wir wussten, dass er sozusagen der entführten Maschine hinterhergeflogen ist. Die einzelnen Stationen, die heute bekannt sind, durften wir nicht wissen.
Zander: Wie haben Sie in der Familie die „Landshut“-Entführung erlebt?
Stewens: Es war höchste Anspannung. Das ganze Land war angespannt. Wir fühlten uns wie im Auge des Orkans. Wir wussten überhaupt nicht, wie nahe das an meinen Vater herantrat. Wie gefährlich es werden würde, wie genau der Kontakt mit den Terroristen aussah. Dass das lebensbedrohlich war, war uns ab dem Moment klar, als die Terroristen den Kapitän der „Landshut“ umgebracht hatten. Nie in meinem Leben werde ich vergessen, wie ich an dem Morgen des 18. Oktober 1977 aufwachte. Es war um 6 Uhr morgens. Ich hatte an meinem Bett ein Radio, schaltete es ein und hörte die Stimme des damaligen Regierungssprechers Bölling, der die geglückte Befreiung der „Landshut“ verkündete. Es geht mir noch heute nahe, wenn ich daran denke. Zu dem Bulletin gehörte sozusagen eine Auflistung der Verletzten und Toten, dem konnte man entnehmen, dass meinem Vater nichts passiert war. Dass er tatsächlich eine Terroristin erschossen hatte, das wussten wir zu dem Zeitpunkt noch nicht. Das wurde nicht so detailliert kommuniziert. Mein Vater kam am gleichen Tag nach Hause. Wir Kinder waren dann auch zu Hause bei meinen Eltern, meine Schwester lebte noch dort. Ich fuhr dann auch zu ihnen, um diesen Moment mitzuerleben. Mein Vater stand noch vollkommen unter Strom, es war wie ein andauerndes Adrenalinbad. Er schlief nicht, sondern war total aufgedreht. Es war ein historischer Moment. Auch wenn wir das noch nicht so genau erkannten, so war es für meinen Vater sicherlich historisch. Er hatte zum ersten Mal einen Menschen umgebracht. Ich denke, dass er nach diesem Einsatz so etwas wie eine posttraumatische Betreuung benötigt hätte. Niemand hat ihn jedoch bei der Verarbeitung begleitet. Auch wenn erst einmal der Triumph dominierte und das Gefühl, dass das Gute gesiegt hat, man quasi selber Repräsentant des Guten ist, dafür auch dekoriert wird und Anerkennung bekommt, aber so ganz innen drin muss es etwas ausgelöst haben.
Zander: Wie erinnern Sie sich an die erste Zeit nach Mogadischu?
Stewens: Schon die Rückkehr wurde von der Presse begleitet. Der Bürgermeister war da. Es war eine öffentliche Sache. Das war natürlich erst der Anfang. Von nun an stand mein Vater sehr stark in der Öffentlichkeit.
Zander: Sie auch?
Stewens: Wir wurden da ein bisschen herausgehalten. Das war uns auch recht.

Zander: Wie haben Sie es empfunden, wenn von Ihrem Vater als „Held von Mogadischu“ gesprochen wurde? Fanden Sie diese Bezeichnung korrekt?
Stewens: Ich habe das ambivalent empfunden. Auf der einen Seite ist man stolz, wenn ich heute noch einmal die Bilder sehe, wie sie damals aus der Maschine stiegen und von Innenminister Maihofer empfangen wurden. Was für komische Kleidung sie anhatten, da sie in Zivil unterwegs waren. Diese Sachen sahen furchtbar aus: Lederblousons und Gabardine-Hosen, – so war das in dieser Zeit. In mir kommt mit der Erinnerung auch noch einmal dieses Gefühl hoch, was das bedeutet hat. Es war nicht nur mein Vater, sondern es war auch ein Moment deutscher Geschichte. Davon Zeuge zu sein, das ist etwas Besonderes. Genauso empfinde ich es als Privileg, dass ich miterleben durfte, wie die Mauer geöffnet wurde. Das sind Meilensteine, die unsere Zeit prägen. Wenn man dabei war, hat man eine andere innere Beziehung dazu. Ambivalent finde ich es, weil der Heldenbegriff etwas antiquiert ist. Es war eine Teamarbeit. Mein Vater hätte ohne seine Männer nicht so erfolgreich sein können. Das ist übrigens auch etwas, was wir hier an der Filmschule verstärkt lehren. Es gibt viele Parallelen zwischen Film und Militär. Der Film ist ein streng durchhierarchisiertes, geplantes Unternehmen. Nicht zufällig heißt das englische Wort für „drehen“ „shoot“. Dass ich beim Film gelandet bin, hängt sicherlich sehr viel mit meinem Elternhaus und meinem Hintergrund zusammen. Ich bin einerseits geprägt davon und andererseits habe ich eine Distanz dazu. Als Junge wäre ich vielleicht in eine noch größere Nähe gezwungen worden. Ich hätte mich gar nicht entscheiden können, sondern es wäre von mir erwartet worden, zum Militär zu gehen. Ich glaube, das hätte ich nicht gemacht, ich hätte das nicht gewollt. Eine Reaktion von uns Töchtern war auch, dass wir grundsätzlich Freunde hatten, die den Wehrdienst verweigert haben. Wir haben schon Distanz gesucht. Das war alles so prägend, dass wir uns auch auf eine gewisse Art distanzieren mussten.

Um auf den Heldenbegriff zurückzukommen: Das ist wie bei einem Regisseur. Der verantwortet einen Film auch nicht alleine. Ich weiß, dass mein Vater genauso denkt, dass er das nicht alleine gemacht hat. Natürlich wurde das in der Öffentlichkeit so dargestellt, er wurde zunächst als Symbol oder als pars pro toto dieser Einheit genommen. Natürlich war er der Kommandeur und letztlich wäre er im Falle des Scheiterns auch verantwortlich gewesen. So kann er die Lorbeeren ernten. Ich glaube, das Ganze war schon ein Ergebnis sehr guter Vorbereitung und sehr guten Trainings, Planung, Führung, das ist alles. Auch wenn dazugehört, als Erster in so ein Flugzeug zu gehen, sich dem Geschehen unmittelbar auszusetzen und als Vorbild zu fungieren.
Zander: Gibt es eine Charaktereigenschaft, die Sie von Ihrem Vater geerbt haben?
Stewens: Ich glaube, es ist das freie Denken. Mein Vater ist auf der einen Seite relativ konservativ, aber er ist trotzdem offen. Mit zunehmendem Alter wird er sogar offener, früher hatte er häufig „Scheuklappen“. Freude an unkonventionellem oder wildem Denken, das habe ich von ihm geerbt. Das ist ein ganz tolles Kapital.
Zander: Wie sieht es mit den Führungsqualitäten aus?

Stewens: Die kann man nicht erben, die muss man sich erarbeiten. Ich habe eine Zeit lang ein falsches Bild von meinem Vater als Führungsfigur gehabt. Ich habe ihn gleichgesetzt mit dem strengen Vaterbild. Das ist er als Führungsfigur gar nicht. Er ist viel eher jemand, der durchaus Spielräume gibt. Wenn man führt, muss man dies erst einmal ausloten. Sozusagen: Was gebe ich vor und was übertrage ich an Verantwortung. Darüber reden wir sehr oft, dass das sogar ein Clausewitzsches Prinzip ist, dass die Übertragung von Verantwortung Menschen erst in die Lage versetzt, zu handeln und Spaß zu haben an ihrem Aufgabenbereich, diesen dann auch selbstständig zu interpretieren. Das ist absolut meine Philosophie, dass hier jeder seine Aufgabe durch sein individuell geprägtes Verständnis ein Stück weit selbst erfindet. Das ist eine Form von Freiheit, die motiviert. Ich habe gelernt, dass das auch ein militärisches Führungsprinzip ist, was man nicht ohne Weiteres damit verbindet. Dabei denken viele immer an Befehlsketten und Gehorsam. Aber eine der wichtigsten Maximen, die mein Vater uns auch vorgelebt hat, war der Satz: Wer Befehle erteilt, muss auch welche empfangen können. Das hat er zum ersten Mal gesagt, als ich schon etwas älter war. Es hat mich zunächst sehr amüsiert. Ich habe ihm damals den Auftrag erteilt, einen Muttertagsblumenstrauß zu organisieren, weil ich im Ausland war. Es war mir eigentlich ein bisschen peinlich, dass er das erledigen sollte. Aber er hat das genau mit dieser Haltung entgegengenommen und hat dann auch diesen Satz gesagt.
Zander: Sie folgten Ihrem Vater auch ins Ausland. Wie haben sie Rom erlebt?
Stewens: Unsere Familie war nicht die ganze Zeit in Rom, in der sich mein Vater dort aufhielt. Er war ein Jahr in Rom. Wir waren nur gegen Ende dieser Zeit dort, die letzten zwei Monate. Im Grunde waren das die großen Ferien, sodass wir dort gar nicht den Alltag erlebt haben. Er hat dort gelebt. Wir sind als Familie zu Hause geblieben.
Zander: Es muss viele Familienfeste oder besondere Angelegenheiten gegeben haben, wo Ihr Vater nicht zu Hause war. Wie sind Sie damit umgegangen, war das ein Problem?
Stewens: Na ja, der Frauenhaushalt hat funktioniert und hatte auch bestimmte Vorteile. Meine Mutter hat immer befürchtet, ihre Weichheit könne zu sehr ausgenutzt werden. Wir haben es uns aber auch ganz nett gemacht.
Zander: Wie haben Sie die Ehe Ihrer Eltern in Erinnerung?
Stewens: Dadurch, dass mein Vater häufig nicht zu Hause war, nahmen meine Eltern eine klassische Rollenverteilung ein. Wenn meine Mutter auch zwischendurch arbeitete, letzten Endes war das ein ganz klassisches weibliches Rollenbild und mein Vater lebte sein klassisches männliches Rollenbild. Krankenschwester und Soldat sind ja auch archetypische Berufe. Die Krankenschwester steht für das Unterstützende, kümmert sich sozusagen „um die Wunden", die Verletzungen. Beide lebten sehr traditionell. Mein Vater kann bis heute kein Spiegelei in die Pfanne hauen, gar nichts.
Zander: Sie sagten, Ihre Mutter war die Sanfte, die Diplomatische. War sie das auch nach außen?

Stewens: Ja, auf jeden Fall. Sie musste sich in der Öffentlichkeit zurücknehmen. Das war ein bisschen das Problem ihres Lebens. Es gab nicht viel Platz im Leben meines Vaters, er hat sehr viel Raum gebraucht. Mein Vater ist auf seine Weise ein Selbstdarsteller. Er weiß schon, wie man Wirkung erzielt. Er ist auf Anerkennung angewiesen.
Zander: Entsprach es dem Charakter Ihrer Mutter, sich zurückzunehmen?
Stewens: Ja, ein Stück weit schon. Sie ist sicher von ihrem Wesen her zurückhaltend gewesen. Sie musste aber auch irgendwann um ihr Terrain kämpfen, sonst wäre das noch kleiner geworden. Auf der anderen Seite bewunderte sie ihren Mann, dass er sich so darstellen kann. Ihr war das eher fremd, sie hätte dies auch gar nicht gewollt. Sie bewunderte ihn für seine Offenheit, für seine Fähigkeit, immer informiert zu sein, sich für alles zu interessieren. Das kommt auch von der regelmäßigen Lektüre einer ganzen Batterie von Zeitungen, Zeitschriften und historischen Büchern. Er ist da unheimlich genau. Für seine Detailkenntnis interessierte sie sich nicht so sehr, aber sie fand es bewundernswert. Auch seine Vitalität, die er aus Anerkennung zieht. Er war immer der wesentlich Vitalere. Meine Mutter ist seit vier Jahren tot. Er macht jetzt Sachen, zu denen sie mit Sicherheit „Nein" gesagt hätte. Er sagt bei vielen öffentlichen Auftritten und Veranstaltungen zu, weil so etwas für ihn ein Lebenselixier ist.
Zander: Ging Ihre Mutter in der Öffentlichkeit mit der aktiven Art Ihres Vaters gelassen um?
Stewens: Das war unterschiedlich. Phasenweise – das sieht man auch auf Fotos – gab es viele offizielle gesellschaftliche Verpflichtungen, wie Bälle. Diese Verpflichtungen haben ein gewisses Auftreten verlangt, das hat meine Mutter teilweise schon belastet. Dass sie einer gewissen Kleiderordnung unterstand, kein Kleid zweimal tragen durfte. Ich habe mich immer gefragt, wie sie dies ausgehalten hat, diesen Codex, dem auch Offiziersfrauen unterstanden. Es war ein reglementiertes Privatleben. In Abständen musste man die anderen Frauen zum Kaffee einladen, ob Interesse bestand oder nicht. Meine Mutter hasste solche Sachen. In gewissen Abständen musste sie diese Kaffeeveranstaltungen durchführen, um nicht aufzufallen. Meine Mutter hasste Small Talk, aber das war die dominierende Kommunikation in solchen Konstellationen. Sie litt sehr darunter, dass zu diesem Codex auch gehörte, in Abständen selbst Abendgesellschaften zu geben. Es ging ihr absolut gegen die Ehre, bei diesen Veranstaltungen ein Catering zu bestellen. Wenn es viele Gäste waren, bewirtete sie um die 30 Leute. Sie ließ sich höchstens beim Servieren helfen. Das ging irgendwann so weit, dass meine Mutter Gäste, wenn es auch nur zwei waren, nur noch mit Stress verband. Irgendwann wollte sie das gar nicht mehr haben. Es war für sie ein großer Druck und eine solche Logistik, die damit einherging. Es war schon ein sehr starkes Korsett, in dem sie sich bewegte. Sie brach aus diesem auch manchmal aus und fing eines Tages an, Kunstgeschichte zu studieren. Sie brach das Studium aber wieder ab; sie fühlte sich nicht so wohl in dieser Sache, wie sie dachte. Sie war schon Anfang 50, als sie einige Semester Gasthörerin an der Universität Bonn war. In dieser Zeit

machte sie auch den Führerschein. Sie hatte ein eigenes kleines Auto. Das waren Unabhängigkeitsbestrebungen, das Bemühen, aus dem Korsett herauszukommen.
Zander: Sie hat sehr spät angefangen, einen Führerschein zu machen, und das bei der Autoliebe Ihres Vaters.
Stewens: Ja, für diese Autoliebe war sie immer ein Regulativ. Es mussten immer mehrere Autos sein und natürlich immer die neuesten. Sie war immer diejenige, die fragte, ob dies nun sein müsse. Neben richtigen Familienkutschen hatte mein Vater auch einen Alfa Romeo Guilietta. Er liebte überhaupt italienische Autos. Wir hatten mehrere Fiat-Modelle, mehrere Alfa Romeos, erst später deutsche Autos.

22.2. Interview Hubertus Grützner Juli 2015

Zander: Wann und wo haben Sie Ulrich Wegener kennengelernt?
Grützner: Ich habe ihn auf einem Offizierslehrgang 1958 kennengelernt. Der Bundesgrenzschutz hatte einen großen Offiziersmangel durch die „Option", die Anwerbung für die Bundeswehr. Die Masse ging zur Bundeswehr, weil sie dort einen Dienstgrad höher befördert wurden und ihnen versprochen wurde, dass sie, wenn sie einigermaßen bei der Stange blieben, auch Stabsoffizier werden könnten. Es wurde bei der Länderpolizei geworben. Früher war es so, dass man nur mit Abitur Offizier werden und in den gehobenen Dienst kommen konnte. Bei der Polizei gab es hingegen nur die Einheitslaufbahn, auch der Abiturient durchlief all diese Stufen des einfachen und mittleren Dienstes, um in den gehobenen Dienst zu kommen. Wir fingen zwar im einfachen Dienst an, stiegen aber praktisch innerhalb von zwei Jahren zum gehobenen Dienst auf. Wegener war auch Abiturient und Hauptwachtmeister in Baden-Württemberg, da wagte er es und kam zum Grenzschutz.
Zander: Woher kamen Sie?
Grützner: Ich war vorher Student in Göttingen, bin aber gebürtiger Oberschlesier.
Zander: Die Offiziersausbildung fand in Lübeck statt?
Grützner: Ja, in Lübeck. Die sich gemeldet hatten, mussten an unserem Offizierslehrgang teilnehmen. Ulrich passte da rein: Als er kam, hat er uns gleich alle unter die Fuchtel genommen. Er war der älteste und schon Vater. Wir hatten noch die Zölibatsklausel zu der Zeit. Einer war Vater, der durfte aber nicht heiraten. Die Alimente hat der Staat bezahlt, aber heiraten durfte er nicht. Mit 27 Jahren konnte man dann mit Genehmigung heiraten.

Ulrich war direkt ein Anführer. Wenn es irgendwelche Schwierigkeiten gab oder wenn die Stimmung unten war, musste einer da sein, der alle mitzog. Das hat uns Ulrich im Grunde genommen vorgemacht, das hatten wir noch nicht drauf.
Zander: Wie lange hat die Ausbildung gedauert?

Grützner: Es waren zwei Abschnitte: der Fahnenjunkerteil von Januar bis Mai, dann haben wir wieder Truppendienst gemacht und dann kam der Fähnrichabschnitt, dieser ging auch wieder bis Mai/September. Zweieinhalb Jahre waren es insgesamt. Ulrich ist erst beim Fähnrichabschnitt eingestiegen.

Die Zeit war ausgefüllt. Wenn man über den Kasernenhof ging und erwischt wurde, bekam man gleich noch einen Auftrag. Hatte man nicht gearbeitet, sollte man die Stube möglichst nur dann verlassen, wenn keine Aufsicht mehr da war. Wir Jüngeren sind dann mal nachmittags zum Café gegangen, wenn dabei dort noch eine Tanzveranstaltung war, dann hat man sich da auch mal nach Mädchen umgeguckt.

Bei den früheren Lehrgängen war es so, dass man bis an den Rand der Leistungsfähigkeit getrieben wurde. Es sollte getestet werden, wie man unter Stress reagiert. Das ist ja einer der wesentlichen Punkte für eine Führungsperson. Wir hatten dann die „Mosel-Übung". Es wurde eine Grenzlage durchgespielt. Die Grenze stellte die Mosel dar. Rot war auf der einen und Blau auf der anderen Seite. Die Stimmung war mies, man kam kaum zum Schlafen. Als Offiziersanwärter mussten wir an verschiedenen Stellen sein, wir mussten das Geschehen sehen, Berichte schreiben. Wir wurden auch mal angegriffen und sollten dann die Entscheidung für den Leutnant treffen, der dort aktiv war. Wenn man dann abends in die Jugendherberge zurückkam, mussten die Sachen gesäubert werden. Dann kam bereits wieder der nächste und sagte zu einem, dass man mitkommen und in einen bestimmten Abschnitt rausfahren solle. Wegener bügelte das geschickt weg und sagte, dass wir zu der Besprechung morgen früh geschlossen hinmarschieren würden. Wir sangen ein paar Lieder, die Bürger freuten sich darüber. Das war in Wittlich an der Mosel. Von da an war Wegener der Anführer. Mit ihm war die Stimmung eine andere. Mit seiner Art hat er auch die älteren Offiziere überzeugt. Es sind zwar viele bei der Besprechung eingeschlafen, denn es war ja Herbst, da war man in geschlossenen Räumen, es fielen dann verschiedentlich die Kugelschreiber runter. Da wusste man: Jetzt ist wieder einer eingepennt.

Zander: Was hat Wegener bei der Mosel-Übung ausgezeichnet?

Grützner: Da haben wir gesehen, der kann führen. Entweder kann man führen oder nicht. Das ist der Grundsatz. Wegener hat die Verantwortung übernommen und in sinnvoller Weise den anderen gesagt, was sie zu tun hatten. So, dass es in die Organisation hinein gepasst hat und nicht nur Beschäftigungstheorie war. Alle haben das akzeptiert. Es war bequem.

Zander: Welche Eigenschaften zeichneten Wegener neben der Führungsqualität in dieser Zeit zudem aus?

Grützner: Kameradschaft. Er hat nie angegeben. Er ist einer von uns geblieben. Er hat sich dann auch nach dem Offizierslehrgang in Kameradenkreisen genauso verhalten. Er war ja schnell Hauptmann geworden. Bei Tätigkeiten im Ministerium, da heben ja viele ab. Da kennt man dann so manchen nicht wieder. Das war bei Wegener aber nicht so. Er ist auf deutsch gesagt „ein geborener Führer".

Aber ich erinnere mich auch daran, dass wir zur Tanzstunde gehen mussten. Wegener brauchte nicht mitzumachen, er war verheiratet. Die Damen wollten auch mit jungen Herren zusammenkommen. Es war lustig. Wir kamen da in einem großen Offizierskasino an, das Gelände war mal ein Fliegerhorst gewesen. Wir kamen da durch die Tür und die Mädchen haben gleich gesagt: „So, den will ich haben." Sie waren sehr mutig. Ich kam da durch, ein Mädchen kam auf mich zu, das war die Klassensprecherin, sie sagte dann: „So, das ist mein Partner." Da hat uns Ulrich vorher noch Verhaltensmaßregeln mitgegeben, wie wir uns gegenüber den jungen Damen zu verhalten haben. Er war schon väterlich.

Zander: Sie haben seine Karriere auch immer weiterverfolgt und Kontakt gehalten?

Grützner: Ja, Wegener hat eine schnelle Karriere gemacht. Ich habe mich nach dem Offizierslehrgang für den Pionierdienst gemeldet. Ich kam nach Hangelar und Ulrich ging wieder nach Coburg. Damit riss der Kontakt zunächst ab. Er hatte seine Familie und seine Hundertschaft.

Ich war Leutnant und Zugführer. Dann bin ich Adjutant geworden, ziemlich früh, es war im zweiten Offiziersdienstjahr. Ich habe mich dann im Köln-Bonner Raum bewegt, ich war ja ortskundig. Ulrich kam dann ins Lagezentrum ins BMI. Wir haben wieder Kontakt aufgenommen, auch familiär.

Zander: Wie sah Ihr Kontakt zu Wegener aus?

Grützner: Wegener wurde Adjutant bei Genscher. Genscher war ja ein unwahrscheinlich aktiver Minister, er hatte Presseleute, er hatte Bundestagsabgeordnete. Wenn er irgendetwas machen wollte, dann hat er das mit dem Innenausschuss schon vorab besprochen. Das machte er aber nicht in Bonn, sondern in Hangelar, in unserem Offizierskasino. Da ich neben der Adjutantentätigkeit auch Kasinooffizier war, musste ich das alles vorbereiten und kam dann auch in den ministeriellen Bereich rein. Wenn Ulrich so einige Kleinigkeiten hatte, hat er angerufen und das Kasino gebucht. Für den Minister ging dann immer alles.

Zander: Wie veränderte sich Ihre Beziehung nach den Olympischen Spielen in München?

Grützner: Wegener kam zurück und schilderte mir die Situation. Er sagte, dass wir eine Anti-Terroreinheit haben müssten, die Hijacking, Kidnapping und Terroranschläge verfolgen und abstellen müsse. Er machte dem Minister einen Vorschlag. Er rief an und sagte mir, dass wir uns treffen sollten. Wir müssten das jetzt mal durchgehen, wir müssten wenigstens einen Rahmen haben, etwas, was wir dem Minister vorlegen könnten. Wir sprachen das durch, es war an einem Sonntag. Danach fuhr er ins Ministerium und diktierte es. An den Wochenenden war das Schreibbüro ebenfalls geöffnet. Ich hatte das dann schon ad acta gelegt, da kam der Erlass, dass ich zum Aufstellungsstab der neuen Einheit kommen solle. Das war in der Phase, wo ich mich auf den Stabsoffizierslehrgang vorzubereiten hatte, den Wegener bereits absolviert hatte. Ich hatte vom Adjutanten zum Hundertschaftsführer gewechselt. Man musste ja auch eine Hundertschaft geführt haben, sonst wurde man nicht zum Stabs-

offizierslehrgang zugelassen. Mein Kommandeur war kurz vor dem Ruhestand, er wollte mich zunächst nicht gehen lassen. Als ich mich bei meiner Hundertschaft abgemeldet habe, um zur GSG 9 zu gehen, da haben sie gesagt: „Herr Hauptmann, wir gehen alle mit.“ Ich musste ihnen sagen, dass das nicht gehe, die Hundertschaft müsse bestehen bleiben. Ich nahm den Spieß, den Schirrmeister K, einen Rechnungsführer und einen stellvertretenden Zugführer als Techniker mit. Das konnte ich verantworten, die Hundertschaft konnte weiter bestehen. Ich habe Wegener die Namen weitergegeben und da kam dann gleich der Erlass.
Zander: Sie sind 1972 zur GSG 9 gekommen. Wie sah die Anfangszeit der GSG 9 aus?
Grützner: Wegener ging nach Israel. In der GSG 9 ging alles schnell. Es mussten Geräte beschafft werden. Genscher musste melden, wie viele Millionen die Aufstellung kostete. Zum Teil war nichts auf dem Markt. Die Waffen mussten neu entwickelt werden, ebenso die Anzüge, die Kraftfahrzeuge. Im Grunde genommen waren wir Tag und Nacht im Einsatz. Ich kam häufiger erst um Mitternacht nach Hause. Wegener ging nach seinem Israelaufenthalt noch in die Vereinigten Staaten zur Ausbildung. Ich war insgesamt ein Jahr lang bei der GSG 9. Da hatte ich meine Planstelle. Ich stimmte mich mit Ulrich ab, wie bestimmte Dinge laufen sollten. Personalmaßnahmen mussten wir längerfristig anlegen und die Leute aussuchen. Wir starteten große Werbeaktionen und schickten Werbetrupps in die Abteilungen. Diese mussten während der Dienstzeit die Möglichkeit haben, die GSG 9, ihren Auftrag und die Ausbildung vorzustellen. Wir hatten von Mercedes eine schöne Flotte bekommen. Damit statteten wir die Trupps aus. Sie fuhren dann vor und präsentierten die neue Einheit – das hat gezogen. Letztlich hatten wir dann so um die 200 Männer.

Die Zusammenarbeit mit Wegener lief gut. Ich kümmerte mich überwiegend um die Technik, das war meine Stärke. Wegener hatte gute Umgangsformen. Das ist es, was heutzutage fehlt. Er lernte ständig dazu. Nachdem die 1. Einheit der GSG 9 stand, haben wir Kontakte zu den Niederländern, den Amerikanern, den Briten, den Belgiern und Franzosen – der GIGN – aufgebaut. Die Franzosen waren vor uns fertig und bekamen von der Armee ausgebildete Leute zugeteilt. Die brauchten sich nicht um Fahrzeuge und Sonstiges zu kümmern, sie bekamen alles von der Armee.
Zander: Was haben Sie menschlich an Wegener besonders geschätzt?
Grützner: Kameradschaft, die nicht durch Einflussnahme von außen getrübt war. Das ist ein ganz hoher Wert. Unsere Beziehung bestand aus Loyalität, Respekt, Fürsorge und Interesse.

22.3. Interview 1 Dieter Fox
Oktober 2014

Zander: Wie sind Sie zur GSG 9 gekommen?
Fox: Nachdem 1972 die Olympischen Spiele in München dramatisch abgelaufen sind. Ich habe das am Radio und am Fernseher verfolgt, da ich zu dem Zeitpunkt noch in Bonn stationiert war. Wir mussten hilflos mit ansehen, was sich dort abspielte. Ich habe mich zu diesem Zeitpunkt entschieden, dass, wenn es eine Institution der Bundesregierung geben sollte, die eine Truppe ins Leben rufen würde, um etwas gegen diese Art Terrorismus zu unternehmen – Baader-Meinhof war sehr präsent –, dann würde ich versuchen, in diese Truppe zu kommen.

Nachdem die Olympischen Spiele vorüber waren und in einem Drama endeten, kam sehr schnell im Bundestag die Frage auf, was zu tun wäre. Es wurde eine Gesetzesvorlage erstellt und dann gelang es dem damaligen Innenminister Genscher, dass der Bundestag mehrheitlich entschied, durch die Bundesregierung einen Gründungsauftrag für eine Polizeitruppe zu erteilen, die gegen Schwerkriminalität und Terrorismus entsprechend agieren sollte. Das war zumindest vom Gedanken her die Geburtsstunde der GSG 9, denn den Namen GSG 9 gab es zu diesem Zeitpunkt noch nicht.

Der damalige Verbindungsoffizier zum Bundesgrenzschutz im Bundesinnenministerium, Herr Oberstleutnant Wegener, bekam den Auftrag von Innenminister Genscher, diese Polizeitruppe ins Leben zu rufen. Es gab eine Umfrage, und zwar nur beim Bundesgrenzschutz, nicht bei der Bundeswehr, weil es zum damaligen Zeitpunkt eine Angelegenheit des Innenministers war. Der BGS war damals noch keine Bundespolizei. Es gab eine Umfrage, wer generell Interesse hätte und sich im Stande fühle, dieser Truppe beizutreten. Ich führte zum damaligen Zeitpunkt als stellvertretender Zugführer einen selbständigen Wachzug, der für die Sicherheit verschiedener parlamentarischer Einrichtungen in Bonn zuständig war.

Ein Zug, das sind etwa 30 bis 35 Leute. Ich verfügte somit über die wesentlichsten Voraussetzungen, um bei der GSG 9 in die engere Auswahl zu gelangen, und so habe ich mich einfach gemeldet. Meinem Hundertschaftsführer damals in Duisdorf habe ich mitgeteilt, dass uneingeschränktes Interesse vorhanden sei. Er antwortete noch, dass ich mir das überlegen solle, es sei sicher lebensgefährlich. Ich entgegnete aber, dass das mein Wunsch sei, und bat um Freistellung und Abordnung. Ich fragte, ob er damit auch planerisch leben könne, dass ich meinen Dienst bei der Wachabteilung – es hieß damals noch GSA Bonn – aufgeben und nach Sankt Augustin zu dieser neuen Einheit gehen würde. Er sagte, dass er das in aller Form befürworten könne. Ich habe dann meine erforderlichen Formalitäten erledigen müssen und bin darauf am 6. November 1972 in Sankt Augustin bei der GSG 9 angetreten.

Die damalige Anfangsformation wurde von Wegener in Form einer kleinen Rumpfmannschaft in Sankt Augustin zusammengestellt – das erste Gebäude, in dem wir untergebracht wurden, gibt es immer noch, es liegt genau gegenüber dem heutigen Wirtschaftsgebäude.

Wir begannen dort mit zehn oder fünfzehn Mann. Das war zum einen Oberstleutnant Wegener selbst, der sich zum damaligen Zeitpunkt mit verschiedenen Leuten in Israel zu Informations- und Erfahrungszwecken aufhielt. Er führte dort verschiedene Inspektionen durch. Weiterhin gab es einen Innendienstleiter, einen Rechnungsführer, den Schirrmeister, der für das Kfz-Wesen zuständig war, vier Offiziere, darunter mein zukünftiger Chef, sowie weitere vier Unterführer, die später den Einsatzeinheiten zugeteilt wurden. Es war eine kleine Erstformation, die Basis der kommenden GSG 9, der Kern der sogenannten Männer der ersten Stunde, die im November 1972 anfingen.

Es waren schließlich meine Idee und mein eigener Wille, mich dahin zu melden, um mit Gleichgesinnten die Gewaltkriminalität in Deutschland zumindest zu reduzieren und gegen den Terrorismus vorzugehen. Die RAF hat uns böse mitgespielt, das waren starke Einschnitte. Es gab viele Fälle, neben verschiedenen Geiselnahmen, die damals in der Bundesrepublik passiert sind. Banküberfälle, zu deren Klärungen und Lösungen auch die ersten Polizeien eingesetzt wurden. Zum Beispiel der spektakuläre Banküberfall in München 1971, in dessen Verlauf der Geiselnehmer Hans Georg Rammelmayr und die Geisel Ingrid Reppel erschossen wurden. Die Geisel und Rammelmayr waren von Schüssen durchsiebt. Das war ein Banküberfall, der völlig aus dem Ruder gelaufen ist – mangels Einsatzerfahrung. Hier entstand eine ganz andere, bis dahin unvorstellbare Art von Kriminalität.

Der damalige Ministerpräsident Strauß, Staatsanwälte, der Landesinnenminister – alle haben irgendwie mitgewirkt und auf die Polizei eingewirkt, die dafür weder ausgerüstet noch organisiert war. Man verfügte weder über wirksame Taktiken noch über Polizeiführer, die in derartigen Situationen mit entsprechenden Führungsqualitäten eine solche Lage maßgeblich hätten beeinflussen können. Man wusste nicht, wie man sich bei einer Geiselnahme verhält, welche Vorbereitungen zu treffen sind, wie die Absperrmaßnahmen vorzunehmen sind, wie man die Fahrzeuge und Kräfte taktisch wirksam einsetzt und so weiter. Heute ist das bei Spezialeinheiten gang und gäbe: die Öffentlichkeit weghalten, Lage beherrschen und den Ablauf vernünftig über die Bühne bringen. Das war damals eine Katastrophe. Es war der erste große Fall, der zweite waren dann die Olympischen Spiele 1972 in München. Man hat sich daraufhin verstärkt Gedanken gemacht, dass man nun langsam etwas tun müsse. Es begannen zu dieser Zeit auch Stück für Stück die Sondereinsatzkommandos und Mobilen Einsatzkommandos in den Ländern zu wachsen. Man musste etwas tun, finden, entwickeln, mit dem man dieser ganzen Geschichte Herr werden und dem hochbrisanten kriminellen Treiben Einhalt gebieten konnte. Das war sowohl mein Grundgedanke als auch der von verschiedenen anderen BGS-Beamten, zu einer Truppe wie der zukünftigen GSG 9 zu kommen. Man wollte innerhalb dieser Truppe mit poli-

zeilichem und taktischem Wissen sowie fundierter Spezialausbildung etwas tun, um diesen unwürdigen Dingen wirksam entgegentreten zu können.
Zander: Können Sie sich noch daran erinnern, wann Sie Kommandeur Wegener zum ersten Mal gesehen haben, wenn er zur damaligen Zeit noch in Israel war?
Fox: Ich hatte Wegener schon zuvor gesehen, im Kanzleramt, zusammen mit Innenminister Genscher – häufig dann, wenn der Innenminister zu Kabinettssitzungen kam und es um Dinge ging, die mit politischen, taktisch-polizeilichen Maßnahmen verbunden waren. Da ist Wegener einige Male an mir vorbei ins Kanzleramt gefahren, daher kannte ich ihn auch vom Namen. Das erste persönliche Gespräch mit Wegener war das Aufnahmegespräch in Hangelar. Er saß als Vorsitzender im Gremium mit noch drei anderen Personen. Er hat die sogenannten Interessenten aus dem Großbereich Bonn/Sankt Augustin, die damals zu der Truppe wollten, gefragt, was sie dazu bewege, welche Art Ausbildung sie hätten, warum sie gerade dort hin wollten. Man solle sehr wohl trennen, es sei kein Abenteurertum, man wolle keine Rambos, sondern man suche vernünftige Leute, die der Sache sehr fair, neutral, aber dennoch hoch diszipliniert gegenüberstünden. Leute, die sich selbst steuern könnten, aber auch im Team geführt werden wollten, denn Teamarbeit werde das A und O dieser Truppe sein. Er hatte unter anderem meine Personalakte und sah, welche Lehrgänge ich durchlaufen hatte. Ich besaß zu diesem Zeitpunkt schon einige Sportlehrgänge. Das war ein Vorteil. Ebenso sprachen die laufbahn- und berufsfördernden Lehrgänge – unter anderem der Lehrgang zum stellvertretenden Zugführer – für mich.

Dieser Lehrgang befähigte dazu, Gruppen von Beamten im Einsatz zu führen. Zusätzlich besaß ich den entsprechenden Dienstgrad. All diese Voraussetzungen waren für mich von Vorteil. Das wiederum hat dann letztendlich dazu geführt, dass ich angenommen wurde.
Zander: Gab es bei diesem Auswahlverfahren viele Bewerber?
Fox: Ich weiß noch genau, es war in den Räumlichkeiten der alten Fachschule in Sankt Augustin. An dem Tag habe ich vielleicht 20 bis 30 Bewerber gesehen. Ich wurde mit einem Kollegen, der auch aus dem Standort Duisdorf dorthin wollte, zusammen hereingeführt. Wir haben dann abwechselnd Fragen beantwortet. Danach wurde man noch einmal einzeln reingenommen, dabei ging es etwas mehr ins Detail. Der Kollege wurde leider nicht angenommen, warum, war mir nicht bekannt. Für mich begann dann ein neuer Lebensabschnitt.
Zander: Dort haben Sie Herrn Wegener das erste Mal gesprochen?
Fox: Da habe ich ihn das erste Mal gesprochen und er hat auf mich einen preußisch wirkenden Eindruck gemacht. Ich muss sagen, dass ich in meiner Art, Leute zu führen, taktische Dinge anzugehen oder umzusetzen, auch ein wenig preußisch geprägt war. Das war aber auch notwendig, wenn man gerade im Kanzleramt permanent der Öffentlichkeit, den Medien, Touristen, Zuschauern und Fußgängern ausgesetzt war. Wir versuchten uns jeden Tag so zu präsentieren, dass wir akzeptiert und gerne gesehen wurden. Das war nicht in allen Fällen so. Ich war für ca. 35 Beamte verant-

wortlich, da konnte ich nicht an allen Stellen sein. Vom Zugführer erwartete man Disziplin, Führungsstärke und Ordnung – das musste vorgelebt und praktiziert werden. Insofern war mir die Art und Weise, die ich bei Wegener vorfand, überhaupt nicht fremd. Aber als ich ihn dann das erste Mal wirklich gesprochen habe, hat er noch einen „preußischeren" Eindruck auf mich gemacht als zuvor. Das ist seine Art. Wenn ich ihn heute sehe, dann hat sich von seinem Charisma wenig verändert. Er ist älter, aber er ist immer noch der Wegener, den ich damals kennengelernt habe.

Zander: Als Kommandeur Wegener aus Israel wiederkam – wie sahen die ersten Maßnahmen innerhalb der zu gründenden GSG 9 aus?

Fox: Als er wiederkam, hat er diese Rumpftruppe von zwölf bis fünfzehn Leuten einfach zusammengenommen. Er war sehr auf Teamarbeit bedacht, obwohl für ihn ein taktischer Führer vorne stehen musste. Auch in den untergeordneten Bereichen sollte Teamarbeit vorherrschen. Die Einheitsführer, die Offiziere sollten ebenfalls das umsetzen, was besprochen und festgelegt wurde, aber auch neue Möglichkeiten, Gedanken und Initiativen einbringen. Das wiederum wollte er weitergeben – auch an seine Unterführer. Das heißt, wenn die ersten gemeinsamen Gespräche stattfanden, zum Beispiel die typischen wöchentlichen Einheitsführergespräche, zu denen immer die taktischen Führer mit ihm zusammenkamen, legte er Wert darauf, dass auch die älteren Unterführer der jeweiligen Einheit teilweise mit anwesend waren. Er wollte sie miteinbeziehen, damit nichts verloren ging. Er sagte: „Ich brauche diese Leute, ich möchte dieses Team und den Zusammenhalt bis zur letzten Konsequenz so haben." Wir als Team in der GSG 9 seien alle zusammen die GSG 9 und er sei nur der Kommandeur, weil er dazu bestimmt worden sei, aber auch er sei Teil dieses Teams. Das hat er immer wieder deutlich gemacht.

Ein solches Führungsverhalten war im damaligen Bundesgrenzschutz ein Novum und durchaus nicht üblich. Da gab es deutliche Kontaktdistanzen, da sonderte man sich – bis auf wenige Ausnahmen – ab. Das wurde auch allgemein akzeptiert, so war der Bundesgrenzschutz, das war zu dieser Zeit Führungsphilosophie. Genau das wollte Wegener aber nicht, er musste jeden kennen und jeder musste ihn kennen. Das war für uns natürlich neu und ungewöhnlich: Was ist das denn für einer, was macht der denn? Das ist ein Oberstleutnant. Und mit ihm am Tisch sitzen, mit einem Oberstleutnant ein Bier trinken oder über Gott und die Welt reden, einfach so, das geht doch eigentlich gar nicht!

Zander: Es war befremdlich, aber Sie haben das verstanden?

Fox: Wir verstanden es, begriffen aber gleichzeitig, dass das ein sehr hohes Zugeständnis an uns und ein unglaublicher Vertrauensvorschuss war. Wir genossen diese persönliche Aufwertung unseres Selbstwertgefühls sehr und behandelten sie wie ein rohes Ei. Das war auch ein Teil der unglaublich hohen Akzeptanz und des Respekts vor diesem Mann. Zu wissen: Der spricht auf der einen Seite mit dem Innenminister oder dem Bundeskanzler und eine Stunde später kommt er zurück, holt die Leute zusammen und setzt sich mit denen an einen Tisch und sagt: „Passt mal auf, ich habe gerade mit dem und dem gesprochen, jetzt nehmt das zur Kenntnis, das möchte ich umgesetzt haben." Das war Wegener und das ist ein Aspekt, der ihn zu einer, ich will nicht sagen „Lichtgestalt" gemacht hat, aber für uns war er als Kommandeur der GSG 9 ein uneingeschränkter taktischer Führer. Das war so. Er hatte durchgängig von unten bis ganz oben ein unglaublich hohes Ansehen, es wurden ihm in höchstem Maße Akzeptanz und Respekt entgegengebracht. Das war Wegener und deswegen wären wir damals für ihn – von Beginn an – durchs Feuer gegangen, obwohl wir am Anfang noch nicht die Ausbildung besaßen. Uns fehlte für eine Spezialtruppe noch der speziell taktische Feinschliff, aber wir verfügten über Kompetenzen wie Willen, Ehrgeiz, Kraft und Energie, um etwas zu bewegen und umzusetzen, was bei anderen vielleicht so nicht ausgeprägt war. Das machte uns aus.

Wegener war der, der diese ganze Geschichte immer wieder geschürt und gefördert hat. Wenn er gesagt hätte: „Männer, wir gehen morgen da hin und machen das", – dann wären wir ihm gefolgt, obwohl wir wahrscheinlich wenig Chancen gehabt hätten.

Das waren also die ersten Eindrücke von ihm, wie er sich in den ersten Tagen dieser Spezialeinheit gegenüber präsentiert und dargestellt hat. Der Kommandeur, der vor der Front stand und sagte: „Ich trage die Verantwortung für uns. Ich weiß, was wir zu tragen haben, aber das, was wir tun, das tragen wir gemeinsam. Ich bin nur vorne, ansonsten tragen wir alle die gleiche Last."

Das hat es im gesamten Bundesgrenzschutz und zum damaligen Zeitpunkt auch bei der Bundeswehr so nicht gegeben. Bei der Bundeswehr hatten sie zwar Spezialeinheiten, wie ich glaube Einzelkämpfer, Kampfschwimmer und ähnliche, aber die waren völlig anders strukturiert als wir. Wir waren im besonderen Sinne eine klassische Polizeitruppe, die auch spezial-polizeilich ausgebildet werden sollte. Es wurden dann aber paramilitärische Elemente in die Ausbildung aufgenommen, die taktisch notwendig waren, sonst hätten bestimmte Abläufe nicht funktioniert.

Zander: Wie ging es mit der Gründung der GSG 9 in groben Zügen weiter? Wurde die Truppe im Frühling 1973 benannt?

Fox: Ja, diese Fünfzehn-Mann-Truppe existierte nur bis Ende November 1972. Dann kamen Leute, die letztendlich die Einheiten noch nicht komplettierten, aber so langsam taktische Einheiten bildeten. Ich glaube, zum Schluss war jede taktische Einheit dann 20 bis 25 Mann stark. Es gab eine 1. und 2. Einheit, die jeweils von einem Offizier geführt wurde. Das waren nun die beiden ersten Einheiten der GSG 9 im Jahr 1972. Ich selbst war ein Gruppenführer in der 2. Einheit.

Die rekrutierten Leute kamen aus allen Bereichen des Bundesgrenzschutzes. Sie hatten höhere oder niedrigere Dienstgrade, einige waren dabei, die kamen noch aus dem unteren Dienst – also vergleichbar mit Gefreiter, Obergefreiter, Hauptgefreiter in der Bundeswehr. Einige wenige kamen aus dem mittleren Dienst, also Wachtmeister, Oberwachtmeister, Hauptwachtmeister, sprich Unteroffizier, Stabsunteroffizier usw. Wir besprachen mit unseren Einheitsführern verschiedene Ideen und Überlegungen,

Maßnahmen, wie man der Gewaltkriminalität und dem Terrorismus taktisch gegenübertreten könnte. Was konnten wir tun, um speziell ausgebildet zu werden? Wir übten Autofahren, besonderes Schießen, hatten eine besondere Sportausbildung in Form von Klettern, Abseilen, Kraft- und Bewegungstraining. Maritimes Denken war damals noch nicht aktuell. Wir hatten zwar ein paar Schlauchboote, aber es gab noch keine maritime Ausbildung im speziellen Sinn. Also: Was konnten wir tun, um uns aufgabenspezifisch fortzubilden? Wir hatten ja kaum etwas außer unseren polizeilichen Dienstvorschriften (PDV). Was somit vorhanden war, war unsere typische, taktische Polizeiausbildung, aber wir haben sehr schnell festgestellt, dass wir mit dieser nicht sehr weit kamen. Diese Ausbildung ist irgendwann für derartige Anforderungen begrenzt, sie gibt das einfach nicht her und ist dafür auch nicht ausgelegt. Daher haben wir uns Ausbildungsinhalte aus Wehrmachtsvorschriften und früherer anderer Truppen angeschaut, wir haben alte Ausbildungsgrundlagen und -inhalte herangezogen, die in bestimmten Interpretationen ausbildungstaktisch durchaus geeignet waren, insbesondere was bestimmte körperliche und taktische Trainingsinhalte betraf. Wir haben überlegt, wie wir das mit der polizeilichen Ausbildung kombinieren könnten und festgestellt, dass wir uns in Richtung einer paramilitärischen Ausbildung orientieren müssten. Wir haben uns also auch Teile aus der Bundeswehr dazugeholt. Die Bundeswehr hatte sich zu Beginn mit ihren Ausbildungsrichtlinien an Trainingsinhalten der Wehrmacht orientiert – Soldat ist Soldat. Aber man muss immer von Ausbildungskernzielen ausgehen, nicht davon, wie der Krieg geführt wurde. Das ist ein wesentlicher Unterschied. Die Ausbildungsinhalte so wie ihre Ziele waren in beiden Weltkriegen den Situationen und der Zeit angepasst, – nicht schlecht. Man musste sie nun entsprechend dem neuen Zeitalter und den Umsetzungsprozessen anpassen, umbenennen, einiges aktualisieren und somit Neuauflagen konstruieren. So haben wir uns Stück für Stück unser eigenes Ausbildungskonzept und unsere eigenen Ausbildungsrahmenprogramme „zusammengebastelt".

Wir analysierten zudem die Richtlinien und Ideologien der Gegenseite, nämlich der RAF und der sogenannten Stadtguerillas. Es gab in den 1970er Jahren das Buch „Stadtguerilla", das studierten wir im Detail und fragten: Wie arbeiten Partisanen? Wir versetzten uns in die Lage der Gegenseite und zogen auch dort Dinge heraus, die wir in unser Training einbauten. Unsere Devise war: Wenn die das machen und wir auf diese Dinge vorbereitet sind, somit ein Gegenstück zu ihrem Tun finden, dann haben wir es. So versuchten wir, uns erst einmal Konzepte zu erarbeiten, taktische Varianten zu kombinieren. Körperliche Fitness, Umgang mit den Waffen, Schießausbildung, sicheres Autofahren, entsprechend diszipliniertes Auftreten, konspiratives Benehmen – dieses alles in ein Paket zu fassen, waren die ersten primitiven Grundlagen.

1973, im Januar/Februar, wurde dann die 3. Einheit gegründet. Diese Einheit wurde in Teilen mit unseren „neu" erworbenen Erkenntnissen konfrontiert. Sie wurde bereits auf Basis der Grundlagen, die wir hatten, welche aber immer noch äußerst schmal, flach und primitiv waren, ausgebildet. Wegener hat darauf bestanden.

Im April 1973 meldete Wegener bereits die erste Einsatzbereitschaft von zwei Einsatzeinheiten der GSG 9. Aber erst im September oder Oktober 1973 sind wir dann offiziell „auf die Menschheit losgelassen" worden, das heißt, wir bekamen unser Abzeichen und Bundesinnenminister Genscher hat uns bei der Bundesregierung als einsatzbereit gemeldet. Bis dahin haben wir uns immer noch mit eigenen Erkenntnissen und Ideen selbst ausgebildet.

Wir haben uns natürlich auch von befreundeten Streitkräften, den Israelis, den Amerikanern und Engländern einiges abgeguckt. Auch haben wir uns immer wieder Anregungen von der Bundeswehr geholt. Dabei haben wir unsere Erkenntnisse mehr und mehr erweitert und verfeinert. Somit stand Ende 1973, nach einem Jahr Ausbildung, auch nach unserer Selbsteinschätzung die Einsatzbereitschaft der GSG 9. Denn diese muss, wie bereits erwähnt, offiziell dem Innenministerium und dem Bundeskanzler gemeldet werden. Wir haben erklärt, die Spezialeinheit des Bundes, die GSG 9, stehe zur Verfügung. Wir waren so unglaublich überzeugt und selbstbewusst, dass wir uns gesagt haben, es kann überhaupt nichts schief gehen. Das, was wir hatten bzw. konnten, war gegenüber dem, was heute die GSG 9 ausmacht, vielleicht 30 Prozent. Aber die 30 Prozent waren für uns 100 und so immens, dass wir der Überzeugung waren, ganz gleich was auf uns zukommt, wir schaffen das!

Zander: Vor allem, weil es bereits alles, was vorher vorhanden war, weit übertraf.

Fox: Auf jeden Fall. Es gab keine Alternative. Das war ein Zeitsprung von November 1972 bis Ende 1973, den wir selbst nicht für möglich gehalten hätten. Wir konnten schon taktisch an Flugzeugen arbeiten, wenn auch nur begrenzt. An den Flughäfen in Köln/Bonn und auch in Frankfurt/Main bekamen wir Maschinen zur Verfügung gestellt, an denen wir trainieren konnten. Wir konnten dort ein Flugzeuginneres sehen, Aufzeichnungen machen und überlegen, wie man vorgehen sollte, wenn der Fall X eintritt. Wir haben dort die ersten taktischen Varianten in Maschinen vorgenommen. Trockenübungen mit unseren eigenen Leuten waren eine Möglichkeit, um überhaupt einmal eine Vorstellung davon zu bekommen, was es heißt, wenn etwas passiert. Das hat sich zu dieser Zeit keiner real vorstellen können.

1973, vor unserer offiziellen Einsatzbereitschaft, fand unter anderem der Breschnew-Besuch in der Bundesrepublik statt. Wir durften mit Ausnahmegenehmigung des BMI, obwohl wir als GSG 9 öffentlich noch gar nicht auftreten durften, Präzisionsschützen stellen. Auf dem Petersberg sowie im Auswärtigen Amt und im Kanzleramt, wo Breschnew seine Stationen hatte, wurden Kräfte eingesetzt. Dies hat nicht nur im gesamten Bundesgrenzschutz Verwunderung ausgelöst, sondern auch große Irritationen bei den sogenannten Berufsskeptikern und Sowieso-Kritikern hervorgerufen, nach dem Motto: Was wir uns wohl einbildeten, was wir überhaupt wollten, ob wir größenwahnsinnig seien, wenn wir uns auf Dächer legten und aufpassten, dass nichts passiert, das sei doch wohl noch sehr verfrüht und keinesfalls zeitgemäß. Diese Leute wollten es aber auch im Nachhinein – bis heute – nicht begreifen!

Dass das alles einen viel tieferen und hintergründigeren Sinn hatte, hat überhaupt keiner bedacht. Wegener hat gesagt: „Das machen wir und fertig." Er hat das bei Genscher durchgedrückt und auch dem Bundeskanzler wurde das mehr oder weniger so vermittelt. Wir führten diesen Einsatz durch, wenn er auch nur vier oder fünf Stunden andauerte, um erst einmal ein Gefühl davon zu bekommen, wie es ist, mit einer Waffe auf dem Dach zu liegen und zu beobachten, ob gegebenenfalls Gefahrenpotenziale oder Tatvorbereitungen erkennbar sind: Das Gefühl, der psychische Druck und die innere Anspannung – auch wenn wir gestandene BGS-Beamte waren – wurden auf uns übertragen und uns wurde deutlich gemacht, dass wir bedacht sein müssten, auf den Dächern nicht erkannt zu werden, wie man sich taktisch klug verhält, das Umfeld beobachtet und beurteilt, dass sich nichts Verdächtiges rührt und wenn, dass man dann eingreifen müsse, – das war schon eine erste heftige Belastung. Was eingetreten wäre, wenn wir eingegriffen hätten, vermag ich heute gar nicht darzustellen. Aber wir waren da und haben Wegener vertraut und er hat uns vertraut. Wir sind als völlig andere Menschen vom Dach gestiegen, obwohl wir noch gar nicht freigegeben waren. Dieses Gefühl hat Wegener vermittelt. Er kam hinterher zu uns und sagte: „Männer, das war gut." Das war dieses Stück Vertrauen, das er uns gegeben hat gegen alle Widerstände von außen. Ich glaube, der einzige, der aus der Politik und den Medien an ihn wirklich geglaubt hat, war Genscher. Sonst gab es kaum jemanden. Der Bundeskanzler hatte im Speziellen gar nicht realisiert, was da ablief. So haben wir das bis zur offiziellen Freigabe weiterentwickelt.

Bis zu diesem Zeitpunkt hatten wir einen Mercedes, ein paar VW-Bullis, unsere Langwaffen, Maschinenpistolen, Faustfeuerwaffen, unsere Barretts und Stahlhelme sowie einige Basisausrüstungen. Das war es aber auch schon, mehr gab es nicht. Das waren die Dinge, die für uns unumstößlich waren. Wir waren nicht wegzukriegen, egal, was vorgefallen wäre. Das Vertrauen zu Wegener stand wie eine „deutsche Eiche" und das Vertrauen von Wegener zu uns, das stand auch. Er sagte manchmal im Nachhinein und heute auch noch, wenn wir uns über vergangene Zeiten unterhalten: „Weißt du, wenn einige Dinge nicht funktioniert hätten, ich weiß gar nicht, was dann passiert wäre. Wir wären gar nicht erst die GSG 9 geworden." Aber es hat systematisch funktioniert, weil die Chemie zwischen ihm und uns gestimmt hat und Synergien wie elektrische Impulse zwischen ihm und uns entstanden.

Zander: Die er zugelassen hat.

Fox: Die er erlaubt und getragen hat.

Zander: Wenn Sie davon sprechen, dass Sie die Konzepte zusammen entworfen haben, wie kann man sich das vorstellen?

Fox: Wegener ist derjenige gewesen, der bei Ausbildungsvorhaben immer dabei war. Er ist immer rausgekommen, auch nachts, hat sich ein paar Ausbildungsteile zeigen lassen und auch selbst ein paar Wettkämpfe mitgemacht: Präzisionsschießen, Faust-

feuerwaffenschießen. Er hat auch kritisiert, hat den einen oder anderen „taktisch“ zurechtgewiesen, das gehörte auch dazu. Er sagte uns klar, wenn etwas nicht o.k. war. Der Einheitsführer hat dann auch noch Randbemerkungen erfahren müssen oder die Person, die keine vernünftige Antwort wusste. Wir wussten, wie wir mit ihm reden konnten, und hatten keine Hemmungen vor diesem weitaus höheren Dienstgrad. Wir wussten trotz der Nähe bei den Besprechungen und beim gemütlichen Meeting mit ihm sehr wohl die Distanz zu wahren, auch wenn wir in der Ausbildung oder irgendwo draußen unterwegs waren. Da war er dann der Kommandeur der GSG 9, fertig, aus. Das hat jeder begriffen, es ist keiner aus der Spur gegangen. Das ist genau das, was man erkennen und respektieren muss: Auf der einen Seite steht das kameradschaftliche Zusammensein im Rahmen einer Feier und das andere ist der taktische Vorgesetzte und Kommandeur der GSG 9. In beiden Teilen befindet sich die immer wiederkehrende Respektebene. Wenn das einer nicht erkennt und begreift, dann gehört er nicht mehr dazu. Aber genau das hat uns ausgemacht und uns zu der Truppe zusammengeschweißt, die heute immer noch die GSG 9 ist. Dieser Geist, dieser Kodex. Jede Spezialeinheit der Welt, selbst jede besondere Unternehmensorganisation hat einen Kodex. Der eine ist teilweise sehr abstrakt und sowohl sozial als auch menschlich nicht immer nachvollziehbar. Ein anderer Kodex ist Ehre und Stolz, Angehöriger zu sein, mit gleichen zusammen zu kämpfen oder mit denen zusammen Dienst zu tun und erfolgreich, lebend und unversehrt wieder herauszukommen. Das ist der vernünftige Kodex, diesen hatten wir: zu dieser Truppe zu gehören, mit einem Kommandeur Wegener. Was drinnen passierte, das war und blieb in der Truppe und hatte gefälligst nicht nach draußen zu gelangen. Darauf legte Wegener einen unglaublich großen Wert, das haben wir gefressen, das hat er uns eingebläut. Wir haben das aber auch schnell erkannt und in uns gespeichert. Das heißt: Auch unsere Familien haben uns zwar in Uniform gesehen, aber zuhause wurde nicht erzählt, was sich in der GSG 9 wie und wann ereignete.
Zander: Was durften Ihre Kinder in der Öffentlichkeit von Ihrer Arbeit erzählen?
Fox: „Mein Vater ist bei der GSG 9“, aber das war es dann auch. Mehr konnten sie nicht sagen, weil sie nicht mehr wussten. Man sah uns ja auch bei Elternabenden oder Schulfeiern. Da waren wir zwar nicht in Uniform, aber anwesend. Da wir in Sankt Augustin unseren Standort hatten und natürlich auch ständig durch die Stadt fuhren oder liefen, wusste die Bevölkerung, wer man war. Aber mehr Kenntnisse hatten die Leute nicht. Zum einen, um von den Kindern eine Last zu nehmen, damit die sich nicht verplapperten oder möglicherweise Gefahr liefen, etwas auszuplaudern und dadurch in Bedrängnis zu geraten, und zum anderen, um nichts an die Öffentlichkeit zu geben, was hinterher anders ausgelegt und gegebenenfalls mediengerecht vermarktet werden könnte. Deswegen lautete die Devise: Was dort passiert, das bleibt in der GSG 9.

Das war eines der obersten Gebote Wegeners: Hier drinnen können wir uns fetzen, aber nach draußen geht nichts. Ähnlich wie im Profifußball – Kritik und persönliche Deutlichkeiten bleiben in der Kabine. Das hat die Öffentlichkeit teilweise sehr geärgert, insbesondere die Presse, die hätte gerne etwas erfahren. Aber es hat nur so funktioniert. Das waren Wegeners Erziehung und ein hohes Maß an Disziplin, der wir gefolgt sind, weil zwischen uns und ihm die Chemie gestimmt hat. Auch die Schleyer-Geiselnahme und Mogadischu, das war ein Top-Secret-Paket, welches geschnürt und wasserdicht war. Es ging nichts nach außen. Das war für ihn eine Selbstverständlichkeit.

Zander: Was hat diese Zeit als GSG-9-Beamter für Sie persönlich bedeutet? Worin liegt der Unterschied zum Beruf eines normalen Beamten?

Fox: Die Zeit bei der GSG 9 war für mich die schönste Zeit, die ich dienstlich erlebt habe. Ich war 20 Jahre beim Bundesgrenzschutz, davon 14 Jahre bis 1986 in der GSG 9. Eine unglaublich lehrreiche und eindrucksvolle Zeit, in der ich nicht nur verschiedene Dinge des Lebens anders kennenlernen, deuten und umsetzen konnte, sondern auch viele Menschen getroffen habe, die ich sonst nicht kennengelernt hätte. Für mich ist es eine Zeit gewesen, die bei mir ganz hoch aufgehängt ist, im Rahmen meines gesamten Lebens, das kann ich so mit Stolz und Hochachtung sagen. Ich hatte vor Eintritt in den BGS einen anderen Beruf erlernt, ich war nicht gleich Polizeibeamter, sondern habe Schriftsetzer gelernt. Ich habe meine Lehre beendet, dann noch zwei Jahre gearbeitet und bin dann mit 19 Jahren in den Bundesgrenzschutz eingetreten. Das war damals hochinteressant: von 1966 bis 1970 an der damaligen Zonengrenze Dienst tun zu können, denn ich bin in Goslar eingestellt worden. Die Ausbildung war vielfältig und auch der Dienst, der an der Grenze getan werden musste, auch wenn er teilweise an der Grenze des menschlich Ertragbaren war.

Ich habe noch die sogenannte Demarkationslinie kennengelernt, hatte hin und wieder Kontakt mit NVA-Leuten – das ergab sich manchmal. Den Prager Frühling habe ich an der Grenze miterlebt. Das alles war wichtig und für mich als junger Mensch sehr prägend. Dennoch hat mich die GSG 9 ganz besonders geformt und maßgebliche, lebensweisende Eckpfeiler gesetzt – wahrscheinlich bis an mein Lebensende. Diese Zeit hat mir auch eine Prägung für mein späteres Leben in der freien Wirtschaft mitgegeben. Wenn ich meine Dienstzeit bei der GSG 9 nicht erlebt hätte – die Ausbildung, Einsätze, Menschen, den psychischen Umgang mit Druck, auch die körperliche Ausbildung sowie die Auflage, mit dem Gegenüber reserviert, sachgerecht und zielbewusst umzugehen – dann hätte ich einiges in der freien Wirtschaft nur unter erheblichen Kraftanstrengungen geschafft. Dort habe ich nach meinem Beamtenstatus wieder ganz unten angefangen, nachdem ich aus Wien zurückkam und in Deutschland in ein Unternehmen eintrat. Dies war für mich noch einmal eine neue und auch schmerzliche Erfahrung. Ich war vorher Uniformträger, Polizeibeamter und kam dann in eine Arbeitswelt, in der ich natürlich einige Dinge so umsetzen wollte, wie ich sie kannte. Ich war in einem Sicherheitsunternehmen, einem Dienstleistungsunternehmen tätig. Mein damaliger Chef – ein „Wegener" der freien Wirtschaft – hat mir nach meiner „Schonzeit" in sehr kurzen und deutlichen Worten gesagt, dass ich in genau zwei bis drei Tagen dort weg sei, wenn ich das so weiterführen würde. Ich konnte das nicht verstehen, weil ich glaubte, dass das, was ich gemacht habe, richtig war. Das hat aber nicht in die Philosophie des Hauses, seines Denkens und des Unternehmens gepasst. Ich musste mich umstrukturieren, neu einleben, neu hineindenken, mit gewissen persönlichkeitseinschränkenden Regularien abfinden. Vorher war ich, insbesondere nach Mogadischu und nach Wien, ein völlig selbstständig arbeitender, taktischer Führer, der von höchsten Instanzen akzeptiert und gefragt wurde. Dann kam ich zurück in die freie Wirtschaft und dort sagte man mir genau, was zu tun sei. Das war für mich eine ganz neue Erfahrung. Aufgrund meiner taktischen Fähigkeiten, auch im Umgang mit Menschen, und meines Fachwissens habe ich dann sehr schnell Fuß gefasst, nach zwei Jahren war ich dort schon Prokurist. Sechs Jahre später bin ich Geschäftsführer geworden.

Zander: Selbstständig handeln und die Leitung übernehmen, wenn es darauf ankommt, war Wegeners Devise.

Fox: Ja, das war Wegeners oberste Prämisse. Die deutschen Polizeien und militärischen Einheiten arbeiten nahezu alle nach Auftragstaktik, nicht nach Befehlstaktik. Früher gab es die Befehlstaktik, d. h. bei den Amerikanern und Engländern gibt es sie immer noch, mittlerweile stellen sie in Teilen um. Das heißt: Da hinten ist das, was du erfüllen musst, und ich sage dir, wie du dahin kommst. Wegener sagte: „Da hinten ist unser Ziel, den Auftrag müssen wir erledigen, aber ich überlasse dir, wie du dahin kommst. Ich beaufsichtige und verantworte, dass nichts schiefgeht, damit keine Lebensgefahr oder eine Situation entsteht, die den Auftrag gefährdet“. Das ist wieder dieses Stück Vertrauen gewesen, das Wegener uns entgegengebracht hat.

Zander: Alle Möglichkeiten sind zuvor oft genug geübt worden, sodass der Auftrag genügte.

Fox: Ja, immer wieder, nach Wegeners Art. Er hat auch immer wieder in bestimmte Taktiken eingegriffen. Entscheidend war am Ende der Erfolg. Wenn es keinen Erfolg gab, dann hat jemand etwas verkehrt gemacht oder nicht entsprechend umgesetzt. Dann entsprach das nicht dem taktischen Ziel und der Auftragserledigung, die er sich vorgestellt hatte. Also gab es dann taktische Schulungen bis zum Erbrechen. Wenn er zum Beispiel sagte: „Passt auf Männer, wir haben jetzt eine Geiselnahme. Das heißt, dort reingehen, Gegner ausschalten, Geiseln befreien. Wir machen das in Grobform so: Abschnitt 1. Einheit, Abschnitt 2. Einheit, Abschnitt 3. Einheit. Aber wie es die Einheiten in sich durchführen, das überlasse ich euch.“ Das war Wegener. Er stand da drüber. Er gab den Gesamtbefehl und der hieß: „Jetzt gehen wir rein oder jetzt gehen wir vor und ihr habt nach dem, was ihr gelernt habt, nach euren taktischen Ideen, die ganz klar strukturiert und festgelegt sind, das zu erledigen und das Ziel erfolgreich zu erreichen.“

Zander: Inwieweit stimmt vor diesem Hintergrund das Motto „Mir nach“, das Wegener immer nachgesagt wurde?

Fox: Der Spruch „Mir nach“ stimmt nur bedingt. Er stimmt in der Form, dass Wegener sagte: „Passt auf Männer, wenn wir einen Gesamteinsatz der GSG 9 haben, wie zum Beispiel bei einem Flugzeug, dann sind das Annähern, die taktische Formation an den Türen oder das Einnehmen an den jeweiligen Aus- und Eingängen nach Vorgabe des Kommandeurs oder seines Stellvertreters zu erledigen.“ Ein Teil der Einheit ist unter der Maschine und die anderen befinden sich als Präzisionsschützentrupp in der Nähe und decken diese Situation. Oder ein anderer Großeinsatz im Rahmen einer Häuserstürmung: Da gibt es nicht das „Mir nach“, sondern das „Hier bin ich“: Ich bin hier die zentrale Stelle, ich gebe den ersten Gesamtbefehl und den Rest macht ihr. Das typische „Mir nach“ gab es bei der GSG 9 in der Form nicht.
Zander: Wie kam es zu diesem Mythos, der als Wegeners Motto dargestellt wurde?
Fox: Wenn die GSG 9 oder eine Einheit unterwegs war, dann gab es immer ein Führungsfahrzeug, in dem der Kommandeur bzw. Einheitsführer saß, der jeweils taktische Führer gab dann über Funk durch: „Männer, mir nach!“ Der Spruch hat heute keine führungstaktische Bedeutung.

Er kommt aus früheren Schlachten und Kriegszeiten, als noch per Pferd oder mittels Fußtruppen bestimmte Aktionen durchgeführt wurden. Auch zu Zeiten des Alten Fritz gab es den sogenannten Sattelbefehl. Das ist ein taktischer Teilbefehl, der heißt: Wir gewinnen oder wir erreichen „von über nach“, um die Stellung zu erobern und zu zerstören, also die Kanonen, die Ausrüstung, das Schiff oder sonst irgendwas. Da gab es die drei Punkte des Sattelbefehls: Wir gewinnen „von über nach“, um zu ... Darauf folgte hinterher: Ich befinde mich, „mir nach“. Das war eine uralte Art der militärischen Führung, die man heute in dieser Form nicht mehr praktiziert, das ist in der ursprünglichen Fassung nicht mehr zeitgemäß.

Gleichwohl ist der Ausspruch nach wie vor in vielen Köpfen und wird auch vielfach salopp daher gesagt, aber ich kann mich nicht erinnern, dass Wegener das „Mir nach“ mit einer ernsthaften Auftragserledigung verbunden hätte.

Bei einer Befehlstaktik heißt es „mir nach, ganz gleich, was kommt“, aber nicht bei einer Auftragstaktik, die in der GSG 9 vorherrscht und von Wegener favorisiert wurde.
Zander: Wir machen jetzt einen Sprung. Woran erinnern Sie sich, wenn Sie an den 13. Oktober 1977 denken? Wie fing der Tag für Sie an?
Fox: Der 13. Oktober lag in einem Zeitrahmen, in dem wir uns schon lange in Alarmbereitschaft befanden – seit dem 5. September, dem Tag der Schleyer-Entführung. Vom 5. September bis zum 13. Oktober 1977 war die GSG 9 in verschiedenen Abständen Tag und Nacht unterwegs. Wir wussten, dass Schleyer sich im Großraum Köln befinden musste. Wir waren sogar einmal nah dran, ihn zu befreien – das klappte leider aufgrund verschiedener Unzulänglichkeiten nicht. Wir durften die Kaserne nicht mehr verlassen; seit dem 5. September spielten sich unser Leben und unsere Ausbildung in der Unterkunft ab. Wenn ein Hubschraubereinsatz anstand, haben wir alles verlassen und sind abgeflogen. Die Bereitschaftseinheit hat immer über die

schnellen Fahrzeuge verfügt, damals über den 280er Mercedes. Die Ausrüstungen waren schon komplett verstaut, die Fahrzeugbesatzungen standen fest. Das war ganz klar nach Plan strukturiert. Wenn der Alarm oder der Einsatzbefehl kam, sind wir in die Autos gesprungen und dorthin gefahren, wo Hilfe benötigt wurde. Deswegen war die Zeit für uns vom 5. September bis 13. Oktober nichts, was uns überrascht hätte, sondern wir standen jeden Tag unter Hochspannung, weil wir überall eingesetzt wurden. Wir durchsuchten Häuser, Wohnungen, Geländeteile, Erdlöcher und vieles mehr. Am besagten 13. Oktober 1977 befanden wir uns im Studentenhochhaus in Köln. Die GSG 9 war im gesamten Gebäude unterschiedlich eingesetzt. Das Uni-Center war ein riesengroßer Komplex mit tausend Winkeln und kleinen Wohnungen. Wir durchsuchten jedes einzelne Stockwerk und jede Wohnung mit dem BKA und anderen Polizeibeamten. Wir hatten Kenntnis, dass Schleyer in einer der Wohnungen sein sollte, aber leider nicht mehr zu diesem Zeitpunkt. Wir waren seit dem frühen Morgen dort. Wir arbeiteten uns in unterschiedlichster Art und Weise am und im Gebäude vor. Das Einzige, was wir nicht benutzt haben, waren Aufzüge. Seltsamerweise wurden diese, entgegen klar taktischen Anweisungen, dennoch von einigen Polizeibeamten, die nicht zur GSG 9 gehörten, benutzt. Man hat uns zu diesem Zeitpunkt immer noch ein wenig belächelt und als die „Rambos aus Sankt Augustin“ betrachtet. Leider auch einige Politiker!

Wobei uns die meisten Leute vom BKA sehr wohl akzeptiert haben: Wir haben uns in den fünf Wochen vom 5. September bis zum 13. Oktober durch unsere gemeinsamen Einsätze sowie unser Verhalten vor Ort, unser polizeitaktisches Vorgehen sowie durch resolutes, aber organisiertes Eingreifen eine Menge Anerkennung verdient.

Ein Problem war, dass das Bundeskriminalamt zum damaligen Zeitpunkt nicht nur mit klassischen BKA-Beamten besetzt war, sondern man hat aus allen Bundesländern teilweise Verwaltungsbeamte, Kriminalbeamte, Polizeibeamte oder Streifenbeamte zum BKA geholt.

Diese Beamten hatten kaum bis keine spezialtaktischen Kenntnisse und wussten in bestimmten Situationen nicht, wie sie sich zu verhalten hatten. Somit gab es natürlich auch schon mal die eine oder andere „taktische Verständigungsschwierigkeit“.

So um die Mittagszeit mussten im Studentenhochhaus die Einheitsführer zu Kommandeur Wegener kommen. Er hatte sie kurz zusammengerufen. Es gab eine Einsatzbesprechung, weil wir nicht mehr weiterkamen. Wir hatten fast alles durchsucht und mussten uns eine neue Taktik zurechtlegen, weil im Haus die Hölle los war. Der gesamte Gebäudekomplex war in Bewegung. Man kann sich das gar nicht vorstellen. Die Presse war natürlich auch da und Köln in heller Aufregung, weil die GSG 9 und die Polizei das Unihochhaus im Griff hatten. Genau in diese Situation platzte die Nachricht, dass eine Lufthansa-Maschine entführt worden sei. Daraufhin ließ Wegener die Einheitsführer zu sich kommen, die sofort ihre Einheit informierten. Mein Einheitsführer sagte: „Fox, Sie suchen sich jetzt aus der Einheit ein paar

Leute aus. Jede Einheit stellt ein größeres Team zusammen." Ich fragte, wie stark das Team sein sollte – es sollte aus maximal 15 Leuten bestehen. Bei drei Einheiten hatten wir dann quasi wieder eine Einheit zusammen, die funktionsfähig und dazu in der Lage war, einen Einsatz zu bewältigen. Wer das dann führen sollte, war eine ganz andere Geschichte. Ich suchte mir die Leute zusammen, natürlich alles Freiwillige. Es waren auch einige dabei, in deren Augen ich Skepsis sah, aber wer freiwillig bei einer Spezialeinheit ist, der hat auch freiwillig in den Einsatz zu gehen. So einfach ist das. Das erwartete Wegener von uns allen. Ich fragte also, wer sich freiwillig meldet. Ich glaube, es gingen zehn oder fünfzehn Hände hoch. Natürlich war klar, dass eine Lufthansa-Maschine entführt worden war und wir sofort nach Sankt Augustin verlegen mussten, um weitere Maßnahmen einzuleiten.

Die Maschinen standen schon bereit und wir wussten, dass wir wahrscheinlich noch am Abend verlegt werden würden. Ich wählte also die Anzahl Männer aus, die mein Vertrauen hatten. In den letzten Wochen, in denen wir nicht aus der Unterkunft heraus gekommen waren, hatte uns die Situation teilweise brutal zusammengeschweißt. Es hat aber auch heftige Reibungsprobleme gegeben, weil wir fünf Wochen lang auf engstem Raum zusammenlebten. Jeder hatte zwar bei der GSG 9 sein eigenes Zimmer und man konnte sich zurückziehen, wenn man wollte, dennoch bauten sich Spannungen auf. Wir verfügten auch über genügend Sportmöglichkeiten: Krafttraining, man konnte die Karatehalle nutzen, laufen, Fußball spielen, schießen, – was wir wollten, um zu entspannen und uns abzulenken. Aber es war spürbar, dass der eine oder andere scheinbar mit anderen Augen gesehen wurde.

Wegener hat die jeweils ausgewählten Männer inspiziert und sagte: „Was meinen Sie, alles o.k.?" Ich sagte ihm, das seien die Leute, denen ich vertrauen würde, mein Einheitsführer unterstrich dieses. „O.k. – alles klar, wir verlegen nach Hangelar", war seine Antwort.

Wir wurden komplett verlegt, haben unsere Ausrüstung zusammengepackt und alles auf die VW-Busse geladen. In Sankt Augustin wurden die ausgewählten Männer zusammengerufen und wir sind per Hubschrauber zum Flughafen nach Köln/Bonn geflogen, sofort in die Maschine gestiegen und von dort Richtung Lanarca geflogen. Das war die erste Station. Rom haben wir nicht angeflogen. Als wir in Lanarca gelandet waren, kam ein britischer Offizier an Bord. Wir hatten natürlich alle unsere Ausrüstung dabei und abgedeckt. Der Offizier kam mit seinem kleinen Offiziersstöckchen und klopfte immer auf die Ausrüstung. Wir haben ihm erzählt, dass es sich um medizinische Versorgungsgüter und Ähnliches handele. Natürlich waren unsere kompletten Gerätschaften darunter. Danach – er war ja auch instruiert, er wusste ganz genau, das ist die GSG 9 – wurde nichts mehr gefragt, das Thema war in Ordnung.

Von dort aus flogen wir nach Ankara. In Ankara ergaben sich die ersten Situationen, aus denen nicht konkret ersichtlich schien, wie ein weiterer Verlauf geplant war. Wegener stand immer in Verbindung mit dem BKA und mit Wischnewski. Die „Landshut" befand sich inzwischen in der Golfregion und war nach Dubai unterwegs.

Jedenfalls entschied sich in Ankara, dass die GSG 9 wieder nach Sankt Augustin zurückfliegen solle. Wir würden im Augenblick noch nicht benötigt, sollten aber in erhöhter Alarmbereitschaft bleiben.

Schon hier wurde aber überlegt, wie wir uns im Falle einer Einsatzzustimmung des jeweiligen Landes verhalten müssten, denn es ging immerhin um die Souveränität eines anderen Staates sowie um die Glaubensbruderschaft der Moslems – das waren die Terroristen!

Wegener entschied daraufhin nach Rücksprache mit dem BKA und mit Wischnewski, dass die GSG 9 zurückfliegen solle. Wegener selbst, Baum, ich, zwei Leute des Flugfahrtbundesamtes, ein kleiner Stab aus dem BMI und zwei oder drei BKA-Beamte flogen nicht nach Deutschland zurück. Wir flogen stattdessen mit einer kleinen Maschine, wo zehn oder zwölf Leute reinpassten, hinter der entführten Lufthansa-Maschine her. Wir flogen von Ankara nach Teheran, da es möglich sein konnte, dass dort die „Landshut" zwischengelandet war oder wir neue Informationen erhielten. Wir blieben dort nur ein bis zwei Stunden, weil uns die Iraner sehr abweisend gegenübertraten. Zum damaligen Zeitpunkt herrschte in Teheran bereits Krisenstimmung. 1978/1979 kehrte Khomeini in den Iran zurück und der Schah musste abdanken. Der Schah war 1977 schon nicht mehr der absolute Herrscher. Wir hielten uns nur am Flughafen auf, diesen verließen wir nicht, nahmen dort ein paar Getränke zu uns, tauschten mit der Polizei einige Infos aus und stiegen dann wieder in die Maschine Richtung Dubai.

Als wir in Dubai mit der kleinen Maschine ankamen, war die GSG 9 immer noch in erhöhter Alarmbereitschaft. Nach den ersten Verhandlungen mit dem Scheich – ich glaube, es war der oberste Scheich des Landes, der bereits mit Mahmud gesprochen hatte – stellte sich heraus, dass er keine fremde Polizei oder Militäreinheit operieren lassen wollte, da er – wenn überhaupt – eine Befreiung mit seinen eigenen Leuten durchführen wollte. Das haben wir als sehr überschätzt empfunden, weil wir weder die Söldner noch die Polizei oder die Militäreinheiten kannten. Zudem wussten wir nicht, ob die überhaupt über spezielle Taktiken und Ausrüstungen verfügten. Der Scheich wollte aber die GSG 9 nicht, Wegener und Wischnewski haben mit ihm gesprochen – keine Chance.

Daraufhin zeigten wir – Wegeners Adjutant und ich – den Soldaten an einer 737, wie das taktisch abläuft. Wir hatten zum Glück einen deutschen Flugkapitän bei uns, er war Chef der 737-Flotte. Er sagte uns, die Version der „Landshut" sei eine andere als die, die dort stehe, diese sei genau seitenverkehrt. Das war generell kein Problem, man orientiert sich dann eben zur anderen Seite, wenn man in die Maschine geht. Jedenfalls versuchten wir, den Soldaten beizubringen, wie man die Türen öffnet, in die Maschine eindringt, dann in der Maschine vorgeht. Es war eine einzige Katastrophe. Es funktionierte nicht nur nicht, sondern die Dubaier wollten es auch nicht verstehen. Es waren aber auch nicht nur Dubaier dabei, sondern auch noch britische Söldner, die in Dubai als Soldaten angestellt waren. Mit denen konnte man wenigstens noch halbwegs taktisch reden, aber die Dubaier waren nicht auf unserer Wellenlänge. Schließlich waren die Entführer ihre „islamischen Brüder“. Das war ein großes Problem. Den Briten war das prinzipiell gleichgültig. Durch das Zögern und zähflüssige Reagieren der Dubaier hat es nach unserem Dafürhalten schließlich nicht funktioniert.

Wegener kam dazu und fragte, wie es aussähe. Ich sagte, das könne man vergessen, es sei kein taktisches Verständnis vorhanden, weil sie es nicht begreifen wollten. Man könne es versuchen, aber es werde ein Desaster geben. Der Scheich wollte es jedoch trotz allem mit seinen Leuten unter unserer beratenden Leitung durchführen. Sie seien mit ihrer Ausrüstung und Einstellung entsprechend vorbereitet, meinte er.

Die „Landshut“ stand immer noch draußen auf der Sonderposition, es ging immer noch um das Auftanken. Die Leute des Scheichs haben sich dann zur Ruhe gelegt, ein wenig relaxt, Restmaßnahmen besprochen – das war nachmittags. Sie haben in einer kleinen Halle gelegen, Wegeners Adjutant und ich standen draußen. Wir konnten die Maschine sehen, sie war nur einige hundert Meter entfernt. Wir standen im vorderen Bereich der Cargo-Hallen, also noch nicht am Runway. Auf einmal sah ich, nachdem die Maschine wohl aufgetankt war, wie sie zu rollen begann; sie drehte sich langsam, fuhr auf die Startbahn, startete und flog an uns vorbei. Die Söldner ruhten mehr oder weniger, sie bekamen das kaum mit. Der Adjutant und ich sahen das voller Erstaunen und haben uns gegenseitig zugerufen: „Da fliegt sie!“ Da flog die Maschine wirklich und war dann verschwunden. Wegener erfuhr das wohl zeitgleich, er war noch in einer Besprechung. Der Tower meldete es ihm. Wegener kam runter und wir unterrichteten ihn. Wir überlegten, was nun zu tun sei und entschieden dann, noch eine Nacht in Dubai zu bleiben. Da wir aber über keinerlei frische Textilien verfügten, besorgte uns die Chefflugbegleiterin unserer 707 Bekleidung und Unterwäsche. Ich hatte nur meine Notbekleidung aus der Alarmbereitschaft dabei, das war eine Lederjacke, die mir mein Kamerad in Ankara noch geliehen hatte, weil wir wussten, dass wir möglicherweise in wärmere Länder fliegen würden. Vorher hatte ich so einen alten Eskimo-Parka mit Fell dabei. Nachdem unsere Bekleidung nicht mehr gut gerochen hatte, besorgte man uns also frische, neue Kleidung. Wir hatten die Sachen bis dahin in der Flugzeugtoilette in dem kleinen Becken gewaschen, haben immer mal die Socken gereinigt, dann mal wieder eine Unterhose, ein Unterhemd oder Hemd, über die Bordklimaanlage ein bisschen trocknen lassen und dann wieder zerknautscht angezogen – es war dramatisch, es war hinten und vorne nicht schön.

Am anderen Morgen sind wir weiter nach Dschidda geflogen. Zu dem Zeitpunkt hatte sich aber bereits der Zwischenfall in Aden/Südjemen ereignet. Die sind also von Dubai nach Aden geflogen, wo die dramatische Landung ablief und später Kapitän Schumann erschossen wurde.

Wir kamen in Dschidda an – Wischnewski und der Stab haben beraten. Wir durften zwar die Maschine verlassen, den Flughafen nicht, sodass wir uns in einem kleinen Saloon im Flughafenbereich aufhielten. Dort ist entschieden worden: „O.k. –

wir machen nun folgendes: Wir fliegen jetzt nach Mogadischu, das ist die letzte Station, und wenn dort nichts passiert, dann ist die Mission für uns beendet, mehr können wir augenblicklich nicht tun." Das war die Intention Wischnewskis. Wegener hat dem zwar nur schweren Herzens zugestimmt, aber er hat gesagt: „O.k., machen wir so, auf nach Mogadischu."

Nach dieser Entscheidung war unser Hauptanliegen, bei Landung in Mogadischu die „Landshut" auf ihrer Sonderposition zu sehen und so ein kleines Lagebild zu erhalten. Der Chefpilot der 707-Flotte ist geflogen und meinte: „Mensch, kriegen wir das hin, vor der ‚Landshut' zu landen?" Wir wussten, dass die Maschine auf einer Abstellposition stand. Er sagte uns, dass er Mogadischu zwar grob kenne, aber die Landebahn sehr kurz sei. Wenn wir noch vor der „Landshut" mit viel Speed runterkämen, dann könne es passieren, dass wir einen Teil Wüstensand mitnähmen, bevor wir auf die Piste kämen. Wir wollten aber die „Landshut" sehen. Der Pilot hat uns dann doch in einem unglaublich spektakulären Landemanöver runtergebracht, er hat die Maschine runtergedrückt und es wirklich geschafft, kurz hinter dem Wüstensand auf die Landebahn zu kommen. Er hat sofort alle möglichen Register gezogen, sodass die Maschine abbremste, wir zumindest an der „Landshut" vorbeirollen und sehen konnten, was los war. Aber die Maschine stand einfach da, die Jalousien waren teilweise runtergezogen, mehr war für uns zunächst nicht zu erkennen. Das Erste, was dann nach unserer Ankunft passierte, war, dass uns die Somalier sofort unsere Pässe abnahmen.

Zander: Zuerst ist Wischnewski aus dem Flugzeug gestiegen.

Fox: Wischnewski ging raus, Wegener, sein Adjutant und ich durften noch nicht aussteigen. Keiner kannte unsere Gesichter, wir hätten genauso gut zu der Delegation Wischnewskis gehören können, wenn es so gewesen wäre. Es war zu diesem Zeitpunkt auch Presse vor Ort. Die nahmen nur Wischnewski sowie die Geschäftsträger von Deutschland und der Schweiz sowie einige aus Wischnewskis Stab wahr. Man sieht in den damals entstandenen Filmausschnitten, wie Wischnewski die Treppe herunterkommt und die Somalier ihn begrüßen. Nachdem der erste Tross den Bereich der Maschine verlassen hatte, stiegen wir aus. Unsere Pässe waren zu dem Zeitpunkt schon fort, das heißt, man nahm uns erst einmal unsere Identität. Unsere Waffen ließen wir in der Maschine. Wegener meinte, wenn wir bewaffnet aussteigen würden, könne das gefährlich werden. Somalia befand sich damals mit Äthiopien im Kriegszustand. Das war eine höchst brisante Angelegenheit, deren Nervosität wir noch erleben sollten. Wir wussten also nicht, wie man uns behandeln würde, wenn man Waffen feststellte. Wir wurden dann in ein Hotel gebracht – es war schrecklich, ich habe mich gar nicht hingelegt. Es gab ein Bett, Hocker und Lehmwände; Ameisen und verschiedene andere kleine Tiere liefen permanent an mir vorbei. Ich habe mir gedacht, dass ich mich besser nicht auf das Bett legen solle, weil ich nicht wusste, was sich darin noch verbarg. Ich habe die ganze Zeit auf einem Stuhl gesessen. Wir durften auf die Terrasse gehen und uns im Hotel bewegen, aber nicht aus dem Hotel hinaus, schon gar nicht in die Öffentlichkeit. Das Hotel war militärisch umstellt, weil man scheinbar nicht richtig viel mit uns anfangen konnte. Also haben wir gewartet. Wegener durfte raus, der Adjutant und ich nicht. Wegener ist dann zum somalischen Präsidenten Siad Barre gefahren worden und hat mit ihm und einem weiteren somalischen Offizier das Gespräch geführt. Er hat ihm erklärt, was wir tun könnten, wozu wir in der Lage wären, aber Barre war erst gar nicht damit einverstanden. Wir haben dann noch einmal versucht, den Somaliern zu erklären, worum es ging. Die sind mit Holzleitern und ähnlichen Dingen an eine alte Maschine rangegangen und haben versucht, diese zu stürmen. Es war dramatisch – noch schlimmer als in Dubai. Wir haben versucht, mit denen in irgendeiner Form einen Konsens zu finden, aber es ging nicht. Ich will nicht sagen, dass sie zu tollpatschig waren, sie haben einfach die Taktik nicht annehmen wollen, nicht verstanden. Wegener sah, dass dies nicht funktionierte, und meinte, auf diese Weise gäbe es nur Tote und Verletzte, es würde in einem Drama enden. Er hat sich noch einmal mit Barre unterhalten und gesagt: „Herr General, wir machen Joint Venture. Wir zusammen – Ihre Leute bekommen das alleine so nicht hin. Wir haben völlig andere Ansichten von Taktiken an der Maschine. Aber zusammen wird es gehen.“ Wegener hat ihn sehr hofiert, er meinte, er würde sich sehr freuen, wenn die Leute von Barre die äußere Sicherung übernehmen würden, weil sie sich dort auskennen würden. Da war der General einverstanden und meinte, das wäre eine Sache, die würde er akzeptieren.

Zu dem Zeitpunkt befand sich die GSG 9 bereits im Luftraum, das heißt, sie bewegte sich in einer Art Bereitstellungsraum. Von Sankt Augustin bis Mogadischu dauerte der Flug rund acht Stunden. Wenn sie nicht schon vorher benachrichtigt worden wären, hätte es keine Chance gegeben, dass sie rechtzeitig vor Ort gewesen wären. Sie befanden sich im Großraum von Kenia, haben den Luftraum Somalia aber gemieden.

Zander: Die GSG 9 hat sozusagen in der Luft die Entscheidung abgewartet?

Fox: Sie waren in der Maschine in Standby. Da ist die Panne mit den zwei israelischen Funkamateuren passiert, die Funkgespräche abgehört hatten und das angeblich vertraulich kommuniziert haben. Das waren natürlich verräterische Aussagen, da wurden Informationen weitergegeben, die dazu hätten führen können, dass der Einsatz völlig schief gelaufen wäre. Irgendwie wurden diese Informationen doch nicht in deutlicher Form herausgegeben, sie waren verschlüsselt und nur Fetzen waren verständlich.

Nachdem Wegener und Barre sich nun geeinigt hatten und auch Wischnewski sein O.K. gegeben hatte, brauchte es noch ca. dreieinhalb Stunden, um die GSG 9 einfliegen zu lassen. Ab diesem Zeitpunkt durften wir uns auch freier bewegen. Wir fuhren noch einmal zum Flughafen und sahen uns die aktuelle Lage an. Ich war in Gedanken, wir konnten die entführte Maschine sehen, die Sonne ging langsam unter. Unsere Angehörigen in Deutschland wussten immer noch nicht konkret, wo wir waren. Sie wussten, dass wir im Einsatz für Schleyer waren, aber sie wussten nichts von Mogadischu. Die GSG 9 und auch andere Stellen gaben keine Auskunft mehr. Ich sah mir also die Sonne an und dachte: „Na ja, schönes Abendrot, aber es wäre nicht so schön, wenn du hier dein Leben lassen müsstest, aber ich denke mal, nö. Das packen wir, das ist einfach so, das schaffen wir.“ Ich war so sehr davon überzeugt, dass wir die Sache erfolgreich entscheiden würden. Wie, war mir im Detail noch nicht klar, aber wir würden das packen. Wir waren so gut in der Flugzeugerstürmung, das behaupte ich ohne Arroganz, es gab keine Maschine in Deutschland, die wir im Training nicht gestürmt hatten. Gerade bei den Typen 707 / 727 / 737, unseren Trainingsmaschinen, waren wir top. Gleichwohl habe ich gedacht, na ja, nachdem, was wir von den Terroristen wussten und gehört hatten, würde es schon ein paar Verletzte, vielleicht ein paar Tote geben.

Wir sind dann zurück ins Hotel gefahren, haben unsere persönlichen Dinge rausgeholt und sind dann mit einem Jeep – nachdem die GSG 9 im Anflug war – aus dem Hotel über verschiedene Wege auf das Flughafengelände gefahren. Und zwar nicht mehr über die Außenstraßen, sondern über das Flughafengelände in den Bereich, wo die 707 mit der GSG 9 stand.

Es hat während der Fahrt zum Flughafen auch noch einen kleinen Zwischenfall gegeben: Im Jeep hinten saßen Wegener, der Adjutant und ich, vorne saßen ein somalischer Offizier als Beifahrer sowie sein Fahrer. Wir mussten durch einen Checkpoint, der nur vom Flughafen aus mit Passwort zu begehen war. Das heißt, die Militärs auf dem Flughafen kannten dieses Passwort. Wenn ein anderer passieren wollte, kannte er das Passwort also nicht. Wir hatten leider einen Offizier dabei, der kein Flughafenoffizier war, sondern von irgendeiner anderen militärischen Einheit kam. Jedenfalls kamen wir an den Checkpoint, der war geschlossen, links waren zwei Masten, rechts war ein Offizierskasino, davor standen zwei Bewaffnete mit Kalaschnikows. Der Wagen stoppte. Dann rief der eine, er hatte seine Kalaschnikow im Anschlag und schrie auf somalisch nach dem Passwort. Der Offizier sagte auf Englisch zu Wegener, dass er das nicht wüsste. Ich zitiere jetzt sinngemäß – ob das der genaue Wortlaut gewesen ist, das weiß ich nicht mehr. Wegener sagte: „Wir müssen aber durch, sie müssen das Passwort sagen.“ Der Offizier sagte: „Ich kenne das Passwort nicht.“ Währenddessen lud der andere seine Kalaschnikow durch und auch der erste ging in Stellung. Der eine nahm die Kalaschnikow an die Schulter und der andere an die Hüfte. Durch einen glücklichen Zufall kam dann ein Offizier aus dem Gebäude, der hörte die lauten Sprachgeräusche. Er ist runter gekommen, wir durften ranfahren. Die beiden Soldaten hatten immer noch die Kalaschnikows im Anschlag. Wir sind dann an den Kontrollpunkt gefahren, unser Beifahrer hat sich legitimiert, seinen Dienstausweis gezeigt und gesagt, dass alles klar sei. Die beiden Somalier waren immer noch misstrauisch. Wenn man während eines Kriegszustandes dort in diesen Ländern einen Fehler macht, wird derjenige sofort hart bestraft, meist mit dem Tode. Danach durften wir durchfahren. Ich sagte noch, dass dies nicht wahr sein könne, wir seien kurz vorm Ziel und wären fast von irgendwelchen Somaliern im Jeep erschossen worden.

Die hätten uns durchsiebt, es wäre keiner von uns lebend aus diesem Auto herausgekommen. Wegener sagte nur: „Tja, das war sehr knapp." Wir hatten uns mit allem abgefunden, selbst mit dem Schlimmsten. Dass das plötzlich eintrat, nachdem alles soweit geklärt schien, war selbst für uns eine Überraschung, die sehr schicksalhaft hätte enden können.

Wir sind dann auf dem Flughafengelände zu den Maschinen gefahren. Wegener hat die Leute der GSG 9 begrüßt und zu mir gesagt: „Erklären Sie mal, machen Sie mal für Ihren Teil die Einweisung." Ich habe meinen Kameraden dann erklärt, wie sich die Situation und die momentane Lage darstellten, und deutlich gemacht, dass wir den Einsatz durchführen würden. Bei einigen gingen die Gesichter schon ein bisschen runter. Das ist normal. Ich schaute in die Runde und habe meine 2. Einheit gesucht, mit der ich zum Teil vorher auch in Ankara war. Meine 2. Einheit war nicht da. Die 1. und die 3. Einheit waren mitgekommen, aber meine Stammeinheit und mein Chef mussten in Sankt Augustin bleiben und Bereitschaft leisten. Sie standen also zur Verfügung für die weiteren Maßnahmen der Polizei zur Befreiung Schleyers.

Das war für mich zunächst ein irritierendes Moment. Man identifiziert sich mit seiner eigenen Einheit, man kennt die Vorgehensweisen, die Abläufe, man versteht sich blind, hat Vertrauen zueinander. Wir kannten uns prinzipiell alle untereinander, vom Sport und ähnlichen Dingen. Aber wie der andere im Einsatz tickt, das wusste man von den anderen Einheiten nicht so genau. Das war eine frustrierende Situation für mich. Daraufhin sagte ein Führungsoffizier der GSG 9 zu mir: „Herr Fox, Sie sind jetzt fünf Tage unterwegs gewesen, ich glaube, Sie sind sehr angespannt und psychisch auch sehr unter Druck und vielleicht auch körperlich in nicht ganz guter Verfassung. Sie kommen mit in die Präzisionsschützentruppen und gehen nicht mit an die Maschine." Ich sagte zu ihm: „Ich denke, nein. Ich werde mit in die Maschine gehen und ein Team führen, Wegener hat mir das versprochen." Wegener hörte die Auseinandersetzung aus ein paar Metern Entfernung. Er fragte: „Was ist los?" Der Offizier sagte: „Herr Fox soll besser rausbleiben." Wegener antwortete: „Ich habe gesagt, Fox führt ein Team und er führt ein Team." Der Offizier sah mich an, sagte nichts mehr, ich habe dann zu mir gesagt: „Na ja, es wird vielleicht taktisch kleine Ungereimtheiten geben, weil ich mit den Leuten erst zurechtkommen muss, aber es wird schon funktionieren." Wegener fragte daraufhin noch einmal nach: „Ist jemand hier nicht in der Lage, diesen Einsatz mitzumachen?" Erst entstand ein Raunen, es gingen ein paar Hände hoch von Männern, die erklärten, dass sie nicht glaubten, augenblicklich mental in der Lage zu sein an der Maschine, als Zugriffstrupp. Wegener sagte dann: „Gut, alles klar, verstehe ich." Es waren – meine ich – noch zwei, drei, die sagten: „Ja, ich würde aber lieber in den Deckungstrupp, weil ich mich mit der langen Waffe sicherer fühle." Wegener hatte auch dafür Verständnis. Die kamen dann in die Präzisionsschützentruppen. Das Präzisionsschützenkommando wurde vom stellvertretenden Kommandeur geführt. Wegener sagte dann: „O.K., ich übernehme das Kommando an der Maschine."

Zander: Gab es Personen, die gar nichts machen wollten?
Fox: Nein, jeder hatte einen Auftrag! Soweit mir bekannt ist, sind einige freiwillig ausgeschieden oder sie sind von der GSG 9 in den normalen Grenzschutz zurückgegangen.
Zander: War das Angst oder waren sie von der Situation überwältigt?
Fox: Es kann durchaus sein, dass Angst eine Rolle gespielt hat. Vielleicht war es aber auch ein sehr unangenehmes Gemisch aus Ratlosigkeit, Lähmung, Überforderung oder mentaler Schwäche. Das führte dann zu dem Gefühl: „Ich schaffe das nicht." Obwohl sie zur Einsatzeinheit gehörten. Sie hätten dies aber genauso gut in Sankt Augustin oder in der Luft sagen können. Es stand fest, die GSG 9 macht es, ganz egal wie. Das war generell allen Männern klar.
Zander: Wie gingen die Vorbereitungen für den Flugzeugsturm weiter?
Fox: Mir wurde ein Team zugeteilt. Wegener ordnete an: „Männer, macht euch einsatzbereit." Wir bereiteten uns vor – ich hatte gar nichts dabei: keine Uniform, keine Bereitschaftssachen. Die anderen hatten ihre Uniformteile dabei, sie drehten ihre Jacken auf links, damit die Rangabzeichen und die Hoheitsabzeichen nicht zu sehen waren. Sie hatten zumindest dunkle Sachen an. Ein Lufthansa-Ingenieur gab mir seinen Overall, der mir gerade so passte. Den habe ich auch heute noch. Im Waschbecken der Maschine verbrannten wir eine alte Zeitung, ließen ein bisschen Wasser drüber laufen und schwärzten damit unsere Gesichter. Camouflage oder ähnliches hatten wir nicht dabei. Einige hatten jedoch schwarze Farbe in der Ausrüstung. Das war so o.k. Wir waren zumindest nicht mehr kenntlich, nicht nur für die Operation bei Nacht, sondern auch für die Presse. Wir bekamen noch etwa eineinhalb Stunden Zeit, um an den Maschinen zu üben, aber nicht an einer 737, wir mussten an einer 720 arbeiten. Wegener fragte ab: „Habt ihr eure Taktik zurechtgelegt?" Wir sagten: „Ja, so wie wir das gelernt haben." Er sah sich jeden einzelnen Trupp an, wie der arbeitete. Schließlich meinte er: „Ja, ich bin zufrieden." Das Vorgehen an der Maschine und das Eindringen, das Öffnen, die Situation auf der Leiter, das kannten wir alle. Schließlich erklärte Wegener: „So, alles klar. Wir haben jetzt noch ein bis zwei Stunden Zeit. Legt euch hin, besprecht euch miteinander oder relaxt. In eineinhalb Stunden marschieren wir. Und dann geht es los."

Nach der Vorbereitungsphase wurden also nun die letzten Details für den Einsatz besprochen. Wir haben unsere Ausrüstung angelegt und waren jetzt für den Abmarsch bereit, als Wegener sagte: „Um die Uhrzeit X marschieren wir und nähern uns in taktischer Formation an."

Es war kurz vor Mitternacht, 23:15 Uhr oder 23:30 Uhr. Wir verließen unseren Bereitschaftsraum und mussten über einen langen Weg – unweit des Strandes – vorgehen. Es waren große Gras-, Sand- und Bodenbereiche, in denen sich allerlei Getier herumtrieb, unter anderem auch giftige Schlangen. Davon erfuhren wir aber erst im Nachhinein. Schlangen kommen vielfach nachts heraus, wenn Flächen noch warm sind. Sie nehmen auf diese Weise die letzte Wärme auf. Ich weiß gar nicht, ob uns welche begegnet sind. Aber hinterher sagte man uns, dass gerade in Strandnähe einige giftige Schlangen herumschlichen – kleine Nattern und Vipern. Wir sahen aber keine. Es gab relativ starkes Mondlicht und es war klarer Nachthimmel. Was uns dann im Annähern widerfahren ist, war für uns augenblicklich schlimmer als Schlangen: Wir hatten bereits die Hälfte der Strecke zurückgelegt, als rechts von mir Strandhühner oder ähnliche Vögel mit einem lauten Geschrei aufflogen. Wir waren bestimmt noch 200 bis 300 Meter von der Maschine entfernt, die Hühner konnte eigentlich keiner hören. Wir stoppten, gingen runter und überlegten: Was ist passiert? Wir mussten abwarten. Wenn jetzt in der Maschine Licht anging oder eine Tür geöffnet würde, dann wäre unsere Aktion stark gefährdet. Die gesamte Taktik war darauf abgestimmt, dass die entsprechende Ablenkung durch Feuer stattfinden sollte und wir dann in taktischer Ruhe an und unter die Maschine kommen konnten. Diese Vögel verzogen sich schließlich irgendwann und wir hörten das unheimliche Flügelschlagen, dieses Flattern. Wenn man nachts unterwegs ist, gerade in so einer derart angespannten Situation, glaubt man, dass nun wirklich alle etwas davon mitbekommen. Vor allen Dingen dachten wir, dass die Presse etwas mitbekommen würde, die waren ja auch da. Die Pressevertreter waren zwar nicht in unmittelbarer Nähe, aber mit ihren starken Fotoobjektiven hätten die möglicherweise das ein oder andere erkennen können. Diese Vögel flogen jedoch in eine völlig andere Richtung ab und waren dann, Gott sei Dank, auch verschwunden. Wir gingen weiter vor. Ich schaute zum Himmel und gerade in diesem Moment ging dort eine riesengroße Sternschnuppe herunter. Da klopfte ich meinem Einheitsführer vor mir auf die Schulter und sagte: „Jetzt packen wir es." Das war für mich ein Zeichen: Das kann nur gut gehen; so eine Sternschnuppe, das heißt, dass wir Glück haben werden. Wir marschierten dann weiter Richtung Maschine und nahmen unter ihr unsere taktischen Positionen ein. Unser Funkverkehr brach plötzlich zusammen, weil wir, was die Funkausrüstung betraf, nicht sehr vorteilhaft ausgestattet waren. Dies betraf hauptsächlich die Übertragungssensibilität. Wir hatten zwar, so gut es ging, eine Art Relaisstation aufgebaut, aber die funktionierte nicht so korrekt, wie wir es benötigt hätten und unter der Maschine entstanden zusätzliche Störfaktoren. Darauf hatte Wegener aber vorher hingewiesen: „Wenn die Geräte ausfallen, gibt es mündliche Anweisungen. Dann müsst ihr gut hören, beobachten und euch per Zeichen verständigen." Gut, das kannten wir. Wir stellten uns auch im Training immer darauf ein, dass dies passieren könne. Wir sollten immer Kontakt zum Teamführer halten, um zu sehen, was er tat. Die Funkgeräte fielen also quasi aus. Man hörte nur noch Rauschen und abgerissene Sätze. Das hätte für einen Befehl nicht ausgereicht. Wir positionierten uns an den Türen und dann kam von Wegener das Kennwort „Feuerzauber". Er hatte sein Funkgerät noch an. Wir hatten unsere auch nicht abgelegt. Wegener machte per Hand Zeichen und schrie dann: „Feuerzauber!" Das bedeutete: Eindringen – Türen öffnen, rein in die Maschine, Positionen einnehmen und den Feuerkampf aufnehmen.

Zander: Die Passagiere haben von dem Befehl nichts gehört, lediglich das Scheuern der Leitern.
Fox: Das kann sein, weil wir die Leitern mit Textilien und altem Schaumstoff gepolstert und mit breitem Tape abgeklebt haben. Wenn nur die trockenen Textilien daran gewesen wären, dann hätte wahrscheinlich nichts gescheuert, aber dieses Tape hat ein ganz leichtes Quietschen oder Schaben verursacht. Das ist das, was man drinnen gehört haben könnte.
Zander: Haben Sie gesehen, dass Jürgen Vietor noch einmal in das Cockpit gegangen ist, und haben abgewartet, bis er wieder zurückgeht?
Fox: Wir haben ihn nicht gesehen. Die Jalousien waren unten, wir konnten nicht in die Maschine sehen. Wir wussten nur, dass die vier Terroristen Che-Guevara-T-Shirts trugen. Unsere Annäherung erfolgte von rückwärts. Ich kann von mir aus sagen, dass auch meine Kameraden keine Bewegung im Cockpit gesehen haben können. Mein Kamerad, der vorne links eingedrungen ist, sagte anschließend auch: „Wir haben keinen gesehen." Es gab durch die Ritzen der Jalousien – eine oder zwei waren, glaube ich, nicht ganz unten – Schattenspiele, mehr nicht.

Mein Team war hinten rechts eingesetzt. Dann gab es noch die Tragflächenteams sowie die Teams vorne rechts und links. Die vordere Tür rechts war mit Kartons zugestellt. Dort ist auch der einzige Mann von uns verwundet worden. So etwas passiert in dieser Form auf der Welt mit einer Wahrscheinlichkeit von 1:1.000.000, ich sage das mal ganz deutlich, dass ein Schuss durch diese schmale Öffnung nach unten herausgeht und unseren Kollegen durch den Hals trifft. Aber es gehörte an diesem Abend wohl auch mit dazu. Das heißt, das Team kam nicht rein, weil innen Kartons komplett hochgestellt waren. Daher mussten sie rüber auf die andere Seite und hinter dem anderen Team, welches schon halb in der Maschine war, mit eindringen und dann in den Feuerkampf eingreifen. Das heißt, die Seite vorne rechts war dadurch praktisch verwaist. Aber da ist außer den Versperrungen nichts passiert, somit konnte dort auch keiner rausspringen, die Tür war zugestellt. Wir sind also in die Maschine gestürmt und haben den Feuerkampf aufgenommen, es dauerte – ich sage einmal – drei bis vier Minuten, dann war das Thema erledigt! Dann hat Wegener abgefragt – unser Funk arbeitete in der Maschine teilweise wieder –, wie die Lage aussähe. Die einzelnen Trupps haben Klarheit gemeldet. Das heißt, man musste für den Abschnitt, der einem zugewiesen worden war, eine entsprechende Meldung abgeben: „Bei mir alles o.k., keine Verletzten, keine Toten."

Wir haben vorne gesehen, dass sich zwei Terroristen im Mittelbereich aufgehalten haben, die lagen nun auf dem Boden und waren scheinbar verwundet. Da wir nicht wussten, ob unter denen noch eine Handgranate lag, haben wir versucht, sie ganz vorsichtig anzustoßen. Dort standen Wegener, ich selbst – Wegeners Adjutant war in der Nähe –, des Weiteren ein BKA-Beamter sowie Leute vom Dokumentations-Beweis-Trupp.

Kurz danach kamen somalische Offizielle und Ärzte in die Maschine. Die Geiseln waren mittlerweile evakuiert worden, das ging sehr holperig vonstatten. Sie befanden sich im übelsten Zustand. Teilweise fielen sie die Leiter herunter. Wir hatten in der Nähe der Maschine, am Strand, einen Evakuierungsraum aufgebaut – auch dort gab es noch Schlangen. Das erfuhren wir aber auch erst später. Wir hatten den Passagieren gesagt: „Schnell in diese Mulde, weg von der Maschine, falls die doch noch explodiert.“ Alle Geiseln mussten erst einmal in diese Mulde rein. Sie wurden auch dahin geleitet, es lief keine Geisel in Panik fort. Das wäre dann ein Problem gewesen: Wenn eine Geisel weggelaufen wäre, weil sie völlig durchgedreht wäre – was ja verständlich gewesen wäre –, wäre sie genau in die Waffen der Somalier gelaufen und wahrscheinlich erschossen worden. Deswegen hatten wir ganz klar festgelegt: Alle Geiseln, die aus der Maschine kommen, sprichwörtlich an die Hand nehmen. Es waren genügend Leute da, die die Geiseln persönlich an die Hand nehmen und in die besagte Senke führen konnten. Ein Teil blieb bei ihnen, der Rest kam wieder zurück und sicherte die Maschine. Das hat gut funktioniert. So sind die Geiseln alle rausgekommen. Die verletzte Terroristin wurde auf eine Trage gelegt; sie wurde immer wacher. Sie war wirklich so schwer verletzt, dass wir zunächst dachten, dass sie nicht überleben würde. Sie war im unteren wie im oberen Körperbereich schwer verletzt. Sie wurde in die Airport-Halle getragen. Dabei hielt sie das Victory-Zeichen in die Kameras und schrie „Free Palestine“.

Wir haben nach Ende der Operation unsere Sachen zusammengesammelt, uns abmarschbereit gemacht und offiziell von Siad Barre verabschiedet. Früh morgens sind wir nach Deutschland zurückgeflogen.

Die „Landshut“ wurde in Mogadischu noch fotografiert und so gut es ging hergestellt. Sie war nicht unerheblich beschädigt. Nachdem die Maschine wieder halbwegs zusammengeflickt worden war, ist sie noch geflogen. Sie musste ja von Mogadischu wieder zurück nach Frankfurt geflogen werden. Bei dem, was diese Maschine ausgehalten hat, kann ich nur sagen: Alle Achtung. Sie ist in Aden auf dem Wüstensand gelandet, dann die Beschädigungen durch den Einsatz, – das war schon stark, was die Maschine miterlebt hat. Aber die „Landshut“ ist in Frankfurt gut runtergekommen. Dort wurde sie generalüberholt und soll auch noch ein paar Jahre geflogen worden sein.

Die befreiten Passagiere flogen nicht in unserer Maschine, das wollten wir nicht und es wäre auch für die Gesamtsituation nicht unbedingt von Vorteil gewesen.

Einige unserer Rettungssanitäter flogen mit den ehemaligen Geiseln zurück. Der verletzte Kamerad ist auch mit uns zurückgeflogen: Der Durchschuss ist körperseits hinter dem Kehlkopf erfolgt. Wir hatten mehrere Sanitäter und Ärzte der Lufthansa dabei, welche den Mann versorgten. In Deutschland ist er entsprechend nachversorgt worden. Unsere GSG-9-Maschine hatte auf dem Rückflug natürlich einen sehr turbulenten Flug: einen Rückflug der Freude. Wir konnten es zum einen noch nicht begreifen, dass wir das wirklich gemacht hatten, dass wir durch unseren Einsatz Menschen vor dem sicheren Tod gerettet hatten. Diese Menschen, die wie sonst etwas gelitten hatten, holten wir heraus, denen gaben wir das Leben zurück. Zum anderen war es eine Bestätigung unserer Leistungen, unseres jahrelangen Trainings. Wir hatten das geschafft, wofür wir da waren: Menschen, Geiseln befreien, gegen Terror und Gewaltkriminalität kämpfen – und das erfolgreich. Das war das, was wir an Bord gefeiert haben.

Wir sind dann in Frankfurt angekommen, haben uns natürlich immer wieder erzählt und vor Augen geführt, was gewesen ist, Einzelheiten ergänzt, zum Beispiel, was uns problematisch erschien. Es ist nicht alles 100prozentig gewesen – aber das ist bei einem solchen Einsatz normal.

Unzulänglichkeiten und Probleme, die man hinterher für den nächsten Einsatz analysieren muss, das haben wir auch sehr gut aufgearbeitet. Wir haben nach Mogadischu aus diesen Erfahrungen die gesamte Ausrüstung derartigen Einsatzprozessen angepasst, alles modernisiert und verbessert.

Immer wieder wurde das besprochen und natürlich auch psychologisch aufgearbeitet. Ich persönlich wurde zig-mal gefragt, wie es mir ginge, emotional, psychisch usw., da ich fünf Tage ohne Unterbrechung unterwegs gewesen war. Meine Antwort: „Mir geht es blendend." Ich habe danach keinen Knacks gehabt. Auch Wochen danach hatte ich keinen Burnout oder ähnliche Ausfallerscheinungen. Nein, ich hatte eine hochintakte Familie, einen super Freundeskreis, ein tolles Elternhaus und Kameraden, die bereit waren, gegebenenfalls jemanden aufzufangen. Ich musste diese Geschichte im engeren Kreis immer wieder erzählen, habe aber von all denen immer wieder den familiären Zusammenhalt und Zuspruch bekommen, sodass ich keine psychologische Hilfe brauchte. Psychologische Unterstützungen oder sogar Therapien sind sehr sensibel zu bewerten und nicht jedermanns Sache. Wir hatten Wolfgang Salewski, der uns auch in Mogadischu beraten und begleitet hatte. Ihn akzeptierten wir. Ich selbst bin kein Fan derartiger Anwendungen, das sage ich ehrlich und sage es auch weiterhin. Das hat nichts mit diesen Menschen an sich zu tun. Aber Salewski war der einzige, den ich wirklich akzeptierte, weil seine Art, mit uns umzugehen, gleichgestellt war, es wurde immer auf Augenhöhe kommuniziert. Auch er führte Einzelgespräche und wir mochten den Umgang mit ihm als Gesprächspartner und Kollegen. Er verdeutlichte immer wieder: „Die Psychologie ist das eine, aber mit euch mitzufühlen und auf einer Stufe zu stehen, das erlebt zu haben und euch weiterzuführen, das ist das andere." Das akzeptierte ich. Das war das, was wir brauchten: jemanden, der im Nachgang eines solchen Einsatzes unsere Sprache sprach. Salewski hat uns – meine ich – bis 1986 betreut. Zu diesem Zeitpunkt bin ich auch aus der GSG 9 ausgeschieden. Danach hatte ich mit ihm noch ab und zu Kontakt, mittlerweile ist er Ehrenmitglied unserer GSG-9-Kameradschaft, weil er auf seine Weise viel für die GSG 9 getan hat. Und das ist auch gut so.

Zander: Der Medienrummel, der Ruhm – wie sind Sie damit umgegangen, in der GSG 9 und auch persönlich?

Fox: Ich denke: ganz gut! Der eine oder andere weniger. Einige verloren im Nachhinein ein wenig die Bodenhaftung. Natürlich unterlagen auch viele den Verlockungen, in die freie Wirtschaft zu gehen. Es schieden damals einige aus und gingen auch zu den Spezialeinheiten der Länder, in die Polizeien der Bundesländer, wo sie heimatlich herstammten. Sie wurden indirekt abgeworben, da sie eine Topausbildung hatten und die SEKs der Länder, die sich zum damaligen Zeitpunkt im Spezialaufbau befanden, umwarben solche Leute. Das führte dazu, dass nach 1977 eine Personalreduzierung erfolgte. Es war so ein bisschen „Ausverkauf der GSG 9". Das war für die Struktur und die Weiterentwicklung der GSG 9 gar nicht gut, weil wir Nachwuchs benötigten und nicht auf der Stelle treten wollten. Wenn man sich die GSG-9-Ausbildung ansieht, dann fallen von 40 oder 50 Bewerbern, die sich zur Aufnahme melden, schon einmal 15 bis 20 durch die Aufnahmeprüfung. Es bleiben dann noch ca. 30 übrig. Davon bleiben nach Beendigung der Ausbildung vielleicht noch zehn Personen. Wenn zehn von der Anfangsgröße 50 bleiben, ist das unglaublich viel. Heute hat sich das ein wenig reguliert. Dennoch ist das nicht gut für einen Spezialverband, der jederzeit einen hochbrisanten Auftrag erfüllen können muss.
Zander: Der Qualitätsanspruch wurde nicht gemindert.
Fox: Nein, im Gegenteil. Das freut mich auch heute noch, dass man da keine Zugeständnisse macht. Anfragen kamen natürlich aus verschiedenen Bereichen, unter anderem auch aus dem BMI, ob man die Anforderungen ein wenig verändern, gegebenenfalls herunterschrauben könne. Gut, dass man das nicht gemacht hat. Die Verantwortlichen der GSG 9 haben den ursprünglichen Kurs beibehalten. Qualitätsansprüche sowie Qualitätsbewusstsein wurden auch nicht durch den immer wiederkehrenden Medienrummel beeinträchtigt.

An mir persönlich ist er insofern mehr oder weniger spurlos vorübergegangen, weil ich mich wenig darum gekümmert habe. Wir wurden natürlich auch „herumgereicht", um zu beraten, zu unterstützen, taktische Hilfe oder unser „Know How" anzubieten: Ich war dafür zum Beispiel 1978 in den Staaten, bei den Special Forces, bei der Einheit, aus der später die Delta Force hervorging. Da gab ich für zwei oder drei Monate Ausbildungsunterstützung in der Schießausbildung, da diese Einheit deutsche Einsatzwaffen bekam. Weiterhin war ich sechs Monate lang mit weiteren Kameraden meiner Einheit in Singapur. Dort bauten wir eine Spezialeinheit, eine klassische Anti-Terroreinheit, auf. Das sind Dinge, die Erfüllung vermitteln, a) wenn man weiß, dass das, was man gemacht hat, nicht verkehrt war, im Gegenteil, sogar im Einsatz gut funktioniert hat, und b) wenn man das weitergeben kann, damit andere Spezialverbände die gleichen Möglichkeiten für den gleichen Zweck haben.
Zander: Ich würde gerne mit Ihnen über die Verleihung des Bundesverdienstkreuzes sprechen. Wie haben Sie es in der GSG 9 eingeordnet, als Sie erfahren haben, dass Sie alle ein Bundesverdienstkreuz erhielten, weil Ihr Kommandeur das für Sie eingefordert hatte?

Fox: Das ist für mich typisch Wegener. Wegener hat nicht nur das Bundesverdienstkreuz, sondern den großen Orden bekommen. Die Zuordnung zur Verteilung wurde wie folgt festgelegt: Die Einheitsführer und die Spezialeinsatztruppenführer bekamen das Bundesverdienstkreuz 1. Klasse, alle anderen GSG-9-Männer erhielten das Bundesverdienstkreuz 2. Klasse. Wegener sagte ganz klar: „Diese GSG 9 habe ich aufgebaut, mit denen habe ich gelitten, mit denen habe ich die vergangenen Jahre gekämpft. Ich weiß, wie die ticken, was sie können und welche Opfer sie gebracht haben, um jetzt diesen Erfolg zu haben und diese Ehrungen entgegenzunehmen. Also haben sie auch das Gleiche verdient, was ich verdient habe. Ich möchte darum bitten, dass diese Leute die gleiche Auszeichnung bekommen, die ich bekomme." Da wurde um plausible Begründungen und diplomatische Argumente gerungen. So etwas hatte es in dieser Form seit dem Zweiten Weltkrieg nicht mehr gegeben, dass ein Spezialverband, eine Polizeieinheit, ca. 50 bis 60 Bundesverdienstkreuze bekommen hat. Der damalige Bundespräsident Scheel musste am Stück reichlich Unterschriften leisten, um die Urkunden für alle auszustellen. Insofern gab es schon Diskussionsbedarf, aber Wegener hatte Genscher und Bundeskanzler Schmidt auf seiner Seite. Schmidt stand ganz klar dahinter. Er hat gesagt: „Diese Leute bekommen alle das Bundesverdienstkreuz. Auf die Stufe, wie es vorgeschlagen wird, habe ich keinen Einfluss, aber sie bekommen es alle." Damit waren in Deutschland alle anderen Meinungen erledigt.
Zander: Damit hatte Wegener seine Vorstellung einer Spezialeinheit konsequent zu Ende gedacht.
Fox: Genau, er ist immer der Wegener gewesen, der uns Teamgeist und Teamverantwortung eingebläut hat, der gesagt hat: „Ich bin der Teamführer der GSG 9, ihr seid mein Team und was wir machen, das leisten wir zusammen: Wir kämpfen zusammen, und wir gewinnen oder verlieren zusammen."

Am Anfang hatte er auch noch hinzugefügt: „Möglicherweise sterben wir auch zusammen". Denn wer freiwillig zur GSG 9 geht, zu einer Spezialeinheit mit einem derartigen Auftrag, der muss damit rechnen, dass er sein Leben riskiert. Das war uns auch in Mogadischu klar und damals mein Thema, als ich sagte: „Wenn wir hier reingehen, dann rechne ich mit vier bis fünf Toten." Der Meinung war Wegener nicht unbedingt. Er war eher der Ansicht, dass wir sicherlich Verletzte haben würden. Aber Tote? Ich blieb dabei: „Wir werden vier bis fünf Tote haben." Was zudem alles passieren kann, was nicht kalkulierbar ist, ist Gottes Wille. Aber nach den damaligen Gegebenheiten sowie den taktischen Belangen musste man Tote einkalkulieren. Das ist so bei fast jedem Kommandoeinsatz, vor allem bei einem Flugzeugsturm, den es in dieser Form noch nie zuvor gegeben hatte.

Die Israelis haben 1976 Entebbe erlebt, das geschah unter völlig anderen Organisationsvoraussetzungen, einer anderen politischen Lage sowie einer unklaren örtlichen Situation. Aber eine solche Kommandooperation wie in Mogadischu, die hatte es bis dahin in der Geschichte noch nicht gegeben: Mit 30 Mann eine Maschine stürmen, in der vier bewaffnete, zu allem entschlossene Terroristen mit 90 Geiseln sind, wo sich Sprengstoff an den Türen befindet und die Menschen mit Alkohol übergossen wurden. Es hätten einige Funken gereicht und es wäre anders ausgegangen. Gut, dass der Alkohol bereits eingetrocknet war, da er einige Stunden zuvor über die Leute gegossen worden war. Gleichwohl wäre, wenn die Maschine Feuer gefangen hätte, der Alkohol in seiner Wirkung wieder aktiv geworden und alle Geiseln hätten gebrannt wie Fackeln.

Aber all das zusammen, all diese negativen Vorzeichen sind ein Teil der Lagebeurteilung, aus der man schließen kann, dass es bei einem solchen Einsatz Tote geben wird. Dies muss man einfach einkalkulieren. Wenn es nur Verletzte gibt, dann haben wir eben Glück gehabt. Wenn es überhaupt keinen Toten gibt, dann hat der liebe Gott aber die ganze Nacht die Hand auf dieser Maschine gehabt. Dass es keine eigenen Toten zu beklagen gab, war das Unglaubliche, was in der Welt niemand für möglich gehalten hatte. Weswegen Bundeskanzler Schmidt Tränen vergoss, als Wischnewski ihm das Ergebnis mitteilte, weshalb hinterher fassungslose Menschen vor uns standen, als wir ihnen das Erlebte schilderten, und sie sagten: „Das kann nicht wahr sein, dass ihr noch lebt."

Wir hatten 50 Prozent Glück und weitere 50 Prozent Können. Diese gesunde Mischung brachte das Ergebnis. Wir hatten sehr wohl 80 Prozent Können drauf, aber durch den Sprengstoff, die Schwerbewaffneten und die vielen, vielen kleinen Ungereimtheiten, die das Geschehen mit beeinflusst haben, stimmt das Verhältnis 50/50. Darin liegt auch der Schlüssel zum geglückten Einsatz.

Zander: War Wegener bei dieser Operation Feuerzauber für Sie ein Vorbild? Wie hat er auf Sie gewirkt?

Fox: Ja, in jedem Fall. Für mich war er während der gesamten Operation, auch die fünf Tage, während wir unterwegs waren, ein Vorbild.

Ich kann das ohne Vorbehalte bestätigen, da ich wahrscheinlich einer der noch wenigen lebenden Zeitzeugen bin, die mit ihm in diesen fünf Tagen auf einem derart engen Raum unter den Umständen zusammengelebt hat.

Wir haben uns Essen und Trinken geteilt, erschöpft taktische Möglichkeiten beraten und gelitten. Wir waren eine Nacht auf dem Airport-Bereich in Dubai zusammen unterwegs, um im Rahmen einer Voraufklärung Erkenntnisse zu gewinnen: Wir wollten die Maschine inspizieren und uns weiße Monteuranzüge anziehen, da alle Caterer dort weiß trugen. Nur: weiße Kleidung in der Nacht – da braucht man keine Beleuchtung mehr. Wegener und ich wollten zur Maschine. Wir hatten unsere Kurzwaffen dabei und waren marschbereit – leider ist es zu dieser Aktion durch eine Anordnung von höchster Scheich-Position nicht gekommen. Wir beiden wären aber die einzigen gewesen, die mit entsprechender Annäherungstaktik in die Nähe der Maschine gekommen wären. Von dort aus hätten wir die Maschine dann beobachten können.

Aber das ist wieder so eine Situation: Da sind ein Oberstleutnant und Kommandeur der GSG 9 und ich als Teamführer. Wir beide wollten da jetzt als Team hin und beobachten, um Erkenntnisse zu sammeln und diese hinterher auszuwerten, um sie für einen Einsatz zu nutzen. Das ist auch typisch für Wegener gewesen: Egal, ob das ein Unterführer oder ein „Kleiner" war, wenn er denjenigen für befähigt hielt, das zu tun, dann wollte er den an seiner Seite haben, weil er ihn kannte. Das Gleiche war es von meiner Seite: Wenn der Kommandeur mit mir dahingeht, dann gehe ich mit ihm durch dick und dünn – tiefstes Vertrauen – so einfach ist das. Das war immer seine Devise: ein Leben lang GSG-9-Teams formen, als Vorbild dienen, Teamgeist fördern, Teambeschaffenheit, Teamzusammenhalt, Teamphilosophien prägen und nicht ein Stück nach rechts oder links ausbrechen lassen, denn sonst funktioniert das Konstrukt GSG 9 nicht. Das kleinste Team in der GSG 9 ist der Trupp, dann kommt die Einheit, dann die übergeordnete GSG 9. Das ist es, was er führen musste, wofür er verantwortlich war. Wenn das nicht gelebt worden wäre von oben nach unten, dann hätten wir geringe Chancen gehabt, dann hätte jeder gemacht, was er wollte. Allein schon deswegen war er für uns die Gestalt des taktischen Führers. In der Nacht zum 18. Oktober 1977 war er natürlich angespannt wie wir auch. Er wusste ganz genau: „Geht das Ding schief, gibt es morgen keine GSG 9 mehr. Dann haben wir in Deutschland verspielt, weil dann genau wieder die Basiskritiker auftauchen, die sagen: ‚Sieh'ste, das habe ich doch gleich gesagt, das sind Rambos und Größenwahnsinnige'." Vor diesem Hintergrund zeigte er natürlich Verantwortungsbelastung und Anspannung, das konnte man auch spüren, dazu kannten wir ihn lange genug. Diese besondere Anspannung bei ihm habe ich schon bemerkt, als wir nach Mogadischu flogen. Vor der Landung haben wir beide unsere Waffen herausgenommen und bereitgehalten, um uns im Falle eines Angriffs verteidigen zu können, wobei im Falle eines massiven Angriffs unsere Faustfeuerwaffen kaum Wirkung gezeigt hätten. Zu dem Zeitpunkt war uns aber nicht bekannt, dass Somalia eine kaum funktionierende Luftwaffe hatte.

Als wir feststellten, woran wir waren, fiel zunächst einmal die Spannung ab, die aber, je näher Entscheidungen Realität wurden, wieder anstieg. Das ist aber normal, um sich in die richtige, persönliche Verfassung zu bringen, man überdreht nicht, sondern spielt einfach noch einmal alles durch. Es gibt in dem Augenblick nur eins: den Auftrag. Es gibt keine Kinder zuhause, es gibt keine Ehefrau, es gibt nur noch die GSG 9, diese Lage und diesen Auftrag. Die paar Minuten im Zeitraffer oder diese echte halbe Stunde muss man sich auf das konzentrieren, was in der Lage zu tun ist. Wenn in dieser Situation ein Wegener da ist, der das vorlebt, der innerlich genauso zum Zerreißen gespannt ist, aber noch ebenso schaut und spricht, wie er das vorher gemacht hat und nicht zittert oder nervös am Körper hantiert, dann weiß man: Das ist in Ordnung. Wenn er ruhig bleibt, dann habe ich das gefälligst auch zu bleiben. Das ist diese Suggestion, die auf einen überfließen muss, wenn man in einer Spezialeinheit ist und von so einem Mann geführt wird.

Nachdem der Einsatz vorbei war, verhielt er sich ebenso. Wegener sagte: „Kommt Männer, zurück. Abröddeln [so nennt sich das Abrüsten], Sachen zusammenpacken, überprüfen, Vollzähligkeit melden." Das Normale. Das hieß: Der Alltag hat uns wieder. Das ist dieses Stück Vorbild: vor dem Einsatz Wegener mit ein wenig mehr Anspannung, nach dem Einsatz Wegener, der in Deutschland die GSG 9 weiterführen wird.

Zander: Was verbindet Sie heute noch mit ihm?

Fox: Eine sehr tiefe Kameradschaft, fast sogar Freundschaft, obwohl wir uns nur ein- bis zweimal im Jahr sehen. Aber wir haben schließlich auch ein Stück Verbundenheit. Ich war zu seinem 80. Geburtstag eingeladen, mit noch ein paar anderen Männern der sogenannten ersten Stunde. Uns wollte er dabei haben.

Diese Verbundenheit bringt meinen Stolz, meine Hochachtung, meinen höchsten Respekt ihm gegenüber in ein unglaublich gutes Verhältnis. Mich verbinden vor allem immer noch diese fünf Tage mit ihm, die wir gemeinsam unterwegs waren. Danach hat es auch noch einige Situationen gegeben, wo ich für ihn da sein konnte. Das war im Rahmen von Schutz- und Begleitmaßnahmen, als er schon kein Kommandeur mehr bei der GSG 9 war, sondern bereits General des damaligen Grenzschutzkommandos West.

Dennoch haben wir beide immer ein besonders herzliches und kameradschaftliches Verhältnis gehabt. Wir hatten einfach einen Draht zueinander. Er wusste – egal was passieren würde –, er konnte sich auf mich verlassen und ich wusste – egal was passieren würde –, ich konnte mich auf ihn verlassen. Gleichwohl ist er nach wie vor für mich der erste Kommandeur der GSG 9, der sie gegründet, entwickelt und gelebt hat, deren Vorbild er ist und der sie letztendlich in die Position gebracht hat, in der sie sich noch immer befindet: eine der besten Anti-Terroreinheiten der Welt. Das ist sein Werk, das ist seine Arbeit. Das aber wiederum hätte er nicht allein geschafft, wenn er nicht die Leute, die Einheitsführer und die Truppführer gehabt hätte, die das, was er wollte, umgesetzt haben. Er allein konnte keine GSG 9 konstruieren, das hätte so nicht verwirklicht werden können.

Aber der Geist, seine Willenskraft und der Sinn für die Sache, welche auf uns übergegangen ist, das war das, was heute noch vorhanden ist. Ich denke, darauf kann er besonders stolz sein.

22.4. Interview 2 Dieter Fox

März 2016

Zander: Wie sah vor dem Einsatz in Mogadischu die Kooperation mit dem SAS aus?

Fox: Ich war Truppführer in der 2. Einheit. Kurz vor unserem Einsatz in Mogadischu haben sich zwei Dinge zugetragen: Mein damaliger Einheitsführer, Dieter Tutter, Chef der 2. Einheit, musste kurzfristig nach Großbritannien, um neue Panzerwesten zu testen. Diese Kooperation war nur möglich, weil der deutsch-britische Kontakt über Kommandeur Wegener so gut lief und er diese Verbindung ermöglicht hatte. Wir hatten damals veraltete Westen mit Bleiplatten, die funktionierten hinten und vorne nicht, sie waren zu schwer und überhaupt nicht für einen derartigen Einsatz geeignet. Die Briten hatten die sogenannten Bristol-Armor-Westen entwickelt. Das waren Kohlefaserstoffelemente (Aramid), die als Schichten verarbeitet wurden, sowie eine Keramikplatte, die in die Weste eingeschoben werden konnte. Sie waren nur halb so schwer wie unsere alten Westen. Diese neuen Westen wurden in Großbritannien in verschiedenen Einsätzen verwendet. In diesem Zusammenhang kam weiterhin auf, dass es eine sogenannte Blendsprenggranate geben sollte, die unter anderem häufig in Nordirland eingesetzt wurde und dort große Erfolge erzielt hatte. Wir, die GSG 9, baten die Briten darum, sie uns doch einmal vorzuführen, was dann auch geschah. Wir waren mehr oder weniger begeistert, da es schließlich etwas Neues war, und haben Vorschläge für Modifizierungen gemacht. Dennoch waren die Dinger schon richtig gut, etwas Besseres gab es zu diesem Zeitpunkt nicht. Im Rahmen der Entführungsaktion sind wir mit einer kleinen Maschine von Ankara nach Teheran und von dort nach Dubai geflogen. Das waren Wegener, Baum, ich und einige Delegierte vom Bundesministerium des Innern und BKA sowie von der Flugsicherung in Braunschweig. Als wir in Dubai ankamen, fanden die ersten Verhandlungen mit dem Scheich bereits statt, der machte unmissverständlich klar, dass er die Befreiung von keinen ausländischen Kräften oder Soldaten durchführen lassen, sondern seine eigenen Leute dafür heranziehen wolle. Ihm standen neben seinen eigenen Leuten aus seiner Armee auch englische Söldner zur Verfügung. Zu denen gehörten die beiden Engländer, die uns den Flashbang in Sankt Augustin vorgeführt hatten und die wir in Dubai wiedertrafen, nicht. Bei diesen beiden handelte es sich um einen Major und einen Sergeant Major oder Master Sergeant, die aus einer Erprobungs- und Entwicklungsstelle der britischen Armee stammten, aber reguläre Soldaten waren.

Die waren bereits vor uns in Dubai, um die Blendgranaten als neues Produkt anzubieten, unter anderem an die Emirate. Es war fast Zufall, dass dieses Treffen in Dubai stattfand, wo zu diesem Zeitpunkt bereits die „Landshut" stand.

Wir wollten uns die Blendgranaten dort noch einmal ansehen. Ich war selbst dabei, als sie uns diese hinter einem Flugzeughangar vorgeführt haben. Da sie es tagsüber präsentierten und die Sonneneinstrahlung sehr stark war, konnte man den Strahl und den Schein der Flashbangs, deren Hauptbestandteil Magnesium war, nicht wirklichkeitsnah erkennen. Nachts war das tausendmal heller. Die Schockblendwirkung war unglaublich. Dazu muss man sagen, als wir es an der Flugzeughalle ausprobierten, gab es einen starken Widerhall. Hätte man das draußen auf einem Feld geprobt, hätte man vielleicht gesagt, dass es ganz gut knallt, aber nicht so übermäßig ist. Hinter der Flugzeughalle hat das unglaublich laut geknallt. Wegener war dabei, Baum und ich sowie drei von der Armee aus Dubai, wir haben gesagt, dass das im Augenblick das Beste sei, was wir hätten, und dass wir das wahrscheinlich beschaffen würden. Wegener meinte: „Na gut, man muss es ja nicht wegschmeißen, dann behalten wir das erst mal." Das war auch der Grund, warum die beiden Engländer bei uns geblieben sind. Wir haben ihnen gesagt, dass wir bei einer Fortführung unseres Einsatzes die Blendgranaten gerne ausprobieren würden.

Somit sind sie auch mit uns nach Mogadischu geflogen. Wegener hat ganz klar gesagt: „Der Auftrag, den ihr beide bekommt, ist folgender: Ihr geht nach vorne an den Bug und zündet dort unter dem Bug die beiden Granaten." Das war genau zu dem Zeitpunkt, als die GSG-9-Männer schon unter der „Landshut" zum Eindringen bereit standen. Es war vorher im Rahmen der Operation Feuerzauber abgestimmt.

Ein großes Feuer hat in der Ferne gebrannt, das Leuchtfeuer wurde zuvor von den Somaliern angezündet. Wir haben immer „Osterfeuer" dazu gesagt. Das war das erste Ablenkungsmanöver, daraufhin haben wir uns angenähert, waren unter der Maschine und mit dem Befehl: „Feuerzauber" – es gab kaum eine Verzögerung – sind die beiden Granaten gezündet worden. Wir sind dann rein in die „Landshut", die beiden Engländer waren und blieben vorne unter der Maschine.

Man konnte die Blendgranaten auch deswegen nicht im Flugzeuginnern einsetzen, weil wir nicht wussten, wie die Brennwirkung ist. Das Innenleben dieser Granate ist Magnesium und das brennt weiter, selbst teilweise unter Wasser. Wenn die möglicherweise gestreut hätten, hätte Schlimmes passieren können – die Erfahrung hatten wir noch nicht und die Engländer diesbezüglich auch nicht. Die waren sowieso nur an der Schockblendwirkung interessiert. Wegener hatte gesagt: „Wenn die Passagiere dort so eng zusammen sind und wir schmeißen eine Granate in das Flugzeug rein, könnte etwas wegfliegen und an einem Körper hängenbleiben, das können wir überhaupt nicht verantworten. Das geht keinesfalls." Daher wurden in der Maschine auch generell keine großen Maschinenpistolen eingesetzt, die Wirkung wäre zu gefährlich gewesen. Nur Kurzwaffen waren erlaubt: Pistolen und Revolver. Es wurden aber keine langen Maschinenpistolen eingesetzt. Der Schwenkwinkel ist sonst kaum zu kontrollieren. Drei Zentimeter Schwenkung sind auf zehn Meter ca. drei Meter. Da würde ein Chaos entstehen, was niemand haben will. Bei den Blendgranaten im Innenbereich hatte Wegener die Sorge, dass die Maschine Feuer fangen könnte und die Explosivwirkung nicht einzuschätzen sei. Das konnten wir also nicht riskieren. Deswegen ordnete er an, dass die Granaten innen nicht eingesetzt werden, da sie dafür ungeeignet sind. Somit sind die Dinger auch in Bahn oder Bus nur bedingt geeignet. Wir haben als realitätsnahe Übung einmal einen Buseinsatz gehabt und die Granate eingesetzt – das Ergebnis war nicht so gut. Es ist genau das eingetreten, was wir befürchtet haben: Es sind Teile weggeflogen und haben zu glimmen und zu brennen angefangen. Magnesium zu löschen, ist in solchen Situationen schwierig. Somit wurde der Inneneinsatz verworfen.

Helmut Schmidt war als Bundeskanzler der oberste Chef des Einsatzes. Wenn Helmut Schmidt oder Maihofer oder auch Genscher als Außenminister gesagt hätten, dass die Blendgranaten nicht eingeführt werden sollten, dann wären die vermutlich auch nicht eingeführt worden. Im Rahmen dieser besonderen Beschaffungsmaßnahmen war denen aber alles Angemessene recht, um diesen Einsatz entsprechend zu

Ende zu führen, und zwar mit allen einem demokratischen Rechtssystem zur Verfügung stehenden Mitteln. Wenn also ein Mittel eingesetzt werden konnte, was dazu verhalf, diesen Einsatz für uns überraschend unterstützend, somit erfolgreich und nach Möglichkeit ohne Verluste zu beenden, dann war das diese Schockblendgranate.
Zander: Entführung der „Landshut", ein Kommando der GSG 9 fliegt mit Wegener nach Zypern, Weiterflug nach Ankara. An der Stelle sagt Wegener: Sie sind dann zusammen mit ihm weitergeflogen, in der kleinen Gruppe. Der Rest der GSG 9 sei direkt weiter nach Kreta geflogen zur NATO-Basis und habe dort gewartet, bis dann der Befehl kam, sich in den Flugraum zu begeben und zu warten. Das stimmt nicht mit dem überein, was Aust schreibt. Aust sagt: alle noch einmal zurück nach Köln-Bonn und von dort aus...
Fox: Aber nur ganz kurz, die Männer haben aufgesetzt, sich rasiert, ein paar Dinge ergänzt und sind gleich wieder gestartet. Sie sind dann Richtung Kreta geflogen und haben sich teilweise in verschiedenen Lufträumen aufgehalten. Zwei Tage zuvor hatten wir alle in Ankara eine Nacht zugebracht. Wir waren morgens gelandet, hatten dort den ganzen Tag auf der Militärbasis verbracht und eine Nacht in der Maschine geschlafen. Am anderen Tag änderte sich der Einsatz. Wegener sollte entscheiden, wie weiter verfahren werden sollte. Das geschah in Absprache mit dem Bundeskanzler und Wischnewski: Ein Teil der GSG 9 flog also wieder zurück, ein kleiner Teil, nämlich wir drei plus einige Abgeordnete und Leute vom Luftfahrtbundesamt, flogen in einer kleinen Maschine weiter. Es war noch nicht einmal von Verfolgung die Rede, sondern nur davon zu erfahren, was sich abspielte und was möglicherweise von uns weiterhin geleistet werden müsste, um den Einsatz zu beenden. Das bedeutete aber gleichzeitig auch, dass die Kräfte nicht komplett verschwinden durften. Die Kräfte waren demnach noch in Ankara, haben sich dort restzeitig aufgehalten. Wir sind dann nachmittags mit einer kleinen Maschine weiter Richtung Teheran geflogen. In Teheran waren wir zwei Stunden, haben einige Erfrischungsgetränke zu uns genommen und sind gleich weiter nach Dubai geflogen, wo wir irgendwann nach Mittag gelandet sind. Nachdem die „Landshut" verbotenerweise in Dubai gestartet ist, sind alle Kräfte in einer großen Maschine zusammengefasst worden: Wischnewski, seine Leute, Wegener, Baum, ich und noch ein paar andere vom BKA. Wir sind nach einer Übernachtung mit der 707 weiter nach Dschidda geflogen.

Von Dubai ist die „Landshut" nach Aden geflogen. In Aden ist Schumann erschossen worden und wir sind nach Dschidda in Saudi-Arabien geflogen. Zunächst wollten wir zwei andere Flughäfen ansteuern, das hat aber so nicht funktioniert. Wegener hat nach Absprache mit Wischnewski gesagt: „O.k., fliegen wir nach Dschidda, das ist die letzte Station." Dann wurde nach Eingang der Nachrichten Mogadischu avisiert. In Dschidda hat sich das kurzfristig entschieden, nachdem Wischnewski mit den Saudis gesprochen hat bezüglich Hilfestellung, Unterstützung und was wir noch tun könnten und vor allem, welchen Einfluss die dort noch geltend machen könnten. Aber die Saudis haben gesagt: „O.k., wir halten euch den Rücken

frei.“ Das war das Einzige, was wir erreichen konnten. Siad Barre hatte zum damaligen Zeitpunkt mit Saudi-Arabien so gut wie keinen Kontakt gehabt. Somalia war ziemlich abgesondert, weil kurz vorher die Russen dort gewesen waren. Die DDR war auch in Kontakt mit ihnen gewesen, aber vier Wochen vorher hatte Barre sie quasi rausgeschmissen, denn Barre wollte sich dem Westen annähern. Diesbezüglich waren aber noch keine Schritte gemacht. Nachdem wir nun aus Dschidda gestartet waren, höre ich noch, wie Wischnewski sagte: „Letzte Aktion jetzt, wenn in Mogadischu nichts passiert, dann fliegen wir zurück, dann ist das Thema für uns erledigt.“ In Erwartung einer möglichen Wende nahmen wir Kurs auf Mogadischu.
Zander: Wie lange waren Sie in Dschidda?
Fox: Das war nicht lange, maximal vier, fünf Stunden.
Zander: Jetzt noch einmal zurück zu der GSG-9-Truppe, die in Ankara war.
Fox: Wir sind mit einer kleinen Maschine Richtung Teheran gestartet, die anderen haben noch verweilt und vielleicht noch Mittag gegessen. Sie sind dann ebenfalls gestartet und haben sich wahrscheinlich erst einmal in einem Luftraum über der Ägäis aufgehalten. Das ist durchaus möglich. Ich habe meinen Kollegen Werner Heimann gefragt, der unmittelbar beteiligt war. Er sagte: „Wir sind relativ langsam zurückgeflogen, weil wir gehofft haben, dass wir noch in der Luft angefordert werden würden.“

Sie sind dann aber nach Sankt Augustin geflogen, haben sich frisch gemacht, noch ein paar Sachen zusammengepackt und die Ausrüstung vervollständigt, da die erste Alarmausrüstung, die wir am 13.10. mitgenommen hatten, nicht all zu viel war. Alles wurde ergänzt, noch einmal geordnet und organisiert und die gleiche Crew, die vorher da war, ist wieder in die Maschine 707 gestiegen und es ging Richtung östliches Mittelmeer/Nordafrika.
Zander: Sind die nicht zuerst nach Kreta geflogen?
Fox: Doch, Kreta war erster Ausgangspunkt, dort ist man gelandet, man hat sich taktisch orientiert, sich in eine Art Vorbereitung begeben und gewartet.

Dann gingen sie in den Luftraum Kenia, Horn von Afrika. Das war auch der Punkt, wo einige israelische Funkamateure verrückt gespielt haben.

Das war generell nicht in Ordnung. Es passt nicht zu einer hochbrisanten, vorentscheidenden Einsatzphase. Für Wegener war es eine Enttäuschung. Er hält von den Israelis viel, denn sie haben uns immer geholfen.

Zu dem Zeitpunkt, als sich die Maschine im Luftraum Nordostafrika befand, im Bereich Kenia, da sind Funksprüche von einem israelischen Funkamateur abgefangen worden. Er hat herausgefunden, dass sich eine deutsche Maschine in der Luft befindet und auf etwas wartet. Dann müssen wohl auch Gesprächsfetzen gehört worden sein aus anderen Funkgesprächen. Es wurde wohl abgefangen, dass es sich um die Lufthansa, und zwar unsere Maschine, handelt. Dies ist aber auch nicht komplett bewiesen, weil die betroffenen Israelis sehr wenig dazu ausgesagt haben. Die sind auch zu Mogadischu und zum „Mythos GSG 9“ zweimal befragt worden. Der israelische Funkamateur hat nur gesagt, er habe Funkverkehr aufgenommen und habe das an eine eng befreundete Stelle weitergegeben mit der Bitte, um Gottes Willen nichts darüber in Israel öffentlich bekannt zu geben. Diese Stelle war aber eine öffentliche Pressestelle, die hatte natürlich nichts anderes zu tun, als das sofort weiterzugeben. Das ist in Deutschland an die Presse gelangt. Es war entweder „Die Welt" oder „Die Zeit", ich bin mir aber nicht ganz sicher. Schmidt hat eingegriffen und Regierungssprecher Bölling hat damals angeordnet, dass alle Zeitungen, die in der Nacht in ganz Deutschland gedruckt worden waren, sofort zu konfiszieren und um Gottes Willen nicht herauszugeben seien. Denn dort stand ja drin, dass sich deutsche Spezialkräfte vor Mogadischu befinden und auf den Einsatz warten, um die „Landshut" zu befreien. Das wäre tödlich gewesen, der oder die Israelis sind in Scham versunken, weil man sich erst im Nachhinein bewusst wurde, was man da angerichtet hatte. Die Angelegenheit konnte man aber nicht mehr zurückdrehen. Die israelische Regierung hätte fast einen „Kommando-Erlass" herausgegeben, dass über die Aktion von keinem in Israel auch nur ein Wort verlauten sollte. Das ist dann wohl auch so passiert, es hat niemand etwas gesagt, die Israelis denken in so einer Situation wahrscheinlich weiter als alle anderen in der Welt. Die haben sofort über alles geschwiegen, auch über die Bevölkerung ist nichts herausgedrungen. Vor allem auch nicht in die arabisch sprechenden Gebiete, das war noch weit wichtiger, dass dort nicht noch eine undichte Stelle erschien. Aber alles war plötzlich gestorben, die Zeitungen sind Gott sei Dank sämtlich eingezogen worden. Es ist keine Zeitung in den öffentlichen Handel gekommen. Damit war das Thema in dieser Sache erledigt. Aber diese Geschichte hätte unseren Einsatz komplett unterlaufen können, es wäre dann alles vorbei gewesen bevor es überhaupt begonnen hätte.

Zander: Mir geht es jetzt um das Innenleben der damaligen GSG 9. Wie sind Sie alle zurechtgekommen? Wie sahen die Probleme aus?

Fox: Vom Innenleben der GSG 9 gibt es nur so viel zu erzählen, dass wir damals ein klassisches Auswahlverfahren in dem Sinne, wie es heute praktiziert wird, gar nicht hatten. Wir haben Auswahlgespräche gehabt. Die Männer der ersten Stunde der GSG 9 sind durch Wegener und zwei andere Offiziere, die hinterher aber nicht mehr zur GSG 9 gehörten, in einem persönlichen Gespräch in Sankt Augustin mehr oder weniger befragt worden. Monologe und Dialoge wechselten sich ab, je nachdem, welche Personen sich gegenübersaßen und was es zu klären oder zu erklären gab. Man hat einfach darüber gesprochen, dass man eine Spezialeinheit aufbauen wolle und entsprechend Freiwillige suche. Wären Sie dazu bereit? – das stelle ich als Headline oben an. Man fragte nach der Absolvierung von Lehrgängen und Qualifikationen, was man bislang im Grenzschutz gemacht und welchen Dienstgrad man habe. Man musste in Uniform erscheinen und dann wurde angedeutet, den könne man gebrauchen, der sei auch sportlich in Ordnung, dann probieren wir es erst einmal. Wir fanden zusammen, wurden zusammengewürfelt und verteilt. Wir begannen im November 1972, nachdem vorher bestimmt worden war, dass es zunächst eine 1. und eine 2. Einheit geben solle – im Januar/Februar 1973 wurde dann die 3. Einheit gegründet. Wer nun in welche Einheit kam, wurde von Wegener und seinem damaligen Führungsstab bestimmt. Der Führer der 1. Einheit, Frieder Baum, und der Führer der 2. Einheit, Dieter Tutter, gaben uns zu verstehen: „Wir bekommen aus dem gesamten BGS Bewerber, von Nord zehn, von Süd zehn, von Mitte zehn Leute, von der Küste auch noch zehn Leute, das sind dann 40 Leute und jede Einheit bekommt 20 Männer, fertig." Die Zahlen differierten schließlich ein wenig, aber so in etwa lief das ab.

Man hat diese Leute dann zusammengepackt und ältere Unterführer herausgesucht, die schon sehr fachbezogene, gute Lehrgänge, auch Führungslehrgänge absolviert hatten, um so eine Art Stellvertreter zu bilden. Es gab zum damaligen Zeitpunkt noch keine planstellengeführten Stellvertreter, es waren nur die zwei Offiziere als Einheitsführer, beide Leutnant, die dann irgendwann Oberleutnant wurden, damals noch mit militärischen Dienstgraden. Die haben dann erst einmal nach eigenen, aber von Wegener genehmigten Verfahren gehandelt. Zusätzlich wurde das herangezogen, was wir von unseren alten Ausbildungsvorgängen als Ausbildungsgrundlagen verwenden konnten, es wurde verfeinert und ein bisschen abgewandelt. Das heißt, die klassisch polizeiliche Ausbildung BGS musste ein wenig bluten. Die deutsche Spezialpolizeiausbildung – Schutzpolizei, SEK, MEK – das gab es in dieser Form noch nicht, dennoch hat man auch ältere Ausbildungselemente eingebaut. Man hat von den Vorschriften der Bundeswehr auch noch Teile übernommen und bewertet, ob man etwas davon gebrauchen könne: „Was ist davon für eine Spezialeinheit geeignet, die nicht klassisch polizeilich, aber auch nicht militärisch sein darf, wo können wir uns da am besten ansiedeln?" Man hat das alles zusammengenommen und überlegt, daraus ein strukturiertes, sinnvolles „Paket" zu machen, das für die ersten Schritte, für das erste Jahr bis zur Feststellung der Einsatzbereitschaft ausreichte. Es musste eine Truppe aufgestellt werden, die körperlich gut und hochmotiviert ist, schießen kann, Kenntnisse in Selbstverteidigung und Nahkampf besitzt, auch im Einsatzrecht, Polizeirecht und UZwG, dem Gesetz über den unmittelbaren Zwang bei Ausübung öffentlicher Gewalt durch Vollzugsbeamte des Bundes, und verschiedenen anderen Dingen geschult ist, aber mit Fahrausbildung und Luftlandeausbildung Neuland betreten will. Es ging prinzipiell um alle Spezialgebiete, die normalerweise nicht im Bundesgrenzschutz und bei der Bundeswehr unterrichtet werden, aber in dieser Spezialeinheit Hauptbestandteil werden mussten. Als wir zu einer Einheit zusammengefasst wurden, haben wir noch unsere eigenen Erfahrungen dazugetan. Wir haben uns nach jeder Ausbildung, nach jedem Lauf, nach jedem Abseilen, nach jedem Schießen zusammengesetzt und eine Einsatzbesprechung durchgeführt und überlegt, was wir noch tun, noch verbessern könnten. Welche Art Gefahren stellen sich uns, was müssen wir immer besonders beachten? Welche Ideen gibt es noch, was brauchen wir? Andere Waffen, müssen wir anders laufen, müssen wir uns anders bewegen? Die statische Ausbildung unserer alten Vorschriften taugte nur bedingt etwas, sie diente vielleicht als Rahmen. Die Inhalte waren kaum zu übertragen. Wir haben uns unsere eigene Vorschrift gemacht. Die Leute im BMI haben die Hände über dem Kopf zusammengeschlagen und gesagt, dass das überhaupt nicht gehe, ob wir wahnsinnig seien, das sei nicht rechtlich abgesichert. Wenn etwas passiere, dann kämen sie in Teufels Küche. Unsere Antwort: „Wir machen das so, sonst funktioniert es nicht." Das alles hat Wegener nicht nur angeordnet und vertreten, sondern auch nach außen hin komplett abgeschottet und geschützt. Das war der Beginn der GSG 9. Aus Ideen und alten Bestandteilen und zukünftigen Ideologien sich selbst auszubilden und selbst eine Truppe zu schaffen, die es bis dahin überhaupt noch nicht gegeben hatte. Eigentlich sind wir so eine Art „Star-Wars-Truppe" gewesen, die sich neu erfunden hat.

Zander: Gab es ein besonderes Konkurrenzdenken? Kameraden, die sich unfair verhalten oder eine bestimmte Arroganz gezeigt haben? Was ist auf menschlicher Ebene passiert?

Fox: Wir haben natürlich auch Leute dabei gehabt, die unbedingt zu einer Anti-Terroreinheit – wir hießen damals noch nicht GSG 9, der Name kam ja erst 1973 – wollten, weil sie Abenteurer und Fantasten waren und einen besonderen Status für sich beanspruchen wollten. Die hat man sehr schnell erkannt, das waren Pfeifen und Selbstdarsteller. Diese Leute schafften dieses und jenes nicht, hatten aber eine große Klappe. Sie haben das natürlich auch nach draußen getragen, was dem Ruf der GSG 9 erheblich geschadet hat. Auf die älteren Unterführer und auch mehr oder weniger auf die Offiziere hat Wegener gebaut. Er hat immer gesagt: „Ich brauche Offiziere, die die Einheiten führen. Ich brauche aber auch ältere, erfahrene Unterführer, die die Grundlage und das Fundament für die GSG 9 bilden." Das war immer sein Spruch. „Offiziere", sagte er, „die sind gut, die brauche ich oben und die müssen führen, aber wenn ich die alten Unterführer nicht habe, die ihre Ideale, ihre Motivation und ihre Überzeugung nach außen vertreten und die GSG 9 damit zur GSG 9 werden lassen, dann kriegen wir keine GSG 9." Deswegen hat er die Unterführer, also immer die ältesten, die sogenannten Stellvertreter, die auch schon Zugführerlehrgänge und verschiedene andere Erfahrungen an der innerdeutschen Grenze sowie in anderen Einsatzarten hatten, zu allen Besprechungen mit dazugenommen. Das wollten auch die Einheitsführer, das wollte insbesondere auch mein damaliger Chef. Wir haben uns immer zusammengesetzt, um zu überlegen, was wir noch tun könnten, um das an den Kommandeur weiterzugeben. Wenn die nicht weiterkamen, dann hat Wegener gesagt: „Holt mir die Unterführer ran, ich will sie selbst sprechen." Das war ein Novum im Bundesgrenzschutz, das gab es zuvor nicht: Wo Offiziere am Besprechungstisch saßen, da kamen keine Unterführer hinzu, wo Unterführer am Tisch saßen, da kam auch selten ein Offizier dazu. Jetzt kam ein Kommandeur mit dem Dienstgrad eines Oberstleutnants und sagte: „Ich will meine Unterführer bei einer Offiziersbesprechung dabei haben." Das wollte Wegener, weil sonst das Grundgefüge der GSG 9 nicht stabil gewesen wäre. Es wäre sonst ein Denken entstanden, das die Offiziere besonders herausgehoben hätte. Es waren aber nicht alle Offiziere tauglich, die wir hatten, es waren erschreckende Ausfälle dabei, die man besser nicht beim Bundesgrenzschutz eingestellt hätte und die schon gar nicht für die GSG 9 tauglich waren. Einiges hat sich immer wieder im Rahmen der Ausbildung erledigt und einige haben sich selbst erledigt, damit war das auch gut. Es war die Idee von Wegener, Leute zusammenzufassen, die Ideen hatten und auch die Truppe zusammenhielten, deswegen gab es auch kein Konkurrenzdenken innerhalb der Einheiten und schon gar nicht gegenüber einer anderen Einheit. Wir haben uns zwar in Wettkämpfen bis aufs Blut gefetzt, aber sobald Feierabend und Ende war, waren wir wieder eine zusammengeschweißte Gemeinschaft. Das war auch ein Novum, was es bis dahin nicht gab, weil wir mit unserem ideologischen Kodex GSG 9, „etwas Besonderes zu sein“, gesagt haben: „Wenn wir uns auch noch selbst im Inneren zerfleischen, weil wir uns nicht mögen, dann bestehen wir nicht mehr.“ Das hat dann dazu geführt, dass sich im Rahmen von Selbstreinigungsprozessen mehr und mehr die Spreu vom Weizen getrennt hat und die Pfeifen so langsam alle gegangen sind. Natürlich sind auch Kameraden freiwillig gegangen, die wir gern behalten hätten. Aber diese wollten sich beruflich anderweitig orientieren, was man auch verstehen musste. Irgendwann aber wurden die Bestandteile der Truppe der 1., der 2. und der 3. Einheit so gefestigt, wie man sich das vorgestellt hat, das war schließlich das Grundgefüge der GSG 9.

Zander: Können Sie sich noch an konkrete Situationen erinnern, in denen man gemerkt hat: „Wir halten zusammen, egal, was passiert?“

Fox: Wir haben damals nach einer gewissen Zeit unserer Tätigkeit ein Abzeichen bekommen, auf das wir unglaublich stolz waren und heute noch sind. Erst einmal haben wir das Barett bekommen und getragen, das war unser Zeichen nach außen hin, niemand außer der Bundeswehr trug das, wobei unser Barett noch ein besonderes Abzeichen hatte. Im Grenzschutz wäre es ein Stilbruch, die Bergmütze wegfallen zu lassen und Barett zu tragen. Wegener hat das durchgesetzt und gesagt: „Wenn wir etwas Besonderes sind, dann wollen wir uns auch besonders kennzeichnen.“ Zumal die Bergmütze von Form und Trageart für uns untauglich gewesen wäre. Das Tätigkeitsabzeichen war eine weiterführende Idee von Genscher und Wegener. Wir bekamen es, nachdem wir mit der Ausbildung fertig waren und Einsatzbereitschaft gemeldet hatten. Dieses Zeichen war für uns das Höchste, was es überhaupt gab. Wer das bekam, der konnte gar nicht mehr weg, der hatte gefälligst mit dieser Truppe zu leben oder zu sterben, anders ging es nicht. Dass uns dieses Zeichen während des Dienstes, über die Dienste hinaus, im Ausland und überall zusammengeschweißt hat, war ein selbstverständliches Manifest. Das war ein ganz besonderer Punkt. Deswegen waren wir auch bestrebt, immer wieder nach den Diensten mit unseren Familien zusammen zu feiern. Es waren fast immer harmonische, fröhliche Feiern, aber es gab auch Anlässe, die nicht besonders schön waren. Wir versuchten immer, nach dem Dienst, nachdem wir uns in Wettkämpfen gemessen hatten und natürlich jeder auf seiner Linie das Beste bringen und punkten wollte – jeder wollte in der besten Einheit, im besten Trupp, der beste Unterführer oder beste Offizier sein –, jede Mög-

lichkeit für eine familiäre oder freundschaftliche Zusammenkunft zu nutzen, egal ob das ein Lagerfeuer oder irgendein Ausflug war. Wir wussten ja nie, wann eine große Herausforderung anstand und wir das so nicht mehr machen konnten. Das war ein ganz entscheidender Punkt, den auch Wegener prägte. Er sagte immer, dass für ihn Kameradschaft und Zusammenhalt mit das Wichtigste überhaupt seien. Wenn das in der GSG 9 nicht mehr funktioniere, dann hätten wir keine GSG 9 mehr. Wenn man sich in einer Einheit ein gemeinsames Ziel setzt, dann entsteht untereinander eine so tiefe Verbundenheit und Herzlichkeit – und das über Jahre hinaus –, das kann man nicht trennen. Das ist der Punkt, der uns zusammenwachsen ließ, der wurde auch in den Ausbildungseinheiten geschult und in die Körper und Köpfe gehämmert. Wenn man einmal dieser Einheit angehört, dann ist man, ob man will oder nicht, Bestandteil dieser Einheit bis zum Ende seines Lebens. Das hat die GSG 9 so stabil, unangreifbar und erfolgreich gemacht: Auch wenn man sich untereinander in Wettkämpfen gemessen hat, war das vergessen, wenn es zu einem Einsatz ging. Dann gab es kein Konkurrenz- oder Wettbewerbsdenken, da gab es nur den Einsatz und die GSG 9 als Einheit. Das ist das, was von Wegener proklamiert und gefordert wurde. Es gab auch immer wieder schwächere und unglaublich starke Typen. Die scheinbar Starken haben sich vielfach eliminiert, die passten auch nicht immer in das Gefüge. Wenn es fünf Starke gibt und 30 Mittelstarke, dann kann man die fünf Starken entweder zu Führern machen, wenn sie menschlich und fachlich geeignet sind, oder man integriert sie. Es gab auch die, die nie aufgeben wollten, weil das Ego zu stark war. Dadurch aber, dass die 30 Mittelstarken das Fundament bildeten, haben sich die fünf Starken irgendwann selbst eliminiert oder sie wurden integriert oder aber man hat entschieden, dass es keinen Zweck mehr hat, weil derjenige einfach nicht passt.
Zander: Wie wurde mit den Schwachen umgegangen? Wenn jemand abfiel und beispielsweise im Zehn-Kilometerlauf zu langsam war, was hatte das für Konsequenzen?
Fox: Jeder Schwache hat irgendwo auch eine starke Seite. Kondition, Nahkampf, Schießen, Abseilen und Autofahren – das waren, neben dem Universalbereich Einsatztaktik, die großen fünf Elemente in der körperlichen Herausforderung zur Ausbildung der GSG 9. Weitere wesentliche Elemente liegen im psychischen und intellektuellen Bereich. Heute kommen noch Fallschirmspringen und Maritimeinsatz dazu. Unter diesen sechs körperbetonten Grundelementen ist immer noch ein Element dabei, in dem einer richtig gut ist. In meinem Trupp war jemand dabei, mittlerweile ist er verstorben, der hat gekämpft beim Laufen, bis ihm das Blut aus den Socken gekommen ist, er hat es aber nie richtig geschafft. Das Sportabzeichen hat er immer gerade so mit Ach und Krach gepackt. Abseilen war noch so, Nahkampf ging auch so, Autofahren war auch so la la. Aber er war ein unglaublich guter Schütze. Wir haben gesagt, dass wir auf den nicht verzichten können. Wenn wir einen Einsatz haben und setzen ihn als Präzisionsschützen ein – einen besseren bekommen wir nicht.

Zander: Er selber wusste das aber auch. Hat es ihm nichts ausgemacht, dass er bei vier Disziplinen wirklich immer eindeutig der Schwächste war? Musste man ihn nicht aufbauen?

Fox: Natürlich musste ich ihn jeden Tag in den Hintern treten, natürlich musste ich ihn auch jeden Tag motivieren, er hat natürlich auch Feuer von den anderen gekriegt. Aber wenn wir am Schießstand waren, da konnte er zeigen, dass er besser war als wir. Das war so. Deswegen wurde er auch als gleichwertiger Kamerad anerkannt. Er gehörte zu unserer Ebene. Wir wussten um die Schwächen, es war gut, dass man das wusste, somit konnte man diese Leute zu den entsprechenden Aufgaben einsetzen. Derjenige geht eben nicht mit in den Nahkampf rein, sondern er liegt an der Tür und macht Sicherungsposten mit der Waffe. Oder umgekehrt: Der Nahkämpfer, der einige andere Sachen nicht gut beherrscht, wird vorzugsweise bei Nahkampfsituationen eingesetzt oder bei einem konspirativen Einsatz oder im Observationseinsatz. Ein guter Autofahrer wird für besonders spektakuläre, grenzwertige Autofahrten eingesetzt, aber er gehört einfach zum Trupp, zum Team, zur Einheit, zur GSG 9. Die Schwächen kannte auch Wegener. In den Anfangszeiten kannte Wegener von jedem persönlich fast alle Schwächen und Stärken. Er hat dann auch immer wieder, wenn er zur Ausbildung kam und begutachtet hat, gesagt, dass man da und da noch ein bisschen dran arbeiten müsse. Wir wussten das aber auch selbst: Derjenige ist im Schießen oder in allen fünf Disziplinen mittelmäßig, aber Tendenz nach unten statt nach oben. Dann gab man ihm noch eine Chance, weil er menschlich ein toller Kerl war. Wenn es dann wirklich nicht funktionierte, hat man überlegt, wo man ihn innerhalb der GSG 9 noch verwenden konnte.

Damals wurden das Waffenwesen, die Fernmelder und das Kfz-Wesen ausgebaut. Die gesamte Technik, wie Sprengstoffwesen und verschiedene andere Dinge, wurde weiterentwickelt, erweitert. Feinheiten wie psychologische Betreuung und Erprobungstrupps, die gab es noch nicht. Aber in diesen großen fünf Elementen hat man überlegt, dass man einen guten Kraftfahrer – auch wenn eine andere Schwäche erkennbar war – dort stark macht, damit er sich dort bei den Kraftfahrern verwirklicht und das Kraftfahrwesen mit aufbaut. Oder jemand wechselt in den FM-Bereich/Funktechnik, wenn er noch nebenbei gut fotografieren kann, dann bringt man ihn zur Fotodokumentation. All das hat man versucht, nur um niemanden rauszuschmeißen, der menschlich ein toller Kerl war und auch einiges beherrschte, aber leider den Standard der Einsatzeinheiten, der von 1972 bis 1980 immer rasanter stieg, nicht halten konnte. Rausgeworfen hat man ihn aber nicht. Oder er wurde dann Fahrer des Einheitsführers, im sogenannten Führungstrupp. Derjenige brauchte dann nicht alles mitzumachen, musste aber für die Stabsarbeit des Einheitsführers da sein. Er musste Dokumentationen erstellen, Einsatztagebuch führen, war Kfz-verantwortlich, musste dem Einheitsführer zur Hilfe sein, Meldungen überbringen usw. Er war dann aber nicht in typischen Kampftrupps oder im Einsatz. Auf diesem Weg hat man dieses Thema aufgefangen und Wegener hat das toleriert. Wegener hat ungern jemanden von der GSG 9 herausgegeben, der von Beginn an die Ausbildung mitgemacht hat. Es sei denn, derjenige hat sich selbst disqualifiziert, weil er sagte: „Ich will nicht mehr, ich pack das nicht, ich will raus“. Oder derjenige war menschlich nicht mehr tragbar, denn das Menschliche, Kameradschaftliche, Charakterliche war bei uns in Teilen weit höher angesiedelt als das fachliche Können. Wenn einer Mist gebaut hat, weil er unehrlich oder unfair oder eine linke Bazille war, das Tag für Tag auch immer gezeigt hat oder ein Trickser in seinem Team war, das hat man sehr schnell herausgekriegt und er war dann einfach nicht mehr tragbar.

Zander: Können Sie da irgendwelche Beispiele nennen: Jemand, der eine linke Art hatte und andere dann reinreitet? Es kann ja nicht nur eine Gruppe von Guten geben, es gibt immer welche, die ausreißen, die sich nicht beherrschen können. Wegener ist kein einfacher Typ. Man muss ihm Folge leisten. Sicherlich gab es Männer in der GSG 9, die darauf einfach keine Lust über Jahre hinaus hatten, sondern irgendwann mal negativ reagiert haben. Was passierte dann?

Fox: Richtig linke Typen gab es wenige. Die haben wir sehr schnell erkannt, die sind ebenso schnell gegangen wie sie kamen. Wir haben natürlich clevere Trickser gehabt, die versucht haben, ihre Vorteile herauszuholen, aber fachlich relativ gut waren. Die kann man nicht so locker rausschmeißen. Man muss dann dem Truppführer sagen: „Pass auf, pack dir den an die Kandare und zieh ihn so lange, bis keine Haut mehr da ist, aber bring ihn dahin, damit er zum Team passt.“

Zander: Was heißt das konkret bei der GSG 9: Vorteile herausholen?

Fox: Seine eigenen persönlichen Vorteile ziehen auf Kosten der anderen Teammitglieder. Zum Beispiel, dass er möglicherweise im Trupp nicht ständig alle Arbeiten mitmachen wollte, dass er sich immer geschickt zurückzog, dass er nur Fahrzeug fahren wollte, dass er andere Arbeiten umging, wie z. B. nachts, wenn man vom Schießen zurückkam – in der ersten Zeit mussten wir unsere Scheiben selbst kleben, dafür hatten wir keine Leute; wir sind da um 22/23 Uhr zurückgekommen, teilweise per Fußmarsch aus der Wahner Heide nach Hangelar verlegt und mussten um 3 oder 4 Uhr nachts unsere Scheiben kleben und dann um 6 Uhr wieder aufstehen.

Zander: Die Schießscheiben wurden hinterher wieder neu aufbereitet?

Fox: Genau. Wir sind spät abends oder nachts zurückgekommen, die Scheiben wurden mit dem Fahrzeug zurückgefahren, zum Teil wir auch, je nachdem, welche Idee wir hatten, uns selbst zu fordern. Mal so – mal so! Wir waren nach so einem Nachtschießen mit anschließendem Marsch kaputt, konnten kaum noch stehen, nachdem wir dann in der Unterkunft waren, mussten aber noch in den Keller gehen und alle unsere vorher zerschossenen Scheiben wieder neu für den nächsten Tag kleben. Wir waren dann um 4 Uhr morgens fertig, mussten wieder um 6 Uhr aufstehen und zum Dienst antreten. Wir haben nachts noch eine Flasche Bier getrunken und dann war das in Ordnung. Da waren Leute dabei, die mit allen Mitteln versucht haben, sich herauszulavieren, um das nicht mitmachen zu müssen. Das hat man aber sehr schnell erkannt und dem entgegengewirkt.

Zander: Diese Leute wurden toleriert?
Fox: Zunächst hat man geschaut, wie weit das geht, wann treibt derjenige das auf die Spitze oder besinnt er sich noch einmal. Wenn es dann nicht mehr tragbar war, dann hat man ihm erklärt, dass es keinen Sinn mehr macht. Entweder macht man alles mit oder derjenige muss die Einheit verlassen. So ein Verhalten hat sich aber auch herumgesprochen und die anderen Einheiten wollten dann so jemanden auch nicht haben. Es gab dann nur zwei Möglichkeiten. Es fanden mehr oder weniger drei Gespräche statt: erst das Team, dann der Truppführer, und dann der Einheitsführer und der Kommandeur. Der Kommandeur hat dann gegebenenfalls entschieden: „O.k., geben wir ihm noch einmal eine Chance für sechs bis acht Wochen. Packt er es dann nicht, werden wir uns trennen." Dann war das Thema endgültig erledigt. Die fachliche Qualifikation, das fachliche Können, das war das eine, das menschliche, charakterliche, kameradschaftliche Verhalten, das war das andere und das ist hoch bewertet worden. Wenn man charakterlich nicht in Ordnung ist, will man das Fachliche auch nicht mehr hinkriegen und versucht, seinen eigenen Weg zu gehen, um letztlich den Weg des geringsten Widerstandes auszuloten. Das passt aber nicht in das Teamdenken. Vor allem wenn es zum Einsatz geht, ist genau so ein Mann eine Schwachstelle. Das ist dann ein Problem. Ein Beispiel dafür war unser Einsatz in Singapur. Wir sollten zur Ausbildungsunterstützung der damaligen Kräfte in Singapur beitragen, dort wurde eine Spezialeinheit unter der Schirmherrschaft des Sohnes des damaligen Ministerpräsidenten von Singapur aufgebaut. Das war 1981, ich war damals selbst mit dabei. Die Auswahl erfolgte über eine „seemännische Qualifikation" unter Leitung unseres damaligen Kommandeurs Klaus Blätte. Er hat in seiner Freizeit ein größeres Boot zur Verfügung gehabt und Fahrten gemacht: Kattegat, Skagerrak bis teilweise hoch zu den Färöer Inseln. Er war absolut erfahren, exzellent, was das Maritime betraf. Wir haben diese Erfahrung am eigenen Leibe spüren dürfen, er war ein unglaublicher Skipper. Er war nicht immer der Angenehmste, aber das war auch nicht seine Aufgabe. Seine Aufgabe war, die Organisation, die Ausbildung, den Ausbildungsstand und die Qualifikation auf höchstem Stand zu halten und die GSG 9 zu führen. Also gab es eine Auswahl für diesen Törn. Unser damaliger Einheitsführer, Ulrich Greiwe, hat zusammen mit dem Kommandeur angeordnet, dass sieben Mann mit auf See kommen. Es konnten aber nur sechs Mann mit nach Singapur, das hieß, es war ein Reservemann dabei, der sich auch erst qualifizieren musste. Wir haben entschieden, es gehen sieben Leute mit. Wir brauchten dort einen, der den Einheitsführer vertritt, das war meine Person. Wir brauchten jemanden, der mit dem Einheitsführer die Stabsarbeit leistet, das war mein Kamerad Udo Piosik. Wir brauchten Leute, die in allen Bereichen, also im Laufen, im Nahkampf, in der Schießausbildung, im Abseilen, in der Taktik, in der Luft richtig top waren und mitausbilden konnten. Es musste jeder alles beherrschen, aber gerade im Ausland wurden dann variabel jedem Einzelnen verschiedene Aufgabenbereiche zugeteilt. Wenn es aber darauf ankam, dann wurden einige besonders gefordert. Gerade Teamgeist, Teamwork, Auftreten, Souve-

ränität und Harmonie stehen bei einem Auslandseinsatz in vorderster Front und sind Werturteil für einen gelungenen oder misslungenen Einsatz.

Da wir sieben an Bord waren, aber nur sechs gebraucht wurden, musste also irgendwann einer in die Reserveposition. Wir sind im April 1981 aus Kiel mit einer hochseetauglichen Jacht in See gestochen, es war die Ostsee. Mit an Bord war zusätzlich unser Psycho-Trainer Wolfgang Salewski.

Im Vorfeld hatten wir einen vierwöchigen „Seemannskurs" absolviert, den unser Käpt'n Klaus Blätte geleitet hat. Jeder hat eine Spezialaufgabe bekommen, die er vorführen und vortragen musste. Blätte wollte sehen, wie sich die Leute persönlich im theoretischen und praktischen Bereich präsentieren. Diese Fahrt sollte aber unter anderem auch einen Spaßfaktor haben, dennoch war es eine knallharte Selektion für Singapur. Die ersten Tage hat es ganz gut geklappt. Wir hatten aber einen Kameraden an Bord, der permanent versuchte, aus der Spur zu laufen. Zufällig hieß der auch noch „Alfred", wie ein gewisses TV-Vorbild. Wir hatten alle Spitznamen und der bekam den Namen „Alfred", weil er ein Sausack war und versucht hat, alle Vorteile für sich auszunutzen und alles in Frage zu stellen. Er war ein relativ intelligenter Mann, gut im Sport, exzellent im Schießen und auch in verschiedenen anderen Dingen. Menschlich allerdings war er aber nur schwer erträglich und teamunfähig. Die ersten Tage gingen vorbei. Wir hatten schlimme Stürme. Als wir aus Kiel herausfuhren – wir waren gerade eine Stunde draußen –, hat uns ein Schneesturm erwischt. Wir sind unter Segel und nicht mit Motorleistung rausgefahren, da kippte die Jacht gleich in eine 35-Grad-Position. Dass es so losging, hätten wir nicht für möglich gehalten. Wir hatten aber Spaß, es konnte uns nichts erschüttern. Wir wollten das Ding durchziehen, waren dafür ja ausgewählt worden und gespannt, was uns noch erwartete.

Es gab dann die Entscheidung, dass jemand zum Smut ernannt werden musste – das ist derjenige, der kochen muss, aber auch für die gesamte Küchenorganisation verantwortlich ist. Des Weiteren mussten immer ein bis zwei Leute mit in die Kombüse, um dem Smut zur Hand zu gehen. Alfred hat es immer wieder geschafft, sich geschickt aus dieser Aufgabe herauszuziehen, weil er angeblich etwas anderes an Bord machen musste. Irgendwann ist mir der Kragen geplatzt und ich habe ihm gesagt, dass es zwei Möglichkeiten gebe: Ich würde ihn über Bord schmeißen, dann sei es das gewesen, oder aber er werde Teamfähigkeit beweisen. Er wand sich heraus und fing an zu lamentieren und zu diskutieren. Ich sagte ihm, dass es da nichts zu diskutieren gebe, wir seien alle unten in der Kombüse, müssten mithelfen und unserem Koch zur Seite stehen. Das ist natürlich auf hoher See nicht immer angenehm – gerade bei Seegang –, in der Kombüse Essen zuzubereiten. Aber unser Smut, der die Oberhoheit hatte, musste nur zum Kapitän sagen, dass einer nicht mitspielt. Das wollte er aber nicht. Das Team sollte sich selbst regulieren, sich selbst führen. Das ist uns auch gelungen. Die vorletzte Nacht, bevor wir wieder zurückliefen, gab es ein Essen, das war ein mexikanischer Feuertopf. Der Smut war verärgert, weil Alfred helfen sollte und sich wieder der Sache entzog. Er hat den Feuertopf zu einem wahren

Feuertopf gemacht. Man konnte das überhaupt nicht essen. Das Essen hat er allein zubereitet und gesagt, dass Alfred nicht mehr helfen brauche. In unsere Teller hat er nicht, wie bei Alfred, den halben Topf Chilipulver und noch irgendein anderes wildes Gewürz reingeknallt. Alfreds Teller war nicht genießbar. Er bekam seinen Teller in der Mitte der Ausgabe. Wir saßen alle an unserem Feuertopf, der sowieso schon schön scharf war. Wir hatten alle Hunger, weil wir den ganzen Tag noch nichts gegessen hatten. Es war bereits Nachmittag und wir lagen in einer kleinen Bucht der vorgelagerten dänischen Inseln. Es war tolles Wetter, Sonne, alles wunderbar. Alfred aß seine Suppe und nach dem dritten Löffel flog der Teller mit der Suppe weg. Der Kapitän guckte, sagte aber keinen Ton. Wir alle wussten plötzlich, was los war. Wir haben gegrinst und unser Smut sagte: „Eins will ich dir sagen, das ist dafür, dass du ein Arschloch bist." Damit war das Thema in Ordnung. Alle haben das verstanden – auch der Psychologe und der Kapitän. Es gab immer wieder solche Episoden, sodass wir feststellten, dass dieser Mann für uns nicht teamfähig war. Das hat dazu geführt, dass er nicht mit nach Singapur kam. Als wir von der Segeltour zurückkamen, wurden die sechs Männer bestimmt. Jeder hatte seine kleinen Schwächen, seine Tiefen und seine Höhen gehabt. Bei Alfred wurde aber deutlich gemacht: Nein, er kommt nicht mit. Alfred ist bei der GSG 9 geblieben. Durch diese Geschichte hatte er aber persönlich eine heftige Klatsche bekommen.

Wir waren zu der Zeit schon relativ weit fortgeschritten, denn danach begann die Spezialausbildung im Bereich Maritim. Er ist trotz allem in der 2. Einheit geblieben, weil er auch andere Dinge gut beherrschte. Dennoch bekam er dann von seinem SET-Führer heftige Vorwürfe, weil er für Singapur ausgesondert worden war. Es wurde ihm auch klargemacht, dass diese Entscheidung so ausgefallen war, weil er sich entsprechend benommen hatte. Dieses hat er aber nur zum Teil eingesehen.

Es gab ganz bestimmte Dinge in einem Team, wo man ohne eine Ansage, ohne Befehl einfach angepackt hat. Sah man, dass einer nicht mehr richtig tragen konnte, packte man zu und half ihm. Jeder für jeden. Das hat Alfred nur widerwillig gemacht, dafür fehlte ihm eine bestimmte Frequenz, er hat die Kiste dann eben stehen lassen und nur seine eigenen Klamotten getragen. Das sind so Feinheiten, da fragt man sich, warum derjenige sich so verhält. Die Antwort war dann: „Wieso, muss ich das?" Diese Leute sind, wie bereits erwähnt, sehr schnell erkannt worden und wurden auch im Trupp nichts mehr. Man brauchte sie für bestimmte Dinge, aber im Trupp kamen sie nicht weiter voran und blieben einfaches Teammitglied. Diejenigen wollten aber auch nicht immer selbst weg, das wiederum wäre ein Schuldeingeständnis und Armutszeugnis gewesen. Sie blieben und wurden mehr oder weniger „mitgenommen".

Zander: Waren bei den gemeinsamen Freizeitaktionen auch die Familien dabei?

Fox: Natürlich auch mit der Familie. Sehr häufig haben wir zusammen Vatertag oder Geburtstage gefeiert. Wir haben Fußballturniere veranstaltet, bei denen unsere Familien dabei waren. Wenn an Sonntagen oder anderen Tagen Feiern waren, dann hat man Ausflüge zur Sieg gemacht, man hat gegrillt oder verschiedene andere Dinge

veranstaltet, zum Beispiel Vatertagstouren über kleine Entfernungen, so zwei, drei Kilometer zu einem Platz an irgendeinem Teich, wo die Kinder auch spielen konnten, wo man dann mit den Familien zusammen war und so den Tag gemeinsam verbringen konnte.
Zander: Am Vatertag mit der ganzen Familie?
Fox: Ja, sicher. Man hat sich natürlich auch seine Leute ausgesucht, mit denen man so etwas gemacht hat. Andere hatten wiederum andere Interessen und haben eine Motorradtour gemacht oder sind irgendwo anders hingefahren oder hingeflogen. Wiederum andere sind gewandert oder ins Ahrtal oder auf den Nürburgring gefahren. Es gab immer wieder Zusammenschlüsse von Leuten, die sich als Interessengruppen gefunden haben. Die haben dann gesagt: Wir machen etwas zusammen, was uns Spaß macht und uns ausfüllt, denn der tägliche Dienst wurde weitestgehend von Ernsthaftigkeit bestimmt!
Zander: Es sind also richtige Freundschaften entstanden.
Fox: Es sind Freundschaften – und zwar nicht nur Zweckgemeinschaften, sondern ehrliche Freundschaften – entstanden. Die gelten immer noch und halten bis heute. Jedes Jahr im Mai ist zum Beispiel unser Kameradschaftstreffen, unsere Jahreshauptversammlung – ein absolut hochwertiger Tag in der Geschichte der GSG 9. Nachdem man sich mit den Interessen und in Gesprächen gefunden hat, ist das eine tief freundschaftliche, kameradschaftliche Mannschaft geworden. Wir haben zum Beispiel unseren persönlichen alten „Kämpferkreis“, das sind die, die 1972/1973 angefangen haben. Das ist so eine „Mafia“, Arno, Erhard, Udo, Wulff, Werner und ich selbst. Wir setzen uns schon grundsätzlich zusammen, wenn wir uns treffen. Dann sind auch die Frauen dabei. Zu einigen pflegt man ganz intensive Freundschaften und es kommen immer wieder neue dazu, zu denen man sich verbunden fühlt. Wir laden uns auch heute noch gegenseitig zu Geburtstagen ein. Wenn man sich seit den 1970er Jahren bis heute kennt, dann ist das schon sehr tief, da kennt man sich in- und auswendig. Man kennt sich oft besser, als die Ehefrauen die eigenen Männer kennen.
Zander: Hängt das auch damit zusammen, dass man nach außen wenig preisgeben durfte und dadurch nach innen stärker wurde?
Fox: Ja. Das hängt vorrangig damit zusammen, dass wir uns selbst gesagt haben, dass das, was innerhalb der GSG 9 passiert, nicht nach außen zu dringen hat. Auch die Familien haben nichts erfahren. Meine Ex-Frau hat damals auch keine Details oder dienstlichen Interna erfahren. Heute würde ich es genauso machen, dass Angehörige nur Kenntnisse haben dürfen von dem, was ohnehin möglicherweise an die Öffentlichkeit kommt. Also nicht im Detail, aber das Nötigste. Es gibt einige Dinge, die einfach nicht zu erzählen sind und auch nicht nach draußen dringen dürfen. Diese Sachen unterliegen nicht einem Betriebsgeheimnis oder einem besonderen Dienstgeheimnis, sondern sie unterliegen meiner persönlichen Verschwiegenheit. Das ist so. Das ist ein Stück Charakter, den hat man gefälligst zu haben, wenn man aus dieser Sparte kommt.

Zander: Versucht man das mit Gleichgesinnten zu kompensieren?
Fox: Diese Einstellung ist der Fels, das Fundament der GSG 9. Deswegen sind die Leute, die diese nicht oder weniger hatten, ausgeschieden. Es blieb ein Kern übrig, der die GSG 9 gegründet und begründet hat. Diese Veteranen könnte man heute noch alle zusammenrufen und wieder fundamentieren. Es würde genauso wie 1972 sein, nur, dass alle ein wenig älter sind.

Das hat bis heute noch in vielen Variationen der neueren GSG 9 Bestand: Heute ist es auch so, dass Offiziere Vorgesetzte sind und deren Vorgesetzter der Kommandeur ist als oberster Polizeiführer. Die fühlen sich heute genauso in dieser Gemeinschaft wohl und sind integriert wie wir Älteren, die damals schon zusammen waren. Einige der damaligen ersten Offiziere gibt es nicht mehr, die sind verstorben. Von denen der ersten Stunde gibt es nur noch meinen Chef, den ersten Einheitsführer der 2. Einheit, Dieter Tutter. Einige andere sind irgendwohin verschwunden und haben nicht mehr viel mit der GSG 9 zu tun. Aber wir wollen mit denen auch keine weiteren Kontakte pflegen. Das hat sich entblättert und in gewisser Weise offenbart, es waren Leute, die vom Charakter einfach nicht zu uns passten. Es waren Beamte, die Dinge gemacht haben, die einfach nicht in die ehrliche Struktur, in die gradlinige saubere Struktur der GSG 9 gepasst haben.
Zander: Können Sie ein Beispiel nennen?
Fox: Ja, wenn man zum Beispiel während der GSG-9-Zeit versucht hat, in der freien Wirtschaft Geld zu verdienen. Das war nicht verwerflich. Nach Mogadischu sind viele Unternehmen an uns herangetreten und haben angefragt, ob wir sie beraten können. Einige Kameraden haben offiziell Genehmigungen eingeholt. Das BMI hat in vielen Fällen zugestimmt, wenn keine Dienstgeheimnisse oder Ähnliches preisgegeben würden. Wer wollte einem verwehren, dass man ein seriöses, vernünftiges Personenschutztraining, eine fundierte Schießausbildung oder ein gutes Fahrertraining macht? Einige Leute, auch mein damaliger Chef, haben diese Angebote und die Chance wahrgenommen, denn es bot sich vielfach dadurch der Schritt in die Wirtschaft. Es gab aber auch einige wenige Leute, die haben gesagt, wenn ich nach draußen gehe, dann versuche ich auch, mit Illustrationen und Bildern der GSG 9 Profit zu machen, das ist verwerflich und höchst schädigend. Dann allerdings hat es geknallt – dafür hat Wegener überhaupt kein Verständnis gehabt. Die sind gegangen oder gegangen worden. Wegener hat selten jemanden in dieser Form verabschiedet. Jeder wusste aber ganz genau, welche Entscheidung da getroffen worden war und wie das zustande gekommen ist. Somit hat sich das dann erledigt.
Zander: Was führte noch dazu, von der GSG 9 ausgeschlossen zu werden?
Fox: Es waren auch einige Dinge, die im Privatbereich passiert sind. Leute, die gegen die ungeschriebenen Gesetze der GSG 9 verstoßen haben, weil sie sich draußen „die Kiste vollgesoffen" haben, sich in Lokalitäten und Szenen rumgetrieben haben, die nicht zu uns passten. Wir sind auch in Restaurants und Kneipen gegangen, haben auch mal über den Durst getrunken und gefeiert. Das ist auch Teil eines Gemein-

schaftssinnes und des Zusammenhalts. Alle Spezialeinheiten der Welt, die ersten ab 1900, hätten so in ihrem typischen Zusammenhalt nicht funktioniert, wenn es diese Kameradschaft mit Feiern und Bier nicht gegeben hätte. Das hört sich für den Außenstehenden an, als wären das alles Trinker gewesen. Nein, überhaupt nicht, aber der kameradschaftliche Zusammenhalt gerade im Rahmen von gemeinsamen Zusammenkünften und Feiern, auch wenn mal über den Durst getrunken wurde, war notwendig, weil die Feiern und das „nähere Kennenlernen" die Truppe verbunden und zusammengeschweißt haben. Wenn dann am anderen Tag ein Einsatz anstand, dann hat man sich genauso benommen, als wäre alles ganz normal, man hat hochsensibel funktioniert. Wenn man am anderen Tag Sport oder eine unangenehme Ausbildung hatte, dann wurde diese eben gemacht, damit das, was man nachts in den Körper „reingehauen" hatte, wieder „rausgehauen" wurde. So einfach ist das. Hat einer dann nicht mitgemacht, dann hat man auch erkannt, was los war, man hat ihm dann aber eine Chance gegeben und hat gesagt: „Pass auf Junge, verstehe ich, alles in Ordnung, ist heute vielleicht nicht dein Tag, aber das nächste Mal kriegen wir das hin."

Wenn jedoch Leute dabei waren, die genommen wurden, weil man Personal brauchte, weil man Einsatzkräfte brauchte und gesagt hat: „Komm, dann nehmen wir den eben und drücken ein Auge zu", dann hat sich bei diesen Leuten schnell herausgestellt, dass es einfach nicht funktionieren konnte, weil qualitativ irgendwann eine Grenze erreicht war. Wir haben mehr gefordert, aber da ging eben nichts mehr. Das wurde dann teilweise mit anderen Dingen versucht zu kompensieren: Getränke ausgeben, Einladungen aussprechen, sich einschmeicheln oder zumindest wieder Kontakt finden. Es war aber sehr schnell klar, dass dieser Weg nicht funktioniert. Es war gegen den Korpsgeist und die kameradschaftliche Bindung der GSG 9.

Zander: Was passierte, wenn jemand leistungsmäßig eine Enttäuschung für die Truppe darstellte?

Fox: Wir haben jedes Jahr am Jahresende einen Leistungsabschluss gehabt. Es fanden Gespräche statt, es wurden Schießergebnisse, sportliche Ergebnisse, Sportabzeichen und darüber hinausgehende Leistungen, das Taktische, welches ein ganz wesentlicher Punkt war, besprochen. Hat man festgestellt, dass jemand über ein Jahr lang starke Defizite hatte, dann gab man ihm noch einmal eine Bewährungszeit. Brachte die auch nichts, musste derjenige aus der Einsatzeinheit gehen. Wir haben damals wenige Einsätze gehabt, bei denen man gravierende Fehler machen konnte. Der erste große Einsatz war 1973 – der Breschnew Besuch. Wir sind im Rahmen von Observationsaufgaben eingesetzt worden, zusammen mit Präzisionsschützen. Mit der Anordnung und der Maßgabe, dass es auf dem Petersberg – da fanden die Gespräche statt – oder im Kanzleramt zu Vorkommnissen kommen sollte, dass sich möglicherweise Terroristen annäherten, irgendwelche Störer an Breschnew oder damals an Willy Brandt heranwagten oder dass sich Fahrzeuge näherten, die plötzlich abgestellt würden und Personen heraussprängen, für diese Fälle lagen wir in Stellung und hätten eingreifen können. Inwieweit das Eingreifen damals konkret geworden wäre, das sei einmal dahingestellt. Es ist alles gut gegangen, wir brauchten nicht einzugreifen. Schießen konnten wir alle, aber das war unser erster Einsatz in der Öffentlichkeit überhaupt. Wir wurden damals als „Killer“ bezeichnet. „Wie kann man diese Killer jetzt schon auf die Menschheit loslassen, die sind ja gar nicht ausgebildet“ – so ähnlich kam es aus Teilen der Bevölkerung im April oder Mai 1973. Oder von einem damaligen Landesinnenminister: „Wenn man die GSG 9 einsetzt, hinterlässt sie verbrannte Erde von Rosenheim bis Flensburg!“

Wir sind zu verschiedenen kleinen Einsätzen vom BKA angefordert worden – immer zur Unterstützung. Wir waren bei Zugriffen, die nicht so spektakulär waren, teilweise im Hintergrund. Das war auch bei Schmuggelgeschäften der Fall. Damals begann so ganz langsam die Entwicklung der Organisierten Kriminalität (OK), die hieß da aber noch nicht so, denn damals hatte noch keiner diesen Begriff geformt. Bei solchen Vorgängen wurden wir eingesetzt: gegen ausländische Banden, in Rotlichtvierteln und verschiedenen anderen Sachen. Bei großen NATO-Gipfeln und zur Unterstützung der Hamburger bei der Beerdigung von Holger Meins wurden wir eingesetzt, das war zum Beispiel Luft- und Bodenüberwachung. Das war schon ein wenig mehr, aber noch nicht so spektakulär. Gut, wo setzt man die Messlatte von „spektakulär“ zum oberen Maß „spektakulär“ an. Mogadischu – das muss man ausklammern, das war eine ganz andere Situation. Typische Polizeieinsätze waren für uns normal. Wir flogen mit einem Hubschrauber hin, packten unsere Klamotten aus, wurden in einer Kaserne untergebracht und waren dann vor Ort. Wir haben unsere Fahrzeuge nachgeführt, erledigten in Zivil Observation oder eine Präsenzobservation, indem wir in Uniform durch die Gegend fuhren und jeder sehen konnte: Das ist die GSG 9.

Zander: Erinnern Sie sich an geheime Einsätze, die darüber hinausgingen?

Fox: Geheime oder kaum bekannte Einsätze in einer speziellen Form habe ich mit meinem Freund Arno Balowski erlebt. Wir haben Hans-Dietrich Genscher im Herbst 1975 nach Japan begleitet. Damals hat die Rote Armee Fraktion mit der japanischen RAF, die gab es auch und war hochgradig gefährlich, einige Anschläge in Europa in Verbindung mit den Roten Brigaden (Brigate Rosse) und den französischen Verbündeten (Action Directe) geplant und auch umgesetzt, die Spanier (ETA) waren noch außen vor, die Palästinenser ebenfalls. Diese Sache kam aber aus einer völlig anderen Richtung. All diese europäischen terroristischen Vereinigungen waren sehr froh darüber, dass es auch eine Vereinigung aus dem asiatischen Raum gab, damit dort auch einmal eine Vernetzung entstehen und man sagen konnte, dass sie nun weltweit verschiedene Fronten hätten. Dies sollte möglicherweise Erfolge in Form von Geiselnahmen, Entführungen, Anschlägen usw. bringen. Die Japaner haben zwei große Anschläge durchgeführt: einen Flugzeuganschlag in Tokio und zwei Entführungen mit Toten. Genau zu diesem Zeitpunkt, 1975, ist Genscher für eine Woche zu Gesprächen nach Japan geflogen. Somit wurde angeordnet, dass zusätzlich Beamte vom BKA mitfliegen sollten und, weil wir damals schon sehr stark das BKA unterstützt haben, auch die GSG 9, und zwar eine Abordnung in Form von fünf Leuten. Wir sind von Wegener und unseren Einheitsführern bestimmt worden. Darunter waren zwei profilierte Kameraden der 1. und 3. Einheit, ich selbst aus der 2. sowie ein Sprengtechniker. Das war ein spezieller Einsatz, bei dem wir nur die Sicherung in der Maschine vornahmen. Wir sind in Hamburg losgeflogen, es war eine Lufthansa-Maschine, die voll besetzt war mit Japanern. Wir hatten zwar von einigen Terrorverdächtigen konkrete Fotos, aber 250 Japaner im Jumbo zu unterscheiden, das war fast unmöglich. Genscher saß im vorderen Teil der Maschine. Wir setzten einen unserer Männer ebenso nach vorne, den Rest taktisch verteilt, und das in Schichten. Wir sind die Nordost-Route über den Nordpol geflogen, das waren ca. 22 Stunden mit Zwischenlandung in Alaska. Unsere Observation und unseren Personenschutzauftrag haben wir nach eigener Bewertung so gut es ging gemacht. Hinterher haben wir von der Crew und von den BKA-Leuten erfahren, dass alles wirklich gut gelaufen ist. Wir haben nicht nur unseren Job gemacht, sondern diese Mission auch in höchstem Maß ernst genommen. Wir haben unsere Aufgabe so erledigt, wie Genscher es von uns erwartet hat. Er wusste, dass wir fünf an Bord waren. Sein Stab wusste allerdings nicht, dass wir von der GSG 9 waren. Nur die Crew hatte davon Kenntnis.

In Tokio hatten wir die Aufenthaltszeit frei. Auf dem Rückflug mussten wir dann wieder die Maschine, dieses Mal eine AIR France, komplett checken. Mit fünf Leuten einen Jumbo zu durchsuchen, war nicht gerade angenehm, aber es ist uns gelungen. Wir haben auf dem Rückflug nach Frankreich und dann zurück nach Deutschland wieder unseren Schutzauftrag in der Maschine wahrgenommen. Das war für uns ein erster, richtig spektakulärer Einsatz. Das war schon etwas, obwohl nicht besonders viel passiert ist. Wir haben nur während des Fluges und der Stopps unsere Aufgaben wahrgenommen – aber wir als GSG 9 durften unseren ehemaligen Chef begleiten, das war für uns schon eine ganz besondere Ehre.

Auch 1975 haben wir an unterschiedlichen Begleitschutzkommandos des BKA teilgenommen, die unter anderem auch Minister begleitet haben. Das war ein fünfwöchiger Einsatz. Wir sind kreuz und quer mit den Parlamentariern durch Deutschland gereist, davon zwei Reisen ins Ausland. Man wollte die GSG 9 vorsichtig in die Schutzkonzepte mit einbauen. Im Personenschutz waren wir damals noch nicht speziell ausgebildet, das ist erst etwas später erfolgt. Wir haben uns in allen geforderten Lagen gut bewegt und sind taktisch sensibel vorgegangen. Das alles ist 1975 bis 1977 weniger geworden, weil wir in diesen Zeiträumen andere Aufgaben bekamen. Wir waren zur Unterstützung verschiedener SEKs und MEKs in die Länder abgeordnet worden, das waren etwa immer zwei bis vier Wochen, in denen wir dort mit eingesetzt wurden. Das war für uns im täglichen Einsatz der Polizei eine spannende Geschichte. So etwas hatten wir sonst nicht: Wir haben ununterbrochen trainiert, aber wenig spezielle Einsätze gehabt. MEKs und SEKs lebten von ihren täglichen Einsätzen – und so waren wir mit dabei. Ich war zum Beispiel zwei Mal mit meinem SET in Hamburg und habe im Hamburger Hafen verschiedene Dinge gemacht, zum Beispiel

Schmuggelgut aufgedeckt und die sogenannten Großfamilien besucht, die kriminelle Dinge im Raum Hamburg und Schleswig-Holstein unternommen haben. Wir sind mit Schwerstkriminellen unterwegs gewesen, haben Observationen durchgeführt von Leuten, die gerade frisch aus der Justizvollzugsanstalt entlassen worden waren, von denen wir aber wussten, dass sie sofort wieder straffällig werden würden, diese warteten nur auf ihre entsprechenden Kontakte und die passenden Zeitpunkte. Es ging nicht immer um die Anwendung von Schusswaffen, aber wenn es dazu gekommen wäre – und das war immer möglich –, hätte es auch diese Auseinandersetzung gegeben. Das waren für uns mehr und mehr Alltagsgeschäfte, bei denen wir zeigen konnten, was wir als GSG 9 gelernt hatten, wozu wir im Rahmen einer Integration in ein Polizeiteam fähig waren: dieses zu unterstützen und Einsätze durchzuführen. Das war immerhin Landespolizei, wir gehörten zum Bund. Es hat aber alles funktioniert und wir erfahren bis heute hohe Anerkennung. Freundschaften haben sich gebildet, weil es einfach Spaß gemacht hat und ein gutes Gefühl war, mit diesen Leuten zusammenzuarbeiten.

Zander: Sie haben gerade gesagt, der Einsatz von Waffen wäre möglich gewesen, kam aber sehr selten vor. Haben Sie mit dem Psychologen Salewski darüber gesprochen oder auch mit sich selbst ausgemacht, was passieren könnte – in Hinblick auf den eigenen Tod oder darauf, auf Befehl jemanden zu töten? Haben Sie sich mit dem Thema Tod auseinandergesetzt?

Fox: Ja, wir alle sind im Training auf derartige Situationen vorbereitet worden, vor allem immer wieder im virtuellen Bereich, step by step und höchst sensibel. Oder auch im einsatznahen Schießtraining beim typischen Scheibenbeschießen, auf Mannscheiben, auf Gegnerscheiben. In taktischen Situationen wurde auch auf Dummies geschossen, wenn man zum Beispiel in Gebäude oder Räume eingedrungen ist. Das heißt, im Ernstfall wäre der Dummie bei einer Geiselbefreiung schon ein Mensch gewesen, auf den man hätte schießen müssen. Ich kann für mich sagen, wenn es so gekommen wäre, ich hätte entsprechend gehandelt, da hier Menschen gewaltsam in lebensbedrohliche Situationen gebracht wurden. Ich habe mich auch persönlich damit auseinandergesetzt, dass ich selbst möglicherweise hätte schwer verwundet oder getötet werden können. Aber das musste ich in Kauf nehmen. Das hieß, ich musste im Training versuchen, in dem Bereich, für den ich im Augenblick eingesetzt wurde, so viel besser zu sein, dass ich schneller wäre als der Gegner, denn wir als GSG 9 können nur reagieren, nicht agieren. Die andere Seite agiert, weil sie den Ablauf des Handelns bestimmt, also haben sie das Überraschungsmoment fast immer auf ihrer Seite. Das mussten wir kompensieren, besser sein mit dem, was wir durch taktische Trainingsleistung für den realen Einsatz umsetzen konnten. Ich musste zumindest ebenbürtig sein, damit ich, wenn ich in einen Raum gehe und jemanden vor mir habe, reaktionsschneller bin, und zwar in allen Belangen. Das heißt unter anderem: Wenn ich mich abseile, muss ich so schnell runterkommen, dass mich keiner am Seil ausschaltet, auch das ist in früheren Zeiten und Kriegseinsätzen vorgekommen, zum Beispiel bei den Amerikanern. Im Nahkampf muss ich so flexibel und schnell sein, dass ich möglicherweise meine Technik und Taktik schneller, besser und effektiver anbringe. Beim Schießen mit Kurzwaffen muss ich schneller sein, als Präzisionsschütze weniger, da habe ich eine andere Aufgabe, aber beim Eindringen als Sturmtrupp in ein Gebäude, in einen Raum, da muss ich als erster reagieren, damit ich nicht derjenige bin, der getroffen wird. Ansonsten habe ich keine Chance mehr. Mit dem Gedanken habe ich mich, wie meine anderen Kameraden auch, immer wieder befasst: Was passiert, wenn ich eindringe? Was passiert, wenn ich vor einer Tür stehe? Kann ich mich auf meine Kameraden verlassen, kann ich mich auf den Deckungsschützen verlassen, der hinter mir steht und sagt: „O.k., jetzt könnt ihr rein, ich habe die Tür im Griff oder ich habe den Raum im Griff"? Den Raum hatte man vorher vielleicht nur auf Skizzen oder Fotos gesehen und dadurch eine vage Vorstellung davon, wie das innen aussehen könnte, wo die Türen abgehen und wo sich ein Gegner positioniert haben könnte. Man hatte aber immer nur eine abstrakte Vorstellung. Man musste davon ausgehen, dass, wenn man in den ersten Raum geht, dort schon jemand steht und genau darauf wartet. Oder man macht die Tür auf und daran befindet sich eine Handgranate, die durch das Aufdrücken gezündet wird. Aber das sind sämtlich Dinge, die muss ich kalkulieren. Heute, aber schon auch in den 1980er Jahren, hat man durch verschiedene Körperschalltechniken ermittelt, wo sich gegebenenfalls Personen bzw. Gegner befinden. Verschiedentlich wurde durch Beobachtung oder Mitteilungen von Geiseln, die irgendeine Botschaft nach außen gebracht haben, oder durch Verhandlungsführer, die schon einmal in den Raum gucken konnten, obwohl eine Gardine vorgezogen war, ersichtlich, dass sich da und dort jemand befand, dass man mit zwei oder mit drei Tätern rechnen musste, dass die Bewaffnung bekannt war. Das sind aber alles Entwicklungen der polizeilichen Taktiken und Strategien, die über die Jahre mehr und mehr zu festen Bestandteilen geworden sind. Das alles gab es anfangs nicht. Früher hat man gesagt: Man kommt in eine Bank rein und hat es mit zwei Geiselnehmern zu tun – wo sind die? Wenn du reingehst, orientieren, suchen, das war selbstverständlich, aber damals hat es auch gravierende Irritationen, Fehleinschätzungen und dadurch bedingt viele misslungene Einsätze gegeben. Die Unerfahrenheit der Sicherheitskräfte – auch der SEKs und MEKs – hat dazu geführt, dass es viele Verletzte und auch Tote gegeben hat. Das hat man über die Jahre im Erfahrungsaustausch, Training untereinander oder auch immer wieder in Workshops und einsatznahen Übungen Stück für Stück aufgearbeitet. Es wurden neue Techniken vorgestellt, Fachwissen wurde ausgetauscht, damit alle auf dem gleichen Stand sind. Trotzdem – ich kannte Ende der 1970er Jahre zwei Präzisionsschützen, die haben den sogenannten finalen Rettungsschuss anbringen müssen. Eine gewisse Zeit haben die immer noch mitgemacht, kamen damit aber nicht klar und sind nach geraumer Zeit aus dem Spezialpolizeidienst ausgeschieden. Sie hatten durch ihr Zielfernrohr genau gesehen, was passiert war. Ich sehe, dass ich auf einen Menschen schieße, wo ich ihn treffe und wie er getroffen wird. Diese beiden Präzisionsschützen konnten nicht verarbeiten, dass sie einen Menschen getötet hatten. Im unmittelbaren Nahkampf, im Zweikampf sieht das vielleicht anders aus, da ist es eine sofortige Reaktion im Rahmen der Selbstverteidigung. Der Präzisionsschütze wartet aber lange Zeit in seiner Position und beobachtet den Menschen und seine Bewegungen. Da gehen einem andere Dinge durch den Kopf: „Wenn ich jetzt abdrücke, dann ist der tot." Er sieht auch genau, wie es passiert. Wenn ich in einen Raum eindringe und einen Gegner vor mir habe, dann versuche ich sofort, meine ersten Schüsse abzugeben, damit der Gegner getroffen wird, und denke vielleicht hinterher darüber nach, wie ich ihn getroffen habe und sehe vielleicht sogar die Einschüsse, denke aber nicht weiter daran, weil ich erst einmal funktionsfähig bleiben muss, da ich die Geiseln befreien will. Wenn ich nicht mehr funktionsfähig bin, wenn ich mein Leben nicht erhalte, dann kann ich auch keine Geiseln mehr befreien und ganz nebenbei müssen meine Kameraden auch noch meine Aufgaben übernehmen. So nehme ich diesen Aspekt mehr oder weniger unterbewusst wahr. Das Hauptbewusstsein ist erst einmal auf den Fokus Gegner, auf den Mann oder die Frau gerichtet, den/die ich bekämpfen und ausschalten muss, egal wie. Alles andere ergibt sich dann automatisch. Wenn ich hinterher zur Ruhe komme, denke ich vielleicht darüber nach, wo ich den Gegner getroffen habe. Das sage ich ganz vorsichtig, denn es ist von Mensch zu Mensch unterschiedlich, wie tief er darüber nachdenkt und ob er deshalb nächtelang nicht schlafen kann und gegebenenfalls in Depressionen verfällt.

Ich habe Mogadischu exzellent verarbeitet, wie viele andere meiner Kameraden auch. Einige haben das nicht so gut verpacken können, aus welchen Gründen auch immer. Vielleicht, weil sie dort einen psychischen Knacks bekommen haben, weil es vielleicht im privaten Bereich nicht mehr so richtig funktioniert hat oder weil keine Unterstützung da war, und dann kam das tiefe Tal, in dem keiner geholfen hat oder selbst nicht fähig war zu helfen. Vielleicht auch, weil man keine Hilfe annehmen wollte, weil man sich zu sicher war, dass alles gut geht, dann plötzlich in eine völlig andere Richtung abgedriftet ist und den Willens- und Lebenskurs verloren hat. Bei mir und auch bei vielen anderen, die auch unmittelbar beim Einsatz in der Maschine waren, ist es, bis auf ganz wenige Ausnahmen, sehr gut gelaufen. Darüber bin ich froh. Gleichwohl weiche ich nicht von der Meinung ab, dass ich alles genauso wieder machen würde; dafür bin ich geschult und trainiert worden, das ist entscheidend. Wir sagten uns, dass wir ausschließlich dafür da wären, Menschenleben zu retten und Gefahrenlagen zu bereinigen. Wenn wir selbst ausgeschaltet werden, dann können wir kein Menschenleben mehr retten, so einfach ist das. Wenn wir in einen Raum eindringen und nicht entsprechend präpariert und vorbereitet sind im Rahmen der Gefahrenlage, wenn wir diese Situation nicht verinnerlicht haben und nicht mit diesem Stück „Kälte" – also professioneller Abgeklärtheit – reingehen, dann geht die Aktion schief. Das ist der entscheidende Punkt, danach haben wir gelebt, trainiert, uns zusammengefunden, das wurde auch untereinander diskutiert, wenn es zu solchen Situationen kam. An eine Situation kann ich mich noch gut erinnern: Die

Geiselnahme von Stockholm ereignete sich am 24. April 1975. Sechs Terroristen der RAF verschafften sich Zugang zur bundesdeutschen Botschaft in Stockholm, nahmen dort zwölf Geiseln und ermordeten zwei von ihnen. Wir holten die Stockholm-Attentäter nach ihrer Festnahme am Köln-Bonner Flughafen ab, nachdem das BKA die Terroristen nach Deutschland geflogen hatte. Ulrich Wessel und Siegfried Hausner waren bei der Aktion in Stockholm umgekommen bzw. lebensgefährlich verletzt worden, aber Hanna Krabbe, Karl-Heinz Dellwo, Bernhard Rössner und Lutz Taufer holten wir ab und fuhren sie in die Haftanstalten. Ich fuhr Dellwo mit meinem SET nach Essen in die Justizvollzugsanstalt. Dellwo war schwer verletzt, er hat einen dicken Kopfverband gehabt, er war dennoch bei Bewusstsein, lag auf einer Trage und wurde vor meinen Augen aus der Maschine rausgetragen. Wir alle wussten, mit wem wir es zu tun hatten, dass es sich um Terroristen handelte, die zur radikalen Ebene der RAF gehörten. Wir waren mit meinem Trupp auf dem Flugfeld, mit zwei Fahrzeugen. Dellwo wurde in die Mitte gepackt und wir sind vom Köln-Bonner Flughafen nach Essen gefahren. Wir sollten und durften nicht mit denen sprechen, aber ich habe meine Maschinenpistole auf ihn gerichtet und ihm dadurch unmissverständlich klar gemacht, dass ich davon Gebrauch machen würde, wenn er sich zu wehren versuchen oder es einen Befreiungsversuch geben sollte. Das sollte er wissen und fühlen, auch wenn es nur eine visuelle Darstellung für ihn war: Der richtet seine Waffe auf mich. Ich wollte ihm zeigen: „Das, was du in Stockholm gemacht hast, war Mord, und wenn du jetzt dummes Zeug machst oder andere, werden wir das mit unseren Mitteln zu verhindern wissen, ob du verletzt bist oder nicht, das ist völlig gleichgültig.“ Nach dem, was er dort angerichtet hat – das sollte er glauben und sich dessen gewiss sein –, gab es für ihn nur den Weg in die Haftanstalt und vor den Richter. Aber bis wir ihn dort hatten, hatten mein Team und ich das Sagen und kein anderer.

Die gesamte Einheit war eingesetzt. Wir selbst sind mit zwei Trupps dorthin gefahren: Es war ein Aufklärungstrupp, der in Zivil vorausgefahren ist, und wir sind mit unserem damaligen Einsatzkraftfahrzeug offiziell in Uniform präsent gefahren, da alle sehen sollten, dass hier die GSG 9 eingesetzt wurde. Die GSG 9 hat vor und hinter dem Justizfahrzeug gesichert und die Terroristen in die Haftanstalt gebracht. Es ist nichts passiert. Obwohl die RAF damals sehr präsent und unruhig war, haben sie wohl entschieden, dass sie uns nicht angreifen werden. Das wäre einfach zu gefährlich gewesen. Auf einen Feuerkampf wollten die sich nicht einlassen, dann hätte es garantiert Tote gegeben. Die hätte es vielleicht auch auf unserer Seite gegeben, das sage ich in aller Deutlichkeit, aber garantiert auch auf Seiten der RAF.

1975/76 waren die sich schon darüber im Klaren, dass sie eine andere Taktik finden müssen. Das war unter anderem die Begründung der zweiten und der wachsenden dritten Kommandoebene, die erste Ebene war ja so gut wie ausgeschaltet. Die zweite Kommandoebene war schon sehr präsent, die dritte Ebene gab es in der bekannten Form noch nicht. In diesen Situationen haben wir uns bewusst und deutlich als GSG 9 präsentiert. Wegener sagte: „Da, wo wir auftreten, treten wir so auf, wie man das von der GSG 9 erwartet, ganz gleich, was die Öffentlichkeit denkt.“ Wir sind teilweise auch stark martialisch aufgetreten, vielleicht manchmal auch ein wenig zu öffentlichkeitswirksam, aber auch das war beabsichtigt. In der Öffentlichkeit hatten wir bis auf ganz wenige Leute kaum Feinde oder Anfeindungen. Letztere kamen aus den eigenen Reihen im Bundesgrenzschutz, das war in unserem Bewusstsein viel schlimmer. Wenn wir mit Wegener unsere Vorstellungs- und Werbetouren vornahmen, um Personal zu rekrutieren, und natürlich auch in unsere alten BGS-Standorte kamen, wurden wir als „Killer“ und „Rambos“ beschimpft. Meistens weniger von den Mannschaften als vielmehr von den höheren Rängen – Majore, Oberstleutnante, Kommandeure – nach dem Motto: „Was sind das für Idioten, was sind das für Killer.“ Damals besaßen wir unsere Schnellziehholster, nach der Art des Wilden Westens. Das hatte aber seinen Grund. Ich bin selbst auch allein in verschiedenen Bereichen Werbetouren gefahren und habe erklärt, warum wir solche Holster haben und auch in der Öffentlichkeit tragen: um unsere speziellen Einsatzmittel zu präsentieren und die Handhabung zu demonstrieren. Das war der ganze Hintergrund. Geht man in einen Einsatz, insbesondere in konspirative Einsätze, da hat man selten die Waffe in der Hand, man hat die Waffe irgendwo an der Seite oder im Schulterholster. Die Handhabung und das schnelle Ziehen der Waffe – und zwar mit verschiedenen Waffen – waren ein primärer Ausbildungsgrundsatz. Wir haben damals mit drei Faustfeuerwaffen trainiert, das waren die P9S und der Revolver 357 Magnum, dazu kam dann die P7. Wenn ich diese Waffen nicht beherrsche, dann bin ich in den Aktionen zu unflexibel. Es gab einige Leute, die haben das ihr Leben lang so nicht geschafft, eine Waffe glatt aus dem Holster zu ziehen, hinzu kommen der psychische und der geforderte Zeitdruck. Das war einfach ein Problem. Ein Schnellziehholster ist am unteren Teil mit einem Lederband oberhalb des Knies zusammengebunden und am oberen Ende mit einer langen, beweglichen, lederummantelten Metallspange mit einem Gelenk versehen. Aber das auch nur deswegen, um im Auto – denn da hatte man das Holster auch am Mann – mit diesem langen Teil sitzen zu können. Wenn das Holster also kein bewegliches Gelenk gehabt hätte, hätte man ständig mit geraden Beinen sitzen oder das Holster abschnallen müssen. Das Ganze hat alles einen Sinn gehabt.

Es gab auch die Frage, warum wir unbedingt mit Mercedes 280 SE fahren mussten. Aber wie soll man mit einem VW-Käfer oder einem damaligen VW-Bulli beispielsweise einem Alfa Romeo oder einem Porsche folgen, den die Terroristen zuvor geklaut hatten? Das ging einfach nicht. Der 280 SE hatte damals gerade mal 185 PS, das war schon eine Marke, heute lächerlich. Heute haben die Fahrzeuge der Spezialeinheiten ganz andere Motorstärken. Zudem mussten in den Kofferraum und den Innenraum des 280 SE die persönlichen Einsatzmittel und die Ausrüstung, drei Gewehrkisten, drei Nachtsichtgeräte und drei Personen. Ein Trupp bestand damals aus fünf bzw. sechs Leuten, das heißt, jeder Trupp hatte im Bereitschafts-, Einsatz- und im Alarmfall zwei Fahrzeuge. Die Fahrzeuge waren vollbepackt bis oben hin. Es mussten zusätzlich drei Einsatztaschen hinein plus Parka, Unterlegmatten, Wetterschutzkleidung, Helme und ähnliches, dann war das Fahrzeug voll. Ein Fahrzeug mit 100 PS wäre gar nicht von der Stelle gekommen. Der Wagen alleine wog schon fast zwei Tonnen. Somit erübrigt sich die Frage, warum wir denn solche Autos haben mussten. Das waren so Dinge, die auch damals dazu geführt haben, dass wir in der Öffentlichkeit als Rambos und Djangos angefeindet wurden – oder als die Mercedes-Truppe. Dazu kam, dass, wenn wir in die Kasernen einfuhren, Wegener auf Kommando hat aussteigen lassen. Wir fuhren ohne einen Ton zu sprechen in die Kaserneninnenhöfe. Wegener hat dort taktisch auffahren lassen. Die Türen blieben zu, alle guckten natürlich: Die GSG 9 kommt. Wir sind reingefahren und Wegener hat über Funk das Kommando „drei, zwo, eins" gegeben. Auf „eins" mussten alle Türen aufgehen und wir rausspringen, dann am Auto inklusive Fahrer stehen. Wir haben uns nicht mehr gerührt und standen dort. Wegener hat daraufhin sein Fahrzeug verlassen und den Befehl „zum Antreten", „Türen zu" gegeben – das war alles auf Kommando. Die anderen haben gesagt: „Das ist wie im Krieg, die sind bekloppt. Das ist so etwas von überzogen." Nein, das war es nicht. Das war schlicht und ergreifend Disziplin. So wie wir uns dort benommen haben, so haben wir uns auch im Einsatz gezeigt. So wie Wegener es von uns dort verlangt hat, so hat er diese Selbstdisziplin auch von uns im Einsatz gefordert. So etwas war damals beim Grenzschutz verpönt, weil viele Ältere aus den 1950er/1960er Jahren das Sagen hatten und sich mit diesem Teil „Paramilitarismus" – ich kann das so nennen, denn wir waren paramilitärisch strukturiert – nicht abfinden und schon gar nicht identifizieren wollten. Nach dem Motto: „Das gibt es nicht mehr, das hat es in Deutschland nicht mehr zu geben und überhaupt schon gar nicht nach der deutschen Vergangenheit." Doch genau dieser Paramilitarismus hat zu Erfolgen insbesondere auch bei SEKs und MEKs geführt, die sich ähnlich gegliedert hatten.

Wenn diese großen Elemente – Verständnis für Technik, Einsatz der Technik, Verständnis für Menschen, Einsatz dieser Menschen mit dem entsprechenden Training, Verständnis der Einstellung im Rahmen der Psyche – nicht funktioniert hätten, dann hätte es keine GSG 9 gegeben. Wenn Mogadischu misslungen wäre, dann gäbe es heute keine GSG 9 mehr. Dieser Verband wäre in der gleichen Nacht aufgelöst worden. So einfach ist das.

Zander: Da stand alles auf dem Spiel. Das war wirklich die „Feuertaufe".

Fox: Ja, so kann man es bezeichnen! Ich weiß noch genau, als wir aus Mogadischu in Köln-Bonn ankamen. Da stand in der Menschenmasse der uns Begrüßenden ein älterer Abteilungskommandeur, der mir persönlich bekannt war. Als wir aus dem Flugzeug stiegen, Maihofer uns begrüßte und die Deutschlandhymne gespielt wurde, war das für uns ein unglaublich erhebender Augenblick. Dabei hörte ich, wie dieser Oberst aus Sankt Augustin, Kommandeur der damaligen Wachabteilung, sagte: „Na, hoffentlich schwillt denen jetzt nicht der Kamm." Nach so einem Einsatz, wo es um Leben und Tod ging und Menschenleben gerettet wurden, der einmalig in der Welt war, weil es keinen Toten auf unserer Seite gab, wagte ein Außenseiter solch einen Ausspruch! Eine brutale, menschenverachtende Odyssee, die sich über Tage hingezogen hatte und dergleichen es zuvor noch nie in der deutschen Geschichte gegeben hatte, wurde so gewürdigt – erbärmlich und unverschämt! Ähnliche Einsätze hatten bislang nur die Israelis mehr oder weniger erfolgreich abgeschlossen.

Das waren auf der einen Seite Neid, Missgunst und Misstrauen, aber auf der anderen Seite gab es auch einige Kommandeure, die mittlerweile doch eingesehen hatten: „Mensch, der Wegener bekommt das doch hin und hat eine Top-Truppe aufgebaut" und uns ehrlich Glück gewünscht haben. Anfangs waren aber auch die skeptisch, als sie uns sahen, wie wir auftraten: Barett, verschiedene Waffen, jede Woche 20.000 Schuss verschießen, was das den Steuerzahler alles kostet. Doch der Erfolg gab uns recht und so wurde kommentiert: „Das, was ihr gemacht habt, das war allererste Sahne, herzlichen Glückwunsch."

Nach Mogadischu standen wir in der Öffentlichkeit und diese äußerte sich einstimmig: „Jetzt haben wir endlich welche, die auch ebenbürtig sind und die es schaffen können, den Terrorismus wirksam zu bekämpfen."

Zander: Als Letztes würde ich gerne noch auf die Kooperation mit den USA eingehen.

Fox: 1978 war ich in den USA bei den damaligen Special Forces, aus denen später die Delta Force entstand, die sich aus Rangern und Special Forces zusammensetzte und zu einer der erfolgreichsten Spezialeinsatztruppen der US-Amerikaner wurde. Die Seals gab es zwar zu diesem Zeitpunkt auch schon, sie waren aber noch keine typische Anti-Terroreinheit, sondern wurden für verschiedene militärische Kommandoeinsätze auf hoher See eingesetzt. Sie agierten damals ähnlich wie die deutschen Kampfschwimmer in klassischen militärischen Einsätzen. Heute holt man die Seals dazu, wenn es Land-See-Einsätze gibt. Die Seals sind sehr gut, wobei ich die Klasse der Delta Force keinesfalls schmälern möchte. Die Seals hatten in Vietnam Unglaubliches geleistet, waren aber noch nicht die Spezialeinheit, die mit der GSG 9 kooperiert hat. Das begann erst Anfang der 1980er Jahre, es entstanden Kontakte und wir bekamen von ihnen die erste Unterstützung für den Aufbau unserer maritimen Einheit.

Die Special Forces (später Delta Force) wurden zusammengefasst zu einem Verband, bestehend aus drei Einsatzeinheiten, die von Captains (Hauptmännern) geführt wurden, ähnlich wie bei uns. Sie waren stationiert in North Carolina. Fast alle, die dort waren, waren Vietnamveteranen und hatten entsprechende Kriegserfahrung. Die hatten ihre Vergangenheit in allen Facetten hinter sich und wollten ihrem Land nun auf diese Weise dienen. Das waren tolle Kerle, charakterlich und menschlich einwandfrei, taktisch gereift und erfahren – jeder auf seine Art. Sie hatten genau wie wir das gleiche Denken einer Spezialeinheit, die aber erst am Anfang ihrer Ausbildung stand, aber sie waren eben militärisch gegliedert und organisiert – im Gegensatz zu unserer polizeilichen Struktur. Deshalb mussten mein Kamerad und ich auch in die USA für drei Monate. Wir sollten denen einfach zur Seite stehen und versuchen, unsere Sichtweise, Schießausbildung/Taktik und ähnliches mit deren Methoden zu kombinieren. Der Aufenthalt dauerte von September bis Dezember 1978. Wir haben sie unterstützt, weil sie deutsche Waffen bekamen. Sie bekamen die P9S und die MP5. Für Amerikaner war das schlicht unfassbar, dass sie ihre alte Thompson nicht mehr einsetzen konnten, weil sie den Anforderungen aus Sicht unserer Ausbildungsperspektiven nicht genügte. Die MP5 war bei weitem moderner und vielseitiger. Wenn man aber einem Amerikaner die Thompson wegnimmt, dann nimmt man ihm ein Stück Tradition oder Historie weg. Aber sie bekamen also die MP5, P9S und die P7 und das war zunächst Fakt.

Meine Aufgabe war, mit denen diese spezielle Schießausbildung und Waffentechnik zu trainieren, einige Ausbildungen mitzumachen, sie kennenzulernen und unsere Erfahrungen mitzuteilen. Mein Kamerad war Sprengstoffspezialist und sollte mit seinesgleichen dieses spezielle Fachgebiet bearbeiten. Durch Vietnam waren die aber alle so erfahren, da konnten wir ihnen in dieser Hinsicht nicht mehr viel beibringen, aber im Spezialschießen und der besonderen Schießtaktik konnten wir das schon. Es war manchmal schwer, die Amerikaner von ihrem alten, statischen, militärischen Drill wegzubringen. Sie haben immer argumentiert: „Alles richtig, was ihr macht, aber das geht bei uns nicht, das können wir so nicht umsetzen.“ Wenn ein Kommandeur dabei war, wusste der ganz genau, was los war. Er sagte dann: „Tu mir einen Gefallen, du kannst es ihnen so erklären, sie können es auch trainieren. Kommt aber ein Offizieller aus Washington oder vom Oberkommando, dann müssen wir unseren alten Drill weitermachen. Das ist momentan nur schwer zu vermitteln, da man vieles aufgrund unserer alten Militärtradition so nicht übernehmen kann.“

Trotzdem hatte ich dort eine schöne, erfahrungsreiche Zeit, wir haben von einer anderen Seite gelernt, die haben dennoch von uns einiges übernommen und die Verbindung Colonel Backwith mit Wegener, das war eine sehr tiefe, freundschaftliche Verbindung. So entstand Delta Force. Zu denen hatten wir immer gute Verbindungen. Wie bereits ausgeführt, begann 1982 unsere Verbindung zu den Seals, verbunden mit Ausbildungsvorhaben bei den Seals. Sie kamen nach Sankt Augustin und haben uns das maritime Special-ABC beigebracht. Wir sind dann nach drüben gegangen und haben teilweise in Virginia Beach und verschiedenen anderen Bereichen, zum Beispiel in Norfolk, mit denen trainiert. Wir haben Techniken, Taktiken und Erfahrungen ausgetauscht. Das hat super funktioniert und auf dem Basiswissen von damals werden heute noch viele Dinge weiterentwickelt.

Zander: Was konnte man den Amerikanern beibringen?

Fox: Die Spezialschießausbildung, kein Scherz. Mittlerweile werden hierzu auch deutsche Waffen eingesetzt, aber auch moderne Eigenentwicklungen. Die Amerikaner haben sich somit angeglichen. Die Seals waren zu Beginn der Ausbildung nicht besonders fit im Reaktionsschießen und in der Umsetzung spezieller Schießtaktiken. Ihre älteren Modelle gaben das nicht her, das war das Problem. Die Waffen waren von der Präzisionsstruktur nicht so fein abgestimmt wie die Waffen von Heckler & Koch.

Das taktische Spezialschießen haben wir ihnen beigebracht. Wir haben dann scherzhaft gesagt, dass sie uns das Schwimmen beibringen und wir ihnen das Schießen. Ein solcher Austausch ging über ca. drei bis vier Wochen, in denen verschiedene einsatznahe Ausbildungen und Übungen aus sämtlichen Spezialbereichen durchgeführt wurden.

Es waren gute Erfahrungen mit beiderseitigem Lerneffekt und es hat super funktioniert. Auf See haben sie uns Dinge beigebracht, die scheinbar unmöglich waren, aber das war deren Element. Das waren die ersten Grundlagen für unsere maritime Einheit. Die Seals sind eine gute Einheit, wenn die eingesetzt werden, dann funktioniert das.

Leider hatten sie während des Kriegseinsatzes in Grenada auch schlimme Verluste, da ist vieles vom Kurs abgekommen. Es sind Leute dabei gewesen, die ich persönlich gekannt habe, da wurden einsatztaktische Fehler gemacht. Die Amerikaner sind bei dem, was Taktik betrifft, anders orientiert als wir Mitteleuropäer. Sie haben das klassische Befehlssystem, wir haben das Auftragssystem. Beide Systeme haben das gleiche Ziel, allerdings weichen die Erfolgsquoten in der Durchführung vielfach voneinander ab. Mittlerweile versucht man auch in den USA, ein Gemenge zwischen Befehls- und Auftragssystem zu finden, das ist aber teilweise sehr schwierig, da die Militärtradition es häufig nicht zulässt.

22.5. Interview Helmut Schmidt

Juni 2013

Zur GSG 9:

Zander: Im September 1972, als palästinensische Terroristen das olympische Dorf in München überfielen, waren Sie Bundeswirtschafts- und Finanzminister. Bis zum Sommer 1972 waren Sie Bundesverteidigungsminister. Wie haben Sie als Wehrexperte die Ereignisse wahrgenommen?
Schmidt: Nicht anders als jeder andere Fernsehzuschauer.
Zander: Inwieweit befürworteten Sie die Gründung der GSG 9?
Schmidt: Ich habe sie zur Kenntnis genommen, es war nicht mein Ressort.
Zander: Wie haben Sie Ulrich K. Wegener eingeschätzt?
Schmidt: Als kompetent.

Zu Entebbe:

Zander: Bei der Flugzeugentführung von Entebbe 1976, bei der palästinensische und deutsche Terroristen einen französischen Airbus mit 248 Passagieren an Bord auf dem Weg von Tel Aviv nach Paris entführten, amtierten Sie bereits als Bundeskanzler. Welche Rolle spielte Kommandeur Wegener in Ihrem Krisenmanagement?

Schmidt: Entebbe war ein Jahr vor Mogadischu. Mir ist nicht mehr in Erinnerung, dass Wegener nach Entebbe geflogen ist; ich weiß auch nicht mehr, ob ich ihn geschickt habe. Ich habe damals für Entebbe keinen besonderen Krisenstab ins Leben gerufen. Das war ein wichtiger Vorfall, aber er hat nicht dazu geführt, dass wir einen besonderen Krisenstab eingerichtet haben.
Zander: Entebbe wurde von der Bundesregierung als Bestätigung ihrer unnachgiebigen Haltung gegenüber terroristischen Forderungen gewertet. Es war eine Politik der „reaktiven Krisenbewältigung". Gab es Bemühungen, aus diesem Schema herauszutreten und die Terroristen aktiv zu bekämpfen?
Schmidt: Wir haben dem Terrorismus keinen Krieg erklärt, wie das hinterher die Amerikaner gemacht haben. Der Terrorismus ist ein Begriff und kein Mensch. Es gibt viele Terroristen mit sehr verschiedenen Motiven und sehr verschiedener Neigung zur Gewalt. Aber es gibt keine allgemeine terroristische Verbrüderung oder einen geistigen oder auch nur politischen Zusammenhang zwischen den Terroristen auf der Welt. Auf die Idee, „dem Terrorismus den Krieg zu erklären", wäre ich nie gekommen.
Zander: Ich dachte eher an ein aktiveres Vorgehen gegen die Terroristen, wie Sie es im Zuge der Schleyer-Entführung erwogen haben.
Schmidt: Vor der Schleyer-Entführung gab es zwei andere, wichtige Ereignisse. Das erste war die Entführung von Peter Lorenz. Das zweite war die Besetzung der deutschen Botschaft in Stockholm. Peter Lorenz' Entführung hat dazu geführt, dass ein nicht erklärter Krisenstab zusammentrat. Dieser Krisenstab von 1975 bestand im Wesentlichen aus dem Führer der damaligen Opposition, Helmut Kohl, und Klaus Schütz, dem Regierenden Bürgermeister von West-Berlin. Die Genannten versammelten sich im Kanzlerbungalow in Bonn, während ich gleichzeitig mit hohem Fieber im Bett lag und nicht ansprechbar war. Die genannten Personen waren sich einig: Wir tauschen aus. Aber sie brauchten den Bundeskanzler dazu, der sollte seine Zustimmung geben. Deshalb wurde ich durch meinen Arzt einigermaßen wiederhergestellt, das heißt, ich konnte wieder denken und sprechen und ich habe zugestimmt. Das führte mit Hilfe von Heinrich Albertz zum Austausch von Lorenz. Aber am nächsten Morgen war mir klar: Das darf man nicht machen, ich werde nie wieder zustimmen.

Das heißt: Die Lorenz-Entführung hat bei mir zu dem Entschluss geführt, nie wieder nachzugeben. Der erste Test auf diesen Willen erfolgte in Stockholm. Olof Palme rief bei mir an und fragte: „Was soll ich tun?" Und ich habe geantwortet: „Du musst das tun, was nach Maßgabe der schwedischen Verfassung und der schwedischen Staatstradition notwendig und geboten ist. Ich kann dir keinen Rat geben. Ich jedenfalls werde nicht austauschen." Da war er sehr erstaunt. Er hatte es wegen der zwei Präjudizien München 1972 und Lorenz 1975 für wahrscheinlich gehalten, dass ausgetauscht würde. Daher dachte Palme: Das machen die wieder so. Aber er stieß auf meinen entgegengesetzten Willensentschluss.

Zur Entführung der „Landshut“:

Zander: Im Oktober 1977 mussten Sie eine der schwierigsten Situationen Ihrer Amtszeit bewältigen. Welche Gründe führten zu Ihrer Entscheidung?
Schmidt: Die schon am Morgen nach der Entscheidung des Falles Lorenz feststehende Erkenntnis, dass man terroristischen Erpressungen nicht nachgeben darf.
Zander: Wie hat diese Entscheidung Ihr weiteres Leben beeinflusst?
Schmidt: Sie hat das Freipressen weiterer Terroristen verhindert.
Zander: Wie wurden Ihnen die einzelnen Aktionen bei der Befreiung der „Landshut“ vermittelt? Hatten Sie direkten Kontakt mit Wegener?
Schmidt: Die GSG 9 gehörte zum Ministerium für Inneres. Dafür war Innenminister Werner Maihofer zuständig. Unter dessen Obhut gehörte auch das Bundeskriminalamt. Ich wusste, dass es die GSG 9 gab.

Die GSG 9 kam aber erst ins Spiel, nachdem – Wochen nach der Schleyer-Entführung – das Lufthansa-Flugzeug entführt worden war. Wir forschten während dieser Wochen überall – in Holland, Belgien, Frankreich, in Deutschland sowieso – nach dem Versteck, in dem Schleyer gefangen gehalten wurde. Wir waren nahe dran, ihn zu finden. Leider ist das durch einen Fehler der nordrhein-westfälischen Polizei nicht zum Tragen gekommen. Gleichzeitig schickten wir irreführende Botschaften an die Entführer und erweckten bei denen den Eindruck, als wären wir bereit auszutauschen. Wegener und die GSG 9 kamen ins Spiel, als das Lufthansa-Flugzeug von Terroristen entführt worden war, die ihrerseits die Verbindung zum Fall Schleyer herstellten. Der Irrflug ging zunächst nach Rom und endete in Mogadischu, wir haben die GSG 9 hinterhergeschickt.
Zander: Wie viel Vertrauen hatten Sie in den Kommandeur der GSG 9?
Schmidt: Ich habe Wegener voll vertraut, aber im Wesentlichen habe ich Hans-Jürgen Wischnewski vertraut. Ihn habe ich auch hinterherfliegen lassen. Er hatte von mir unbegrenzte Vollmachten erhalten. Das war ein sehr zuverlässiger Mann, der mit Recht in dem Ruf stand, insbesondere mit Arabern, aber auch mit anderen Muslimen, vernünftig umgehen zu können. Deswegen hatte er den Beinamen „Ben Wisch“ bekommen. Er war für mich damals der entscheidende Mann.

In Mogadischu ging es zunächst darum, dass der dort regierende Diktator Siad Barre sein Einverständnis gab, die Deutschen selber den Befreiungsversuch unternehmen zu lassen. Barre dazu zu überreden, war ein riesiges Kunststück. Das geschieht nicht in einem Fünf-Minuten-Gespräch, denn es ging gegen den Stolz dieses islamischen Diktators. Der eigentliche Kontakt mit Wegener lief über Wischnewski. Der hat alle Einzelheiten mit Wegener besprochen. Ich saß in Bonn und das Ganze spielte sich in Ostafrika ab.
Zander: Wie reagierten Sie, als Sie nach wochenlanger Anspannung die Nachricht erhielten, dass alle Geiseln unverletzt befreit worden waren?

Schmidt: Wischnewski sagte: „Die Sache ist gelaufen". Ich fragte: „Wie viele Tote habt ihr?" Ich rechnete damit, dass es eine Reihe von Toten geben würde. Das Risiko, dass das Flugzeug in die Luft gesprengt werden würde, hielt ich für 50 Prozent wahrscheinlich. Das Ganze war ein höchst riskantes Unternehmen. Später stellte sich heraus, dass die GSG 9 tatsächlich das Öffnen eines Verkehrsflugzeuges von außen mit demselben Flugzeugtyp geübt hatte, um den es sich bei der „Landshut" handelte. Das war ein Glücksfall. Einer von vielen Glücksfällen. Wischnewski antwortete: „Wir haben keine Toten." Da kamen mir die Tränen.

Wischnewski und Wegener hatten verabredet, dass der Versuch der Entsetzung nachts um 12 Uhr stattfinden sollte. Fünf Minuten später kam Wischnewskis Anruf. (Wir hatten eine direkte Telefonleitung geschaltet zwischen Mogadischu und Bonn; es war wiederum ein Glücksfall, dass ein tüchtiger Staatssekretär sich als Telefonist betätigt hatte, der die Leitung zustande brachte und sie aufrecht erhielt.) Wir hielten unseren sogenannten Krisenstab zusammen bis nachts um 24 Uhr, zum Beispiel für den Fall, dass das Ganze schief ging. Die Wahrscheinlichkeit hatte ich 50/50 eingeschätzt. Wenn es einige 80 oder 90 Tote gegeben hätte, dann wäre es wichtig gewesen, dass nicht jeder seine eigene Presseerklärung herausgegeben hätte. Deshalb hielten wir die Leute künstlich zusammen.

Zander: Was hielten Sie den Kritikern der GSG 9 entgegen, die diese als „Waffennarren" bezeichneten?

Schmidt: Diese Kritiker darf man nicht ernst nehmen, denn die Befreiung ist erstklassig gelaufen, nur das zählt.

Zander: Die Entebbe-Entführung sowie die „Landshut"-Entführung sind Beispiele transnationaler terroristischer Kooperationen. Konnte die staatliche Reaktion auf diese terroristischen Herausforderungen nur über die GSG 9 erfolgreich verlaufen?

Schmidt: Die Entführungen sind Beispiele transnationaler anti-terroristischer Kooperationen, zum Beispiel mit den Engländern. Der englische Premierminister, James Callaghan, war zu dieser Zeit zufällig zu Besuch in Bonn. Er bot uns Blendgranaten an.

Die haben wir dann der GSG 9 mit nach Mogadischu gegeben. Diese Blendgranaten haben sich außerordentlich bewährt. Das wissen wir aus den Aussagen der einzigen Terroristin, die bei der Befreiungsaktion am Leben geblieben ist. Außerdem haben wir natürlich mit den Franzosen kooperiert. Es waren transnationale anti-terroristische Kooperationen. Selbstverständlich gab es außer diesen entscheidenden Gesprächen schon routinemäßige Zusammenarbeit der Polizeieinheiten, in diesem Falle auch der GSG 9. Wegener und die Mitglieder der GSG 9 haben gute Arbeit geleistet.

Zander: Was für einen Stellenwert ordnen Sie als ehemaliger Verteidigungsminister und Bundeskanzler der GSG 9 zu?

Schmidt: Die Arbeit, die die Polizisten dort geleistet hatten, war gleichbedeutend mit einer militärischen Aufgabe. Hier kommt der Umstand ins Spiel, dass Soldaten ausgestattet sind mit tödlichen Waffen, um den Feind zu erledigen. Polizeibeamte sollen hingegen die öffentliche Ordnung und Ruhe wiederherstellen. Ihre Aufgabe ist es, den Frieden zu bewahren oder wiederherzustellen. Die Aufgabe der Soldaten ist es, den Krieg zu gewinnen. Das sind zwei grundsätzlich verschiedene Aufgaben. Im Falle der GSG 9 in Mogadischu war es in Wirklichkeit keine polizeiliche Aufgabe, sondern eine quasi soldatische Aufgabe, man kann auch sagen, eine „militärische" Aufgabe. Und sie wurde erstklassig gelöst.

Die Antwort auf die Frage, ob man die GSG 9 weiterhin braucht, hängt davon ab, ob es weiterhin terroristische Akte geben wird.

Dass sie auf deutschem Boden benötigt wird, ist ziemlich unwahrscheinlich, aber nicht ganz auszuschließen. Deshalb ist es gut, dass wir solche Einheiten weiterhin haben.

Zander: Inzwischen ist Olaf Linder Kommandeur der GSG 9, sozusagen ein „Schüler" von General Wegener, der engen Kontakt mit ihm hält. Die GSG 9 betreibt weiterhin enge Zusammenarbeit mit internationalen Eliteeinheiten, wie israelischen Spezialkräften. Es wird viel mit den Israelis und in Israel für den Ernstfall geübt. Jeder profitiert von dem Wissen der anderen. Der Austausch zwischen britischen, amerikanischen, französischen und israelischen Spezialeinheiten ist sehr groß.

Schmidt: Das ist alles sehr nützlich, notwendig und unumgänglich, aber es darf nicht dazu führen, dass deutsche Polizeibeamte oder deutsche Soldaten dazu verführt werden, sich an ungesetzlichen Aktionen durch fremde Geheimdienste zu beteiligen. Diese Gefahr ist gegeben.

22.6. Interview Hans-Dietrich Genscher Dezember 2013

Zander: Schon vor dem Überfall auf die israelische Olympia-Mannschaft in München und dessen blutigem Ende am 5. September 1972 hatten Sie sich als Bundesminister des Innern in Debatten um die Wehrhaftigkeit des Staates – es ging um Notstandsgesetze und den „Radikalenerlass" – engagiert. Welche verfassungsrechtlichen, polizeilichen und politischen Mittel waren Ihrer Ansicht nach in der Auseinandersetzung mit dem politischen Terrorismus notwendig? Welche Motivation leitete Sie dabei?

Genscher: Für mich ist der gewalttätige, politische Terrorismus eine Herausforderung des freiheitlichen Rechtsstaates und als solcher auch ein Anschlag auf Menschenrechte und Menschenwürde. Die Antwort des freiheitlichen Rechtsstaats wird umso wirksamer sein, je weniger sich der freiheitliche Rechtsstaat verleiten lässt, seine Grundsätze ganz oder teilweise aufzugeben. Deshalb hat es in meiner Zeit als Innenminister keine freiheitseinschränkenden Gesetzesänderungen gegeben, dafür eine praktische, aber auch psychologische Stärkung der Polizei.

Zander: Sie haben in ihrem Amt als Bundesinnenminister zunächst den Bundesgrenzschutz umgestaltet. Was haben Sie dort verändert und welche Wirkung zeigten Ihre Maßnahmen?

Genscher: Als ich Innenminister wurde, war der Bundesgrenzschutz eine paramilitärische Einrichtung, die, wie der Name es sagt, zur Grenzsicherung gedacht war. Das war durch die politische Entwicklung praktisch überholt. So fand ich im Innenministerium die Vorbereitungen für die Auflösung des BGS vor. Das indessen erschien mir als eine Fehleinschätzung der inneren Sicherheitslage. Ich entschied, den Bundesgrenzschutz zu einer modernen Polizeitruppe umzugestalten für den Einsatz im Innern des Landes, vor allem zur Unterstützung der Länderpolizeien sowie zum Schutz unserer Auslandsvertretungen. Sehr bald zeigte sich, dass diese Veränderung der Aufgabenstellung dringend notwendig war.

Zander: Erinnern Sie sich noch daran, in welchem Zusammenhang Ihnen der damalige Hauptmann Ulrich Wegener erstmals begegnete und Sie ihn zum Verbindungsoffizier im Bundesinnenministerium zum Bundesgrenzschutz machten?

Genscher: Ich legte Wert darauf, in meinem Ministerbüro eine direkte Verbindung zum Bundesgrenzschutz und seinem Inspekteur zu haben. Deshalb bat ich den Inspekteur des Bundesgrenzschutzes um zwei bis drei Personalvorschläge. Einer davon war Ulrich Wegener, für den ich mich entschied.

Zander: Wie haben Sie Wegener eingeschätzt?

Genscher: Durch die tägliche Zusammenarbeit mit Wegener wurde der Kontakt zum Bundesgrenzschutz auf allen Ebenen immer enger. So war ich mit der Entwicklung im Bundesgrenzschutz, vor allem im Rahmen der Umstellung auf polizeiliche Aufgaben, recht gut vertraut. Die Zusammenarbeit mit Wegener war optimal. Ich habe ihn als einen ausgesprochen fähigen, einsatzbereiten und zuverlässigen Mitarbeiter kennen und schätzen gelernt. Natürlich entsteht bei einer jahrelangen Zusammenarbeit mit vielen Belastungssituationen auch ein immer engeres menschliches Verhältnis.

Zander: München 1972 bezeichnen Sie als die „schrecklichste Erfahrung“ Ihrer Amtszeit. Sie boten sich den palästinensischen Terroristen als Geisel im Austausch an. Was hat Sie dazu bewogen?

Genscher: Zwar war ich wegen der Polizeihoheit der Länder und der spezifischen Zuständigkeitsregelung in Bayern – Stadtpolizeien in München und Nürnberg – ohne jede Zuständigkeit. Als in München anwesendes Mitglied der Bundesregierung, zuständig auch für den Sport und in der Funktion als Mitglied des nationalen Olympischen Komitees, fühlte ich mich aber in einer besonderen Verantwortungssituation, die von mir verlangte, die israelischen Geiseln – auch unter Inkaufnahme höchster Gefahren – zu retten. Juden sollten in Deutschland nicht wieder ermordet werden können.

Zander: Sie schrieben später in Ihren „Erinnerungen“, dass die bayerischen wie die Münchner Behörden alle nach dem damaligen Erkenntnis- und Erfahrungsstand sich bietenden Möglichkeiten genutzt hatten, „ihr Bestes versucht, ihr Äußerstes getan und nach bestem Wissen und Gewissen gehandelt hatten“. Sind Sie heute immer noch dieser Ansicht?

Genscher: Das ist auch heute meine feste Überzeugung.

Zander: Hatte die israelische Regierung in Erwägung gezogen, eigene Kräfte zur Befreiung einzusetzen?

Genscher: Ich hatte der israelischen Regierung aufgrund ihrer großen Erfahrung im Umgang mit dem Terrorismus angeboten, mit eigenen Kräften eine Befreiungsaktion zu versuchen. Dies ist von israelischer Seite abgelehnt worden.

Zander: Übte Israel im Nachhinein Kritik an den polizeilichen Maßnahmen der Bundesrepublik?

Genscher: Nein.

Zander: Die Konsequenz aus der Tragödie der Olympischen Spiele in München war die Bildung der GSG 9. Sie schlugen dem Bundeskabinett die Gründung einer Anti-Terroreinheit im Bundesgrenzschutz vor. Bei der Auswahl des Beamten, der diese Einheit aufstellen sollte, fiel Ihre Wahl auf Ulrich Wegener. Warum?

Genscher: Ich unterrichtete das Bundeskabinett und den zuständigen Ausschuss des Deutschen Bundestages nicht nur über die Absicht der Gründung einer Anti-Terroreinheit, sondern auch über meine Entscheidung, damit Ulrich Wegener zu betrauen. Nach meiner Überzeugung besaß er die notwendige fachliche und charakterliche Qualifikation für einen solchen Auftrag.

Zander: Wegener erhielt von Ihnen den Auftrag, sich zunächst auf die Reise zu machen, um vergleichbare Einheiten im Ausland zu besuchen. Er schlug als erstes Israel vor. Wie haben Sie darauf reagiert?

Genscher: Positiv.

Zander: Waren Sie nach Wegeners Israelreise mit seinem Konzept, wie die Ausbildung, Ausrüstung und Bewaffnung einer solchen Anti-Terroreinheit optimal zu bewerkstelligen seien, einverstanden?

Genscher: Das Konzept für Wegeners Interventionsreise – nicht nur nach Israel – überließ ich ihm.

Zander: Wie entwickelte sich aus Ihrer Sicht die GSG 9 unter der Führung des Kommandeurs Wegener?

Genscher: Es wurde eine Erfolgsstory – und das nicht nur wegen Mogadischu.

Zander: Nach den Ereignissen in München kam es zu einer drastischen Verschärfung der Sicherheitslage. Betraf das auch den Personenschutz Ihrer Familie?

Genscher: Ja.

Zander: Als 1977 die Befreiungsaktion der Lufthansa-Maschine „Landshut“ in Mogadischu durch die GSG 9 stattfand, waren Sie bereits Außenminister. Wie haben Sie die Operation Feuerzauber miterlebt?

Genscher: Aktiv bei der Entscheidungsfindung der Bundesregierung und vorher bei der Abstimmung mit der damaligen Führung in Somalia. Ich bestellte den Botschafter Somalias in das Bundeskanzleramt ein, wo der Krisenstab tagte. Auf meine Bitte

stellte er eine Telefonverbindung aus dem Raum heraus, in dem ich mich mit ihm beriet, zu dem somalischen Staatspräsidenten, Siad Barre, her.
Zander: Fühlten Sie sich als „Gründungsvater“ der GSG 9 bestätigt?
Genscher: Ja.
Zander: Am 28. April 1972 sagten Sie vor dem Deutschen Bundestag: „Das Bekenntnis zum Staat, das Bekenntnis zur inneren Sicherheit setzen auch das uneingeschränkte Bekenntnis zu denjenigen voraus, die in täglichem schweren Dienst die Garanten der inneren Freiheit unseres Staates sind. Ich meine die Beamten unserer Polizeien in den Ländern und im Bund.“ Ihnen machte die Indifferenz und Gleichgültigkeit der schweigenden Mehrheit Sorgen, die „die Segnungen unserer freiheitlichen Ordnung genießt, es aber anderen überlässt, sich öffentlich für diese Ordnung einzusetzen“. Hat sich die „schweigende Mehrheit“ nach Mogadischu in ihrer Einstellung zur inneren Sicherheit gewandelt?
Genscher: Entscheidend für den öffentlichen Sinneswandel in der Auseinandersetzung mit dem Terrorismus war die strenge Beachtung rechtsstaatlicher Grundsätze. Die Rechnung der Terroristen, der Staat werde seine eigenen Grundsätze verraten, ging nicht auf. Deshalb verloren sie auch zunehmend Unterstützung in der öffentlichen Meinung. Immerhin hatte es ja anfangs eine breite Sympathisantenszene gegeben. Diese zerfiel mehr und mehr.
Zander: Haben Sie nach Ihrer direkten Zusammenarbeit noch Kontakt zu General Wegener?
Genscher: Ich freue mich jedes Mal, wenn ich ihm begegne. Zu der hohen dienstlichen Einschätzung ist längst eine menschliche Verbindung und freundschaftliche Zuneigung entstanden.

22.7. Interview Gabriele von Lutzau Juni 2014

Zander: Am 13. Oktober 1977 startete die „Landshut“ in Palma de Mallorca gegen 13 Uhr. Seit wann waren Sie bis zu diesem Zeitpunkt Flugbegleiterin?
von Lutzau: Ich war zuvor 2,5 Jahre Flugbegleiterin.
Zander: Wurden Sie in Ihrer Ausbildung bei der Lufthansa in irgendeiner Form darauf vorbereitet, was bei einer Flugzeugentführung zu tun ist?
von Lutzau: Ja, und danach habe ich mich auch gerichtet. Die Schulung war eher oberflächlich, auf die Situation konkret ist man nicht vorbereitet worden. Dass man beispielsweise dem Entführer immer recht gibt und nicht mit ihm diskutiert, wurde damals schon vermittelt und daran habe ich mich dann auch – abgesehen von dem gesunden Menschenverstand – gehalten. Damals gab es Entführungen, es wurde ein Lösegeld bezahlt und dann war Schluss. So etwas wie Mogadischu hatte es bis dahin nicht gegeben. Aufgrund unserer Erlebnisse haben sie die Schulungen verbessert.

Zander: Wie verlief der Flug der „Landshut" am 13. Oktober 1977? Woran erinnern Sie sich?
von Lutzau: Wir saßen in einem kleinen Sarg. Ein Außenstehender kann es sich nicht vorstellen, wie so etwas ist. Ich glaube nicht, dass das einem anderen voll mitteilbar ist. Keiner könnte das verstehen. Ich hatte gehofft, dass, wenn man eine menschliche Beziehung zu den Entführern aufbaut, die Tötungsschwelle gehoben wird. Man erschießt nicht so schnell jemanden, den man kennt und ein bisschen mag. Ich habe auch versucht, die Passagiere miteinzubeziehen, nicht nur die Crew. Ich habe gesagt: Die Frau, die da in der dritten Reihe sitzt, die hat gerade etwas Positives zu der Sache gesagt. Ich habe versucht, die Menschen aus der „Schafsherde" herauszulösen, sie gegenüber den Entführern zu einzelnen Menschen zu machen, damit es nicht eine Masse ist, die man einfach in die Luft jagt, sondern damit die genau wissen, dass das einzelne Menschen sind. Priorität hatte für mich, den Leuten, die genauso wie ich in diese schreckliche Situation hineingeraten waren, zu helfen, über das Ganze hinwegzukommen, die Passagiere zu beruhigen. Man konnte sie doch nicht einfach so dasitzen lassen unter dem Beschuss, man musste doch den Menschen ein bisschen Hoffnung geben. Es kam irgendwo von innen heraus, da konnte ich auch gar nichts gegen machen. Außerdem tat es mir selbst ganz gut, ich hatte etwas zu tun, eine Aufgabe, eine Arbeit.
Zander: Was ging in Ihnen vor? Welches Gefühl war vorherrschend?
von Lutzau: Hilflose Wut. Man möchte etwas tun. Menschen, denen man vorher noch Mut zugesprochen hat, zu denen man vorher noch gesagt hat „Komm, das wird schon!", sieht man dann gedemütigt, getreten, erniedrigt und man sitzt vollkommen hilflos da. Man möchte aufspringen und dem Entführer seine Pistole selbst an den Kopf werfen. Man möchte sich wehren und kann es nicht. Hilflose Wut. Anders kann ich es nicht beschreiben.
Zander: Wie haben Sie die Entführer in Erinnerung?
von Lutzau: Mahmud war für mich ein Fanatiker mit schizophrenen Zügen. Fanatismus ist mir vollkommen fremd, deswegen konnte ich mich auch nicht in ihn hineinversetzen. Am schlimmsten waren diese Augen. Die waren voller Hass und Fanatismus. Er hatte einen irren Blick. Dann das dunkle Haar, der Schnurrbart – so einen vergisst man einfach nicht. Die Vollschlanke der beiden Terroristinnen war am Anfang sehr biestig und sehr hart, hat auch geschlagen und war sehr bösartig. Im Laufe der Entführung fing sie an zu zeigen, wer sie wirklich war: einfach nur ein fanatisches junges Mädchen. Das hatte man zuvor vergessen, dass das auch nur ganz normale Menschen sind. Wir hatten von der Lufthansa als Stewardessen kleine Spiegel geschenkt bekommen, da war ein Smiley drauf, ein lächelnder Kreis. Wenn man den Spiegel ins Licht gehalten hat, dann schien der Smiley durch. Den habe ich ihr geschenkt – ich weiß auch nicht mehr, warum. Ich habe ihn ihr geschenkt und gesagt, sie solle ein bisschen mehr lächeln. Ich glaube, sie war 22. So alt wie ich damals. Sie

hat den Spiegel angeguckt, hat „Danke schön!“ gesagt und ist in die Toilette gerannt. Später kam sie dann mit rot geweinten Augen wieder heraus.
Zander: Wie sind Sie mit Ihrer Angst umgegangen?
von Lutzau: Die extreme Situation wird nach einer Weile zum Normalen. Man akzeptiert diese extreme Situation so, wie sie ist. Man kann nicht ständig Angst haben. Das hält der Körper nicht aus. Zwei oder drei Leute, die die ganze Zeit Angst hatten, die sind einfach durchgedreht. Da schaltet der Geist automatisch ab, sonst erträgt man es nicht, wenn man das Extreme nicht als normal ansieht. Es war ein etwas korpulenter Herr, der in der letzten Reihe saß, der hat nur noch gekichert, vor sich hin gelacht, mit sich selbst gesprochen und wollte immer raus.
Zander: Welche Situation war für Sie besonders schlimm?
von Lutzau: Angst hatte ich, als Kapitän Schumann erschossen wurde. Da hatte ich sehr große Angst um ihn, da ich ihn sehr gerne mochte. Wir waren vorher schon zusammen geflogen. Ich hatte eigentlich nur Angst um ihn, weniger um uns. Ich hatte auch Angst davor, den Tod eines Menschen direkt neben mir miterleben zu müssen. Der Körper, der in der Mitte des Flugzeuges lag, war nicht mehr Kapitän Schumann für mich. Das war der bloße Horror.
Zander: Was passierte nach Ihrer Landung in Mogadischu? Hatten Sie eine Ahnung, dass es die letzte Station sein würde?
von Lutzau: Kopilot Vietor hatte vorher gesagt: „Die Maschine fliegt keinen Meter mehr.“ Er hat gesagt: „Das war’s. Hier bleiben wir jetzt.“ Da war es logisch, dass das jetzt die Endstation war: so oder so. Es war eine Erleichterung, als der Körper von Kapitän Schumann rauskam. Aber ich konnte auch nicht hinsehen. Ich wollte das Ganze so weit weg wie nur möglich von mir schieben. Die meisten haben nicht hingeguckt. Jeder hat sich weggedreht und an der Schulter des anderen Halt gesucht. Das habe ich auch gemacht. Ich weiß gar nicht mehr, neben wem ich gesessen habe. Ich habe mich in irgendeinen leeren Sitz gesetzt und meinen Kopf an die Schulter gelegt und das Mädchen seinen Kopf wieder an die andere Schulter. Man wollte nicht hinschauen. Man wollte vergessen, dass das der Kapitän war. Man hätte auch gar nicht damit leben können.
Zander: Der Tower am Flughafen von Mogadischu empfing am frühen Nachmittag des 17. Oktober 1977 aus dem Cockpit eine Nachricht von Ihnen. Wie kam es dazu?
von Lutzau: Es war ein Hilferuf nach außen. Es war die letzte Möglichkeit. Ich hatte Mahmud praktisch dazu angeregt. Ich hatte gesagt: „Wenn es einer aus der Maschine schildert und so schildert, dass sie langsam begreifen, wie es um uns steht und wie schrecklich es hier drin ist, dann ist das die einzige Möglichkeit, die wir noch haben, das Herz von den Bürokraten zu erweichen.“
Zander: Langsam lief das Ultimatum der Entführer ab. Erinnern Sie sich an die letzte halbe Stunde, bevor die Nachricht kam, dass die Bundesregierung den Austausch mit den RAF-Terroristen durchführen würde?

von Lutzau: Die kleine schmale, zierliche Terroristin ging mit einem Lächeln durch die Reihen und übergoss uns fast anmutig mit Alkohol. Es war eine unwirkliche Szene. Man denkt nur an den Tod, wenn es heißt: „Jetzt haben Sie noch eine Viertelstunde." Dann macht der Nachbar die Armbanduhr ab und hängt sie hin – und dann schaut man den Zeigern zu. Wahrscheinlich denkt jeder Mensch dabei an etwas anderes. Es war nicht so, dass das Leben an einem vorüberzog, ganz und gar nicht, im Gegenteil, ich dachte: „Du bist noch so jung! Du könntest noch so viel tun. Du könntest noch leben. Du könntest noch Kinder kriegen." Was ich auch hinterher sehr schnell getan habe. Man hängt sehr an seinem Leben, auch wenn man das vorher nicht gewusst hat. Man hängt so sehr daran, auch wenn man sich mit dem Staat identifiziert. Man hängt so sehr an seinem kleinen erbärmlichen Leben, dass man niemals freiwillig sterben würde. Für den Staat schon gar nicht. Man wird auf einmal wieder fromm. Nicht fromm, aber man klammert sich an einen Strohhalm. Ich weiß noch, wie ich versucht habe, das Vater-unser zu beten, als es hieß: „Jetzt noch 5 Minuten" und ich habe es gar nicht mehr richtig zusammengekriegt, muss ich zu meiner Schande gestehen.
Zander: Woran erinnern Sie sich in Bezug auf die Befreiung der „Landshut"?
von Lutzau: In diesem Moment, als ich die Fenster klicken hörte, dieser Moment, als die Fenster von außen ausgehängt wurden, da wusste ich, dass es jetzt versucht wird. Und im ersten Moment befürchtete ich, dass es jetzt vielleicht die Einheiten von Somalia versuchen würden. Da dachte ich: „Ach du lieber Gott, jetzt ist es vorbei." Als ich dann deutsche Stimmen hörte, da war mir irgendwo klar, dass es Spezialisten sein mussten. Und dann dachte ich nur noch: „Die einzig richtige Lösung!" Ich erinnere mich daran, dass ich unglaublich froh war, dass es Deutsche waren und nicht irgendwelche somalischen Rambos, die beschlossen hatten, einen dilettantischen wie auch immer gearteten Befreiungsversuch zu starten. In dem Moment, als ich deutsche Stimmen hörte, da fiel wirklich etwas von mir ab. Ich dachte: Wir haben uns gewehrt. Wir sind nicht wie Schafe zur Schlachtbank geführt worden, sondern wir haben uns gewehrt. Und selbst, wenn ich jetzt dabei umkomme oder Verletzungen davontrage, das wäre alles ein Preis, den ich gerne dafür bezahle, dass wir uns gewehrt haben. Das ist für mich das Wichtigste, deshalb bin ich heilfroh, dass es die Jungs von der GSG 9 gegeben hat und dass Herr Wegener sie auch so gut trainiert hat. Dass er eine so tolle Truppe geschmiedet hat, die uns befreien konnte, und es keine Verluste bei den Geiseln gab, das war doch sensationell.
Zander: Haben Sie nach der Befreiung mit Kommandeur Wegener gesprochen?
von Lutzau: Keine Ahnung. Das waren für mich alles große Männer in Uniform, sie waren alle meine Freunde. Ich habe niemanden identifiziert, wer was gemacht hat. Ich habe sie alle geliebt. Sie haben mich befreit und dafür bin ich ihnen bis zu meinem letzten Atemzug dankbar.
Zander: Wie schätzen Sie heute Ihr Verhalten bei einer existenziellen Bedrohung ein?

von Lutzau: In solchen Situationen kommen das Beste und das Schlechteste bei den Menschen heraus; ich habe halt die Fähigkeit, aus schlimmen Situation das Beste zu machen. Das habe ich mir auch mein ganzes Leben erhalten. Viele Leute wissen gar nicht, wie sie sich in so einer Situation verhalten würden, ich weiß es.
Zander: Wie haben Sie nach diesem Erlebnis den normalen Alltag empfunden?
von Lutzau: Direkt nach der Entführung, als wir nach Hause gefahren sind in unsere Wohnung, da kam im Radio eine Waschmittelreklame. Ich weiß noch, dass ich mich damals darüber unwahrscheinlich aufgeregt habe, dass die Leute sich um so unwichtige Kleinigkeiten wie die Tatsache, welches Waschmittel man jetzt nimmt, solche Gedanken machen. Der krasse Gegensatz zwischen dem nahen Tod, also einer schrecklichen Erfahrung, und so trivialen Dingen, so lächerlichen Dingen wie Waschmittelreklame, das konnte ich nicht fassen, das war zu viel für mich, das war ein persönlicher Angriff auf mein Erlebnis.
Zander: Woran erinnern Sie sich, wenn Sie an die Verleihung des Bundesverdienstkreuzes denken?
von Lutzau: Ich erinnere mich, dass wir alle dort standen, dass ich immer noch verletzt war. Mich hat man hingesetzt, ich hätte auch stehen können. Ich fühlte mich ein bisschen „aufgebockt“. Das war mir alles gar nicht recht, so eine Sonderrolle „mit Bein hoch“. Ich hätte da auch stehen können, es waren ja nur Fleischwunden, keine Knochenfragmente. Ich war wie in einem rosaroten Nebel. Helmut Schmidt hat mir ein Bundesverdienstkreuz verliehen – was wollte ich mehr in meinem Leben.
Zander: Haben Sie mit Bundeskanzler Schmidt auch gesprochen?
von Lutzau: Nein – er ist Hamburger. Das war alles viel zu emotional.
Zander: Sie befanden sich nach der Befreiung in Hochstimmung?
von Lutzau: Ja, absolut. Irgendwann kam dann der Punkt, an dem die Stimmung umschlug, – auch in der Presse. Es ist ja in Deutschland immer ein bisschen so: Wenn einer den Kopf zu weit herausstreckt aus der Menge, dann kommt irgendeiner und haut mit dem Hammer drauf. Es gab bis dahin keine Elitetruppe. Es war damals die Zeit – selbst Paul Breitner hat die Nationalhymne nicht mitgesungen, weil diese für ihn das System repräsentierte – in der es „in“ war, dagegen zu sein. Man war gegen das alte, verzopfte System, man wollte Revolution auf eine bürgerliche Art und Weise machen, immer ein bisschen anders sein. Aus diesem Zeitgeist heraus schlug die Stimmung um, sodass die Jungs von der GSG 9 auf einmal als Rambos galten. Es kam die Frage auf, ob es überhaupt nötig wäre, dass wir uns so eine Truppe leisten. Ein Journalist – ich weiß nicht mehr von welchem Sender, ich war auf einem Bildhauersymposion und dieser Journalist hat mich angerufen – meinte, dass meine Meinung zur GSG 9 jetzt in der Kritik stehen würde. Ich sollte dazu Stellung nehmen. Ich habe zu dem Journalisten gesagt, wenn er jemals auch nur ansatzweise in eine Bedrohung kommen würde, wäre er überglücklich, dass es diese Jungs gibt, die einen da herausholen. Ich habe auch gesagt, dass ich bis zu meinem letzten Atemzug dankbar sein werde, dass es diese Menschen gegeben hat. Ich bin ihnen einfach

dankbar. Was ich wirklich schade finde, ist, dass es niemals eine ordentliche Zusammenkunft aller Überlebenden und unserer Retter gegeben hat. Irgendwann hat mal jemand alle zusammengebracht, die er erreicht hat. Wir lagen uns alle in den Armen, haben uns geherzt, geküsst und haben uns bei der GSG 9 bedankt. Die sind ja nun auch stolz auf ihre Leistungen gewesen, es war einfach eine sehr emotionale Sache.
Zander: Wann war das?
von Lutzau: Es war zum 25-jährigen Gedenken an Herrhausen.
Zander: Können Sie sich noch ungefähr erinnern, wann die Stimmung in der Öffentlichkeit negativ umschlug? Nach Mogadischu gab es doch lange Zeit eine breite Zustimmung.
von Lutzau: Ein paar Jahre danach. Ich ging in meine Bildhauerfreizeit, das bedeutet, es muss ca. fünf Jahre nach Mogadischu gewesen sein. Ich war darüber ziemlich empört. 2012 bin ich mit Jürgen Vietor in das Haus der Geschichte nach Bonn zur Feier des 40-jährigen Bestehens der GSG 9 eingeladen worden. Als dann gesagt wurde, dass Jürgen und ich da sind, sind alle aufgestanden, es gab Standing Ovations. Ich musste mich da wirklich sehr zusammenreißen, dass ich nicht in Tränen ausgebrochen bin. Es war so emotional und so schön. Ich sage ja, ich liebe die Jungs. Eine Skulptur von mir steht immer noch im Dienstzimmer des Kommandeurs, die habe ich ihm geliehen. Wenn er nicht mehr da sein sollte, bekomme ich sie dann wieder.
Zander: Wie haben Sie das Vorgehen der Bundesregierung damals beurteilt? War das aus Ihrer Sicht die richtige Verhaltensweise, die Bundeskanzler Schmidt an den Tag legte?
von Lutzau: Manchmal sieht man erst im Nachhinein, ob es gut oder schlecht war. Jetzt ist das Nachhinein – und gab es noch einmal Flugzeugentführungen? Es war die richtige Lösung. Das ist auch das, was ich mir während der Befreiung mantramäßig gesagt habe: Es ist die einzig richtig Lösung. Daran habe ich immer festgehalten. Als die Handgranate vor mir explodiert ist, habe ich geschaut, ob noch alles da ist, habe meine Hände und Füße bewegt und mir gesagt, es ist trotzdem die einzig richtige Lösung. Ich hätte auch einen Blutzoll bezahlt, um nicht wie ein Schaf zur Schlachtbank geführt zu werden. Sich wehren, es sich nicht bieten lassen.
Zander: Hat sich nach diesem Erlebnis Ihre politische Einstellung geändert?
von Lutzau: Nicht unbedingt. Ich bin eine konservative Sozialdemokratin. Das war ich schon immer. Ich bin eigentlich sozial-liberal, diese Partei gibt es nur nicht. Aus der SPD bin ich im Kopf schon ungefähr 20 Mal ausgetreten.
Zander: Haben Sie nach der Flugzeugentführung noch weiter als Flugbegleiterin gearbeitet?
von Lutzau: Nein. Ich habe die einfachste Lösung gewählt: Ich bin einfach schwanger geworden. Später habe ich bei Professor Walter Piesch in Frankreich Bildhauerei gelernt. Piesch ist Professor an der Universität und Kunsthochschule in Straßburg gewesen und hat den Sommer über mit seiner Frau zusammen verschiedene Symposien gegeben. Ich war dort bei ihm elf Jahre lang jeden Sommer und irgendwann hat er

zu mir gesagt, er möchte einmal wissen, warum ich noch käme. Ich wäre besser als er. Dann bin ich zunächst klassische Bildhauerin geworden, bis ich einen schweren Autounfall in Neuseeland hatte, – mein Leben ist kein langer ruhiger Fluss. Ich konnte meine Hand nicht mehr ausreichend bewegen und musste ein anderes Instrument finden: die Kettensäge. Mit der habe ich dann konsequent gearbeitet. Wenn ich etwas mache, dann konsequent. Ich habe daraus einen Beruf gemacht, den übe ich jetzt seit 30 Jahren aus.
Zander: Ihr Hauptthema ist Überleben und Leben?
von Lutzau: Ja, es ist Schutz, Freiheit, Leben und Überleben, Liebe. Das sind meine Themen. Ich habe unterschiedliche Werkgruppen, die unterschiedliche Seelenstrukturen von mir ausleben.
Zander: Wenn man jetzt noch die Vögel dazu nimmt, was ja auch ein Hauptmotiv ist: Inwieweit stehen Ihre Themen in Zusammenhang mit Ihren Erlebnissen in Mogadischu?
von Lutzau: Mogadischu hat mir in jungen Jahren gezeigt, in denen man sich eigentlich für unsterblich hält, dass das Leben definitiv endlich ist. Diese Erkenntnis lässt mich den Tod als einen ständigen Begleiter in meinem Kopf und in meiner Seele sehen. Deswegen arbeite ich auch über den Tod, der für mich aber nicht der Endpunkt ist. Für mich geht das Dasein über den Tod hinaus in ein neues Leben über. Ich glaube an Wiedergeburt. Ich denke mir, das Leben ist viel zu schön, um es nur in einem Leben auszuleben. Ich habe vor wiederzukommen, da bin ich mir ganz sicher.
Zander: So hat sich Ihr Leben nach Mogadischu stark verändert.
von Lutzau: Das ist ein Neuanfang. Es hat meinem Leben eine Richtung geben. Es ist eine Intensität vorhanden, da ich mir der Endlichkeit bewusst bin. Ich lebe mein Leben sehr bewusst und ich bin ein glücklicher Mensch, weil ich das machen kann, was ich will. Kunst macht mich glücklich.
Zander: Hat Ihnen die Kunst dabei geholfen, die Erlebnisse zu verarbeiten?
von Lutzau: Ja, aber es ist keine Therapie, es ist der Auslöser. Jeder Künstler arbeitet aufgrund einer Verletzung, aufgrund einer Narbe auf der Seele. Das kann alles Mögliche sein. Aus dieser Unwucht heraus schafft man Kunst. Man schafft nicht Kunst, weil alles so schön ist. Dann fotografiert man Sonnenuntergänge, Blumen und Bienen auf Blumen. Aber gute, intensive Kunst kann man nur machen, wenn man empfindsam ist. Narben auf der Seele lassen einen empfindsamer werden, emphatischer. Man nimmt die Dinge tiefgründiger, ernsthafter wahr. Das fröhliche Mädchen von 23 Jahren, das sich immer überlegt hat, wo man die schönsten Sachen auf der Welt kaufen kann, wo man welchen Drink bekommt und wo man abends zum Essen hingeht, ist gestorben. Herausgekommen ist eine gereifte junge Frau.
Zander: Welchen Stellenwert hat die GSG 9 für Sie aus heutiger Sicht?
von Lutzau: Die GSG 9 hat einen herausragenden Stellenwert. Sie ist im Grunde genommen wie eine Keimzelle gegen das Böse. Das finde ich eine sehr gute Sache.
Zander: Wie haben Sie Herrn Wegener erlebt?

von Lutzau: Ich habe Herrn Wegener nicht unbedingt als Einzelperson wahrgenommen, sondern eher als Institution. Er ist die GSG 9 für mich.

22.8. Interview Jürgen Vietor September 2014

Zander: An welchen Moment erinnern Sie sich zuerst, wenn Sie an die Entführung der „Landshut" denken?
Vietor: Ich habe die Geschichte immer vor mir. Ich erinnere mich zuerst an den Beginn, wie das war, als wir über Toulon flogen und ich gerade aus dem Fenster schaute. Als ich als Marineflieger der Bundeswehr als Pilot tätig gewesen war, hatte ich in Toulon eine Maschine zur Wartung heruntergebracht und dort eine Hafenrundfahrt gemacht; daran dachte ich bei meinem Blick aus dem Fenster, als die Terroristen das Cockpit stürmten. Dieses Stürmen, das vergisst man nicht. Ebenso erinnere ich mich direkt daran, dass ich zweimal erschossen werden sollte, dass Kapitän Schumann erschossen wurde, und an die Aktion der Befreiung. Das waren die vier wichtigsten Ereignisse – was dazwischen war, ist mehr im Hintergrund. Aber der Beginn, als die das Cockpit stürmten, das kann ich heute noch minutiös erzählen, als wäre es gerade erst passiert.
Zander: Wer genau stürmte in das Cockpit?
Vietor: Nur Mahmud, die anderen hatten hinten die Passagiere unter Kontrolle zu bringen. Ich schaute aus dem Fenster und erinnerte mich, wie ich 1969 oder 1970 eine Hafenrundfahrt gemacht hatte, als in dem Moment die Tür aufging und einer mit einer Pistole hereinkam. Er richtete auf Kapitän Schumann die Pistole, trat mir in die Rippen und rief „Out, out, out". Was sollte ich machen? Ich habe mich losgeschnallt, bin nach hinten und sah schon die Gäste aus der First Class und der ersten Reihe Economy, wie diese mit erhobenen Händen nach hinten gingen. Ich folgte ihnen. Bei der Lufthansa gibt es Schulungen für Piloten, wie sie sich im Notfall, zum Beispiel bei Entführungen, zu verhalten haben. Wir haben uns den Schulungsfilm später mit meinem Flottenchef, Kapitän Heldt, noch einmal angeguckt und dieser fragte: „Herr Vietor, haben Sie sich eigentlich an diesen Film erinnert?" Diesen muss jeder einmal sehen, wenn er mit der Ausbildung als Kopilot anfängt. Wir haben uns alle so verhalten, wie es dieser Film vorgibt. Gewisse Dinge, wie das Rausschmuggeln von Nachrichten, wurden dort noch nicht behandelt. Kapitän Schumann hat Nachrichten rausgeschmuggelt. Dies wurde dann später in den Film integriert. Ich weiß noch ganz genau, wie ich damals nach hinten gegangen bin, ich war der letzte hinter den vielleicht fünfzehn Passagieren. Ich flüsterte ihnen zu: „Alles machen, was die wollen, alles machen, was die wollen ... ". Das wird in den Schulungen auch gesagt: Man muss mitmachen, opponieren bringt nichts. Wir standen hinten an den letzten Sitzen, dort befanden sich eine Garderobe und eine Toilette. Plötzlich ging die Toilettentür

auf und – man muss sich das vorstellen, dass man in diesem Vorraum plötzlich fünfzehn Leute stehen sieht – die Passagierin fragte, was los wäre. Nach der Antwort, dass die Maschine entführt worden sei, wurde sie ohnmächtig und sank zu Boden. Mahmud hat uns schließlich auf die freien Sitze verteilt. Er wollte möglichst viel leeren Raum zwischen dem Cockpit und den Passagieren schaffen. Deshalb wurden alle von der First Class nach hinten gesetzt. Die Maschine war nicht ganz voll – es waren vielleicht noch zehn Sitze frei – und dort hat er die First-Class-Passagiere und die ersten Reihen der Economy hingesetzt. Wir standen bestimmt eine Stunde mit erhobenen Händen hinten und ich durfte nicht in das Cockpit. Die Landung hat Kapitän Schumann alleine durchgeführt, das ist fliegerisch kein Problem. Wir werden so ausgebildet. Bei mir war das 1974 von Turin nach Frankfurt, wo der Ausbildungskapitän während der Kopiloten-Schulung sagte: „Jürgen, ich bin jetzt tot". Man muss dann alles umorganisieren. Normalerweise fliegt einer und der andere übernimmt den Funkverkehr und unterstützt den „Pilot Flying". Alleine ist das eine ganz andere Aufgabenlösung. Fliegerisch war das also kein Problem für Schumann. In Rom durfte ich wieder in das Cockpit. Mahmud hatte uns zwei vorne mit einer Pistole im Griff. Er brauchte keine Angst zu haben, dass ich oder Jürgen Schumann irgendetwas machen würden. Eine Pistole ist ein starkes „Argument". Als ich wieder ins Cockpit durfte, habe ich die Flugvorbereitung durchgeführt. Wir haben vereinbart, dass ich fliege und Jürgen Schumann den Kopf für die Gespräche mit Mahmud und die Führung des Flugzeuges frei hat. Das Fliegen ist Handwerk. Ich bin die ganzen Strecken geflogen. Schumann hat mit Mahmud geredet, die Passagiere betreut usw. Alles, was Mahmud wollte, mussten wir machen. Er gab die Befehle, wo wir landen sollten, Anweisungen usw. Man kann bei Terroristen nicht opponieren. Gespräche untereinander waren anfangs nicht erlaubt. Das hat sich später etwas beruhigt, als die merkten, dass wir mitmachten und wir alle in einem Boot saßen. Sie wussten, wenn sie uns zu sehr drangsalierten, war das auch zu ihrem eigenen Schaden. Vor allem später dann in Dubai, wo die Klimaanlage ausfiel, weil wir keinen Treibstoff mehr für das Hilfsaggregat hatten, das Strom und klimatisierte Luft erzeugte. Da mussten die Terroristen mit uns kooperieren, ansonsten wäre ihnen die Lage entglitten, da einige Passagiere bereits ohnmächtig wurden. Da haben sie mit uns zusammengearbeitet. Ich war in Dubai zweimal draußen, um ein fahrbares Hilfsaggregat heranzufahren. Das hat Mahmud erlaubt.

Zander: Hatten die Terroristen harte Umgangsformen?

Vietor: Ja, ganz zu Anfang. Vielleicht haben sie gedacht, wir hätten so eine „Geheimausbildung", ich weiß es nicht. Die mussten erst einmal sehen, wer wir sind, und deshalb waren die am Anfang knallhart. Der Mahmud hat uns immer nur mit der Pistole vor dem Gesicht herumgefuchtelt. Erst nach Tagen, als sie merkten, dass sie die Lage unter Kontrolle hatten, hat sich das alles etwas beruhigt. Vor allen Dingen wurden sie im Laufe der Zeit apathisch. Die Passagiere wurden auch müde; es wurde zum Schluss etwas „ausgeglichener". Aber anfangs haben die nur geschrien, die Passagiere angeschrien, uns angeschrien. Sie haben uns immer zu verstehen gegeben, dass jeder erschossen wird, der nicht kooperiert.

Zander: Warum sollten Sie zweimal erschossen werden?

Vietor: Das war einmal in Bahrain. Wir waren dort mit dem letzten Tropfen Sprit gelandet, weil wir in Beirut, Damaskus, Bagdad und Kuwait nicht landen durften; nur in Bahrain konnten wir landen, weil dort englische Controller waren. Die sagten: „Nein, keine Landeerlaubnis, der Scheich hat es verboten". Aber wir mussten notgedrungen irgendwo runter und – Gott sei Dank – haben sie die Funknavigationsmittel nicht abgeschaltet. Es war Nacht. Deshalb konnten wir da landen, verbotenerweise. Die wussten gar nicht, wer wir sind. Mahmud hat furchtbar geschrien; er hat das Mikrofon total übersteuert. Die wussten gar nicht, was los ist. Ich habe gefragt, ob ich denen mal die Situation erklären dürfte. Ich habe dann gesagt, dass wir ein deutsches Flugzeug wären und habe – weil ich dachte, vielleicht haben sie den Namen Schleyer mal in der Zeitung gelesen – noch einmal geschildert, dass ein deutscher Industrieller von Terroristen entführt worden sei. Mahmud schrie: „You told me terrorist". Dann hat sich ein Ring von Soldaten um das Flugzeug gelegt. Mahmud erklärte, wenn die Soldaten nicht innerhalb von fünf Minuten verschwunden seien, würde ich erschossen werden. Ich habe dann dem Tower mitgeteilt, dass die Soldaten weggehen sollten. Ich habe immer lauter zum Tower geschrien, dass ich erschossen werden sollte. Sie merkten dann, dass das ernst gemeint war. Es gab wohl das Problem, dass der Tower keine Funkverbindung zu den Soldaten hatte. Nach wenigen Minuten tauchten plötzlich Scheinwerfer von einem Jeep auf und ich habe geschrien: „The car is coming, the car is coming". Mahmud: „You have one minute". Das Auto hielt, jemand sprang heraus und man sah, wie die Soldaten wegliefen. Damit war ich erlöst, meine Erschießung fand nicht statt.

Das andere Mal hatte es mit meiner Junghans Uhr zu tun. Junghans hat normalerweise ein großes Zahnrad als Emblem. Nur auf Armbanduhren, da passt so ein Zahnrad nicht hin, dort ist ein sechseckiges Zahnrad mit einem „J" zu sehen. Mahmud saß auf einem Sitz hinter mir. Er fragte mich, welcher Religion ich angehörte. Ich wusste gar nicht, was er wollte. Ich: „Evangelic." Mahmud: „What is evangelic?" Jürgen Schumann: „He is protestant!" Mahmud bestand darauf: „You are jewish". Ich musste dann die Uhr abmachen. Er ist mit der Uhr durch den Gang gelaufen und fragte die Passagiere, ob dies eine „Judenuhr" sei. „Ja, ja" sagte einer. Was sollten die Passagiere auch sagen? Sie haben das kleine Zeichen gar nicht gesehen. Mahmud kam wieder ins Cockpit zurück und hat mir gesagt, dass ich jetzt erschossen würde. Ich musste mich in den Gang stellen und er sagte: „You are jewish". Ich habe geantwortet, dass ich kein Jude sei, sondern Protestant. Zu diesem Zeitpunkt wollte er wohl noch niemanden erschießen, obwohl er es den Passagieren immer angedroht hat. In diesem Fall wollte er uns lediglich kleinmachen, nach dem Motto: Zuckerbrot und Peitsche. Jetzt war die „Peitsche" dran. Er hat dann, als ich standhaft blieb, einen Moment gezögert und gesagt: „Destroy your clock!". Mahmud hat sie dann in den

Gang geworfen und ich bin darauf herumgetrampelt. Da dort aber Teppichboden war und ich schon meine Winterstiefel mit Gummibesohlung anhatte, ging die Uhr nicht kaputt. Er hat sie genommen und aus dem Cockpit die Notaxt geholt, die dazu da ist, im Notfall die Scheiben oder Türen einzuschlagen. Er hat die Uhr auf eine Armlehne vor die Passagiere gelegt und sie zerstört. Nachdem das Uhrwerk herausgefallen war, hat er mir das Armband mit dem leeren Gehäuse gegeben, nach dem Motto: „Hier, als Andenken!".

Zander: Wie haben die Passagiere reagiert?

Vietor: Kapitän Schumann ist ab und zu durch die Passagierreihen gegangen und hat die Leute beruhigt; auch ich bin mal durchgegangen, zur Toilette oder um etwas zu essen und zu trinken, und habe versucht, beruhigend auf die Passagiere einzuwirken. Vor allen Dingen tat dies Jürgen Schumann, er war der Kapitän. Es ist die Aufgabe des Kapitäns, die Passagiere zu beruhigen und mit ihnen zu sprechen. Er hat als Kapitän zu erscheinen und zu vermitteln, dass er noch da ist, dass er noch ruhig ist und soweit es geht die Situation unter Kontrolle hat. Wir waren aber überwiegend im Cockpit.

Zander: Haben Sie überlegt, Hilfe zu holen?

Vietor: Jürgen Schumann hat mich gefragt, ob wir Nachrichten rausschmuggeln sollen. Ich habe ihm gesagt, dass ich das nicht machen würde, weil wir in einem Gebiet wären, wo die PLO überall ihre Leute hätte. Er hat es aber doch getan. Das war für die spätere Befreiungsaktion der GSG 9 ungemein hilfreich, denn dadurch wurde bekannt, wie viele Entführer an Bord waren. Er hat dafür Zigarren genommen, die gab es an Bord für die First Class. Er hat zwei halbe und zwei ganze Zigarren genommen und diese mit Tesa oder einem Gummiring umwickelt. Diese hat er in die Wastebox geworfen, die gelegentlich entsorgt wurde. Dadurch wurde bekannt: Zwei ganze Zigarren, zwei halbe – aha, zwei Männer, zwei Frauen.

Letztlich kam es so, wie ich befürchtet hatte, wenn auch auf Umwegen. Durch einen Funker, der Sprechfunkverkehr abhörte, wurde bekannt, dass Jürgen Schumann Nachrichten herausgeschmuggelt hatte. Die Entführer hatten auch ein Radio dabei, in dem sie eine Waffe versteckt hatten. Sie hörten arabisches Radio und somit die Rundfunkübertragung. Wir hörten das nicht. Ich musste ins Cockpit kommen. Nun saß Mahmud auf dem Kopilotensessel, ich auf dem Kapitänsessel, und er hat mich gefragt, ob ich Nachrichten herausgeschmuggelt habe. Ich konnte dann natürlich, ohne rot zu werden, sagen, dass ich das nicht gemacht habe. Jürgen Schumann musste anschließend ins Cockpit und da Mahmud ihm genau sagte, was er wusste, musste Jürgen Schumann alles zugeben. Es kam dann die Sache, wo Mahmud erbost raus ging und Jürgen Schumann im Gang marschieren ließ. Das war für Jürgen Schumann ziemlich schlimm. Dieser „Vertrauensbruch" hat möglicherweise letztlich zur Erschießung beigetragen. Der Kapitän hatte ihn angelogen. Er war jetzt der „Underdog".

Zander: Inwieweit hat Ihnen Ihre militärische Erfahrung geholfen, mit Extremsituationen umzugehen?
Vietor: Jürgen Schumann und ich waren ein gutes Team. Wir waren beide Offiziere: Jürgen war bei der Luftwaffe als Starfighterpilot, ich bei der Marine als Kommandant eines U-Bootjagd- und Seefernaufklärers. Beides ist eine harte Angelegenheit, sowohl die Starfighterfliegerei als auch die Suche nach U-Booten. Wir waren geschulte Soldaten, die schon viel durchgemacht hatten. Ich glaube, ich habe mich insgesamt richtig verhalten. Ich würde es heute nicht anders machen. Mit dem Herausschmuggeln von Nachrichten, – das ist so eine Sache. Es hat sich negativ für Jürgen Schumann ausgewirkt. Aber es war wichtig, dass die anderen wussten, um wie viele Terroristen es sich handelte, dass sie Waffen hatten usw. Das war für die GSG 9 natürlich eine gute Information. Sie konnten sich darauf vorbereiten.
Zander: Wie kam es dazu, dass Kapitän Schuman im Südjemen erschossen wurde?
Vietor: Am 16. Oktober 1977 kam es im Südjemen zu einer Notlandung, weil wir keinen Treibstoff mehr hatten. Die Bahnen waren vollgestellt mit Panzern oder ähnlichem, aber wir mussten landen. Wir wussten gar nicht, wie das ausgeht. Ich kann jetzt nur von mir reden, aber ich weiß, es ging anderen auch so: Ich habe gedacht, dass wir jetzt crashen. Wenn man in Frankfurt oder in Hamburg neben der Bahn eine Notlandung machen müsste, weil alle Bahnen gesperrt sind, dann ist dort Gras. Gras geht noch. Dort war aber nur Geröll. Selbst ein kleiner Graben reißt einem das Fahrwerk ab, wenn man mit 250 km/h aufsetzt oder ein Stein oder ein Felsbrocken dort liegt. So sah das dort aber aus und wir haben damit gerechnet, dass wir jetzt crashen. Es kam also zu einer Notlandung. Tatsächlich ist es so, dass ich dachte, wir würden jetzt sterben. Ich habe Jürgen Schumann die Hand gegeben und gesagt: „Jürgen, mach's gut! Es war ein schönes Leben, aber ein wenig kurz!" Ich habe mich nach hinten zu Mahmud gesetzt, es gibt vier Sitze im Cockpit: für den Kapitän, für den Kopiloten, dahinter ein fester Notsitz und dort, wo die Tür ist, da kann man einen Sitz herausklappen. Mahmud saß auf dem fest eingebauten Sitz hinter dem Kapitän und ich wollte auch ihm die Hand geben, weiß aber nicht mehr, ob er die genommen hat. Ich habe jedenfalls geschrien, dass er sich anschnallen solle. Das hatte einen simplen Grund: Wenn er nicht angeschnallt wäre, hätte er sich selbst bei einer nur harten Landung nicht halten können, geschweige denn, wenn man gegen ein Hindernis rollt. Er wäre nach vorne und voll auf die Gashebel geflogen, dabei hätte er diese bis zum Anschlag nach vorne gedrückt. Wir wären dann mit Vollgas irgendwo gegen gerast. Das war der Grund, warum ich ihn aufforderte, sich anzuschnallen. Ich schrie: „Anschnallen, anschnallen!", es war ja kurz vor der Landung. Er hat die Gurte nicht zusammengekriegt, so sehr zitterten seine Hände. Jürgen Schumann hat dann den einen Gurt genommen, ich den anderen Gurt und wir sind dabei noch einen Vollkreis geflogen. Die Passagiere haben gedacht, wir stürzen ab. Aber ich bin bei der Marine gewesen, U-Bootjagd, Seefernaufklärung, da spielt sich alles in ganz niedrigen Höhen ab. Irgendwie hat Mahmud dann auch mitgeholfen, jedenfalls war er plötzlich

angeschnallt und unser Vollkreis war beendet. Es ging dann die letzten Meter runter, wir haben neben der Bahn aufgesetzt. Aber wie!
Zander: Herrschte unter den Passagieren große Aufregung?
Vietor: Das weiß ich zwar nicht, es ist aber anzunehmen. Die Tür war zu. Die Landung wurde vorbereitet wie eine normale Notlandung. Da gibt es ein bestimmtes Prozedere: Gebisse raus, Kugelschreiber raus und dann eine bestimmte Haltung einnehmen. Wir hatten Zeit, diese Notlandung vorzubereiten. Wir haben ziemlich viel Sprit verflogen, weil wir immer noch dachten, wir könnten auf einem Platz in der Wüste landen. Wir beschlossen dann, direkt runter zu gehen, egal wie es ausgehen sollte. Jetzt standen wir da und wurden von vielen Militärs umringt. Das Problem war, dass sie alle arabisch sprachen. Wir verstanden sie nicht. Wir sahen nur an Mahmuds Gesicht, dass irgendetwas nicht stimmte. Plötzlich sagte er, wir müssten hier wieder weg, sie wollten uns hier nicht haben. Er hatte wohl gedacht, sie hätten einen roten Teppich für ihn ausgerollt. Aber sie hatten uns im Vorfeld eindeutig „no landing“ signalisiert. Er hätte schon vorher wissen müssen, dass die uns nicht haben wollten. Vielleicht hat er angenommen, er wäre bei seinen Freunden. Aden war wohl der letzte geplante Platz, wo er hinwollte. Mogadischu war eine Alternative. Im Jemen wurden Terroristen ausgebildet. Aber die wollten uns nicht, aus welchen Gründen auch immer. Jedenfalls sagte er, wir müssten wieder weg.

Kapitän Schumann meinte, er müsse sich erst einmal ein Bild vom Flugzeug machen, ob es überhaupt noch flugfähig sei. Mahmud sagte, dass dies in Ordnung wäre. Kapitän Schumann ist dann nach hinten gegangen, weil die Boeing 737 damaliger Bauart noch eine eigene Treppe hatte. Heute macht man das nicht mehr, weil man nicht dauernd eine Treppe von 300 bis 400 Kilo mitschleppen will. Heute schiebt man bei Bedarf eine Treppe ran. Die 737 hatte aber noch eine Treppe, die Kapitän Schumann nutzte. Die Einstiegstür war auf, weil dort die Soldaten waren und Mahmud mit denen redete. Ich habe dann auch rausgeguckt und Jürgen Schumann hat mir zugerufen, dass das linke Fahrwerk in Ordnung sei. Er ging unter oder vor dem Flugzeug herum, um das rechte Fahrwerk zu überprüfen. Das Fahrwerk ist das Wichtigste. Ist es in Ordnung? Sind die Reifen noch dran oder kaputt? Das war das Letzte, was wir von Kapitän Schumann wissen.

Nach einiger Zeit, wobei wir alle nicht wissen, war es eine halbe Stunde, eine Stunde oder anderthalb Stunden, fragte Mahmud: „Wo ist der Kapitän?“, so ein Outsidecheck dauert ja nicht so lange. Erst einmal sagte er zu mir: „Call the captain“. Ich bin zu allen vier Türen mit einem Megafon gegangen und habe gerufen: „Jürgen, Jürgen, wo bist du, Jürgen, komm zurück!“. Es war totenstill, es war inzwischen Nacht, da wir bei Sonnenuntergang gelandet waren. In den Tropen wird es relativ schnell dunkel. Es war nichts zu hören. Mahmud redete wieder auf arabisch mit den Leuten; er hat dann gesagt, der Kapitän käme jetzt zurück und wir würden ein „Revolutionstribunal“ veranstalten, was immer das bedeutete. Wenn ein Passagier einen Mucks machen würde, würde dieser erschossen. Plötzlich hörten wir etwas auf der

Treppe bzw. merkten wir, dass der Kapitän wohl zurückkam, weil beim Betreten der Treppe das Flugzeug so leicht vibrierte. Jürgen Schumann ging dann den Mittelgang herunter, die vier Terroristen standen vorne an der Trennwand zwischen First und Economy Class. Er musste sich dann hinknien und Mahmud fragte: „Are you guilty or not guilty?“ und Jürgen sagte „Yes, Sir, I ... “, also es kam nichts heraus, sondern nur der Anfang des Satzes und beim dritten Mal hat er dann geschossen. Jürgen war tot.

Zander: Was ging in Ihnen vor? Haben Sie direkt gewusst, dass Sie nun die Verantwortung für die Maschine übernehmen mussten?

Vietor: Das ist der springende Punkt. Man hat als Kopilot ein recht ruhiges Leben. Es gibt einmal die „Führungsverantwortung“ für den Kapitän und die „Handlungsverantwortung“ für den Kopiloten. Ich wusste damals: „Jetzt bin ich der Kapitän“. Das ist die automatische Reihenfolge, der Ko ist der Stellvertreter des Kapitäns. Deshalb heißt es ja auch offiziell nicht Kapitän oder Kopilot, sondern der Kapitän ist der „verantwortliche Flugzeugführer“, das Wort sagt eigentlich schon alles. Der Kopilot heißt bei der Lufthansa oder anderen Airlines „First Officer“.

Zander: Sie wurden also in diesem Augenblick vom First Officer zum Verantwortlichen Flugzeugführer.

Vietor: Richtig, jetzt lag die gesamte Verantwortung auf mir. Welches Gefühl das ist, lässt sich nur schwer in Worte fassen.

Zander: Haben die anderen auch verstanden, dass Sie jetzt der verantwortliche Ansprechpartner sind?

Vietor: Ja, sicher. Wir waren mit extrem wenig Treibstoff gelandet. Das Hilfsaggregat, das ebenfalls mit Treibstoff versorgt wird, versagte kurz darauf; plötzlich wurde es dunkel. Die Leiche Jürgen Schumanns lag noch im Mittelgang. Es gab keine Generatoren, keine Luft mehr, es war duster. Es gibt dann nur noch eine kleine Notbatterie. Die verbraucht aber so viel Strom, dass sie nur eine halbe Stunde hält. Das hieß, ich musste sofort nach vorne, um viele Verbraucher abzuschalten, damit wir noch diese kleine Hilfsbatterie hatten. Ich weiß noch, dass ich über Jürgen Schumann, zwischen den Beinen, an seinem Kopf vorbei gestiegen und dann in das Cockpit gerannt bin und dort alles erledigt habe. Mahmud sagte dann, dass wir jetzt weiter fliegen müssten. Für mich ging es jetzt mehr um das Fliegerische: Wie kommen wir aus dem Sand? Wir waren in Sand und Steinen eingesackt. Ich habe mit denen verhandelt, da ich mir überlegt habe, dass wir, wenn wir mit diesem Flugzeug weiterfliegen müssten, das möglichst im Hellen tun sollten. Ich versuchte – es war damals vielleicht erst 21 Uhr oder 22 Uhr – das Starten möglichst lange herauszuzögern. Das hat aber alles nicht funktioniert. Sie haben dann ein bisschen Treibstoff eingefüllt, erst einmal nicht zu viel, denn wir mussten erst einmal nur aus dem Sand auf den befestigten Taxiway und dann sind wir zur Startbahn gerollt. Die war inzwischen geräumt worden und die „Landshut“ wurde mit 10 Tonnen Sprit aufgefüllt. Ich fragte Mahmud, wo es hingehen sollte. „Mogadischu“, antwortete er. „Where is Mogadischu?“, war meine Frage.

Mogadischu kannte ich nicht. Ich wette, von 100 Leuten wussten 99 damals nicht, wo Mogadischu liegt. Wir hatten, Gott sei Dank, Flugkarten dabei. Auf der letzten Karte war Mogadischu eingezeichnet, ein oder zwei Millimeter über dem untersten Kartenrand. Ich habe angelassen und plötzlich füllte sich das ganze Flugzeug mit Dampf und Sand in den Triebwerken. Die Leute fingen an zu schreien, weil sie dachten, es würde brennen. Es kam aber nur von der Klimaanlage. Ich habe gleich wieder abgestellt und die Leute beruhigen können, weil ich wusste, woran das lag. Ich habe dann die Triebwerke noch einmal angelassen und da hat sich das auch relativ schnell gegeben. Aber es war tatsächlich ein Horrorflug. Jürgen und ich hatten nach der Notlandung die Feuerlöschflaschen entleert. Dies trägt zur Sicherheit bei, da die Triebwerke mit einer Flüssigkeit umschäumt werden. Wenn ein Triebwerk einmal brennt, hat man dieses hochwirksame Mittel, womit ein Feuer meistens unterbunden werden kann. Wir hatten also die Feuerlöschflaschen entleert und nun keine Feuerlöschmöglichkeit mehr. Ich dachte: „Wenn jetzt eine Treibstoffleitung angerissen ist und wir mit unseren 50.000 PS starten und die Leitung dann tatsächlich bricht, dann fallen wir wie der ‚Stern von Afrika' vom Himmel." Das Flugzeug wäre explodiert. Aber es ging gut. Wir flogen über Nordafrika. Ich war zuvor noch nie in Nordafrika, jedenfalls nicht an diesem Ort. Fliegerisch war das nicht so ein Problem. Wir sind Richtung Dschibuti, dort gab es ein Funkfeuer, und dann Richtung Mogadischu. Damals gab es Krieg zwischen Äthiopien und Somalia, den Ogaden-Konflikt. Ich sagte Mahmud, es wäre das Beste, wenn wir uns funkmäßig nicht mehr irgendwo melden würden, weil dann wieder der Flughafen gesperrt werden würde. In manchen Momenten war er zugänglich. Er sagte, dass dies in Ordnung wäre und wir sind dann ohne Funkkontakt über diese Länder geflogen. Ich grübelte: „Wenn die uns dort unten sehen, ein Flugzeug, das nicht antwortet, dann werden sie uns abschießen."

Zander: Es hätte auch weiteren Flugverkehr geben können, aber Sie sind nur auf Sicht geflogen?

Vietor: Ja, sind wir. Es gibt auf der ganzen Welt festgelegte Regeln – alle 1.000 Fuß oder 2.000 Fuß. Die einen fliegen in 31.000 Fuß Höhe, der Nächste in 32.000, der Nächste in 33.000. Es sind immer 1.000 Fuß dazwischen. Daher habe ich eine Mittelhöhe eingenommen, weil ich wusste, dass dort normalerweise keine Maschine fliegt. Außerdem war es nicht sehr wahrscheinlich, dass nachts in der Gegend über Afrika viel Flugverkehr sein würde. Aber ich hatte eine Mordsangst, dass, wenn man uns entdeckt und wir nicht antworten, man uns abschießt. Es wurde schon wieder hell, Mogadischu in Sicht. Wir flogen über den Flugplatz, machten einen Vollkreis und landeten. Es war so gegen 4 Uhr. Wir sind auf einen Abstellplatz gerollt. Ich werde es nie vergessen: Es kam ein hochgewachsener, gut aussehender Schwarzer an. Ich machte das Fenster auf. Er fragte: „Can we help you, Sir?" Die wussten gar nicht, was los war. Ich sagte: „Yes, we need the tower frequency." Wir hatten ja keine Unterlagen. Er ist dann wieder weg und kam drei Minuten später mit der Towerfrequenz zurück. Mahmud konnte nun 118,5 eindrehen und mit denen sprechen.

Zander: Es folgten lange Verhandlungen zwischen den Terroristen und der Besatzung des Towers, bzw. Vertretern der Bundesregierung. Wie haben Sie die Situation erlebt, als das gestellte Ultimatum dem Ende zuging?
Vietor: Das war natürlich schlimm. Mahmud hatte das Ultimatum gesetzt, dass, wenn nicht ausgetauscht würde, er das Flugzeug in die Luft jagen würde. Wir wurden dann alle gefesselt, mit Duty-free-Alkohol übergossen, „damit wir besser brennen". Das war ganz schlimm. Da gab es Sprengstoff. Die hatten Sprengstoff mit Zündern und allem dabei. Ich dachte noch: „Es ging bis hierhin so einigermaßen gut und das soll dann das Ende sein?" Die GSG 9 war schon alarmiert. Ich weiß nicht genau, ob die schon vor Ort waren. Es war alles so arrangiert, dass eine Befreiungsaktion stattfinden sollte. Das wussten wir natürlich nicht. Plötzlich kam Mahmud – er war immer im Cockpit –, wir saßen da und es ging nur noch um die Zeit. Es war wohl 15 Uhr. Der Tower hatte gesagt, um Zeit zu gewinnen, dass sie noch Maschinen wegbringen möchten, damit nichts an anderen Flugzeugen passierte. Mahmud hatte einer halben Stunde Verlängerung zugestimmt. In dieser Zeit wurde ihm gesagt, dass die Regierung zugestimmt habe und dass ausgetauscht würde. Mahmud kam aus dem Cockpit raus zu mir und er fragte, wie lange ein Flugzeug von Frankfurt nach Mogadischu bräuchte. Ich sagte: „Wir sind am Äquator, Frankfurt ist 50 Grad Nord. 50 mal 60 gleich 3.000 Meilen geteilt durch 400 – so 7 bis 8 Stunden." Genau das hätte man ihm auch schon gesagt, meinte er. Er raste dann wieder in das Cockpit rein, kam wieder heraus und hat gejubelt. Er sagte, dass die Regierung zugestimmt habe. Wir wurden entfesselt, der Sprengstoff wurde abgenommen. Ab da war es relativ ruhig. Die Terroristen waren beruhigt, es würde ausgetauscht. Die Lage hat sich also entspannt. Es ging dann letztlich nur noch darum, die Zeit abzuwarten. Man hat ihm gesagt, dass es eben doch noch ein bisschen länger dauert. Man wollte wohl seitens der GSG 9 in die Nacht reinkommen. Es würde doch noch ein bisschen länger dauern, weil die freigelassenen Gefangenen in Deutschland mit Hubschraubern nach Frankfurt gebracht werden müssten. Dann hieß es, dass die Maschine gestartet wäre und nach ein paar Stunden hieß es, dass die Maschine in Kairo tanken müsste. Aber wenn eine Boeing 707 fast leer ist, dann brauchen die nicht zum Tanken zwischenlanden. Mahmud hat das aber alles geglaubt.

Ich saß immer mal woanders. Die Situation war relativ friedlich und erleichtert. Es wurden Gruppen zu immer zehn Passagieren für einen auszutauschenden RAF-Terroristen gebildet. Mahmud hat das so angeordnet. Wir mussten alle unsere Adressen aufschreiben. Uns wurde gedroht, dass, wenn wir etwas erzählten, die PLO uns alle verfolgen würde. Wir waren kaputt, die Entführer waren kaputt und wir warteten alle nur noch darauf, dass die Boeing 707 mit den RAF-Gefangenen landete.
Zander: Wie haben Sie die Befreiung durch die GSG 9 erlebt?
Vietor: Ich saß in der First Class, als ich plötzlich so ein „Krrrch krrrch" hörte. Ich dachte: Was ist denn jetzt los? Ich hatte ein Kissen, die es im Flugzeug gibt, und es klang so, als ob ein Federkiel aus dem Kissen herausragte und an dem Sitzleder

schabte. Ich überprüfte das Kissen auf eine Feder, aber es war natürlich ein Kunststoffkissen. Ich dachte, mein Gehirn spiele mir einen Streich: Ich war vier Tage wach gewesen, hatte nicht geschlafen. Ich legte mich wieder hin und hörte wiederum dieses Geräusch: Krrrch, Krrrch. Ich dachte: Drehst du durch? Nein, das kann nicht sein. Ich bin dann ins Cockpit gegangen, habe mich auf meinen Kopilotensessel gesetzt, während Mahmud auf dem Kapitänssessel saß. Später habe ich von General Wegener erfahren, dass die GSG 9 genau zu diesem Zeitpunkt draußen stand und stürmen wollte. Alles war vorbereitet. Das Geräusch „Krrch, Krrch“ waren wohl die Leitern, die angesetzt wurden. Die Leitern waren wohl mit jeweils drei GSG-9-Männern besetzt; sie sind wohl ein bisschen im Sand eingerutscht und haben dann oben am Flugzeugaluminium gekratzt.
Zander: Sie haben sich aufgrund dieses Geräusches umgesetzt?
Vietor: Ja, ich habe gedacht, dass in meinem Gehirn Halluzinationen ablaufen, sodass ich etwas ändern muss. Ich habe mich dann ins Cockpit gesetzt. Nachher habe ich erfahren, dass die GSG 9 sah, dass da ein Mensch mit einem weißen Hemd auf dem Kopilotenplatz saß und sich dachte, das kann nur Jürgen Vietor sein. Herr Wegener hatte mir hinterher erklärt: „Ein paar Minuten noch, dann hätten wir gestürmt, – mit oder ohne Ihnen im Cockpit“. Aber plötzlich hatte ich das Bedürfnis, aus dem Cockpit zu gehen, obwohl es eigentlich gar keinen triftigen Grund gab. Wir warteten nur ab, waren erschöpft, die Sterne schienen, alles war friedlich. Wir als Crew hatten hinten zwischen den Passagieren auch Sitze. Wenn Mahmud seine Vorträge über die Leiden des palästinensischen Volkes hielt, dann mussten wir uns dorthin setzen. So hatte er immer alle Passagiere im Blick. Deshalb hatte ich da auch einen Platz vor der Notausgangsreihe. Ich hätte mich ja auch wieder in die First Class setzen können, aber ich bin nach hinten auf diesen unbequemen Sitz gegangen. Ich saß genau zwei Minuten und dann ging es los. Es waren Geräusche von überall. Es wurde geschossen und dann hörte ich deutsche Stimmen. „Köpfe runter, Köpfe runter, wo sind die Schweine, Köpfe runter, Köpfe runter!“ Da dämmerte mir: Es findet eine Aktion statt! Immer wieder dieses „Köpfe runter“, die deutschen Stimmen, das war so positiv. Dann hörte das Schießen langsam auf und ich hörte Anweisungen: „Hier raus, hier raus, hier raus, schnell, schnell, schnell“. Ich sah, wie Passagiere geduckt zu den Türen oder zu dem Notfenster gingen. Erst da merkte ich, dass ich auch an der Reihe war. Ich bin dann über die Lehne hinten rüber. Ich wollte nur raus, raus, raus, durch das Notfenster. Ich bin da irgendwie raus und dann über die Tragfläche – da waren Leitern – runter und dann sah ich die Düne. Da waren unsere Passagiere schon versammelt. Das erste, was wir gemacht haben, war, einen Dackel zu suchen. „Mein Hund ist weg, mein Hund ist weg“, rief eine Passagierin. Wir suchten den Dackel – und fanden ihn.

Dann kamen Busse, wir wurden zum Terminal gefahren. Rüdeger von Lutzau und Gabriele Dillmann (von Lutzau) konnten sich wieder in die Arme schließen. Dass Rüdeger als ein Betroffener als Kopilot eingesetzt wurde, wäre heute nicht mehr möglich. Den würde man vielleicht mitfliegen lassen, aber nicht mehr als aktiven Piloten. Damals ging das. Und dann hieß es: Wir müssen gleich wieder zurück in die Bundesrepublik fliegen. Die somalische Regierung wollte nicht, dass da irgendetwas bekannt wurde. Das war eine heikle Sache. Die Somalier hätten uns dort niemals alleine herausholen können. GSG-9-Kommandeur Wegener hatte die geniale Idee einer „Joint-Operation" mit den Somaliern. Aber das muss schon so eine Truppe wie die GSG 9 machen. Das wiederum war politisch heikel. Es sollte jedenfalls am nächsten Morgen nichts mehr zu sehen sein. Deshalb kam ein Wasserwagen, wir konnten uns da ein bisschen frisch machen, dann in die Boeing 707 rein und direkt wieder weg nach Frankfurt. Die Befreiung fand kurz nach Mitternacht statt. Das Ganze hat dann vielleicht noch zwei Stunden gedauert.

Zander: Hatten Sie in Mogadischu bereits Kontakt mit Kommandeur Wegener?

Vietor: Ohne es zu wissen, hatte ich mit ihm Kontakt, das habe ich aber erst Jahre später erfahren. Während der Befreiung war mir mein Toupet abgefallen. Wir waren also dort in dem Terminal und ich habe einen somalischen Soldaten gebeten: „Ich muss noch einmal zum Flugzeug". Ich wurde dann zum Flugzeug gefahren, ich bin da rein, auf meinen Platz, habe mein Toupet gefunden. Es war keiner mehr in dem Flugzeuge zu sehen. Ich habe noch überlegt, ob ich meinen Pilotenkoffer mitnehmen soll. Habe aber beschlossen, dass ich das nicht mache. Wegener hat mir später erzählt: „Wir haben gesehen, da kommt ein Fahrzeug vom Flugzeug und wir wussten überhaupt nicht, wer das ist. Wir sind dann hin und haben das Fahrzeug kontrolliert und da waren Sie das." Das war so die Befreiung durch die GSG 9.

Zander: Sie sind direkt nach Frankfurt geflogen worden. Gab es einen großen Medienrummel?

Vietor: Ja. Meine Frau hat unser gemietetes Reihenhaus in Bensheim verrammelt, Rollläden runter, abgeschlossen und war dann nicht mehr erreichbar. Dort waren natürlich Reporter, die haben schnell herausbekommen, wo wir wohnen. Wir wollten uns zunächst abschotten.

Zander: Wie haben Sie die Verleihung des Bundesverdienstkreuzes erlebt?

Vietor: Es war eine ganz offizielle Veranstaltung, sehr feierlich.

Zander: Wie haben Ihre Kollegen darauf reagiert, dass Sie eine Entführung erlebt haben?

Vietor: Mit der „Landshut" bin ich damals aus der Bereitschaft geflogen. Die Einsatzleitung der Lufthansa rief an: „Herr Vietor, Freiflug nach Mallorca – morgens um 6 Uhr". Es sollte eigentlich ein anderer Pilot fliegen. Der Kollege hatte sich nie bei mir bedankt. Als ich das viel später in größerem Kollegenkreis thematisiert habe, kam nach zwei Wochen plötzlich ein großes Paket an. Ich hatte ja nichts bestellt, die Vereinigung Cockpit hatte es gesandt – da waren sechs Flaschen Champagner, „von ihren Kollegen mit 20-jähriger Verspätung".

Zander: Was hat Sie mit General Wegener nach 1977 verbunden?

Vietor: Herr Wegener und seine Leute haben uns gerettet. Das verbindet natürlich. Mein Leben hing von ihnen allen ab. Herr Wegener ist im positiven Sinne ein Haudegen, so ein richtiger „Macher“. Er ist ein aufrechter Mensch, was er sagt, das stimmt, das meint er so. Er wäre kein Politiker geworden. Wegener sagt mit Sicherheit das, was er meint, und er tut das, was er für richtig hält. Ich bewundere Herrn Wegener.
Zander: Konnten Sie nach 1977 weiter für die Lufthansa als Pilot tätig sein?
Vietor: Wir waren mit vielen Presseerklärungen und Interviews beschäftigt, das ging über viele Tage. Danach wollte die Lufthansa noch so einiges wissen, da waren also auch Besprechungen usw. Dann nahm mich mein Flottenchef zur Seite und fragte mich, ob ich noch fliegen könnte. Ich antwortete: „Herr Heldt, das kann ich nicht wissen“. Ich konnte nicht wissen, ob ich aus einem Flugzeug herausrennen würde, wenn ich es nur sehe. Er fragte mich, ob ich es probieren wolle. Ich habe das zugesagt und bin noch im November mit einem Ausbildungskapitän geflogen. Das sind besonders qualifizierte Piloten und wir sind einen ganz normalen Umlauf geflogen. Umlauf heißt, dass man meistens ein paar Tage hintereinander fliegt und in einem Hotel nächtigt. Der Ausbildungskapitän sagte mir, dass bei mir alles in Ordnung sei. Wir hatten sechs Wochen Sonderurlaub bekommen. Ich hatte auch den Jahresurlaub noch nicht genommen. Ich habe dann den Rest des Jahres 1977 Urlaub gemacht und bin das erste Mal wieder am 29. Dezember 1977 geflogen, – und zwar mit der „Landshut“. Flottenchef Heldt ist inzwischen verstorben, aber ich wollte ihn immer mal fragen, ob dies für mich die letzte Prüfung war. Es gab ungefähr 60 Maschinen des Typs Boeing 737. Warum musste dann dieser Flug ausgerechnet mit der „Landshut“ sein? Jedenfalls bin ich ab dem Zeitpunkt wieder ganz normal weitergeflogen.
Zander: Hatten Sie noch Angst vor einer erneuten Entführung oder haben Sie das weitgehend außen vorgelassen?
Vietor: Man gewinnt im Lotto einen Sechser nur einmal. Dass mir noch einmal so etwas passieren würde, war eher unwahrscheinlich. Es wurden zudem die Kontrollen verschärft. Dass die Terroristen in Palma mit Waffen und Sprengstoff durch die Kontrollen gekommen waren, also das würde es in dieser Art nicht mehr geben. Zweimal wird man nicht entführt. Man kann sich auch nicht verrückt machen. Anfangs war es noch so, dass ich bei einem lauten Geräusch, das aus der Kabine kam, zusammenzuckte. Einmal wurde ich ganz, ganz böse, weil ein Steward ins Cockpit kam und fragte, ob ich einen Tee trinken möchte, und zwar mit einer Handbewegung, als ob er eine Pistole halten würde. Da wurde ich sauer. Der Steward hat sich dann entschuldigt.
Zander: Welchen Stellenwert hat die GSG 9 für Sie?
Vietor: Sie wurde 1972 aus der Situation des Olympiamassakers heraus geschaffen. Man hat die GSG 9 gegründet, weil man diese Einheit brauchte. Sie ist lebensnotwendig. In einem Konfliktfall muss schnell reagiert werden. Deshalb gibt es diese Truppe und das ist gut so.
Zander: Hat dieses Erlebnis Einfluss auf Ihre politische Einstellung gehabt?

Vietor: Wenn ich damals zuhause im Sessel gesessen hätte und man hätte mich gefragt, ob ausgetauscht werden sollte, hätte ich das ganz klar verneint. Aber wenn Sie da drinnen sitzen, dann sehen Sie das ganz anders. Sie sagen dann: „Natürlich muss ausgetauscht werden." Die Argumentation der Bundesregierung war logisch: Wenn wir jetzt nachgeben, dann steht die nächste Entführung an und dann wieder die nächste. Wir müssen hart bleiben!

Der Bundeskanzler hat aus seiner Sicht als Staatsmann, der verantwortlich für damals vielleicht 60 Mio. Menschen war, richtig gehandelt. Sonst hätte es möglicherweise weitere Entführungen gegeben.

Zander: Warum haben Sie 2008 das Bundesverdienstkreuz zurückgegeben?

Vietor: Es ging darum, ob Christian Klar begnadigt werden soll. Das hat der damalige Bundespräsident Horst Köhler abgelehnt. Ich habe ihm, neben vielen anderen Leuten, auch einen Brief geschrieben. Wohl nicht deshalb hat er die Begnadigung abgelehnt, aber ich habe an ihn appelliert, mehr an die Opfer als an die Täter zu denken. Das Oberlandesgericht in Stuttgart hat aufgrund der juristischen Lage entschieden, dass Christian Klar freigelassen wird, weil er seine Strafe abgesessen hat. Das ist eben so nach dem Gesetz. Das hat mich geärgert. Es gibt meterweise Literatur über die RAF, warum sie so wurden. Über die Opfer gibt es praktisch keine Literatur. Es gibt ein Buch von Anne Siemens „Für die RAF war er das System, für mich der Vater". Das ist meines Erachtens im Moment das einzige Buch, was sich wirklich mit den Opfern beschäftigt. Das führte letztlich dazu, dass ich das Bundesverdienstkreuz zurückgegeben habe. Das ist meine Einstellung. Wer so ein Verbrechen verübt – Klar ist zu fünfmal lebenslänglich verurteilt worden –, hat meiner Meinung nach kein Recht mehr auf ein Leben in Freiheit. Die Opfer leiden praktisch ihr Leben lang und deshalb sollen auch Täter solch schwerwiegender Taten ihr Leben lang leiden. Diese Täter sollen tatsächlich „lebenslänglich" hinter Gittern verbleiben. Ich habe mir überlegt, wie ich es anstellen könnte, dass Menschen mal über die Opfer nachdenken. Das war ein Beweggrund für mich, das Bundesverdienstkreuz zurückzugeben. Ich wollte mit der Rückgabe ein Zeichen setzen, dass man mehr an die Opfer denken muss als an die Täter. Bei den Opfern geht es um die Kinder von Kapitän Schumann, um Frau Schumann, um Polizisten und deren Familien, auch um den Sohn von Hanns Martin Schleyer. Ich war nur zur falschen Zeit am falschen Platz und konnte ja, Gott sei Dank, weiter fliegen.

22.9. Mainhardt Graf von Nayhauß

Ulrich Wegener – Der Held von Mogadischu

Es waren bedrückende Zeiten. Die linksextremistische deutsche Terrororganisation „Rote Armee Fraktion" (RAF) verbreitete Schrecken im Land. 34 Morde gingen schließlich auf ihr Konto. Als einige der politischen Wirrköpfe geschnappt und inhaftiert wurden, bekam die RAF von arabischen Terroristen, der palästinensischen „Volksfront zur Befreiung Palästinas", Unterstützung, indem diese im Herbst 1977 die Lufthansa-Maschine „Landshut" mit 86 Passagieren und fünf Besatzungsmitgliedern auf dem Flug von Mallorca nach Frankfurt kaperten, entführten und die Freilassung der inhaftierten RAF-Mitglieder forderten. Der damalige Bundeskanzler Helmut Schmidt lehnte die Forderung ab und befahl die Erstürmung der in Mogadischu am Horn von Afrika zwischengelandeten Maschine.

Für diese heikle Aktion wurde ein Kommando der Grenzschutzgruppe 9, kurz GSG 9 genannt, entsandt. Die Nerven aller Beteiligten – bei den in Mogadischu angriffsbereiten GSG-9-Männern, in Bonn in einem eigens gebildeten Krisenstab – waren zum Äußersten gespannt. Mitternacht wurde abgewartet. Es war die Nacht vom 17. auf den 18. Oktober 1977. Minuten des Wartens kamen allen wie Stunden vor. Dann zündeten somalische Soldaten 100 Meter vor der Lufthansa-Maschine zur Ablenkung ein Feuer, ein Täuschungsmanöver, auf das die Entführer prompt hereinfielen: Sie eilten nach vorn in die Pilotenkanzel, um zu beobachten, was da vor sich ging.

Inzwischen schlichen sich die Männer der GSG 9 von hinten über angelegte Leitern auf die Tragflächen, gleichzeitig wurden Blendgranaten gezündet, welche das Flugzeug in grelles Licht tauchten und die Entführer zusätzlich verwirrten. Das gab den Erstürmern Gelegenheit, die Notausstiege nach innen aufzustoßen, reinzustürmen und in der Maschine das Feuer auf die Terroristen zu eröffnen. Drei waren auf der Stelle tot, die Vierte, eine Frau, schoss zurück, brach dann schwer verwundet zusammen. Die Kugel, die sie abgefeuert hatte, durchschlug den Hals eines der BGS-Männer genau zwischen Schlagader und Kehlkopf, ohne eines dieser Organe zu verletzen.

Nach nur sieben Minuten wurde dem Kanzler in Bonn mit klassischem Understatement gemeldet: „Die Arbeit ist erledigt."

Bereits zwei Tage danach standen diese mutigen Männer der GSG 9 aufgereiht im Foyer des Kanzleramtes, in olivgrünen Kampfanzügen mit grünem Barett. Neben ihnen die Lufthansa-Besatzung der Geiselmaschine, das heißt mit Ausnahme des Flugzeugkommandanten Jürgen Schumann, den die Kidnapper vor der Erstürmung der Maschine kaltblütig erschossen. Aber mit dabei im Kanzleramt eine am Bein verletzte Stewardess. Zusammen mit anderen Journalisten und vielen Bediensteten war ich Zeuge der Heimkehr einer stolzen Truppe – ein Anblick, den ich nie vergessen werde.

„Herr Bundeskanzler, ich melde Ihnen das Sonderkommando ‚Landshut' der GSG 9", schallte die Stimme des Kommandeurs, Ulrich Wegener. Anwesend war auch der ebenfalls heimgekehrte Staatsminister Wischnewski, der die Aktion von Mogadischu aus koordiniert hatte. Zugegen waren außerdem Franz Josef Strauß, Willy Brandt und andere hohe Politiker. Man hätte die bewusste Stecknadel fallen hören können. Schmidts Ansprache war kurz, gipfelte in dem an die Heimkehrer gerichteten Satz: „Ihr habt ein Vorbild für die Jugend im Land gesetzt!"

Wegener, ein großer, hagerer, gleichermaßen drahtiger Typ, war nach der Meldung zurück in die vorderste Reihe seiner Männer getreten. Nun fragte der Kanzler plötzlich: „Wo ist er denn?" Wegener trat wieder vor, in die Mitte des Raumes. Schmidt, der versuchte, der kleinen Feier die Steifheit zu nehmen: „Bleiben Sie ruhig etwas im Vordergrund." Inzwischen war Innenminister Werner Maihofer an einen Tisch getreten, auf dem 62 Orden in aufgeklappten Schatullen lagen. Der Minister griff zu der einzigen Schachtel mit dem großen Bundesverdienstkreuz. Mit einer fürsorglichen Geste legte er den am Halsband zu tragenden Orden dem Kommandeur um. Dieser schaute für ein paar Sekunden ungläubig auf das vor seiner Brust hängende rot-goldene Kreuz. Er stand da, kerzengerade, und erwiderte kräftig den Handschlag des Ministers. Dann wurde das Bundesverdienstkreuz Erster Klasse insgesamt elfmal verliehen, das Verdienstkreuz am Bande insgesamt fünfzigmal. Auch die Lufthansa-Besatzung, die sich während der mehrtägigen Entführung vorbildlich verhalten hatte, wurde dekoriert. Dabei wandelte sich die feierliche Spannung in Heiterkeit, als Verkehrsminister Kurt Gscheidle versuchte, der verletzten Stewardess den Orden an die Bluse zu heften. Jemand spottete: „Gscheidle zittern ja die Hände." Schmidt nahm die Verletzte in die Arme und sprach seinen Glückwunsch aus.

Mucksmäuschenstill wurde es wieder, als der Kanzler des ermordeten Lufthansa-Piloten Jürgen Schumann gedachte. Schmidt: „Umsichtige Pflichterfüllung zeichnete ihn aus bis zuletzt". Die ganze Nation war von Stolz erfüllt.

Überschattet wurde diese feierliche Zeremonie allerdings von der anschließenden Tragik, dass Arbeitgeberpräsident Hanns Martin Schleyer, sechs Wochen zuvor von der RAF entführt, noch am selben Tag aus Rache ermordet wurde.

22.10. Interview Ehud Barak
Dezember 2014

Zander: Vor 50 Jahren nahmen Israel und die Bundesrepublik Deutschland diplomatische Beziehungen auf. Wie haben Sie diese Entwicklungen erlebt?
Barak: Diese Beziehungen schufen die Grundlage, die es uns später ermöglichte, eine Kooperation aufzubauen, die 1972 zur Schaffung der GSG 9 führte. Ich wurde Generalstabschef der Streitkräfte und baute eine gute Beziehung zu Deutschland auf, weil ich mehrere Male von Jitzchak Rabin in den 1980er Jahren in die Bundesrepublik geschickt wurde, um Bundeskanzler Helmut Kohl zu treffen, vor allem während der Golfkrise 1990. Deutschland war eindeutig für Israel – unter Bundeskanzler Helmut Kohl, später unter Bundeskanzler Gerhard Schröder und nun unter Bundeskanzlerin Angela Merkel. Helmut Kohl war sehr freundlich; er war äußerst ungewöhnlich. Ich erinnere mich an ihn während des Golfkrieges, als wir einen Teil

unserer Ausrüstung verloren hatten. Sofort gab er den Befehl, Israel auszuhelfen und später half er, unsere Marine aufzubauen, als Deutschland Israel zwei Dolphin-U-Boote schenkte. Der Entschluss über die ersten U-Boote in Israel fiel zur Zeit des ersten Golfkrieges mit den ersten zwei U-Booten aus Deutschland. Ich schlug scherzhaft vor, dass wir das eine Boot „Helmut“ und das andere „Saddam“ nennen sollten. In gewisser Weise waren das ja auch die zwei Gründe, weswegen wir sie hatten. Ich schätzte Helmut Kohl sehr. Ich kannte Willy Brandt nicht und Helmut Schmidt traf ich erst viele Jahre später. Auch Gerhard Schröder lernte ich erst später, dann aber sehr gut kennen.

Zander: 1972 wurden Sie Kommandeur der Mossad-Sondereinheit „Caesarea“, die auf Anordnung des israelischen Sicherheitskabinetts gebildet worden war, um Vergeltungsaktionen für die tödlich verlaufene Geiselentführung bei den Olympischen Spielen in München durchzuführen. Wie haben Sie die Sicherheitslage und die Vorgänge bei den Olympischen Spielen beurteilt?

Barak: Im Sommer 1972 war ich Oberstleutnant bei den israelischen Verteidigungskräften. Ich war Kommandeur der Elite-Spezialeinheit, der Elite-Anti-Terroreinheit. Wir unternahmen Sondereinsätze für die Streitkräfte und waren die einzige Einheit, die befugt war, Anti-Terroreinsätze vorzunehmen. Ihr Name war Sajeret Matkal. Danny Yatom war ebenfalls in der Sajeret Makal.

Nach der Geiselnahme in München rief ich den Kommandeur des Nachrichtendienstes an, denn ich hatte gehört, dass etwas passiert war. Innerhalb einer Stunde oder sogar weniger als einer Stunde wurde bekannt, was passiert war. Es war früh am Morgen. Ich habe die Situation sofort erkannt, denn sie entsprach unserer Erfahrung in vorherigen Vorfällen. Wir würden die Einsatztruppe sein, die man beauftragen würde, dorthin zu gehen. Wir haben das hier in Israel gemacht, zum Beispiel, als einige Monate zuvor das Sabena-Flugzeug entführt und zur Landung auf dem Ben Gurion Flughafen gezwungen wurde. Sie wollten Gefangene freipressen und entführten das gesamte Flugzeug. Wir wurden beauftragt, das zu übernehmen. General Yatom nahm daran teil, ich war der Kommandeur des Einsatzes. Wir tarnten uns als Flugzeugmechaniker und übernahmen das Flugzeug.

Auch als es 1972 einen Fall in Bangkok gegeben hatte und in unserer Botschaft israelische Beamte und der israelische Botschafter von Kambodscha gefangen genommen wurden, machten wir uns sofort bereit, um dorthin zu gehen, um die Geiseln von den thailändischen Terroristen zu befreien. Aber sie wurden schon vorher von den lokalen Kräften befreit, bevor wir überhaupt abflogen. Also stand für mich eindeutig fest, dass durch die israelische Erfahrung mit Terrorismusabwehr im Fall einer solchen Situation die richtige Option gewesen wäre, mich anzurufen und zu beauftragen, mich um die Sache zu kümmern. Ich rief zuerst unseren Kommandeur des Nachrichtendienstes an. Zu der Zeit war das General Aharale Yariv. Ich sagte ihm: „Aharale, wird sind abmarschbereit. Keine Chance, dass die Deutschen das hinbekommen, die nicht einmal wissen, was sie da haben. Die Deutschen haben keinerlei

Erfahrung im Kampf gegen solche Terroristen, wo es um Geiselbefreiungen geht, und dann auch noch an einem Ort wie dem Olympischen Dorf. Keine Chance, dass sie das schaffen. Sie werden alle möglichen Anfängerfehler machen, die jeder macht, wenn er nicht gut genug ausgebildet ist. Und das könnte sehr teuer werden. Also, ich bitte dich dringlich, denjenigen, der die Entscheidung zu treffen hat, zu überzeugen." Ich nahm an, dass es ein Minister sein würde, den es zu überzeugen galt, uns dorthin zu schicken. Dann fing ich an, meine Leute vorzubereiten, in der Annahme, dass wir nach München fliegen würden. Ich sagte ihnen, dass sie sich informieren sollten, wie die Situation vor Ort sei, dass sie die Nachrichten verfolgen sollten, dass sie versuchten sollten zu verstehen, was dort vor sich ging.

Aharale Yariv, der kommandierende General des Nachrichtendienstes, sagte mir, dass General Zamir, der oberste Befehlshaber des Mossad-Geheimdienstes, bereit sei, sofort nach München zu fliegen, um zu beobachten, dort zu sein und mit den deutschen Behörden in Kontakt zu treten. Ich sagte ihm, dass ich mitgehen würde. Er würde sich auf höchster Ebene unterhalten – er war Mossad-General, er unterhielt sich nur mit den ranghöchsten Vertretern der Bundesregierung. Ich hingegen war Oberstleutnant. Ich wäre in der Lage gewesen, die Situation vor Ort zu beurteilen, hätte nachvollziehen können, was genau vor sich ging und was man hätte tun können, um die Geiseln zu retten. Wir mussten nicht bei null anfangen und wussten, worüber wir sprachen in dieser Lage. Die Antwort Yarivs war, dass es sehr unwahrscheinlich wäre, dass ich in München von Hilfe sein könnte, denn man hätte bereits mit den Deutschen gesprochen: „Oh nein, das ist vollkommen undenkbar, fremde Einheiten einzusetzen, deren Streitkraft einer anderen Staatshoheit unterliegen, und das auf deutschem Boden, um einen Einsatz durchzuführen, der auch noch gegen das Grundgesetz geht." Also sagte ich ihm: „Schau, aber dann bin ich zumindest vor Ort. Wenn ich mit General Zamir dort bin, dem Direktor des Mossad, dann kann ich wenigstens behilflich sein, wenn er mit den Leuten dort spricht, denn er ist ja General, er versteht die Nuancen nicht, wie man einen solchen Einsatz durchführt." Ich erklärte Aharale, dass es nur gut wäre, wenn ich vor Ort wäre. Wir könnten die besseren Entscheidungen treffen, denn ich würde diese Problematik kennen und verstehen. Ich hätte an ähnlichen Einsätzen teilgenommen und so weiter. Aber er konnte das nicht durchsetzen. Dann hob das Flugzeug ab – es war ein Linienflug. Also umging ich meine Befehlshaber und fand eine Möglichkeit, direkt das Verteidigungsministerium zu kontaktieren. Ich sagte ihnen: „Meiner Meinung nach ist das verrückt! Ich verstehe nicht, warum wir nicht gerufen werden. Die Deutschen sind doch nicht betroffen. Es sind unsere Leute, nur Israelis sind gefangen genommen worden. Lassen Sie es uns tun. Lassen Sie uns das Rechtliche später regeln, lassen Sie uns zuerst unsere Leute retten." Er sagte: „Ehud, es tut mir sehr leid, keine Chance. Bleib hier." Und nur Zamir ging nach Deutschland. Sie kennen den Ausgang der Geschichte.

Wissen Sie, es war frustrierend. Ich nehme an, dass die deutschen Einsatzkräfte ihr Bestes getan haben, aber sie hatten einfach keine Chance. Die Art und Weise, wie der Einsatz durchgeführt wurde, war extrem amateurhaft. Diese riesige Gefahr, sie wurde nicht einmal von den Leuten verstanden, die den Einsatz planten und die Befehle gaben. Wenn man das überhaupt Planung nennen kann. Ich habe niemals jemanden verdächtigt, dass er sich diesen Ausgang der Dinge gewünscht hat. Natürlich nicht. Es war ein ernst gemeinter Versuch, Leben zu retten. Aber wenn man nun das Ergebnis vergleicht – also, ich möchte nicht noch deutlicher werden. Ich möchte nicht urteilen, denn ich bin mir sicher, dass die Leute nach bestem Wissen und Gewissen gehandelt haben. Aber ihre Kenntnisse waren sehr beschränkt. Es ist, als würden wir beide uns in einer Extremsituation befinden, in der wir an jemandem eine Gehirnoperation vornehmen müssten. Die Chancen, dass der Patient am Ende noch lebt, wären sehr gering. Aber wir sind doch intelligente, fähige Leute, wir haben sehr viel Erfahrung in vielen anderen Gebieten. Aber wir haben nun mal keinerlei Erfahrung darin, eine Gehirnoperation durchzuführen, und es ist eine heikle Operation, die auf Details basiert. Also, es war eine schmerzliche Tragödie und man kann sich bei niemandem beschweren. Man kann sich ja noch nicht einmal über das Gesetz beschweren. Ich glaube, dass es einen tief verwurzelten geschichtlichen Grund gab, warum die Bundesrepublik Deutschland ein Gesetz erließ, das besagt, dass kein anderer Staat beteiligt werden darf. Nochmals: Ich bin der Meinung, dass wir das hätten besser lösen können. Wenn es ein Zeitfenster gegeben hätte, um den ganzen Vorfall zu betrachten, dann hätte jemand entscheiden müssen, dass dieses Gesetz, als es geschrieben wurde, solche Fälle nicht berücksichtigte. Es ist für andere Vorfälle da. Man kann ja nicht einfach im Falle eines Falles zum Gesetzgeber gehen und ihn bitten, das Grundgesetz über Nacht zu ändern. Ich glaube, weil die Natur des Terrors so kompliziert ist, haben wir in Israel eine andere Verfassung. Es gibt hier Möglichkeiten, die Regeln zu ändern, wenn es unbedingt notwendig ist, um das Ermessen an die richtigen Leute abzugeben. Nach all dem wurde klar, dass es noch viele Lektionen zu lernen gab. Das war der Zeitpunkt, als wir das erste Mal hörten, dass die GSG 9 für solche Aktionen in Zukunft in Deutschland verantwortlich sein würde. Das, was wir von ihnen hörten, war, dass sie das Pendant zu unserem Mischmar HaGvul sein würden, den Grenzwächtern.

Zander: Kommandeur Wegener kam nach Israel. Er erzählt, dass Sie zunächst nicht mit ihm sprachen, weil Sie die Deutschen nicht mochten. Dann änderte sich die Situation. Warum? Welchen Eindruck hatten Sie von Wegener, als er nach Israel kam?

Barak: Er war eine beeindruckende Person mit seiner Aufrichtigkeit. Sogar sein Erscheinungsbild ist beeindruckend. Er war sowohl intelligent und empathisch als auch einsichtig. Er verstand sehr gut, dass der Unterschied zwischen Himmel und Hölle in den Details liegt und dass Anti-Terror-Arbeit eine höchst professionelle Angelegenheit ist. Wir überlegten, was zu tun sei. Es war uns nicht wirklich erlaubt, ihn in unsere Einheit zu nehmen. Das konnten wir nicht. Wir sollten ihn an andere Einheiten verweisen. Aber wir waren diejenigen, die in diese Art von Arbeit involviert waren. Ich war der Kommandeur der Spezialeinheit. Diese unterstand dem Nachrichtendienst.

Wir teilten ihn dann einer anderen Abteilung zu. Diese war Teil der normalen Streitkräfte, nicht Nachrichtendienst, nicht Spezialeinheit, sondern Fallschirmjäger. Der Kommandeur der Fallschirmjäger hatte spezielle Gruppen, die sich mit Anti-Terror-Aufgaben beschäftigten oder mit Training für die gesamte Armee und mit Spezialeinsätzen.

Wenn wir Israelis uns einer Herausforderung zu stellen hatten, so wie derjenigen, auf die General Wegener die GSG 9 vorzubereiten hatte, dann sollte er direkt mit uns kooperieren. Wir waren die Informationsquelle für die Ideen, die man den Deutschen erzählen sollte, für das, was man ihnen beibringen und geben sollte, denn wir hatten dieses Wissen.

Ich traf Wegener mehrmals. Ich kannte die Anweisungen. Wir waren grundsätzlich bereit, sehr weit mit ihm zu gehen, als wir sahen, wie wichtig es war, so eine Anti-Terroreinheit in Deutschland aufzubauen. Nach meiner Erfahrung mit den Deutschen war mir sofort bewusst, dass sie extrem gut sein würden, sobald sie es gelernt hatten. Weil sie systematisch sind; sie wissen, dass alles viel Übung und Training erfordert, sie arbeiten äußerst sorgfältig. Zunächst sprach Wegener nicht sehr viel. Er stellte viele Fragen, er schaute sehr interessiert zu. Das war der Anfang der GSG 9. Ich weiß, dass Wegener mit seinen Männern einige weitere Male kam. Sie nahmen sehr schnell zu Hause die Arbeit auf und fingen an, Männer von hier nach dort zu schicken, um Kooperationen aufzubauen. Es endete damit, dass wir unsere eigene Polizei-Einheit Yamam nach dem Muster der GSG 9 aufbauten. In Israel war man noch nicht soweit gewesen, als der General und ich uns das erste Mal trafen. Wir hatten die Spezialeinheiten immer dem Militär unterstellt und nicht der Polizei. Als Wegener nach der Operation Entebbe 1976 nach Israel kam, führte ich ihn direkt zu Ran Bagg. Er war der oberste Stabsoffizier der Fallschirmjäger und für die Infanterie, Doktrin und Vorbereitung, Training, Zusammenarbeit und Einsätze zuständig. Grundsätzlich war Wegener bei ihm, denn das war unser Pendant zur GSG 9, dem Grenzschutz.

Das nächste, was ich von der GSG 9 weiß, war der Einsatz in Mogadischu 1977. Sie waren extrem gut. Das war für mich beeindruckend. Nur fünf Jahre nach München. Das Gleiche passierte mit den Amerikanern. Sie hatten keine Spezialeinheit. Die Briten hatten eine und wir. Die Amerikaner mussten es auch erst lernen. Es ist nur so, sie mussten es auf die harte Tour lernen, als sie versuchten, ihre Geiseln aus Teheran zu befreien. Es war ungefähr das Gleiche wie in München 1972: sehr amateurhaft. Die Leute, die die Entscheidungen trafen, verstanden nicht, was sie da taten und worüber sie redeten. Sie hatten großes Glück, dass der Einsatz erfolgreich verlief. Die Amerikaner gründeten das, was man heute als die SEAL-Teams kennt. Sie führten die Einsätze, die zum Ende von Osama Bin Laden führten, und viele andere Einsätze. Die Delta-Force-Spezialeinheit – sie ist das Ergebnis einer schmerzhaften Lektion. Genau wie bei den Deutschen. Die Deutschen haben einen großartigen Job gemacht, indem sie vergleichsweise schnell etwas aufgebaut haben. Die Deutschen schufen innerhalb kurzer Zeit eine sehr effektive, auf dem neuesten

Stand der Dinge arbeitende Anti-Terroreinheit. Das ist eindeutig auf den persönlichen Einfluss von General Wegener zurückzuführen. Er war derjenige, von dem alles ausging. Wissen Sie, nachdem er hier zu Besuch war, war er die bestausgebildete Person in Deutschland, was das Thema Terrorismusbekämpfung anging. Er behielt immer streng die Kontrolle über alles, von der Struktur über die inhaltlichen Lektionen bis zum Training, sogar über die Ausführung. Er war noch Kommandeur, als sich die Geiselbefreiung in Mogadischu ereignete. Als ich 1983 nach Deutschland kam, war er nicht mehr Kommandeur, sondern General.

Zander: Als Wegener 1972 nach Israel kam, da waren Sie Kommandeur der Spezialeinheit und der Mossad-Sondereinheit „Caesarea“, also auch der Operation „Wrath of God“. Wusste Wegener, dass Sie mit diesem Einsatz beschäftigt waren?

Barak: „Wrath of God“ war ein Befehl der damaligen Premierministerin Golda Meir. Ursprünglich war es ein Auftrag an den Mossad gewesen, an den Mossad-Direktor. Der Großteil der Operation wurde weltweit von Mossad-Agenten ausgeführt. Wir waren in einen Einsatz verwickelt. Der Mossad stellte fest, dass es zu kompliziert sei, drei Leute im Herzen von Beirut zu beseitigen. Die Mossad-Agenten konnten nicht auf gewöhnliche Art dorthin gehen. Sie waren sehr viel effektiver, wenn es nur um ein bis zwei Leute ging, wenn jemand sie begleitete innerhalb einer europäischen Hauptstadt oder Großstadt. Das ist das Gebiet, auf dem der Mossad operieren kann. Aber wenn es sich um eine Großstadt in feindlichem Gebiet handelt, wenn es Waffen in den Appartements oder Orten gibt, dann ist das kein Einsatz für zwei bis fünf Agenten. Sogar in den Appartements gab es Waffen, es gab Personenschützer mit Waffen. Im Erdgeschoss, bei den Eingängen der Gebäude, gab es eine Polizeistation, ca. 200 Meter davon entfernt, – es war sehr heikel. Sie befürchteten, dass, wenn sie nur einen einzigen der Terroristen töteten, die anderen Mossad-Agenten in eine Falle laufen würden. Deswegen wendeten sie sich an uns und baten um Unterstützung. Wir planten einen Einsatz in einer Kombination aus unserer Einheit und Agenten vom Mossad. Das war ein höchst riskanter Einsatz, der scheitern konnte, das war sogar sehr wahrscheinlich. Du kannst es dir nicht leisten, dass so ein Einsatz scheitert. Letztendlich führten wir einige weitere Einsätze in derselben Nacht durch. Sie nannten den Einsatz „Spring of Youth“ („Operation Frühling der Jugend“). Kein wirklich passender Name.

Wir waren an dem Einsatz beteiligt und bereiteten ihn für den Nachrichtendienst vor. Wir schickten mehrfach Mossad-Agenten dorthin, um die Lage auszukundschaften, um herauszufinden, was genau in diesen Gebäuden vor sich ging: Gab es einen Portier oder Hausmeister? War die Eingangstür des Gebäudes nachts abgeschlossen? Details, die uns helfen sollten, in das Gebäude einzudringen: Wie war der Parkplatz strukturiert? Es gab viele Detailfragen. Und wer konnte schon sagen, ob die Leute wirklich im Appartement waren, wenn wir kamen? Vielleicht waren sie verreist oder gerade in einer Bar, in der Stadt oder ähnliches. Es gab viele Fragen, an denen wir mit dem Mossad ca. vier Monate lang arbeiteten. Erst in den letzten zehn Tagen planten wir dann den Einsatz selbst – und am Ende waren wir erneut verkleidet: Ich ging als junge Dame. Wir tarnten uns als eine Gruppe junger Leute, die gerade von einem Abendvergnügen aus der Stadt zurückkamen. Paare und einige Single-Männer. Wir kamen als Gruppe, gingen in das Gebäude hinein und wechselten dann sofort in den Einsatz-Modus: Wir begannen den kampfmäßigen Einsatz durch Feuereröffnung. Aber wir hatten das Überraschungsmoment verloren. Wir hätten schneller handeln müssen; es kam zum Kampf. Es stießen Polizeibeamte von der Polizeistation nebenan dazu, aber wir waren nur 14 Mann – zur Tarnung in zwei großen, privaten, amerikanischen Autos. Der Einsatz an der Küste Libanons dauerte nur 30 Minuten, davon 7 Minuten am Einsatzort selbst. 23 Minuten vergingen beim Hinein- und wieder Hinausgehen. Wir hatten die drei Terroristen getötet. Leider wurde auch die Ehefrau von einem von ihnen getötet sowie eine andere Dame, die in der Nachbarwohnung wohnte. Wir wiederum hatten einen Verwundeten. Ich war nur für diesen einen Einsatz verantwortlich.

Lassen Sie mich festhalten, dass die Spezialeinheit etwas Einzigartiges ist. Sie unterscheidet sich stark von den Streitkräften. Ursprünglich unterstand die Spezialeinheit in Israel den Streitkräften, in Deutschland dem Innenministerium. Aber die Arbeit in der Spezialeinheit unterscheidet sich grundsätzlich von jedem anderen Dienst in Uniform. Denn normalerweise ist dieser sehr strukturiert, es gibt Regeln für alles. Es wird nicht gekämpft. Streitkräfte kämpfen nicht. Es ist nicht so wie bei den Journalisten, die müssen etwas schreiben. Wenn man Rechtsanwalt ist, dann muss man Fälle lösen, verhandeln, vor Gericht gehen. Wenn man Arzt ist, dann führt man Operationen durch. In jedem anderen professionellen Gebiet tut man genau das, wofür der Beruf vorgesehen ist, das, was die Kernaktivität der Profession ist. Bei den Streitkräften ist das nicht der Fall. Man bereitet sich vor, man simuliert. Man kann jedoch nicht die psychologische Seite, die Angst, die Unsicherheiten, die Spannung simulieren. Man ist an Regeln gebunden, die verhindern sollen, dass man aus Versehen jemanden umbringt.

Also benutzt man scharfe Munition, sogar wenn man Schießübungen im Training macht. Im Grunde sind also die normalen Soldaten in den Streitkräften determiniert durch die Tatsache, dass sie zu Friedenszeiten nicht das tun, wofür sie in Kriegszeiten vorgesehen sind. Und wir alle hoffen, dass sie niemals in den Kampf treten müssen. Also verbringen sie ihr gesamtes Berufsleben in Simulationen. Es ist eine Art „gehandikapter" Beruf. Man macht nicht das, was man tun sollte. Hier zumindest, unglücklicherweise, haben wir einmal in zehn Jahren einen großen Krieg oder einen kleinen, so wie in Gaza alle zwei Jahre. Aber normalerweise sind vielerorts die Streitkräfte wirklich „arbeitslos" geworden. Die Spezialeinheiten müssen sich immer Herausforderungen stellen. Also sind diese Männer sehr viel agiler, anpassungsfähiger und auf gewisse Weise auch unkonventioneller – das ist für deutsche Einheiten besonders schwierig wegen der hohen Bedeutung von Formalität im deutschen Leben. Sie sind um einiges kreativer und offener für den Dialog. Eine Spezialeinheit im Einsatz arbeitet mit offenem Geist. Das hat, glaube ich, Kommandeur Wegener auf den ersten Blick verstanden. Als er die israelische Vorgehensweise sah, verstand er sofort, dass das keine Kleinigkeit ist. Das kann man nicht von einer Kultur auf die andere übertragen. In Israel ist man allgemein viel weniger organisiert als in Deutschland. Sogar in der deutschen Spezialeinheit läuft alles deutlich formalistischer ab als hier. Aber Wegener verstand, ohne dass man ihn darauf hinweisen musste, die Bedeutung von freiem Verstand und unabhängigem Geist. Man kann nicht diktieren, wie man etwas zu tun hat. Niemals. Jeder Einsatz einer Spezialeinheit verläuft ab der ersten Minute nicht nach Plan.

Zander: Nachdem Wegener die GSG 9 nach diesen Ideen aufgebaut hatte, handelte es sich bei Ihren weiteren Treffen hauptsächlich um Informationsaustausch und Planung?

Barak: Es gab Informationsaustausch über Terrorismus und Technologien. Es gab Besuche. Unsere Einheiten pflegten Deutschland zu besuchen, die GSG 9 pflegte jahrelang und bis heute nach Israel zu kommen und zu beobachten. Zusätzlich gab es während dieser Zeit ständig Austausch. Alle machten sich Notizen und kauften Material. Was die Ausrüstung betrifft, haben die Deutschen viel bessere Waffen, da sie eine gute Industrie besitzen. Vor diesem Hintergrund gab es einen ständigen Austausch an Technologien, an Ideen. Das geschah immer unter dem leitenden Geist des Generals. Er war stets daran interessiert, dass Israel mit der modernsten deutschen Technologie ausgerüstet wurde.

Zander: Wie ist der Ruf der GSG 9 heute in Israel?

Barak: Es gibt eine hohe, professionelle Wertschätzung der GSG 9. Sie genießt ein hohes Ansehen. Falls der Ernstfall eintreten sollte, der der höchsten menschlichen Fähigkeiten bedarf, dann ist die GSG 9 dazu in der Lage. Es würde gelingen, weil die GSG 9 so professionell ist. Die Deutschen sind sehr diszipliniert. Sogar der Randbereich eines solchen Einsatzes würde sehr eng gehalten und sehr gut organisiert sein und der Einsatz an sich, das Herz der Operation, sehr gut ausgeführt werden. Sie haben hoch professionelle Einsatzleute; es sind exzellente Mitarbeiter der Spitzenklasse. Was den General betrifft: Es können nur sehr wenige Menschen im modernen Nachkriegsdeutschland von sich sagen, dass sie ein nationales Gut aus dem Nichts erschaffen haben. Etwas, das wirklich gebraucht wird und einen großen Einfluss hatte, als es gebraucht wurde, durch seine Handlungen und während der gesamten Zeit des Terrors. Denn Menschen, die über den Terrorismus nachdenken, denken unweigerlich an die GSG 9. Für jede nationale Krise, die mit Terrorismusbekämpfung zu tun hat – von innen oder von außen – hat der General ein nationales Gut geschaffen, das seinen Stempel trägt. Den Stempel seiner Persönlichkeit und seiner Einstellung gegenüber den Dingen. Das ist etwas, das nur wenige Leute in Uniform von sich sagen können. Das ist ein großartiges Talent.

Zander: Sie verbindet eine langjährige Freundschaft mit General Wegener. Woran erinnern Sie sich dabei besonders gerne?

Barak: Der General war mehrere Male in Israel. Wir trafen uns hauptsächlich während der Gründungszeit der GSG 9. Meine Erinnerung an ihn ist die eines wirklich beeindruckenden Menschen mit großer Loyalität zur Demokratie, der verstand, dass eine Demokratie Stärke zeigen muss bei der Terrorismusbekämpfung.
Zander: Bundeskanzlerin Angela Merkel hat Israels Sicherheit zur deutschen Staatsräson erklärt. Was bedeutet das für Sie?
Barak: Ich denke, dass sie großartig ist. Sie denkt wirklich nach. Sie stand auch Helmut Kohl sehr nah. Ich erinnere mich, wie er sehr herzlich über Angela Merkel sprach, als sie jung war. Sie hat viel gemacht. Sogar wenn sie kritisiert wird, steht sie weiterhin zu Israel und manchmal kann man erahnen, dass sie nicht alles gut findet, was Israel tut. Aber sie hat diese Kultur der Selbstdisziplin und der extremen Selbstkontrolle. Sie spricht sehr offen hinter verschlossenen Türen. Dort redet sie recht unverblümt und geradeheraus, sie ist eine geradlinige Führungsperson. Ich habe mehrfach gehört, wie sie mit unseren Führern sprach, in einer sehr offenen, manchmal schonungslosen Art. Aber sie hat immer den Respekt für Israel gewahrt und in öffentlichen Auftritten ist sie immer unterstützend aufgetreten, sowohl bei diplomatischen Unterfangen als auch in substanziellen Dingen, etwa, indem sie uns erlaubte, erneut die Sicherheit Israels zu verstärken. Ich denke, dass sie über alles nachdenkt, dass das etwas ist, das sich wieder tief in die deutsche Identität eingegraben hat. Die Menschen verstehen, dass man die Vergangenheit nicht ändern kann, aber dass man sich verantwortungsvoll verhalten muss, auf eine Art und Weise, welche die Vergangenheit nicht ignoriert. Nicht nur um Israel zu helfen, sondern auch, um sicherzugehen, dass Deutschland eine Demokratie ist, die uns die Tiefe und Stabilität dieser großartigen Freundschaft garantiert, die fortwährt.

22.11. Interview Ran Bagg September 2015

Ran Bagg: 1976 hatten wir die Operation Entebbe. Danach kamen viele aus der ganzen Welt zu uns, um Details über den Ablauf zu erfahren. Einer von ihnen war Oberstleutnant Wegener. Das erste Mal, dass ich ihn traf, war rund drei Wochen nach der Operation Entebbe 1976. Es war Juli, vielleicht August, er kam nach Israel und ich hatte den Auftrag, ihm alle Details über das zu geben, was geschehen war. Das tat ich auch. Im Grunde war es, aus militärischer Sicht, eine recht simple Operation. Nichts Magisches oder Grandioses. Wir gaben Wegener alle Informationen. Die große Überraschung war, dass er, als wir fertig waren, sagte: „Übrigens, ich möchte Ihnen etwas sagen. In jener Nacht war ich auch in Entebbe."
Zander: Das hatten Sie vorher nicht gewusst?
Ran Bagg: Nein, das war eine große Überraschung. Ich fragte ihn: „Wie konnte das geschehen?" Er erzählte es uns. Die deutsche Regierung hatte ihn geschickt, weil

zwei der Terroristen Deutsche waren und er hatte versucht, mit ihnen zu verhandeln. Ungefähr zwei Stunden bevor wir dort mit unseren Einsatzkräften landeten, verließ er Entebbe nach Kampala, der Hauptstadt von Uganda, mit dem Militärattaché. Unterwegs rief ihn jemand an und sagte: „Wir haben eine Nachricht bekommen, dass es eine Schießerei oder Ähnliches in Entebbe gegeben hat.“ Also machten sie eine Kehrtwendung, fuhren zurück und er sagte: „Den Zugriff auf Entebbe – das habe ich bereits gesehen.“ Sie standen in der Nähe des Flughafens, sahen einige der Vorgänge und warteten, bis das Flugzeug mit den israelischen Geiseln zurück nach Kenia und Israel flog. Dann ging er zurück nach Kampala. Wegener erzählte mir, dass er zum Militärattaché gesagt hatte: „Ich würde es bevorzugen, jetzt in die Botschaft zu gehen, denn ich bin mir sicher, dass die Ugander ins Hotel kommen werden, um mich festzunehmen.“ Der Militärattaché sagte: „Nein. Wenn Sie jetzt zur Botschaft gehen, kommen Sie nicht mehr raus. Sie sind unschuldig. Also gehen Sie ins Hotel. Ich werde Sie jede halbe Stunde anrufen, um nachzuhören, ob alles in Ordnung ist. Sobald ich von Ihnen keine Antwort bekomme, weiß ich, dass die Ugander Sie festgenommen haben, und dann gehe ich direkt zur Polizei, um jeden Verdacht gegen Sie auszuräumen.“ So kam es auch. Die Ugander kamen und er rief an und einen Tag später brachten ihn die ugandischen Polizisten zu einem Flugzeug nach Europa. Wegener sagte: „Sie haben eine Kraftstoff-Pumpe in Entebbe vergessen.“ Ich hatte sie dagelassen. Ich hatte den Befehl bekommen, sie dort zu lassen, weil das die Grundplanung war. Innerhalb weniger Minuten hatten wir alle Geiseln in das Flugzeug zu bringen. Wir mussten etwas auf dem Flughafen zurücklassen und hatten uns für die Kraftstoff-Pumpe entschieden. Als Wegener einen Tag später zum Flughafen eskortiert wurde, um zurück nach Europa zu fliegen, sah er die Pumpe mitten auf dem Flughafen. Ugandische Soldaten umringten sie mit Waffen. Wir scherzten, dass wir, wenn wir zurückkämen, sagen würden: „Das hier gehört nicht den Israelis“. Um den Spirit der israelischen Operation zu verstehen: Als wir zurückkamen unter Stabschef Dan Schomron – er ist leider vor fünf Jahren gestorben –, fragten wir ihn: „Warum hast du die Kraftstoff-Pumpe, die hunderttausende Dollar gekostet hat, zurückgelassen? Du hast sie auf dem Flughafen gelassen und stattdessen den Pick-up mitgenommen, der nur zehntausend Dollar kostet? Was hast du dir dabei gedacht?“ Dan Schomron sagte: „Die Kraftstoff-Pumpe gehört der Luftwaffe, also ist es ihr Problem. Aber der Pick-up gehört den Fallschirmjägern. Es ist sehr schwierig für sie, einen neuen zu bekommen. Also haben wir uns so entschieden.“

Zander: Welche Position hatten Sie zu dieser Zeit?

Ran Bagg: Ich war Chef der Anti-Terror-Zweigstelle im Hauptquartier der Infanterie-Fallschirmjäger. Es war eine vollkommen neue Einheit. Ich war der dritte Befehlshaber. Diese Einheit war erst vier Jahre alt. Es war erst der Anfang, ich habe mit zehn Leuten begonnen. Heute gibt es in der Einheit mehr als dreihundert Personen. Aber das ist die normale Inflation innerhalb einer militärischen Organisation: Man fängt mit zehn Leuten an und endet mit 300. Aber die Mission und das Ergebnis sind dasselbe.

Das war das erste Mal, dass Wegener uns seine Geschichte erzählte. 1976 sandte ihn Ehud Barak zu mir und ich nahm ihn mit zur Sajeret Matkal. Er wusste anfangs nicht, dass dies die Sajeret Matkal war, weil ich ihn nicht mit an die Basis nahm, sondern zum Trainingsgelände. Er verstand später, dass dies die israelische Terrorismusbekämpfungseinheit ist. Zu der Zeit hatten wir nur eine. Später hatten wir vier oder fünf mehr. Die Männer sind gerne in dieser Einheit, weil sie besondere Waffen haben, High-Tech-Waffen. Sie waren sehr stolz, in dieser Einheit zu sein, deren Befehlshaber zuvor Barak gewesen war. Wir nahmen Wegener mit. Er sagte, dass er das Training unserer Einsatzkräfte sehen wolle. Zu der Zeit fand das Training im Westjordanland statt, in einem alten arabischen Dorf, in einer alten britischen Polizei-Station. Ich erinnere mich, da saß er einmal neben mir. Ich stand vor meinen Leuten, fasste die Übung zusammen und hatte noch ein paar Anmerkungen. Wegener saß irgendwo in der Ecke. Als ich fertig war, fragte ich: „Gibt es noch weitere Fragen?" Einer der Offiziere fragte zurück: „Wer ist dieser Herr, der neben uns hier sitzt?" Ich sagte: „Das ist Oberst Wegener und er ist der Befehlshaber der GSG 9." Der Soldat fragte weiter: „Glauben Sie, dass er besser ist als wir?" Ich sagte: „Weißt Du, die einzige Möglichkeit, das herauszufinden, ist, es zu testen." Also nahm ich meine Pistole und rief: „Wegener!" Ich warf ihm die Pistole zu. „Jemand schießt auf Sie von dort." Er fing die Pistole auf und reagierte sofort, indem er in die angezeigte Richtung zielte. Ich sagte: „Ich glaube, er ist ganz okay." Die Leute konnten nicht glauben, dass wir das nicht schon vorher arrangiert hatten. Wegener traf das Ziel. Er war sehr gut. Der Soldat meinte: „Das ist ein richtiger Soldat."

Wir benutzten auch Tränengas. Das ist ein Gas, das in Aufständen eingesetzt wird. Es gibt eine Regel: In neun von zehn Malen, wenn Tränengas gesprüht wird, ändert der Wind die Richtung und das Gas kommt zurück. Wir sagten zu Wegener: „Okay, nun werden wir eine Live-Übung machen, bei der wir Tränengas verwenden werden." Wir sprühten und wie immer änderte der Wind seine Richtung und das ganze Gas kam uns ins Gesicht. Es gibt da eine Prozedur, wie man gegen den Wind rennt und sich aus der Gefahrenzone befreit. Also gingen wir raus und ich sah, dass alle draußen waren außer Wegener. Ich fragte: „Wo ist der Oberst?" Keiner wusste etwas. Eine Sekunde später kam er aus dem Gas heraus. Er rannte nicht, er ging nur langsam. Ich fragte ihn: „Wegener, warum bist du nicht mit uns gerannt?" Er sagte: „Ich wusste nicht in welche Richtung, also hab ich es vorgezogen, im Gas zu bleiben." Das war 1976. Barak gab die Anweisung, er war zu dem Zeitpunkt im Hauptquartier, ich war im Anti-Terror-Zweig.

Danach war ich Stabsoffizier für Einsatzfragen im Ministerium. Ich hatte gehört, dass es eine große Übung gab, mit Helikoptern und all diesen Dingen. Also rief ich dort an und sagte: „Haltet zwei Plätze im Helikopter frei." Ich nahm Wegener mit. Wir verbrachten die ganze Nacht mit meiner ehemaligen Einheit. Wir nahmen Durchsuchungen vor, hatten Schießübungen und einiges mehr. Wir warteten auf den Helikopter. Das dauerte. Es war bewölkt, regnete ein bisschen und der Helikopter hatte Verspätung. Es war sehr kalt, wir waren zu leicht angezogen; es war Winteranfang. Ich sah, dass Wegener fror. Da stand ein kleiner Jeep. Ich saß auf der Motorhaube des Jeeps, weil sie warm war. Ich sagte: „Wegener, kommen Sie! Setzen Sie sich hier hin!“ Er antwortete: „Nein! Ich bevorzuge zu stehen.“ Ich entgegnete: „Nein, nein, ich möchte, dass Sie sich hinsetzen.“ Also setzte er sich auf die Motorhaube. Wenige Minuten danach kam der Helikopter. Nach dieser Übung in Israel ging er zurück nach Deutschland.

Drei Monate später waren wir in Deutschland. Wir nahmen an einer Übung der GSG 9 teil. Erneut waren wir mitten in der Nacht unterwegs, es war Winter, es war sehr kalt und ich sah schon wieder, dass Wegener fror und ich sagte: „Wegener! Setzen Sie sich auf die Motorhaube!“ Genauso, wie ich es ihm drei Monate zuvor in der Wüste gesagt hatte. Also setzte er sich hin. Plötzlich konnte ich sehen, wie er nachdachte und dann sagte: „Ran! Jetzt verstehe ich! Vor drei Monaten befahlen Sie mir, mich auf die Motorhaube zu setzen, weil Sie mich aufwärmen wollten!“ Ich antwortete: „Ja! Aber ich kann wirklich nicht verstehen, warum es drei Monate gedauert hat, bis Sie das verstanden haben!“ Er kannte meinen Humor, also war alles in Ordnung.

Zander: Wie sah Ihre gemeinsame Zeit in Israel genau aus?

Ran Bagg: Wir waren bei einer Übung in der Wüste. Ich hatte ihn zu einem Training der Sajeret Matkal im Westjordanland mitgenommen. Der große Unterschied zwischen der deutschen und der israelischen Einheit ist, dass die deutsche Einheit viel organisierter ist. Sie haben festgelegte Verfahren, Rangfolgen und Befehlsketten. Wegener agiert hingegen wie die Israelis.

Zander: Unkonventionell.

Ran Bagg: Ja. Warum sind wir Israelis eine der besten Einheiten der Welt für Sondereinsätze? Weil bei Sondereinsätzen 50 Prozent der Dinge nicht geplant werden können. Es ist eine Überraschung. Es ist gut, dass wir bei den Sondereinsätzen nicht alles planen. Aber es ist nicht so gut, dass wir im Alltag nicht besser organisiert sind; das ist in Israel so üblich: Weder sind wir in der Wirtschaft noch in der Regierung gut organisiert. Es ist wie bei den Spezialeinheiten: Nur 50 Prozent sind Planung. Als wir in Deutschland waren, zeigte uns Wegener eine Übung, die „Drei-Minuten-Übung“ hieß. Eine Gruppe von sechs Soldaten kommt an eine Mauer, die ca. drei Meter hoch ist. Sie müssen innerhalb von drei Minuten die Mauer erklimmen und außer Sicht geraten. Es gab dafür eine bestimmte Technik. Einer sprang auf die Schultern des anderen und so weiter. Ich erzählte später meinen jungen israelischen Soldaten, dass wir in Deutschland eine „Drei-Minuten-Übung“ gesehen hätten, und sie fragten mich: „Was heißt das?“ Also erklärte ich es ihnen. Sie fragten weiter: „Wissen Sie, wie viele Leute beteiligt waren?“ Ich antwortete: „Sechs Soldaten.“ Sie meinten daraufhin: „Okay, gib uns zwei Minuten.“ Sechs Soldaten gingen in eine Ecke und besprachen die Herausforderung einige Minuten lang und dann sagte einer von ihnen:

„Okay Ran, stopp die Zeit.“ Zweieinhalb Minuten später waren alle Soldaten auf der anderen Seite der Mauer. Wegener sagte: „Das ist der Unterschied zwischen euch und uns. Wir haben eine festgelegte Prozedur. Da gibt es keine Chance, den Vorgang zu ändern. Und eure Leute – in einer Sekunde ist jeder einzelne der Stabschef in der Gruppe. Jeder.“ Es war sehr interessant für ihn und auch für mich, die Unterschiede zwischen den Lebensstilen dieser zwei Einheiten zu verstehen.
Zander: Ja, aber ich habe es so verstanden, dass Wegener gerade diese unkonventionellen Elemente in die GSG 9 einführen wollte, weil er wusste, dass das sehr wichtig für die GSG 9 sein würde, nicht nur im System zu denken und alles nach Plan auszuführen. Er hat das für seine Spezialeinheit übernommen.
Ran Bagg: Ja, er hat es versucht. Schauen Sie. Wenn Sie Menschen trainieren, jahrelang, nach einem bestimmten Verfahren zu handeln, dann ist es schwer, diese Denkart zu ändern. Es ist Teil der Organisationskultur der Einheit. Dabei muss ich sagen, dass ich in sechs von zehn Fällen den deutschen Weg bevorzuge. Denn vielleicht siegen wir am Ende, aber wir zahlen immer einen Preis, der sehr viel höher ist als der Preis, den Ihre Leute bezahlen. Manchmal bezahlen wir mit Menschenleben. Aber was ich sagte, das bezieht sich nicht auf die gesamte Armee, ich rede über Spezialeinheiten, denn der Großteil der israelischen Armee hat auch festgelegte Verfahren, trotz unseres Lebensstils. Wir sagen – das habe ich von einem meiner Befehlshaber gehört –, wenn man mit Menschen spricht, dann kann man sie mit Worten motivieren, mit Vorträgen, mit Geschichten aus der Vergangenheit, man kann sie dazu motivieren, Dinge zu tun. Aber wenn man zum Beispiel Panzer, Schiffe oder Flugzeuge hat, kann man diese nicht motivieren. Wenn das Flugzeug keinen Kraftstoff hat, wird es nicht fliegen. Wenn der Panzer keine Munition hat, wird er nicht schießen. Bei diesen Dingen braucht man festgelegte Verfahren: mit dem richtigen Kraftstoff, der richtigen Munition. Das ist komplex. Aber in der Spezialeinheit, da gibt es nur Menschen. Im Sechstagekrieg 1967, da war ich Kompaniechef. Wir waren in der Wüste Sinai und unser Kraftstoff, unsere Munition und ähnliche Dinge konnten nicht über die Grenze kommen. Wir kamen in die Wüste, fingen an zu laufen und hatten einen kleinen LKW. Weder der Kraftstoff, noch die Munition oder die Nahrungsmittel – nichts hätte für uns fünf Tage lang ausgereicht. Dieses Problem hat mir gezeigt, dass ich ägyptische Waffen und Kraftstoff verwenden soll, und als wir Probleme mit unserem LKW hatten, nahmen wir einfach einen ägyptischen LKW. Es waren Menschen – und die kann man motivieren. Man braucht dazu nichts. Die müssen wissen: Das ist das Ziel. Wir benutzten das, was wir in der Wüste fanden. Die technischen Mittel hingegen – Panzer, Navy und Luftwaffe – die haben keine Chance, das zu tun. Bei ihnen muss alles sehr gut organisiert sein.

Ungefähr drei Monate, nachdem Wegener in Israel gewesen war, flogen wir als kleine Delegation von vier Männern in die USA. Drei Wochen lang machten wir eine große Besuchsreise zu allen amerikanischen Spezialeinheiten, auch zu den American Rangers. Ich war bereits 1972 ein Soldat der American Rangers gewesen. Ich hatte einen Kurs absolviert, der war das härteste Training, das ich je mitmachen musste. Wir haben in Israel keine so harten Kurse. Also waren wir drei Wochen lang in den USA und auf dem Rückweg hielten wir – das hatte ich so beschlossen, ich war der Chef – in Deutschland. Wir besuchten Wegener und seine Einheit. Da blieben wir eine Woche lang. Ich erinnere mich, dass ich zwei oder drei Tage dieser Woche krank war, warum auch immer, ich hatte wohl etwas Schlechtes in den USA gegessen. Jeden Tag kam Wegener ins Hotel, um mich zu besuchen. Abgesehen davon nahmen wir am Training der GSG 9 teil. Ich erinnere mich beispielsweise an eine Sache: sich vom Helikopter abzustoßen. Da gibt es eine bestimmte Technik. Wir haben das 1972 das erste Mal getan – das war natürlich gefährlich. Vier Jahre später, als ich Leiter der Einheit war, beschloss ich, dass wir das auch in Israel machen wollten. Also ging ich zu einem Freund, der Befehlshaber der Helikopter-Einheit war. Ich erklärte es ihm und er sagte: „Okay!". Dann ging er raus, wir holten einen Helikopter und einen anderen Soldaten. Wir besprachen das Verfahren, führten es durch und haben es stark verbessert. Denn es gibt ein Problem, sobald man das Seil vom Helikopter löst: Was macht man im Nachhinein mit dem Seil? Der Helikopter kann damit nicht abfliegen, denn es könnte sich in seinem Propeller verheddern. Da ich ein Erfinder bin, also ein technisch begabter Mensch, habe ich mir etwas überlegt und eine Vorrichtung erfunden, mit der man innerhalb einer Sekunde das Seil vom Helikopter loswird. Wir übten das an einem zivilen Ort, ín einem Kibbuzim in Israel. Ich brachte meine Idee – meine Vorrichtung – zur Luftwaffe und zeigte sie ihnen. Ich sagte: „Es ist sehr hässlich, aber wir werden das benutzen." Als wir dann in Deutschland waren, absolvierten sie dort die gleiche Übung, das Abstoßen vom Helikopter. Wegener sagte: „Wir haben ein Problem. Was sollen wir mit dem Seil machen? Der Helikopter kann so nicht fliegen." Also sagte ich: „Was ist deine Lösung?" Und er antwortete: „Wir haben zwei Leute im Helikopter mit sehr scharfen Messern und in der Sekunde, in der die Leute fertig sind mit dem Abseilen, schneiden sie das Seil durch." Ich bemerkte: „Also werdet ihr das Seil verlieren? Du kannst das dann nicht noch einmal benutzen!" Er antwortete: „Ja." Darauf meinte ich: „Ich habe eine bessere Idee." Ich nahm ein Stück Papier und einen Stift und erklärte: „Schau, das musst du tun." Ich zeigte ihm die Vorrichtung, die wir in Israel gebaut hatten. Er schaute zu und sagte: „Das ist genial!" Er rief jemanden zu sich, sie hatten eine technische Einheit dort. Er gab mir eine Serviette. Ich malte es auf eine Serviette und meinte: „Das ist es." Er rief einen der Männer und forderte ihn auf: „Bau das!" Eine Stunde später kam der Mann mit der Vorrichtung zurück. Daraufhin sagte ich: „Eine Stunde! Jetzt bist du das Genie! Wir haben zwei Stunden gebraucht." Innerhalb einer Minute waren wir draußen beim Helikopter, ich zeigte ihm, wie man das Gerät einsetzt, und in einer Sekunde hatten wir das Problem gelöst, sodass nicht mehr zwei Männer das Seil durchschneiden mussten.

Mir gefiel, dass die GSG 9 auch unkonventionell vorgeht, obwohl die deutsche Einheit viel strenger organisiert ist und Verfahren und Reihenfolgen hat. Sie haben die Fähigkeit, in einer Sekunde ein Problem zu lösen und die Aktion entsprechend durchzuführen. Es ist sehr interessant zu sehen: Wenn zwei Leute mit dem gleichen Hintergrund aus unterschiedlichen Bereichen der Welt das gleiche Problem haben, werden sie fast immer zur gleichen Lösung kommen. Auch wenn sie sich nicht kennen.

Eines Tages hatte ich eine Idee, es war Anfang der 1980er Jahre, zwei Jahre vor dem „War of Galilee", dem Libanonkrieg. Ich saß in Beirut mit dem Mossad. Eines unserer Probleme war, wie man als Zivilist verkleidet dennoch die militärische Ausrüstung dabeihaben kann. Also erfand ich eine Art Koffer, in dem alles drin ist. Du siehst aus wie ein Banker mit dem Aktenkoffer und innerhalb einer Sekunde, wenn du ihn öffnest, dich schnell anziehst, hast du sofort alles bei dir. Das habe ich erfunden. Das war sehr erfolgreich zu der Zeit.

Zander: „Der Zauberkoffer."

Ran Bagg: Ja. Später, als ich ins Leben eines Zivilisten wechselte, versuchte ich diesen Koffer zu verkaufen. Aber das Problem ist der Kunde – es gibt dafür nicht viele Interessenten. Also ging ich zu Wegener und sagte: „Wegener, ich habe ein Geschenk für dich." Ich stellte den Zauberkoffer auf den Tisch und er sagte: „Einen Moment!" Er rief etwas auf Deutsch. Jemand aus seiner Einheit kam zu uns in den Raum mit einem fast identischen Koffer, den die GSG 9 erfunden hatte. Wie ich gesagt habe: Menschen mit dem gleichen Hintergrund und den gleichen Erfahrungen kommen früher oder später auf die gleiche Idee. Tja, ich dachte, dass wir damit reich werden würden, – leider ist das nicht passiert. Ich kam auf die Idee, dass es vielleicht eine Möglichkeit geben würde, einen kleinen TV-Funksender einzubauen, der das Bild, das der Scharfschütze gerade durch sein Teleskop sieht, direkt dem Befehlshaber überträgt. Ich verwirklichte es. Ich kam nach Deutschland, um es der GSG 9 vorzustellen. Wegener hat mir damit sehr geholfen.

Nun, kurze Zeit nachdem wir bei der GSG 9 in der Bundesrepublik waren, fand die Operation in Mogadischu statt.

Zander: Im September 1977 wurde Schleyer entführt und im Oktober die „Landshut".

Ran Bagg: Mogadischu. Wir hörten in Israel, was geschehen war. Wir wussten, dass Wegener mit seiner Truppe dem Lufthansa-Flugzeug nach Mogadischu folgte. Letztlich hörte ich alles im Radio und wusste durch einen Anruf bei der Armee, dass es eine sehr erfolgreiche Operation gewesen war. Die ganze Zeit vor dieser Operation hatte Wegener gesagt: „Ich habe ein Problem." Es war das typische Problem einer neuen Einheit, bei der es sehr schwerfällt, Leute zu motivieren, bis man eine richtige Operation durchgeführt hat. Wegener sagte die ganze Zeit: „Wir arbeiten gegen die Kriminellen, aber bis wir nicht einen richtigen Einsatz gegen Terroristen bekommen, werden wir weiter ein Problem haben." Dann führten sie den Mogadischu-Einsatz durch und das Problem hatte sich erledigt. Ich war in meinem Büro, als plötzlich das Telefon klingelte: „Hey Ran, hier ist Wegener!" Ich sagte: „Hi! Du hast es geschafft!"

Und er sagte: „Ja! Und du bist die zweite Person, die ich anrufe! Die erste war meine Frau und das hier ist mein zweites Telefonat.“ Ich erwiderte: „Wir haben es geschafft! Ich möchte, dass du herkommst, um uns alles zu erzählen. Ich möchte, dass du unser Gast bist und uns alle Informationen gibst.“ Er sagte: „Ich lasse dich im Laufe des Tages wissen, ob ich das schaffe.“ Zwei Stunden später rief er an und sagte zu und wir überlegten, wann er kommen solle. Ich organisierte einen großen Raum und lud all unsere Offiziere ein, die am Entebbe-Einsatz teilgenommen hatten sowie alle Leute vom Mossad. Wir hatten ca. 250 Leute – so in der Größenordnung. Ich stellte Wegener allen Leuten vor und sagte zu ihnen: „Das hier ist der Mann, der vor drei Tagen der Befehlshaber in Mogadischu war.“ Er hielt eine Stunde lang einen Vortrag über die Operation Feuerzauber. Es war sehr gut. Ich erinnere mich, dass Wegener sich ganz allmählich einen guten Sinn für Humor angeeignet hatte. Er erzählte während seines Vortrags, dass er bei der Flugzeugerstürmung den Gang entlang gerannt war, ein Passagier ihn an der Hose festhielt und fragte: „Entschuldigen Sie bitte, sind Sie ein israelischer Offizier?“ Das war natürlich ein kleiner Spaß von Wegener. Mit dieser Anekdote beendete er seinen Vortrag. Er blieb noch drei oder vier weitere Tage und wir zeigten ihm ein wenig die Gegend und bescherten ihm eine interessante Zeit.
Zander: Diese Informationen waren absolut geheim in Deutschland. Nur innerhalb der Einheiten durften sie darüber sprechen.
Ran Bagg: Ja, das ist eine Art von Information, die zwischen Einheiten ausgetauscht wird. Er wusste, dass die Informationen, die er uns erzählen würde, unter diesen Leuten bleiben würden und sie ein militärisches Geheimnis behalten konnten. Er wusste genau, dass es an diesem Tag ein professioneller Vortrag war und niemand, der unbefugt war, hineinkommen konnte – ich brachte die Militärpolizei mit und sie standen an der Tür und nur Leute, die auf der Liste standen, konnten hereinkommen. Keine Reporter oder Journalisten waren anwesend. Es war ein sehr geheimes Treffen.

Einige der Techniken, die wir in Entebbe eingesetzt hatten, hatte er in Mogadischu angewendet. Eines Tages hatte ich ein Treffen mit dem stellvertretenden Stabschef: Es ging darum, welche Techniken wir einer anderen Einheit beibringen wollten, denn es kamen viele ausländische Einheiten nach Israel, um am Training teilzunehmen. Über eine Sache, so der Befehlshaber, sollten wir lieber noch nicht reden, sondern abwarten. Es handelte sich um eine der Techniken, die die GSG 9 und die amerikanischen Spezialeinheiten sowie wir kannten, aber ich sagte: „Wir müssen das nicht an jeden weitergeben. Lass uns ein wenig warten.“ Er stimmte mir zu. Ich ging nach Hause und schaute mir einen britischen Fernsehfilm über ein terroristisches Attentat an und sah in diesem Film, dass sie genau die von uns besprochene Technik anwendeten. Am nächsten Tag rief ich den Stabschef an und sagte: „Haben Sie gestern ferngesehen? All die Geheimnisse, über die wir zuvor gesprochen haben, sah ich bereits in einem britischen Fernsehfilm!“ Er antwortete: „Ja. Aber ein Teil des Geheimnisses dieser Technik ist nicht die geheime Technik an sich, sondern die Tatsache, dass wir sie auch anwenden.“ Darum geht es: niemals sicher zu sein, ob an-

dere Einheiten bestimmte Techniken anwenden werden oder nicht. Ich sah Wegener danach zwei weitere Male. Als ich die Armee 1985 verließ, standen wir weiterhin permanent in Kontakt. Er war zwei Jahre lang in Saudi-Arabien.
Zander: Ja, von 1987 bis 1989/90.
Ran Bagg: Ich rief eines Tages Wegeners Frau Regina an und sie erzählte mir davon. Bei einem der Aufenthalte in den USA hatte ich seine Telefonnummer in Saudi-Arabien. Ich rief ihn nicht von Israel aus an, denn es gibt eine Möglichkeit zu sehen, wer dich anruft. Jeder weiß, dass er ein Freund der Israelis ist, aber ich glaubte, dass es nicht sehr ratsam gewesen wäre, ihn von Israel aus anzurufen. Aber als ich in den USA war, rief ich ihn in Saudi-Arabien an. Ich wollte mich nicht groß vorstellen und sagte: „General Wegener, weißt Du, wer am Apparat ist?“ Er dachte nach und sagte: „Yeah!“ Ich sagte: „Hast du meine palästinensische Sprache erkannt?“ Also, es war ein sehr kurzes Gespräch. Einige Wochen später, als er zurück in Deutschland war, rief er mich an und sagte: „Du musst wissen, dass mich jeder dort gefragt hat, wer dieser Anrufer war.“ Ich antwortete: „Du musst dich nicht für deine Freunde schämen!“

Bevor er nach Saudi-Arabien ging, irgendwann im Jahr 1987, erfanden wir ein elektro-optisches Gerät und ich wollte wissen, was er darüber dachte. Also flog ich nach Deutschland mit einer Probe des Geräts. Mit einem kurzen Video dessen, was ich getan hatte, zeigte ich es der Einheit. Er kam danach zu mir und wir fuhren in sein Büro. Er sagte: „Schau, ich mag dieses Gerät sehr. Ich glaube, dass du es einer anderen Einheit in Europa zeigen musst.“ Daraufhin öffnete er sein Buch und fragte: „Wohin willst du gehen?“ Ich fragte zurück: „Was schlägst du vor?“ Er antwortete: „Geh in die Schweiz, nach Italien und Frankreich.“ Also öffneten wir einen Kalender und er rief von seinem Büro aus die Befehlshaber dieser Einheiten an und wir machten zehn Tage später drei Treffen aus: Schweiz, Italien und Frankreich. Ich flog dorthin und führte diesen Truppen mein System vor. Wegener half mir dabei sehr.
Zander: Wann haben Sie den Dienst verlassen?
Bagg: 1985. Wegener half mir, als er immer noch im Dienst war, daran erinnere ich mich. Den Terrorismusbekämpfungsbereich verließ ich bereits 1978. Zu Beginn der 1980er Jahre wurde ich Oberst bei der Golandivision. Ich nahm am Libanonkrieg teil und an der Besetzung des südlichen Libanons bis 1985. Ich war einer der Leute, die mit Bachir Gemayel zusammen waren. Er war der Befehlshaber der christlich-maronitischen Milizen in Beirut 1982. Wir Israelis unterstützten ihn. Wir gaben ihm Waffen und anderes Equipment. 1982, nachdem wir den ersten Teil des Libanonkriegs beendet hatten, wurde er zum Präsidenten des Libanons gewählt.

Aber drei Tage vor der Einweihungszeremonie seiner Präsidentschaft sprengte der syrische Geheimdienst sein Haus in die Luft mit allen Leuten, die sich in dem Gebäude befanden. Er starb dort. Das war der Anfang des großen Chaos zwischen Israel und dem Libanon.

Zander: Wegener erzählte mir, dass er 1982 ebenfalls im Libanon war und Arafats Hauptquartier zu sehen bekam. Waren Sie dabei?
Bagg: Nein, zu der Zeit war ich in Beirut. Wegener war mit Raful im Libanon. Arafat war an vielen Orten. Der ganze Luxus, den Wegener in Arafats Hauptquartier sah, stammte von dem Geld, das die europäischen Regierungen den Palästinensern gegeben hatten – das ging alles für den Luxus ihres Anführers drauf.

Die Amerikaner und die Europäer kennen diese Kultur nicht und beurteilen diese von westlicher Perspektive aus. Aber das ist nicht richtig. Sie müssen das von der arabischen Perspektive aus tun. Wir Israelis wissen besser, wie man sie richtig einschätzen kann. Wir sind das Bindeglied, das verbindende Volk zwischen der Kultur des Westens und der arabischen Kultur.

Der Libanonkrieg begann im Juni 1982. Ich war ein Jahr vorher undercover in Beirut mit einer Gruppe Israelis und wir waren militärische Berater der Forces Libanaises, einer christlichen Miliz, die eine Opposition gegen das Bündnis von palästinensischen und linksgerichteten Milizen darstellte. Wir halfen ihnen, gegen die Syrer zu kämpfen.
Zander: Ich würde gerne auf Ihre erste Begegnung mit Wegener zurückkommen. Was war Ihr erster Eindruck?
Ran Bagg: Ich sah in ihm einen professionellen Soldaten – groß und kräftig. Ich fühlte, dass wir eine sehr gute Verbindung hatten. Ich mochte ihn sehr.
Zander: Was hielten Sie von den Deutschen, bevor Sie Wegener trafen?
Ran Bagg: Schauen Sie, meine Mutter war Deutsche. Wir nannten sie auf Hebräisch „Yekken“. Ich weiß, dass die Deutschen professionelle Soldaten sind. Ich weiß, dass Sie keinen Sinn für Humor haben und nicht flexibel sind.
Zander: Aber Sie hatten aufgrund der Geschichte keine negativen Gefühle?
Ran Bagg: Nein. Ich glaube, dass wir eine neue Generation sind. Die Sache mit den Israelis und der Vergangenheit mit den Deutschen ist eine sehr persönliche Sache. Jeder hat eine kollektive Idee von einer Sache. Als ich bei meiner Mutter war, zeigte sie mir Fotos von ihrer Kindheit in Deutschland und sie sagte: „Wir waren drei Juden im Klassenzimmer in Mainz. Dieser Typ hier arbeitet nun in Russland und dieser war ein Nazi und dieser hier … “ Ich sprach also mit meiner Mutter, die ebenfalls kein Problem mit den Deutschen hatte. Sie verließ Deutschland mit 21 Jahren, das war 1938. Ich fragte sie, warum sie nach Palästina geflohen sei. Sie erzählte mir an diesem Abend, dass mein Großvater 1933 – als Hitler Kanzler geworden war – gesagt habe: „Es wird Zeit, alles zu verkaufen und nach Palästina zu ziehen.“ Wir sind die wahren Palästinenser. Ich wurde in Palästina geboren, nicht in Israel.

Und nun, vor zwei Jahren, waren meine Frau und ich zehn Tage lang in Berlin. Wir haben jede Minute genossen, es war wunderbar. Ich kenne viele israelische Einwanderer in Berlin. Die Welt ist kosmopolitisch. Aber glauben Sie mir, als ich mit Wegener und Regina darüber sprach, sagte Regina: „Der Zweite Weltkrieg war eine große Tragödie für beide Seiten – auch eine Tragödie für die Deutschen." Und ich verstehe das. Im Endeffekt war Hitler doch Österreicher, oder nicht? Kein Deutscher!

Aber das ist es. Ich weiß, dass viele Israelis, jüdische Israelis, schwören, dass sie niemals nach Deutschland reisen werden. Gut, ich halte ihre Meinung in Ehren. Zum Beispiel hatten meine Eltern einen Volkswagen Käfer. Sie brachten ihn 1957 nach Israel. Zu dem Zeitpunkt hatte Volkswagen hier keine Niederlassungen. Also importierten sie selbst das Auto aus Deutschland. Überall in Israel hörten wir, dass die Menschen ein Problem damit hatten: „Warum habt ihr ein deutsches Auto gekauft?" Ich respektiere die Leute, die es bevorzugen, in keinerlei Kontakt mit deutschen Produkten oder Menschen zu kommen. Aber ich halte es anders. Wir sind eine ganz andere Generation.

Als wir in Deutschland bei der GSG 9 waren, fühlte ich, dass wir ebenbürtig waren, wie Freunde. Ich fühlte mich in der deutschen Einheit nach einem halben Tag so, als würde ich diese Leute seit Jahren kennen, und wir sprachen über die gleichen Themen und wir sahen die gleichen Dinge. Später war ich in vielen Spezialeinheiten, bei den Franzosen, den Schweizern, den Briten – aber das beste Gefühl, das muss ich wirklich sagen, hatte ich bei der GSG 9. Ich sagte zu ihnen: „Ändert die Sprache und die Uniform – dann ist das hier wie in der israelischen Einheit."

Zander: Können Sie erklären, warum die Israelis Wegener sofort als Freund empfanden? Warum ist diese Verbindung so positiv?

Ran Bagg: Basierend auf Politikern können Sie nie das Verhältnis zwischen zwei Ländern beurteilen, denn das ist ein Treffen der Interessen. Wir Israelis wissen, dass Wegener uns sehr mag und wir mögen ihn. Ich erinnere mich an ein Treffen mit Wegener, kurz bevor er nach Saudi-Arabien ging. Er sagte zu mir: „Ran, ich habe ein Problem." Ich fragte: „Was ist das Problem?" „In der Zeit", sagte er, „in der in Israel bekannt wurde, dass ich nach Saudi-Arabien gehen werde, hörten die Israelis auf, mich zu eurer Zeremonie am Unabhängigkeitstag in die israelische Botschaft einzuladen." Einige Israelis in Deutschland würden auch nicht mehr mit ihm reden. „Sie denken, dass meine Arbeit in Saudi-Arabien die guten Verbindungen mit Israel auflösen würde. Du musst verstehen, dass ich ein Freund Israels bin, auch wenn ich jetzt dorthin gehe. Ich gehe dorthin, weil mich die deutsche Regierung schickt. Aber ich werde niemals eure geheimdienstlichen Informationen verraten", erklärte Wegener. Ich sagte zu ihm: „Das weiß ich." Ich ging zu einem General und sagte ihm: „Wegener ist unser Freund, auch wenn er nach Saudi-Arabien geht. Das wird nichts daran ändern. Er geht für Polizei-Angelegenheiten dorthin, nicht fürs Militär. Wir haben nicht so viele Freunde auf der Welt, als dass wir einen verlieren könnten, nur wegen lächerlicher Gründe." Zwei Wochen später sprachen wir wieder miteinander und er antwortete mir: „Ran, mach dir keine Sorgen." Ich glaube, dass dieser General zu seinen Leuten gesagt hat: „Kommt schon, Wegener ist unser Freund! Brecht diese Verbindung nicht ab." Meine Frau und ich unternahmen 1990 noch einmal eine Reise nach Deutschland. Wir besuchten Wegener und seine Frau.

Zander: General Wegener ist in jedem Fall einer der Menschen, der eine Brücke zwischen Israel und Deutschland geschlagen hat.
Ran Bagg: Ja, das denke ich auch.
Zander: War das möglich, weil der General in militärischen Kategorien denkt und nicht in politischen?
Ran Bagg: Soldaten überall auf der Welt sind gleich. Politiker treffen sich aus Interesse. Sie sind deine Freunde, wenn sie glauben, dass du ihnen auf irgendeine Art behilflich sein kannst. Zwischen Soldaten gibt es, so glaube ich, eine wahre Freundschaft, denn sie haben den gleichen Feind.
Zander: Wie würden Sie die Freundschaft zwischen Ihnen und Wegener beschreiben?
Ran Bagg: Ich würde sagen, es ist eine wahre Freundschaft. Wenn du einen Menschen triffst und innerhalb von fünf Minuten fühlt man sich so, als hätte man sich gestern Abend zuletzt getroffen, auch wenn man ihn seit fünf Jahren nicht gesehen hat, dann ist das wahre Freundschaft.
Zander: Es gab eine besondere Verbindung zwischen Raful und Wegener. Könnten Sie mir dazu etwas mehr erzählen?
Ran Bagg: Raful war ein Farmer und ein Soldat. Daher wird er sich ebenso wie wir mit Wegener identifiziert haben, der ein sehr guter Soldat war. Wenn sich Soldaten treffen, ist sofort eine Verbindung da. Raful war im Sechstagekrieg. Er war ein Brigade-Kommandeur der Fallschirmjäger. 1972 war er Stabsoffizier in der Golanhöhen-Division.

Raful war ein richtiger Soldat. Vieles, was die israelische Spezialeinheit tat, war anfänglich Rafuls Idee gewesen. Raful fühlte sich nur lebendig, wenn er bei den Fallschirmjägern war. Heute glauben wir, dass Militärakademien überall auf der Welt von ihm gelernt haben. Zum Beispiel: 1981/82, als ich im Libanon war, in Beirut, wurde unser Feind der Vergangenheit – die Christliche Phalanx – unser Freund. Als wir in einem Nachtclub waren mit den Offizieren der Christlichen Phalanx, da saßen wir zusammen und tranken Bier. Wir waren Israelis und sie waren Libanesen und all die unguten Gefühle aus der Vergangenheit vergaßen wir einfach, da wir das gleiche Problem, den gleichen Feind hatten.
Zander: Welche Bedeutung hatte die GSG 9 in Israel während Ihrer aktiven Zeit?
Ran Bagg: In der Vergangenheit, wenn jemand die GSG 9 erwähnte, sagten sie: „GSG 9? Die Einheit mit den Mercedes, ja?“ Denn diese Einheit hatte viele Mercedes. Wir glauben, dass es eine sehr professionelle Einheit ist mit einem deutlich größeren Budget als die israelische Einheit. Sie haben wirklich einen sehr guten Ruf. Aber es gibt einen kleinen Unterschied: Die GSG 9, das ist Polizei. Wir haben in Israel nur eine polizeiliche Terrorismusbekämpfungseinheit, die Yamam. Assaf Hefetz war der Befehlshaber der Yamam, als ich Chef des Anti-Terror-Zweigs war. Wir waren Freunde. Die Yamam hatte ein Problem, weil ihnen niemand die Erlaubnis gab, etwas zu tun. Man sagte: „Ihr seid Polizei! Geht und kümmert euch um Krimi-

nelle! Überlasst uns, der Armee, die Terroristen!" Es war eine festgelegte Prozedur. Als sie die Yamam aufbauten, wollten sie das ändern. Dafür war ich auch. Ich sagte zu Assaf: „Du willst, dass die Yamam Teil der Anti-Terroreinheit wird, sodass wir sie in die gleiche Reihe stellen können wie unsere militärische Einheit?" Er antwortete: „Ja, das ist mein Ziel." Ich sagte: „Okay. Wenn du das willst, musst du begründen und beweisen, dass sie alle Kriterien erfüllen, dass sie auf dem gleichen Level sind wie die anderen Einheiten." Also dachte ich mir eine Übung aus und ließ alle Einheiten diese Übung absolvieren: die militärischen Einheiten und die Yamam. Damit konnte ich beweisen, dass die Yamam-Einheit sich auf dem Level der anderen befand. Sie belegten den dritten Platz von fünf: Die Leute aus Baraks Einheit waren die besten, das Seal-Team wurde zweiter, Yamam dritter. Da sie also auf demselben Level waren, fragte ich nicht um Erlaubnis, sondern informierte das Hauptquartier und teilte die Yamam als eine der Standby-Einheiten des Monats ein. Es gab allerdings immer noch Probleme mit dem Versicherungsschutz. Als Teil der Armee bin ich versichert. Die Yamam-Leute allerdings nicht. Aber ganz allmählich nahmen sie ihren Platz ein.

22.12. Interview Eli Levy
September 2015

Levy: Mein Großvater stammte aus einer traditionellen Familie, nicht sehr fromm, aber trotzdem typisch jüdisch mit vielen Kindern. Er hatte einen ganz „unjüdischen" Beruf – Maschinenbauingenieur. Dadurch kam es, dass er jahrelang bei der Firma MAN gearbeitet hat. Zu der Zeit war MAN die „Maschinenfabrik Augsburg Nürnberg". Heute stimmt das nicht mehr, weil die Lastkraftwagen in München fabriziert werden, nicht mehr in Nürnberg. Er war Leiter der Patentabteilung, dort gab es die Kombination aus Maschinen und Jura. Mein Großvater – er starb, bevor ich geboren wurde – hat von der Firma Tietz, die mit ihrem Betrieb in Nürnberg begann und dann nach Berlin gezogen ist, die Nürnberger Filiale gekauft. Er hat sie umgeändert und das erste große Kaufhaus gebaut. Lange Jahre war es das Kaufhaus „Weißer Turm", gegenüber dem Weißen Turm, nicht weit von der Nürnberger Altstadt entfernt. Er ist sehr jung gestorben; mein Vater hat das Kaufhaus dann weitergeführt. Nach dem Zweiten Weltkrieg hat er es wieder aufgebaut, nachdem es im Krieg abgebrannt ist. Nach drei oder vier Jahren haben sich meine Eltern scheiden lassen. Beide haben ein schweres Leben in Israel gehabt, der Vater noch mehr als die Mutter. 1952 ist er zurück nach Nürnberg gegangen und hat das Kaufhaus aufgebaut. Dafür muss ich ihn loben. Er hat es jahrelang geführt. Es war ein großes Kaufhaus mit über 500 Angestellten. Als meine Eltern ausgewandert sind, war ich knapp drei Jahre alt. Ich bin in Israel aufgewachsen und war Mitglied einer sozialistischen Jugendorganisation, wie es damals üblich war. Im Land war das sehr „in". Dazu kam in den 1940er Jahren die jüdisch-zionistische Organisation. Alle Jugendorganisationen sind in Sportklubs mit ihren Mitgliedern nach dem Motto verfahren: Man darf das Meer nicht vernachlässigen. So kam auch ich dazu. Es gelang der Gewerkschaftsorganisation, eine „Meeressektion“, einen Segelclub aufzubauen. So begannen wir erst einmal mit Rudern auf dem Fluss bei Tel Aviv, dann sind wir durch die Brandung auf das Meer hinaus. Wir haben Mast und Segel gesetzt und sind sehr lange am Strand entlanggesegelt. Für mich war es interessant. Als Junge von 16 Jahren war es selbstverständlich, dass ich mit zwölf Kindern im Alter von knapp 14 Jahren zwei Tage auf hoher See war. Wir hatten keine Raketen, keine Kommunikationsmittel, keine Rettungswesten, wir hatten nichts. Zugunsten unserer Anführer kann ich sagen, dass bis zu der Entstehung des Staates Israel nicht eine einzige Seele verloren ging. Wir wurden so erzogen, dass wir wussten, was wir zu machen hatten, wie man sich retten kann. Durch die Jugendorganisationen kam ich in den Kibbuz. Ich sagte mir, dass es in der Militärreserve zwar schön sei im Westen von Galiläa, aber ich zur Marine gehören würde. Ich bin dann zur Reserve der Marine versetzt worden. Dort hat man mir gesagt, dass wir jetzt einen Staat Israel hätten, da gäbe es Matrosen und Offiziere. Wenn ich ein Kibbuzmitglied sein wolle, wäre das meine persönliche Sache, aber ich sollte für zwei, drei Jahre fortgehen und den Offizierskurs machen. Dann wäre ich ein Offizier der Reserve. Doch im Kibbuz haben sie meinen Wunsch abgelehnt. Sie hatten ihre Gründe, denn ich war der Elektriker des Kibbuz, das war mein Fachberuf. Ich bin dann ohne Erlaubnis gegangen, habe den Kibbuz verlassen und war für die nächsten 30 Jahre bei der Marine. Es ist mir gelungen, dass ich tatsächlich elf Jahre auf See war. Ich hatte eine schöne Laufbahn. Im Jahr 1980 war ich dabei, in den Ruhestand zu gehen, als mich das Ministerium ansprach und fragte: „Warum gehst du nicht als Attaché in die Bundesrepublik Deutschland?“ Ich fragte: „Warum soll ich dahin gehen?“ Die Antwort war: „Weil wir endlich jemanden wollen, der deutsch spricht.“ Der damalige Posten hatte zwei Titel, das ist heute nicht mehr so. Einmal war ich in Bonn-Bad Godesberg der Streitkräfteattaché, also nicht nur Marine, sondern auch Land und Luft, daher Streitkräfteattaché. Der zweite Hut, den ich trug, war „Leiter der Gesandtschaft“ vom Verteidigungsministerium, Einkauf und Verkauf. Damit man die Verhältnisse versteht: Als Attaché hatte ich einen Stellvertreter und eine Sekretärin, als Leiter der Gesandtschaft hatte ich 24 Leute. Mit der Zeit stellte sich heraus, dass ich die Hälfte der Einkäufe für unsere europäischen Streitkräfte in der Bundesrepublik tätigte. An diesem Punkt kam es dazu, dass ich im Sommer 1980 Ulrich Wegener kennengelernt habe.

Zander: Sie wohnten zu dieser Zeit in Bonn-Bad Godesberg?

Levy: Ich habe in der amerikanischen Kolonie in Bad Godesberg gewohnt, die existiert nicht mehr. Der „Alte“, der erste Bundeskanzler Konrad Adenauer, der in Rhöndorf nicht weit entfernt wohnte, hatte gewusst, dass man irgendwann nach Berlin ziehen würde. Um zu Ulrich Wegener zu kommen: Als das Innenministerium beschlossen hatte, auch den Terror in der Bundesrepublik Deutschland zu bekämpfen, haben sie überlegt, an wen sie sich wenden könnten. Da muss ich sagen: Diejenigen, die das schon wussten, waren die Israelis. Daher kam Wegener vor bzw. bei der Gründung der GSG 9 nach Israel. Dort wurde er der Schützling und Schüler von Rafael Eitan, genannt Raful, der später Generalleutnant wurde, das ist bei uns das Allerhöchste. Wir haben nur einen Chef des Generalstabs. Aber damals war er der Kommandeur der Luftlandeeinheit. Wegener war ihm sehr eng verbunden. Wegener schätzte Raful und Raful schätzte Wegener. Raful war kein einfacher Typ. Er gehörte zu einer Moschav-Siedlung zusammen mit seiner deutschen Frau Miriam. Bevor ich nach Deutschland ging – das war schon allgemein bekannt –, kam zum ersten Mal der deutsche Generalleutnant Eberhard Burandt zu Besuch. Er war in den 1980er Jahren stellvertretender Inspekteur des Heeres. Wir saßen zusammen und Raful sagte: „Eberhard, ihr kommt doch heute Abend zu mir." Wir kamen dann alle in diesen Moschav, das war etwas ganz Besonderes. Es war ein kleines Haus und dort stellte sich heraus, dass eine Mädchenklasse aus Düsseldorf nach Israel gekommen war und in die verschiedenen Häuser der Moschav-Mitglieder verteilt worden war. Die Frau von Raful, Miriam, kam tanzend herein. Als sie hörte, dass ein deutscher Gast kommen würde, hat sie ein paar Freundinnen eingeladen. Es waren fünf deutsche Mädchen aus Düsseldorf. Es begann ein Geschwätz und plötzlich hörte ich Miriam sagen: „Gänse, Ruhe!" Da kam Generalleutnant Raful in seinen hohen Stiefeln, einem weißen Hemd und Jeans zur Tür herein und meinte, er habe Generalleutnant Burandt zu Gast. Das war Raful. Er hat Ulrich Wegener sehr geschätzt. Die Haltung der israelischen Streitkräfte gegenüber der Bundesrepublik war zweischneidig. Alles, was den Ein- und Verkauf betraf, war sehr groß, aber irgendwo gab es noch Hemmungen. Zwei Amtsträger vor mir, also Attachés, haben gebeten: „Hört mal, schickt einen Oberstleutnant in die Bundeswehrakademie nach Hannover." Damals gehörte das alles zur NATO und wo die ihre Geheimnisse hatte, wurde ein Israeli nicht hineingelassen. Wenn man aber ein Jahr zusammen war, Geheimnis hier, Geheimnis da, wurde viel geredet und man konnte eine Menge lernen. Eines Tages erzählt mir Ulrich Wegener, dass er nach Israel fahren und auch Raful treffen würde. Er fragte, ob ich ein Problem hätte. Ich antwortete: „Ja, Ulrich, ich habe ein Problem. Es ist Zeit, dass ein israelischer Offizier zur Bundeswehrakademie kommt." Ich hatte auch einen Brief geschrieben, auf den keiner reagiert hat. Ulrich fuhr nach Israel, kam zurück und sagte: „Es ist erledigt, ich habe Raful gesprochen und ihn überzeugt." Raful habe gesagt: „Warum nicht, ich habe noch nie etwas davon gehört, aber ich will die Meinung vom Attaché in Bonn hören." Da war ich etwas böse und habe denen geschrieben: „Wie ich schon in meinem letzten Brief geschrieben habe ..." Das ist Bürokratie. Wenn der Chef etwas sagt, ändert sich plötzlich alles. Es kam dann wirklich der allererste Israeli in die Bundeswehrakademie, es war ein Fallschirmjäger. Bis zum heutigen Tag bedanke ich mich dafür, denn wäre Ulrich nicht gewesen, es wäre nie dazu gekommen. Das ist Ulrich. Außerdem kam es zu äußert engen Beziehungen zwischen Israel und der GSG 9. Da ist noch eine Geschichte, die nichts mit Ulrich zu tun hat, aber typisch ist. Ich bekam einen Anruf, es war der Polizeidirektor vom Hamburger Hafen.

Schon seit drei Monaten läge ein israelischer Container im Hafen. Sie hätten diesen geöffnet. Im Container fanden die Hamburger kleine gepanzerte Fahrzeuge, also Luftlandefahrzeuge, die man transportieren kann, Maschinengewehre und Munition zerstreut über den ganzen Boden. Ich habe gesagt: „Ich gebe Ihnen die Vollmacht, die ganze Munition wegzunehmen und zu vernichten." Weitere drei Monate später bekam ich einen Anruf vom Kölner Flughafen. Es war der Leiter von der Luftfrachtgesellschaft, es war eine israelische Gesellschaft. Es sei ein Container aus Hamburg gekommen, der per Flug nach Hause geschickt werden sollte. Sie machten ihn auf: Tausende Schuss Munition läge auf dem Boden. Ich nahm das nächste Telefon, rief die GSG 9 an und sagte: „Schicken Sie bitte einen Leutnant, der die ganze Munition säubern kann." Nach einer halben Stunde war das erledigt. Fertig, Schluss, keine Munition – das ist eben die Hilfe der GSG 9.

Etwas anderes ist mir einmal passiert: Wir hatten Freunde in der Nähe von Köln, die luden meine Frau und mich zum Abendessen ein. Sie fragten mich, ob ich etwas dagegen hätte, wenn sie auch den pakistanischen Verteidigungsattaché einladen würden. Warum sollte ich etwas dagegen haben? So lernten wir Dorani kennen. Als unser jüngster Sohn 1983 seine Bar Mizwa hatte, hatten wir ab 17 Uhr die jüdische Gemeinde zu uns nach Hause in Bad Godesberg eingeladen und um 19 Uhr unsere Freunde – selbstverständlich war Dorani dabei. Kurz nach Dorani erschien Ulrich Wegener. Dorani fragte: „Was macht er denn hier?" Ich sagte: „Er macht das, was du machst, er ist mein Gast." Da war er ganz verblüfft.

Zander: Wie würden Sie Ihr Verhältnis zu Ulrich Wegener beschreiben?

Levy: Für mich war Ulrich – da war er schon Kommandeur des Grenzschutzkommandos West – immer im Hintergrund. Ich habe nie versucht, ihn ausnutzen. Alles ging wirklich sehr glatt. Vielleicht, weil ich in meinem Wesen deutsch erzogen wurde: Ich versuche immer, korrekt zu sein. Wenn man pragmatisch mit anderen umgeht, sind diese auch pragmatisch. Es klappt dann alles. Wir hatten auch schwere Zeiten. Das war das Jahr, in dem Bundeskanzler Schmidt aus Saudi-Arabien zurückkam und eine „blöde" Rede gehalten hat und mein Premierminister Begin eine „blöde" Antwort gegeben hat. Sie waren wie zwei Ziegen auf einem Brett über dem Fluss. Ich wurde vom Attaché-Referat angerufen. Sie haben mir gesagt: „Hören Sie, Herr Levy, Sie wissen, dass wir Sie persönlich sehr schätzen, aber wir müssen Ihnen sagen, dass wir die Anordnung bekommen haben, alles auf Eis zu legen." Auch in Deutschland gibt es so etwas. Eines Tages war ich auf der Hardthöhe bei der Luftwaffe. Der Inspekteur bat mich, in sein Büro zu kommen. Er sagte: „Ich habe Sie gerufen, um Ihnen mitzuteilen, dass der Inspekteur für Medizin, auch ein Generalleutnant, der für das medizinische Wesen der Bundeswehr zuständig ist, nach Israel eingeladen wurde. Er wird nicht kommen. Erzählen Sie mir später, welche Ausrede er Ihnen gegeben hat." Ein anderes Mal lud mich ein Vizeinspekteur zu sich nach Hause ein, da ich nicht in sein Büro kommen durfte. Dort war der ganze Stab der Luftwaffe versammelt. Es war gefährlich, weil man selbst fragte und auch gefragt wurde. Ich habe dann gesagt: „So umgehen die Deutschen alle ihre Vorschriften." Wir Israelis hatten Glück, dass ein knappes halbes Jahr später der Kanzler wechselte und Helmut Kohl Bundeskanzler wurde.

22.13. Interview Reuven Caspy Juni 2015

Zander: Wie haben Sie Ulrich Wegener kennengelernt?
Caspy: Eines Tages rief mich der Kommandeur der Sajeret Matkal an und erzählte mir, dass wir einen guten Freund in Deutschland hätten, Kommandeur Wegener, der eine Einheit aufbauen wolle. Er meinte, wir hätten ein gutes Verhältnis zu ihm und bat mich: „Bitte, tu alles, was du kannst, um ihm zu helfen." Von der ersten Minute an, als ich Wegener traf, war es gleich ein guter Kontakt. Von diesem Zeitpunkt an lief der deutsch-israelische Austausch zwischen uns sehr gut und es gab für uns keine Grenzen mehr. Zehn Mal war Wegener in Israel, in vielen Positionen, das letzte Mal undercover. Das war nach Mogadischu. Ich erinnere mich an die Zeit, als ich mit ihm bei Generalstabschef Raful war und wir zusammen im Hauptquartier von Arafat in Beirut waren. Das letzte Mal – vor Mogadischu – habe ich Wegener Geheimdienstinformationen gegeben. Als er dann die Lufthansa-Maschine in Mogadischu stürmte, da fühlte es sich an, als wäre es unsere Einheit, die das vollbracht hat. Das war exzellent.
Zander: Welches Aufgabengebiet hatten Sie damals?
Caspy: Ich war Stellvertreter des Befehlshabers der Anti-Terrorismus-Einheit in Israel. Wir halfen später, die Yamam aufzubauen, die israelische Sondereinheit. Das war um 1978. Es herrschte ein Klima des Terrorismus auf der Welt. Wegener und ich hatten eine gute Diskussion darüber. Es gab die Baader-Meinhof-Gruppe in der Bundesrepublik und wir in Israel hatten die Palästinenser und viele palästinensische Gruppen. Aber im Grunde hatten wir alle den gleichen Feind. Alle und alles wurden angegriffen, bzw. waren Ziele des Terrorismus: Zivilisten, Kinder, Frauen, Bars, Züge. Darum fühlte es sich an, als wären wir alle eine gemeinsame, große Sondereinheit.
Zander: Hat Wegener Ihre Meinung über die Deutschen verändert?
Caspy: Aus israelischer Sicht hat er die Welt verändert! Er startete aus dem Nichts nach der Münchner Olympiade und gründete mit der GSG 9 die beste Einheit der Welt.
Zander: Wie würden Sie die Zusammenarbeit mit General Wegener beschreiben?
Caspy: Wir lernten beide zusammen. Als Wegener nach Israel kam, standen ihm alle Türen offen, nachdem er bewiesen hatte, dass er mit den Israelis zusammen gegen den Terror kämpfen wollte. Das Verteidigungsministerium, das Außenministerium, die Armee – alle Türen standen ihm offen. Es gab keine Geheimnisse, er bekam

volle Einsicht. Diese deutsch-israelische Beziehung war sehr wichtig. Aber das hing natürlich auch mit seiner Person zusammen. Wegener ist ein Individuum, hat Charakterstärke – er ist kein gewöhnlicher Mann.
Wegener: Ich erinnere mich noch an dich, als ich das erste Mal Leute eures Generalstabs traf und mit ihnen über die mögliche Bedrohung sprach. Sie waren sehr offen für das, was ich sagte. Das war mir sehr wichtig. Es zeigte mir, dass wir auf dem richtigen Pfad waren.
Caspy: Unsere Zusammenarbeit verlief auf vielerlei Ebenen: Zum Beispiel, in einem Winter in Israel hatten wir eine besondere israelische Winterjacke für unsere Einheiten. Du wolltest diese Jacken für deine Einheit kaufen. Unser Stabschef Raful gab sie euch umsonst. Für die gesamte Einheit. Er gab den Befehl, euch in jeder Hinsicht zu unterstützen.
Wegener: Das stimmt. Wir hatten lange Zeit nur israelische Jacken mit Kapuze.
Caspy: Wir lernten von der GSG 9, wie man vom fahrenden Auto aus schießt.
Wegener: Erinnerst du dich auch daran, wie wir unsere Männer und auch deine Männer trainierten, vom Helikopter aus zu schießen?
Caspy: Ja, vom Helikopter aus. Nach Mogadishu kam Wegener unter einem Decknamen nach Israel. Nicht als Wegener, sondern als Frank Schulz.
Wegener: Der Generalstab lud mich ein und meinte: „Du musst kommen!“. Ich sagte sofort zu: „Natürlich! Ich komme nach Israel“.
Caspy: Also ging ich zum Ben-Gurion-Flughafen, um ihn abzuholen. Er nahm nicht den normalen Ausgang, sondern kam als einziger an der Hintertür des Flugzeugs heraus. Das war höchst illegal! Danach fuhr ich ihn zum Hotel in Tel Aviv. Es war das Hotel „Grand Beach“, daran erinnere ich mich. Normalerweise befinden sich die Souvenir-Shops in einem Hotel innen. Aber in diesem Hotel war der Shop direkt an der Tür. Dort sah ich auf der Titelseite des TIME-Magazins ein großes Foto von ihm. Es war eine Aufnahme vom Einsatz in Mogadischu. Da sagte ich zu ihm: „Wegener, du musst sofort das Hotel wechseln, du kannst unmöglich hier wohnen.“ Also wechselten wir das Hotel.
Zander: Sie verbindet eine lang währende Freundschaft mit General Wegener. Was hat diese ausgemacht?
Caspy: Wenn wir zusammen waren, dann war es immer ein Vergnügen. Ob in meinem Haus, im Hotel oder im orientalischen Restaurant. Meine Frau erinnert sich ebenso gerne an die gemeinsame Zeit mit Wegeners Frau Regina. Wir sind wie Blutsbrüder.
Wegener: Ja, meine Frau war immer sehr glücklich, wenn ich sagte, wir fahren jetzt gemeinsam nach Israel.
Caspy: Nach meiner Pensionierung kam ich zu einem Privatbesuch nach Köln. Wegener kam, um mich vom Hotel abzuholen, und fuhr in einem Mercedes vor. Als ich die Tür öffnete, da sah ich eine Waffe in der Tür. Alle schauten direkt zu mir und fragten sich: „Wer ist dieser Kerl mit einem Mercedes und einer Waffe?“ Also sagte

ich zu Wegener: „Bitte, hol mich nicht in diesem Auto ab, es sind zu viele Augen auf mich gerichtet.“

Zander: Was ist Ihrer Meinung nach das Wichtigste an seiner Person? An seinem Charakter?

Caspy: Er ist ein strenger General und dennoch: Er ist ein offener Mensch, man kann mit ihm Dinge ausdiskutieren. Diese zwei Dinge sind wichtige Charakterzüge. Das ist Wegener.

Zander: Wie sieht die Zusammenarbeit mit der GSG 9 in Israel heute aus?

Wegener: Ich glaube, dass die Zusammenarbeit mit den israelischen Sondereinheiten, der Yamam, immer noch exzellent ist. Sie arbeiten und trainieren zusammen. Ich erinnere mich noch an letztes Jahr, da wurden zwei Helikopter der GSG 9 nach Israel gesandt, um gemeinsam mit den israelischen Sonderheiten im Negev zu arbeiten. Das wird auch so weitergehen. Für uns war es immer eine der wichtigsten politischen Fragen, dass wir die Türen zu Israel hin öffnen. Als ich Befehlshaber der GSG 9 wurde, erinnere ich mich, dass ich darüber mit dem damaligen Minister Genscher sprach und ihm gegenüber betonte: „Sie dürfen diese Kooperation niemals beenden.“

Caspy: Genscher! Ich erinnere mich an Genscher!

Wegener: Ich hatte ein sehr gutes Verhältnis zu ihm. Deswegen sagte ich ihm: „Herr Minister, Israel ist der wichtigste Bezugspunkt für uns. Ich bitte Sie um Ihre Unterstützung.“ Und er gab sie uns.

Caspy: Und nun ist es wieder an der Zeit. Denn wir haben erneut den gleichen Feind. Ganz Europa hat den gleichen Feind. Wir trainieren und trainieren, das ist alles in Ordnung. Aber der GSG-9-Kommandeur muss neben der Zusammenarbeit mit der Yamam auch mit den Spezialeinheiten der Armee zusammenarbeiten. Es ist sehr wichtig, dass er enge Beziehungen zum Stabschef hat.

Wegener: Ja, das stimmt. Für mich war es damals einfach, weil mich jeder kannte und ich eine enge Beziehung zu Raful pflegte. Ich hatte nie Probleme, mit ihnen zu sprechen.

22.14. Interview David Schiller
August 2015

Schiller: Das erste Mal, als ich von Wegener gehört habe, war kurz nach den Olympischen Spielen in München. Ich war bereits im Februar 1972 in die israelische Armee gekommen, in die Fallschirmjägerbrigade – ein sehr interessanter Haufen. Dort wurde ich sehr gefördert, sonst hätte ich das gar nicht durchgestanden. Ich war an dem Morgen, nachdem die Geiselnahme im Olympischen Dorf und das Massaker in Fürstenfeldbruck gelaufen waren, in einer Art Ausnahmezustand. Ich war Mitglied einer Abteilung des Bataillons, die am Schießen der Scharfschützenmeisterschaft der Armee teilnahm. Wir waren völlig abgeschottet in einem Lager in Israel und gingen morgens auf den Schießstand und schossen unsere Lagen. Wir wussten nichts von München. Die Sajeret Matkal stand am Flughafen von Tel Aviv mit gepackten Koffern neben ihrer Maschine, sie bekamen aber keine Starterlaubnis, weil der israelische Verbindungsbeamte für die Sicherheit in München eine Fehlentscheidung getroffen hatte. Diese Entscheidung kostete ihn dann auch seine Karriere. Ich wusste von all dem nichts. Ich kam so um 10 Uhr morgens vom Schießstand herunter. Einer rannte auf mich zu und sagte: „Schiller, Schiller, hast du schon gehört, was in Deutschland passiert ist?“ Ich verneinte und fragte, ob wir eine Goldmedaille gewonnen hätten. „Nein, die haben unser ganzes Team umgebracht.“ Ich war plötzlich, als junger Jude aus Deutschland kommend, der inoffizielle Sprecher der Bundesregierung, der nun erklären musste, warum die Deutschen – nachdem sie in zwei Weltkriegen der ganzen Welt das Fürchten beigebracht hatten – nicht in der Lage gewesen waren, mit einer Handvoll drittklassiger palästinensischer Terroristen klarzukommen. Ich musste erklären, dass gerade wegen der historischen Vergangenheit vieles unterlassen worden war.

Zander: Hat man sich von Ihnen aufgrund der Ereignisse distanziert?

Schiller: Nein, das nicht, es waren nur Erklärungen notwendig. Ein paar Monate später lief einer meiner Offiziere an mir vorbei und fragte, ob ich schon einmal etwas von einem Wegener gehört hätte. Ich verneinte. Na, da wäre gerade ein Offizier bei uns, aber das bräuchte ich nicht zu wissen. Natürlich wusste ich nichts von Wegener, denn was hatte ich damals mit dem BGS in Deutschland zu tun?

Zander: Sie sagen, Sie haben als Deutscher in der israelischen Armee gedient. Wie kamen Sie dazu?

Schiller: Ich bin ein deutscher Jude, geboren in West-Berlin. Ich habe dort auch Abitur gemacht. Ich war 15 Jahre alt, als der Sechstagekrieg anfing. Das war ein sehr einschneidendes Erlebnis. Mit 16 Jahren habe ich mich dazu entschieden, eines Tages nach Israel zu gehen, Fallschirmjäger und Offizier zu werden. Ich bin zwar nicht orthodox, würde mich aber als religiösen Menschen bezeichnen. Ich war in der zionistischen Jugend und im Jugendzentrum in West-Berlin aktiv. Es war dann für mich klar, nach Israel zu gehen; ich habe mich ganz offiziell gemeldet und das Prozedere der Einwanderung wurde von der zuständigen Behörde, der Jewish Agency, organisiert. Im April 1971 habe ich Abitur gemacht und dann drei Monate auf dem Bau gearbeitet, um etwas Geld für die Auswanderung zusammenzubekommen. Am 15. Juli 1971 bin ich nach Israel gegangen. Ab dem August 1971 fand im Kibbuz Ramat Yochanan ein sechsmonatiger Sprachkursus statt, ein sogenannter Ulpan, für den ich eingeteilt war. Wenn man schon bei der Einreise sagt, dass man als potenzieller Staatsbürger kommt, dann erhält man umgehend seinen Pass und seinen Personalausweis. In diesem Alter bekommt man aber auch sofort den Gestellungsbefehl zur Musterung. Ich war in Haifa zur Musterung. Man fragte mich dort, was ich machen wolle. Ich sagte, dass ich Fallschirmjäger werden wolle. Sie suchten solche Leute und ich kam im Februar 1972 tatsächlich in diese Truppe. Erst einmal kam ich zur Eingliederungsbasis

„Bakum“ nach Tel Aviv. Dort werden aus allen Freiwilligen nur 150 bis 200 Leute ausgesucht, welche die besondere Ausbildung zum Fallschirmjäger erhalten. Das habe ich geschafft und dann eine 14-monatige Ausbildung absolviert.

Am vorletzten Tag der Operation am Suezkanal 1973 kam mir allerdings eine Handgranate in den Weg. Die Handgranate explodierte am Gürtel eines ägyptischen Soldaten. Ich bekam gar nicht so viel ab, ich hatte Glück. Noch am gleichen Abend war ich in Tel Aviv auf dem Operationstisch im Krankenhaus, dann entschied die Armee, mich erst einmal kaltzustellen. Für ein Jahr wurde ich als dienstunfähig gehandelt. Ich habe mich daher dazu entschlossen, zum Studieren nach Deutschland zurückzugehen. Ich bin Ende 1974/1975 pünktlich zum Wintersemester nach West-Berlin gekommen. Ich habe mich an der FU Berlin im linkesten Fachbereich, den man in West-Berlin finden konnte, eingeschrieben und Politikwissenschaften, Journalistik und Publizistik studiert. Meine Marschrichtung waren Nahost und Terrorismus, das hat mich interessiert. Fast parallel dazu, ich war kaum in Berlin angekommen, sprach mich ein Kollege an, der mich noch aus der Zeit vor meinem Aufenthalt in Israel kannte, weil ich im Schützenverein in Nord-Berlin gewesen war. Der Kollege war mittlerweile Polizeibeamter beim PSK. Er und andere bauten damals nach der Geiselnahme in München das Präzisionsschützenkommando der Berliner Polizei auf. Das war in allen Bundesländern so. Zusätzlich entwickelte sich die GSG 9. Aus diesen Anfängen wurde ich mit offizieller Genehmigung des damaligen Polizeipräsidenten Hübner so etwas wie ein „inoffizieller Berater“, ein Dozent für Spezialeinheiten. Ich machte mit denen alles von der Motivationslage terroristischer Attentäter bis zum taktischen Vorgehen, etwa beim Eindringen in Räume. Das war genau das, was ich brauchte. Sonst hätte ich die Uni nicht durchgehalten. So hatte ich das Beste aus beiden Welten.

In den Semesterferien war ich meistens zwei bis drei Monate in Israel und zwei, drei Monate in den USA. Ich machte dort Aus- und Fortbildungen, u. a. beim FBI. Ab 1978 habe ich bei diversen großen Polizeien in den USA hospitiert und befand mich bald in einem Kreis von Wissenschaftlern, die in der Terrorismusforschung sehr intensiv tätig waren. In Berlin stieß ich zu einer Gruppe unter Leitung des Psychologen Yaakow Katwan, die 1978 die erste internationale wissenschaftliche Konferenz über Terrorismus durchführte. Da war ich Mitveranstalter und erhielt somit ausreichend Kontakte, denn die Anfänge in dieser Thematik waren sehr schwierig, weil Terrorismus wissenschaftlich als Forschungsgebiet noch nicht an einer normalen Universität etabliert war. Ich habe mit meinem Professor schwer ringen müssen. Meine Diplomarbeit 1978 ging über die Hintergründe des libanesischen Bürgerkrieges: „Ethnisch-konfessionelle Konflikte am Beispiel des Libanon“, was der blue print (Blaupause) ist für alles, was da bis zum heutigen Tag in der Region noch läuft. Meine Doktorarbeit habe ich über die Entwicklung der palästinensischen paramilitärischen Nationalbewegung geschrieben – der palästinensische Nationalismus und seine Liebesaffäre zum Terrorismus. Das ist eine Arbeit, die immer noch Bestand hat.

Ich nahm zu der Zeit auch einen Tarnnamen an, „Jan Boger", unter dem ich ab 1976 diverse Bücher veröffentlichte. Die ersten beiden handelten vom kampfmäßigen Schießen und machten bei den SEK die Runde. Diese Bücher waren sehr praxisnah.

Das Buch „Im Feuer zu leben" habe ich zwischendurch als Trauma-Bewältigung geschrieben. Ein Buch darüber, wie die Leute den Jom-Kippur-Krieg erlebt haben – den Freunden von mir gewidmet, die gefallen sind. Dieses Buch habe ich Wegener geschickt. Sofort kam die Antwort, ich solle mal in Sankt Augustin vorbeikommen. Wegener wusste, wer sich hinter „Jan Boger" verbarg.

Zander: Über Ihre Bücher haben Sie General Wegener kennengelernt.

Schiller: Ja. Ich sollte in Sankt Augustin später auch den einen oder anderen Vortrag bei der GSG 9 halten. Das war zum Beispiel während der Hausbesetzer-Zeit in West-Berlin 1979–82, die so richtig heiß mit großen Krawallen einherging. Ich kam eines Tages mit 200 Dias und einem Vortrag, den ich in Sankt Augustin vor allen Offizieren gehalten habe. Wegener war damals schon Kommandeur GSK West und Brigadegeneral. Auf dieser Ebene haben wir das gemacht. Überhaupt ging es um Großlagen – die Polizei versagte in dieser Hinsicht im urbanen Bereich völlig, weil sie gar nicht in diesen Kategorien dachte. Das war sehr interessant. So kamen Wegener und ich immer mehr zusammen. Zum Thema Israel sind wir mehr oder weniger einer Meinung.

Zander: Was haben Sie an General Wegener besonders geschätzt?

Schiller: Seinen Charakter. Er hat sich nicht vom Bundesgrenzschutz verbiegen lassen. Er ist dort immer wieder überall angeeckt. Komischerweise hat er sich nie etwas daraus gemacht. Gut, Ulrich Wegener hatte natürlich sehr viel Glück. Mogadischu hätte auch schiefgehen können, es gibt keine Garantie. Wir hatten 1974 in Israel – da war ich Augenzeuge – eine Aktion in Ma'alot. Eine ganz tragische Geschichte in einer Schule, wo durch Fehler, Nicht-Erkennen der Lage, politischen Druck und durch einen falschen Angriffszeitpunkt eine Geiselbefreiung völlig schief lief. Am Ende stand man mit 25 Toten und 30 bis 40 verletzten Kindern da. Auch so etwas hätte in Mogadischu passieren können. Dann hätte keiner mehr nach der GSG 9 gefragt und man hätte einen Sündenbock gesucht. Das ist dann meistens der Kommandeur.

Ich habe auch die politische Seite mitbekommen und habe erlebt, wie über Wegener geredet wurde. Das fing mit so schönen Geschichten von der „Übungsweltmeistertruppe" an sowie dem militärischen „Barras-Stil", der im BGS und ganz besonders in der GSG 9 angeschlagen wurde und einiges, was von der israelischen Armee übernommen worden war. Anderswo bemühte man sich, die zivile Polizei aufzubauen. Ich sagte dann: „Leute, ihr habt einfach keine Ahnung. Mit eurer zivilen Polizei könnt ihr solche Lagen nicht lösen."

Wegener ist einer von denen, die ihre Leute zurückgebracht haben. Es gibt einen ganz bestimmten Führungscharakter, den wir in der israelischen Armee versuchen, herauszubilden. Das Wichtige ist nicht nur, ob die Mission erfüllt wird, sondern, ob die Leute zurückgebracht werden. Das gilt in Israel noch ungleich mehr, weil es nur ein kleines Land ist, wo jeder jeden kennt und wo man nachher als Führer im Einsatz

dasteht und den Eltern oder den Angehörigen der Gefallenen ins Gesicht schauen muss.
Wegener: Bei der Bundeswehr hat man das bis heute nicht begriffen. Führen können bedeutet, dass man auch die menschliche Seite sieht.
Schiller: Man hat die Verantwortung, das Beste aus den Leuten herauszuholen und einzusehen, wenn das jemand nicht bringen kann. Führung heißt eben nicht nur vorne zu stehen und Befehle zu geben. Sondern der, der führt, muss selber auch das können und machen, was von den anderen verlangt wird – und darüber hinaus.
Zander: Ist General Wegener dann so eine Art Vorbild für Sie?
Schiller: Nein, aber auf jeden Fall ein Freund. Als Wegener und ich uns kennenlernten, brauchte ich keine Vorbilder mehr. Ein Vorbild wäre er für mich geworden, wenn ich ihn mit 18 oder 19 Jahren kennengelernt hätte. Ich hatte schon Offiziere wie ihn kennengelernt und wusste, wie rar diese sind. Denn auch die israelische Armee produziert nicht so viele davon. Ich habe viele Bataillonskommandeure, Kompaniechefs, Zugführer usw. erlebt. Das waren alles nette Kerle, aber sie hatten nicht das Format und sie waren nicht der Typus des Menschenführers. Bis auf einen oder zwei Ausnahmesoldaten, die mich sehr prägten.

Wegener ist für mich eher ein Sinnbild für das, was ein Offizier mitbringen sollte. So etwas wie ein „Mustertyp". Davon abgesehen steht Wegener auch für ein gewisses gehobenes Bildungsmaß, das man heutzutage leider viel zu selten antrifft. Was mich bei ihm immer beeindruckt hat, war sein Umgang mit der deutschen Geschichte. Darüber haben wir auch irgendwann einmal gesprochen und ich fragte ihn, woher sein „Judenknacks" käme. Wir sind da als Juden relativ locker zu fragen: „Warum kannst du so gut mit denen und hast keine Berührungsängste?" Wegener ist ja noch Kriegsgeneration, zwar „nur" die Kriegsgeneration der Flakhelfer, aber er hat das „Dritte Reich" miterlebt. Es war für mich interessant, was er dazu sagte und wie er das mit Bezug auf seinen Vater, der in Jüterbog bei der Reichswehr war, begründete. Wegener hatte kein Schuldbewusstsein. Natürlich hat keiner, der nach 1945 großgeworden und aufgewachsen ist oder noch Kinderjahre im Dritten Reich verbracht hat, irgendeine Schuld am Holocaust. Die Schuld haben die Schuldigen. Aber bei Wegener war es ein ganz anderer Fall. Er hatte nicht diesen „Judenknacks" nach dem Motto „wir müssen jetzt etwas für die Juden tun", sondern er sah es aus einem anderen Blickwinkel, aus der Perspektive eines Offiziers: „Die Israelis machen genau das, was wir eigentlich können müssten. Also gehen wir einmal dorthin und schauen uns an, was die richtig machen." Das ist ein Verständnis, das bei der deutschen Polizei damals sehr selten war. Die deutsche Polizei blickte nur bis zur deutschen Staatsgrenze. Lehren oder Erfahrungen aus den USA aufzunehmen, aus anderen Ländern, das verbot sich von selber. Er hat damals das Richtige gemacht, ich hätte das in seiner Situation auch so gesehen. Ich hätte auch versucht, bei denen, die tagtäglich mit diesen Problemen – dem nahöstlichen internationalen Terrorismus – zu tun haben, von den Erfahrungen zu profitieren. Wir hatten damals schon recht krasse Zwischenfälle. In meiner Grundausbildungszeit wurde ich nachts einmal alarmiert und wir wurden zum Flughafen Tel Aviv gefahren. Da war am 8. Mai 1972 die von einem Palästinenser-Kommando entführte Maschine der belgischen Fluglinie „Sabena" gelandet. Ehud Barak, später Ministerpräsident, war als junger Hauptmann der Sajeret Matkal an der Befreiung dieses Flugzeugs beteiligt, genauso Benjamin Netanyahu. Wenn man das miterlebt hat, dann weiß man, dass Terrorismus nicht etwas ist, was man entschuldigen kann, sondern etwas, das man mit allen Mitteln bekämpfen muss. Deutschland hat das – wie immer – zu spät erkannt. Wir stehen jetzt wieder vor so einer Situation, dass erst, nachdem etwas wirklich Drastisches passiert, entsprechende Schritte eingeleitet werden, die eventuell dann die Abwehrmöglichkeiten dieses Staates verbessern können. Das ist eben auch eine Erfahrung, die Wegener gemacht hat. Wir sind jetzt wieder an einem Punkt, an dem uns der Terrorismus überrollt. Man ist hier nicht in der Lage, wirklich nachhaltig die Lehren aus den schlechten Erfahrungen Anderer zu ziehen. Auch im Hinblick auf die enge Zusammenarbeit mit den Israelis – da gibt es in der politischen Landschaft sehr viele, die Wegener diese Kooperation ankreiden. Die haben einfach nicht aus der Geschichte gelernt.

22.15. Interview Otto Schily
Oktober 2016

Zander: Wie haben Sie 1972 als Rechtsanwalt die Gründung der GSG 9 beurteilt?
Schily: Ich habe seinerzeit mit Entsetzen die Ereignisse in München verfolgt. Die Gründung der GSG 9 war die richtige Konsequenz aus dem Fiasko des Polizeieinsatzes auf dem Olympia-Gelände.
Zander: Erinnern Sie sich noch daran, was Ihre damaligen Mandanten über die GSG 9 dachten?
Schily: Die GSG 9 war kein Thema für Anwaltsgespräche.
Zander: Im Oktober 1977 fand die Befreiungsaktion der Lufthansamaschine „Landshut" in Mogadischu durch die GSG 9 statt. Auf welche Weise haben Sie dieses Ereignis miterlebt? Welchen Eindruck hat es damals auf Sie gemacht?
Schily: Die Befreiung der Lufthansamaschine „Landshut" durch die GSG 9 war eine bewundernswürdige, bravouröse Aktion.
Zander: Wie beurteilen Sie die Operation Feuerzauber aus heutiger Sicht?
Schily: Auch aus heutiger Sicht war die Befreiungsaktion eine mutige, aber zugleich mustergültig geplante und ebenso mustergültig ausgeführte polizeiliche Maßnahme.
Zander: Hat die GSG 9 als Abschreckung für weitere terroristische Aktionen in der Bundesrepublik Deutschland funktioniert?
Schily: Die Existenz und Schlagkraft der GSG 9 entfaltet sicherlich eine Abschreckungswirkung gegenüber terroristischen Akteuren.

Zander: Von 1998 bis 2005 waren Sie Bundesminister des Innern. In Ihre Amtszeit fiel der Beschluss der Bundesregierung, vor allem in Hinblick auf den 11. September 2001 Anti-Terror-Gesetze zu vertreten, die eine verbesserte Ausstattung der Geheimdienste und des Bundesgrenzschutzes sowie erweiterte Befugnisse für die Sicherheitsbehörden vorsehen. Welchen Stellenwert haben Sie in diesem Zusammenhang der GSG 9 zuerkannt?
Schily: Die GSG 9 hat in der Sicherheitsstruktur der Bundesrepublik einen sehr hohen Stellenwert.
Zander: Sie haben als Bundesinnenminister die GSG 9 mehrfach besucht. Wie haben Sie das Ausbildungskonzept, Ausstattung und Trainingseinheiten der GSG 9 empfunden?
Schily: Die GSG 9 wird zu Recht als Elitetruppe bezeichnet. Die Mitglieder der GSG 9 haben mich durch ihre Charakterstärke, ihren Mut, ohne in Abenteuertum abzugleiten, ihr hervorragendes Ausbildungskonzept und vor allem durch ihren vorbildlichen Teamgeist sehr beeindruckt.
Zander: General Ulrich Wegener sowie der ehemalige Kommandeur der GSG 9 Olaf Lindner bezeichnen Sie als „Freund der GSG 9“. Worauf gründet diese Freundschaft? Was schätzen Sie wiederum an Wegener und Lindner?
Schily: Ulrich Wegener hat das große Verdienst, das Konzept der GSG 9 entwickelt und die GSG 9 nach diesem Konzept geformt zu haben. Olaf Lindner an der Spitze der GSG 9 war eine starke Führungspersönlichkeit, die sich durch hohe Kompetenz, aber zugleich Empathiefähigkeit auszeichnete.
Zander: Was ist aus Ihrer Sicht der entscheidende Vorteil der GSG 9?
Schily: Zur Bekämpfung terroristischer Verbrechen ist die GSG 9 als polizeiliche Spezialeinheit mit einem besonderen Ausbildungs- und Trainingskonzept von unschätzbarem Wert, der sich immer wieder erwiesen hat. Gerade in Zeiten einer zunehmenden Bedrohung durch Terrorismus sollten wir der GSG 9 für ihre Leistungsbereitschaft und ihr Engagement sehr dankbar sein.

22.16. Interview Stefan Aust
Mai 2016

Zander: Auf Grundlage Ihrer Recherchen, Interviews, Einsicht in Akten und Stasi-Unterlagen sowie persönlicher Kontakte schrieben Sie das Buch „Der Baader Meinhof Komplex“. Wie haben aus Ihrer Sicht die RAF-Terroristen die Gründung der GSG 9 1972 beurteilt?
Aust: Diese Frage kann ich nicht wirklich beantworten. Ich gehe aber davon aus, dass die RAF sehr genau wusste, dass sie es in einer Konfliktsituation nicht mehr mit normaler Polizei zu tun haben würde, sondern mit einer sehr gut ausgebildeten

schlagkräftigen Spezialeinheit. Vielleicht nahm man sich auch selbst noch wichtiger als zuvor, weil der Staat gleichsam ihretwegen auf diese Weise aufrüstete.

Zander: Gab es innerhalb der RAF Diskussionen über die GSG 9? Wurde sie in der terroristischen Vorgehensweise berücksichtigt?

Aust: Über Diskussionen zum Thema GSG 9 in der RAF kann ich nichts sagen. Aber auch da kann man davon ausgehen, dass die RAF genau gewusst hat, mit wem sie sich bei einer direkten Konfrontation auseinandersetzen muss. Ich vermute, dass dieses bei den späteren Planungen der zweiten und dritten Generation eine Rolle gespielt hat. Vielleicht hat man deshalb die Taktik gewechselt und ist zu gut vorbereiteten, technisch aufwändigen Hinterhalten wie etwa am Beispiel des Mordes an Herrhausen übergegangen.

Zander: In Bezug auf die Schleyer-Entführung ist General Ulrich Wegener der Meinung, dass „Das Tragische an der Sache ist, dass die GSG 9 Schleyer hätte befreien können, wenn wir die Informationen rechtzeitig gehabt hätten." Wie beurteilen Sie die Sachlage?

Aust: Ganz sicher hat Ulrich Wegner in diesem Fall recht. Das Tragische aber ist eben der Mangel an Informationen. Vermutlich bezieht sich der GSG-9-Chef dabei auf die Tatsache, dass Hanns Martin Schleyer nach seiner Entführung für mehrere Tage in einer Wohnung in einem Hochhaus in Erftstadt-Liblar gefangen gehalten wurde. Durch eine Verkettung kaum nachvollziehbarer Fehlleistungen entging es damals der Einsatzleitung, dass Schleyer dort festgehalten wurde. Ein Polizeibeamter, der damals an den Ermittlungen beteiligt war, hatte die Information korrekt weitergegeben und ging auch davon aus, dass im Krisenstab über eine Befreiungsaktion nachgedacht wurde. Doch die Information blieb irgendwo in der polizeilichen Bürokratie hängen. Hätte die GSG 9 diese Information bekommen, wäre es in der Tat relativ einfach gewesen, Schleyer zu befreien.

Zander: Welchen Eindruck hat die Befreiung der Lufthansa-Maschine „Landshut" im Oktober 1977 auf die RAF gemacht?

Aust: Das unmittelbare Resultat der Nachricht über die Befreiung der Geiseln in Mogadischu führte zum Selbstmord von Baader, Ensslin und Jan-Carl Raspe. Insofern hatte der entschlossene und erfolgreiche Einsatz der GSG 9 den RAF-Kadern offenbar deutlich gemacht, dass sie mit ihrer Strategie gescheitert waren. Im Anschluss daran haben auch die kommenden Generationen der RAF niemals wieder versucht, durch Geiselnahme RAF-Häftlinge aus den Gefängnissen zu befreien.

Zander: Hat die GSG 9 als Abschreckung für weitere terroristische Aktionen in der Bundesrepublik Deutschland funktioniert?

Aust: Ich bin fest davon überzeugt, dass die GSG 9 einen wesentlichen Anteil daran hatte, dass Terroranschläge der RAF oder ähnlicher Organisationen damals reduziert worden sind. Allerdings haben die Nachfolge-Gruppierungen aus der Vorgeschichte gelernt und sind deshalb zu Sprengstoffanschlägen übergegangen, die aus dem Verborgenen heraus gezündet worden sind. Die dritte und vierte Generation der RAF

etablierte sich dann soweit im Verborgenen, dass bis heute viele ihrer Mordaktionen nicht aufgeklärt worden sind. Schon in der RAF gab es eine gewisse suizidale Komponente, was daraus deutlich wird, dass zum Beispiel während des Hungerstreiks immer mit Selbstmord gedroht wurde. Es hieß damals: „Den Körper zur Waffe machen". Bei den Aktionen selbst wollten die damaligen Mitglieder jedoch möglichst unentdeckt bleiben und möglichst nicht ihr Leben verlieren. Das gab den Sicherheitsbehörden immer eine Möglichkeit, sich auf die Spur der Täter zu setzen. Erst in den islamistischen Anschlägen der Jahre danach, die ja ebenfalls, wie schon zu RAF-Zeiten mit den Auseinandersetzungen des Nahen Ostens zu tun haben, wurde der Selbstmord zur Waffe. Ein Täter, der sein Leben nicht nur riskiert, sondern ganz bewusst als Mordinstrument einsetzt, ist nur sehr schwer zu stoppen.
Zander: Was ist aus Ihrer Sicht der entscheidende Vorteil der GSG 9?
Aust: Aufgrund der terroristischen Bedrohung, die in den vergangenen Jahren nicht geringer, sondern größer geworden ist, wird kein Staat der Welt in Zukunft auf Spezialeinheiten wie die GSG 9 verzichten können.

22.17. Interview Olaf Lindner
August 2013

Zander: Wie sind Sie zur GSG 9 gekommen?
Lindner: Nach meiner Zeit bei der Bundeswehr habe ich mich beim damaligen Bundesgrenzschutz – heute Bundespolizei – beworben und wurde angenommen. Mein berufliches Ziel war immer die GSG 9.
Wegener: Wobei Herr Lindner natürlich durch seinen Vater vorbelastet war.
Lindner: ... was meinen Berufswunsch sicherlich geprägt hat. Die Organisation war mir vertraut und die GSG 9 seit ihrem Bestehen ein Begriff.
Zander: Warum wollten Sie unbedingt zur GSG 9?
Lindner: Ich suchte eine besondere Herausforderung – und zwar in charakterlicher, intellektueller und auch körperlicher Hinsicht.
Zander: Wie sah Ihr Ausbildungsablauf bei der GSG 9 aus?
Lindner: Wie bei allen potentiellen Bewerbern heute auch. Bestehen des Eignungsauswahlverfahrens, im Anschluss der erfolgreiche Abschluss der Basis und Spezialausbildung. Meine weitere Verwendung führte in die maritime Einheit als stellvertretender Einheitsführer und anschließend als Einheitsführer. Zusatzausbildungen waren daraus resultierend u. a. das taktische Tauchen sowie das Fallschirmspringen.
Zander: Wann genau haben Sie Herrn Wegener kennen gelernt?
Lindner: Im Jahr 2000 als ich stellvertretender Kommandeur der GSG 9 wurde. Nachdem ich 2005 die Führung der GSG 9 übernommen hatte, intensivierte sich der Kontakt zu Herrn Wegener weiter.
Zander: Wie sah die Zusammenarbeit zwischen Ihnen aus?

Lindner: Ich habe Herrn Wegener immer sehr geschätzt. Als ich den Verband übernommen habe, war und ist es nach wie vor für mich wichtig, dass ich die Erfahrungen meiner Vorgänger und insbesondere von Herrn Wegener einbringe. Aus diesem Grund habe ich diesen Kontakt gesucht und freue mich sehr, dass er bis heute anhält.
Wegener: Die GSG 9 zu führen bedeutet, eine besondere Führungslinie beizubehalten. Das hat Herr Lindner von vornherein gemacht. Diese Linie ist keine Selbstverständlichkeit wie bei anderen Einheiten. Hier kommt es auf jeden einzelnen Mann und auch auf ein unkonventionelles Verfahren an, auch im Führungsbereich. Das hat Herr Lindner von Anfang an verstanden, worüber ich mich sehr gefreut habe. Wir tauschen uns regelmäßig mit unseren Erfahrungen aus.
Lindner: Wir haben eine identische Grundauffassung und Grundprinzipien, dieselbe Führungsphilosophie. Wir verfolgen eine Linie. Führung ist nur zu einem gewissen Teil erlernbar: Intuitive Führung wird stark unterschätzt.
Zander: In welcher Hinsicht war Herr Wegener für Sie ein Vorbild?
Lindner: In der Art und Weise, wie er den Verband aufgebaut und geführt hat. Das ist bis zum heutigen Tag eine einzigartige historische Leistung. Solch eine Einheit war vor den Ereignissen in München in ganz Europa noch nicht gegründet worden. Eine ähnliche Einheit war in Form des SAS beim britischen Militär vorhanden, allerdings mit einem anderen Auftrag als ihn die GSG 9 bekommen hat. Wegener betrat nach den dramatischen Ereignissen bei den Olympischen Spielen in München 1972 Neuland und entwickelte gegen alle Widerstände und Konventionen die GSG 9. Er hat ein internationales Netzwerk, zum Beispiel zu israelischen Spezialeinheiten aufgebaut. Anfang der 1970er Jahre war eine Kooperation Israels und Deutschlands gerade auch im Bereich der Polizei aus historischen Gründen kaum denkbar. Herr Wegener hat hier intensive Aufbauarbeit geleistet. Vor dem Hintergrund unserer deutschen Geschichte hat diese Leistung eine ganz besondere Dimension. Mich beeindruckt, was unter diesen schwierigen Umständen durch Wegener und seine damalige Mannschaft erreicht worden ist. Unsere Führungsphilosophie, „im Team zu arbeiten“, hat zum Erfolg geführt. Das ist bis heute vorbildhaft: Wir haben uns vor kurzem mit einem US-amerikanischen Kommandeur getroffen, der zum Ausdruck brachte, dass die US-Spezialeinheiten nach wie vor von dieser historischen Leistung beeindruckt sind. Der Aufbau internationaler Kooperationen war in dieser Form zum damaligen Zeitpunkt einzigartig. Weder der Bundesgrenzschutz noch die Bundeswehr hatten bis dahin ein solches Netzwerk aufbauen können. Es gab kein Vorbild und wir profitieren heute noch davon. Bis heute ist es für uns eine Freude und Verpflichtung, die weltweite Zusammenarbeit weiterzuentwickeln.
Wegener: Herr Lindner hat das weiter ausgebaut, weil er die gleiche Richtung vertritt. Für mich war ganz klar: Wir können nur in der internationalen Zusammenarbeit erfolgreich sein, gerade was die Terrorismusbekämpfung betrifft. Das haben damals viele nicht begriffen.

Lindner: Das war eine visionäre Sichtweise. Heute fordert uns der globale Terrorismus heraus. Er kann unserer Ansicht nach nur im internationalen Verbund bekämpft werden. Die Grundlagen dafür sind zu Herrn Wegeners Zeiten gelegt worden. Er hat mit seinem Team Pionierarbeit geleistet.
Zander: Wenn Sie Herrn Wegener als Mensch beschreiben sollten: Was macht ihn aus?
Lindner: Wenn ich mit Menschen zu tun habe – egal, welche Aufgabe sie ausführen und egal, in welcher Ebene sie arbeiten –, dann ist für mich immer der Charakter entscheidend. Herr Wegener hat für mich persönlich einen sehr gradlinigen Charakter. Ich mag diesen ehrlichen, unkomplizierten und direkten Umgang. Wenn er eine andere Auffassung hat, bringt er diese auch klar zum Ausdruck. Das ist sehr wohltuend. Ehrlich gemeinter Rat, eine direkte Kommunikation und Sprache, das ist etwas, was ich ganz besonders an ihm schätze. Sehr wichtig ist auch die Verlässlichkeit, die Herrn Wegener eigen ist. Auf ihn kann ich immer zählen. Er steht dem Verband und mir zur Seite.
Zander: An welchen Grundsätzen und Strukturen, die bereits durch Wegener bei der GSG 9 eingeführt wurden, halten Sie weiter fest? Welche Neuerungen gibt es?
Lindner: Es gibt Neuerungen im Sinne von Weiterentwicklung. Wir haben inzwischen eine ganz andere Organisationsstruktur in der GSG 9. Ein Spezialverband unterliegt einem permanenten Weiterentwicklungsprozess und dieser durchläuft kürzere Zeitabstände als bei anderen Organisationen. Stillstand darf es gerade in unserem Tätigkeitsfeld nicht geben. Das ist auch unser Credo, ständig zu versuchen, vor der Zeit zu sein. Ein Anspruch, den wir selbst an uns stellen, welcher allerdings auch von anderen an uns gestellt wird und das zu Recht. Von vielen Dingen, die wir in den letzten 40 Jahren vorangetrieben und entwickelt haben, profitierten auch andere Sicherheitsorganisationen: Beispielhaft möchte ich materielle und personelle Entwicklungen nennen. Sie können heute nicht, so großartig das 1972 war, mit derselben Organisationsstruktur und mit denselben Prinzipien führen. Die Menschen haben sich weiterentwickelt. Sie sind kritischer, technikaffiner und weltgewandter. Der Umgang ist ein anderer. Auch die Technik hat sich erheblich verändert. Damals verfügte die GSG 9 über einfache Funkgeräte, Waffen und Fahrzeuge. Es gab noch keine Computer, die technische Ausstattung war lange nicht so komplex.
Zander: Wo besteht im Moment am meisten Handlungsbedarf bei der GSG 9?
Lindner: Wir haben zum Beispiel unseren Aus- und Fortbildungsbereich umstrukturiert im Sinne einer stärkeren Zentralisierung. Das hat auch ökonomische Aspekte. Die knappe Finanzlage im Bundeshaushalt wirkt sich auch auf die GSG 9 aus und natürlich haben wir uns den gegebenen Umständen entsprechend angepasst, wie alle anderen Organisationen auch. Umstrukturierungen wurden ebenfalls im Technikbereich vorgenommen und in den Ausbildungsabläufen neu entwickelte Verfahren angepasst.

Die aktuell wichtige Herausforderung ist der Ausbau unseres Netzwerkes. Vernetzte Sicherheit stellt den Schlüssel zum Erfolg in der Bekämpfung von Terrorismus und schwerer Gewaltkriminalität auf nationaler und internationaler Ebene dar.
Wegener: Das habe ich an Herrn Lindner von Anfang an so geschätzt, dass er diese Weiterentwicklung auch tatsächlich betrieben hat. Wir haben kontinuierlich miteinander darüber gesprochen. Ich habe auch dazu gelernt. Das ist ganz selbstverständlich. Aber wichtig war mir eines: Dass die Linie der GSG 9 beibehalten wird. Sie ist beibehalten worden – daran gibt es gar keinen Zweifel.
Zander: Wir wissen, Sie dürfen über Ihre Einsätze nicht sprechen. In welchen Bereichen sind Sie vornehmlich tätig? Hat sich das Aufgabenfeld in den letzten Jahren verändert?
Lindner: In den 1970er Jahren lag der Schwerpunkt bei der Terrorismusbekämpfung. Dies war auch noch in den 1980er Jahren der Fall, wobei in dieser Zeit das Phänomen der Organisierten Kriminalität gewachsen ist. Dieses Aufgabenfeld hat die GSG 9 mit Beginn der 1980er Jahre zunehmend in Anspruch genommen. Die GSG 9 ist die Spezialeinheit des Bundes zur Bekämpfung von Terrorismus und besonders schwerer Gewaltkriminalität. Das können Geiselnahmen sein, aber auch klassische Erscheinungsformen der Organisierten Kriminalität, wie Waffenhandel und Schleusung von Personen aus anderen Ländern. Eine Zunahme von Waffengewalt in diesen Milieus ist eindeutig belegbar. Hemmschwellen sind gefallen. Weiterhin sind wir zur Bekämpfung des internationalen Terrorismus eingesetzt worden. Zum Beispiel auch gegen die IRA, in den 1980er Jahren insbesondere gegen die PIRA, deren Nachfolgeorganisation. Beim letzten RAF-Einsatz 1993 gegen Hogefeld und Grams wurde einer unserer Beamten getötet; unser Kamerad Michael Newrzella. 1998 löste sich die RAF auf. Auch zu dieser Zeit wurden wir in ganz Deutschland zur Bekämpfung der Organisierten Kriminalität eingesetzt. Viele waren der Auffassung, dass sich mit der Selbstauflösung der RAF die Terrorismusbekämpfung erledigt hat. Ein Trugschluss. Terrorismus war und ist ein globales Phänomen, welches für alle Spezialeinheiten im In- und Ausland das Hauptaufgabengebiet für die nächsten Jahrzehnte darstellen wird. In welcher Intensität müssen wir abwarten.
Wegener: Dieses Thema ist nicht nur national zu sehen gewesen.
Lindner: Nach dem 11. September 2001 liegt der Schwerpunkt natürlich bei der Bekämpfung des internationalen Terrorismus. Gerade in den letzten Jahren wurden von uns verstärkt Terroristen aus dem Al-Qaida-Milieu festgenommen. Die bekanntesten Einsätze für das Bundeskriminalamt waren die Festnahmen der Sauerland-Gruppe im Jahr 2007 sowie der Düsseldorfer Zelle im Jahr 2011.
Wegener: Das wird sich auch in Zukunft, gerade was den internationalen Terrorismus betrifft, nicht viel ändern. Es wird in eine ganz andere Richtung gehen: Die Al Qaida heute ist nicht mehr zu vergleichen mit der Al Qaida, als Bin Laden noch in Afghanistan geführt hat.

Lindner: Die Zahl der Einsätze für die GSG 9 ist in den letzten Jahren stetig gestiegen. Wir sind gut ausgelastet, das war nicht immer so. Anfang der 1990er Jahre sah das noch anders aus.
Zander: Wer gibt Ihnen den Einsatzbefehl?
Lindner: Die Freigabe eines Einsatzes für die GSG 9 wird durch das Bundesministerium des Innern erteilt.
Zander: Wie läuft die Zusammenarbeit mit dem 1996 gegründeten Kommando Spezialkräfte (KSK) der Bundeswehr?
Wegener: Wir haben den Aufbau des KSK mitgestaltet. Das heißt, die ersten Gruppen des KSK sind von uns ausgebildet worden.
Lindner: Die Zusammenarbeit ist heute gut.
Zander: Wie grenzt sich das KSK von der GSG 9 ab?
Lindner: Die GSG 9 wird bei polizeilichen und das KSK bei militärischen Lagen eingesetzt. Das KSK darf nicht im Inland eingesetzt werden, außer im Notstands- und Verteidigungsfall unter ganz besonderen Bedingungen. Die GSG 9 kann nach § 8 Abs. 2 Bundespolizeigesetz im Ausland eingesetzt werden, wenn deutsche Geiseln gerettet werden müssen.
Zander: Wie sieht es mit den Sondereinsatzkommandos der Länder aus? Funktioniert die Zusammenarbeit oder existiert Konkurrenzdenken?
Lindner: Die Entwicklung ist sehr positiv. Inzwischen gibt es Organisationsformen, in denen wir uns zusammengeschlossen haben, um Erfahrungen auszutauschen und Standards zu vereinbaren. Wir sind aufeinander angewiesen, da die Komplexität der Lagen immer weiter zunimmt, sowohl vom personellen Ansatz als auch von den technischen Herausforderungen. Die Haushaltslage spielt hier auch eine große Rolle. Jeder, der heute nicht kooperieren möchte, hat die Zeichen der Zeit nicht erkannt. Das gilt sowohl für die interpolizeiliche Zusammenarbeit – also zum Beispiel für die Zusammenarbeit zwischen den SEKs der Länder und uns – als auch für die Zusammenarbeit zwischen polizeilichen und militärischen Einheiten deutschlandweit und international.
Zander: Die GSG 9 zählt zum polizeilichen Bereich. Trotz alledem hat sie vom Aufbau her auch militärische Strukturen. Wie lässt sich das erklären?
Lindner: Verbandsstrukturen haben sich irgendwann einmal – und das ist internationaler Standard – aus militärischen Strukturen entwickelt. Sie können bis zum preußischen General Carl von Clausewitz zurückgehen und finden bei ihm die wesentlichen Grundprinzipien von Führung. Es kommt darauf an, was sinnvoll und zweckmäßig ist und nicht, ob ein polizeilicher oder militärischer Hintergrund vorliegt. Die aktuellen Herausforderungen sind das Maß der Dinge.
Wegener: Die Strukturen der Spezialeinheit haben sich in den 1970er Jahren fern von den bekannten militärischen und polizeilichen Strukturen entwickelt. Das ist das Besondere an Spezialeinheiten und hat sich bis heute erhalten. Damals haben wir gedacht: Wenn wir mit Terrorismus fertig werden wollen, müssen wir auch die Be-

sonderheiten der Terroristen berücksichtigen. Vor diesem Hintergrund entschieden wir uns für eine Unkonventionalität bei den Spezialeinheiten. Diese gibt es sonst im polizeilichen und militärischen Bereich nicht.
Lindner: Wir haben in unserem Verband flache Hierarchien, häufigen unmittelbareren Kontakt zu unseren und zwischen den Mitarbeitern. Von daher rührt auch ein anderes Selbstverständnis und Verhalten der Mitarbeiter. Die Zusammenarbeit ist intensiver und persönlicher, als es in vergleichbaren Ebenen sonst üblich ist.
Wegener: Daher auch der Zusammenhalt, der ist in einer Spezialeinheit etwas Besonderes. Das beweisen auch die Ehemaligen: Wir haben eine GSG-9-Kameradschaft, die es in ähnlicher Form sonst kaum noch gibt. Das ist der Beweis für einen Zusammenhalt, der sich aus dem aktiven Bereich weiterentwickelt hat.
Zander: Können Sie den idealen GSG-9-Mann beschreiben, bzw. wen würden Sie sofort in Ihre Gruppe aufnehmen – und wen nicht?
Lindner: Wir brauchen hier Menschen, die drei wesentliche Grundvoraussetzungen erfüllen: eine ausgeprägte charakterliche Eignung, eine überdurchschnittliche Intelligenz und ebenfalls eine besondere physische Leistungsfähigkeit. Das sind die drei Parameter, an denen wir uns orientieren müssen – auch in der genannten Reihenfolge.
Zander: Aus welchen Beweggründen entscheiden sich Menschen, die geistig und körperlich den höchsten Ansprüchen genügen, für eine Ausbildung bei der GSG 9, wo sie nicht einmal bekannt geben dürfen, dass sie für die GSG 9 tätig sind?
Lindner: Diese Frauen und Männer suchen eine besondere Herausforderung. Sie suchen hier Teamfähigkeit, Leistungsbereitschaft und eine außergewöhnliche Kameradschaft, die sie nirgendwo sonst finden.
Wegener: Die Aufgabe ist auch eine gewisse Herausforderung, die weit über das hinausgeht, was man von einem normalen Polizeibeamten oder Soldaten erwartet. Das ist auch etwas, was zieht, eine Besonderheit ist. Eine Sache, die ist ganz wichtig – das haben wir immer wieder festgestellt –, dass den Männern klar ist: Wenn wir das nicht machen, dann kann es kein anderer. Wir müssen Leben retten. Dieses lebensrettende Prinzip ist das A und O der GSG 9.
Zander: Sie haben seit Oktober 2012 die Atlas-Präsidentschaft übernommen. Was bedeutet „Atlas"?
Lindner: Atlas ist der Kooperationsverbund der polizeilichen Spezialeinheiten aus den Mitgliedstaaten der Europäischen Union. Der Verbund stellt eine Antwort auf die aktuellen Bedrohungen des Terrorismus aus europäischer Sicht dar.
Zander: Was für Erfahrungen haben Sie in letzter Zeit mit dem Atlas-Verbund gemacht?
Lindner: Ausgezeichnete. Ich war bei der Geburtsstunde von Atlas dabei. Über die Entwicklung der Zusammenarbeit bis heute kann ich ausschließlich Positives berichten. Wir haben ganz bewusst darauf geachtet, dass wir uns an der Aufgabe orientieren, die Hierarchieebenen flach halten und kein bürokratisches Instrument schaffen. Die Qualität und nicht die Quantität sind hier ausschlaggebend und dies ist am ehesten

mit einem begrenzten Personalansatz von ausgesuchten Spezialisten möglich. Ein Beispiel: Der Atlas-Verbund wird mit einem Exekutivbüro geführt, das inzwischen für 37 Einheiten aus 28 Mitgliedstaaten arbeitet. Das Büro hat eine Mitarbeiterzahl von drei Personen. Dieses Beispiel spiegelt unsere Führungsphilosophie wider: flache Hierarchien, kleine Teams, kurze Wege, um möglichst effektiv und effizient zu sein. Wir haben in diesem Verbund innerhalb der letzten zehn Jahre große Fortschritte gemacht und viel erreicht. Der Atlas-Verbund ist beispielgebend.

22.18. Interview Jerome Fuchs November 2016

Zander: Was verbindet Sie mit General Wegener?
Fuchs: Ich kenne Herrn Wegener seit vielen Jahren. Er hält der GSG 9 bis heute die Treue und ist der Einheit sehr eng verbunden. Ich freue mich darüber, dass ich den persönlichen Kontakt mit ihm aufrecht erhalten kann. Er steht uns auch heute noch mit Rat und Tat zur Seite.
Zander: In welcher Weise ist für Sie als Kommandeur der GSG 9 Ulrich Wegener ein Vorbild?
Fuchs: Ich bewundere seine Leistung, eine Spezialeinheit im Bundesgrenzschutz, der heutigen Bundespolizei, aufgebaut zu haben, die unter seiner Führung weltweit bekannt wurde und bis heute geschätzt wird. Herr Wegener ist damals neue Wege gegangen und hat sich auch trotz einiger Widerstände nicht von seinen Plänen abbringen lassen. Damit hat er als erster Kommandeur den exzellenten Ruf der „Weltmarke“ GSG 9 begründet. Dieser Bekanntheitsgrad und die damit zu Recht verbundene hohe Erwartungshaltung stellen für mich, als aktuellem Kommandeur, gerade heute einen ganz besonderen Anspruch dar.

Bezogen auf Herrn Wegener persönlich ist seine offene, aufrichtige und geradlinige Art, Menschen zu führen, für mich ein herausragendes Beispiel an Führungsqualität, welches auch heute nichts an Aktualität eingebüßt hat.
Zander: In seiner aktiven Zeit hat Wegener immer davon gesprochen, dass der Kommandeur von vorne führen muss, also an vorderster Front bei jedem wichtigen Einsatz dabei sein muss. Ist das heute in der GSG 9 auch noch so?
Fuchs: Grundsätzlich ist das richtig, insbesondere bei großen, bedeutenden Einsätzen. Da sollte der Kommandeur als Führer des Verbandes selbstverständlich mit vor Ort sein. Die GSG 9 absolviert allerdings eine Vielzahl von Einsätzen und da ist es nicht bei jeder Lage möglich, als Kommandeur vorne mit dabei zu sein. Es gibt auch viele kleinere Einsatzlagen, die ein Einheitsführer oder Truppführer als taktischer Führer leitet.
Zander: Wie sind Sie selbst zur GSG 9 gekommen?

Fuchs: Ich habe mich im Jahr 1997, damals noch als Angehöriger des Mobilen Einsatzkommandos des Bundeskriminalamtes, bei der GSG 9 beworben. Nach bestandenem Auswahlverfahren und der anschließenden GSG 9 Basis- und Spezialausbildung bin ich im Februar 1998 in die 2. Einsatzeinheit der GSG 9 versetzt worden.
Zander: Sie sind lange in den USA gewesen. Was genau haben Sie dort gemacht?
Fuchs: Ich war als Verbindungsbeamter beim Hostage Rescue Team des FBI, eine Partnereinheit der US-Amerikaner zur GSG 9, und hatte die Möglichkeit, dort über mehrere Monate das Training zu begleiten, auch Einblicke in Auswahlverfahren zu bekommen. Wir konnten diesen Austausch etablieren und haben bis heute einen Kameraden der GSG 9 beim FBI zum Austausch.
Zander: Warum ist der Austausch mit internationalen Spezialeinheiten so wichtig?
Fuchs: Es ist immer gut, wenn man links und rechts schaut, was machen und wie entwickeln sich andere Einheiten weiter. Von den anderen lernen, von Einsatzerfahrungen profitieren, neue Trainingsmethoden kennenlernen, das ist für uns ganz wichtig. Wir wollen an der Spitze bleiben und das geht nur, wenn man sich öffnet, sich mit anderen Einheiten austauscht und vergleicht. Eine ganz wesentliche Funktion hat dabei in Europa der Atlas-Verbund, das ist der Verbund der europäischen Spezialeinheiten. Innerhalb dieser Organisation gibt es einen sehr engen Austausch, beispielsweise über terroristische Einsatzlagen, die andere Nationen bewältigt haben. Da ist es für uns sehr wichtig, dass wir das Know-how mitnehmen können und von den Erfahrungen anderer partizipieren. Wir haben darüber hinaus Einheiten aus der ganzen Welt bei uns zu Gast, zum Beispiel aus den USA oder aus Israel, ob aus der Führung oder aus der Ebene der Einsatzkräfte, die mit uns gemeinsam trainieren und sich austauschen.
Zander: Der damalige Bundesinnenminister Maihofer sagte bei der Ankunft der GSG 9 in Köln/Bonn im Oktober 1977: „Diese Männer haben das eigene Leben gewagt, um andere Leben zu retten." Wie sehen Sie die Aktion heute?
Fuchs: Es ist nach wie vor ein ganz bedeutender Einsatz in der Geschichte der GSG 9. Ich denke, die Kameraden haben damals auf den Punkt das umgesetzt, was sie zuvor jahrelang trainiert haben. Natürlich ist die GSG 9 bis heute stolz auf diesen Einsatz und auf die Kameraden, die ihn durchgeführt haben.

An der inneren Haltung, dass man sein Leben einsetzt, um andere zu retten, hat sich bis heute nichts geändert. Das ist das, was man zu Recht von einer GSG 9 erwarten kann – dass wir kalkulierbare Risiken eingehen. Wir sind jedoch keine Hasardeure, wir sind trainiert, uns mit schwierigsten Einsatzlagen auseinanderzusetzen. Dass das bis zur Gefährdung des eigenen Lebens gehen kann, kalkulieren wir mit ein.
Zander: Wie sieht die Einsatzbilanz der GSG 9 bis heute aus?
Fuchs: Die GSG 9 hat seit ihrer Gründung gut 1.800 Einsätze durchgeführt. Die wenigsten wurden von der Öffentlichkeit beachtet, aber das ist mir auch sehr recht.
Zander: Am 4. April 2009 wurde das deutsche Containerschiff Hansa Stavanger von somalischen Piraten etwa 400 Seemeilen vor der Küste Somalias gekapert. Es folg-

te eine mehrmonatige Geiselhaft der Besatzung, die GSG 9 wurde zwar nach Kenia geschickt, aber zu einem Einsatz kam es wegen Zuständigkeitsstreit zwischen Verteidigungs- und Bundesinnenministerium nicht. Es herrschte Uneinigkeit darüber, ob die GSG 9 oder die Marine zum Einsatz kommen sollte; erst nach über vier Monaten verließen die Piraten den Frachter, nachdem die Reederei über drei Millionen US-Dollar Lösegeld gezahlt hatte. Wie beurteilen Sie diesen Einsatz?

Fuchs: Die gesamte Führungsstruktur in dem Einsatz war hoch komplex: Es waren nicht nur Bundespolizisten und GSG 9 beteiligt, sondern auch viele ausländische Sicherheitsbehörden und –kräfte. Ein wichtiger Aspekt war die Risikobewertung. Die GSG 9 hatte eine Risikobewertung erstellt, die nicht deckungsgleich war mit Entscheidern in der politischen Ebene. Das akzeptieren wir. Wir haben uns intensiv auf diesen Einsatz vorbereitet, ihn aber letztlich nicht durchgeführt. Als Konsequenz gab es auf politischer Ebene eine gemeinsame ressortübergreifende Weisung aus dem Innenministerium und Verteidigungsministerium, uns intensiver in der Zusammenarbeit beider Sicherheitsbehörden auf derartige Einsätze vorzubereiten. Das geht vom taktischen Training über Planübungen, die wir seitdem durchgeführt haben, weiter über einen intensiven Austausch, um beim nächsten Mal besser vorbereitet zu sein.

Zander: Warum spielt der Identitätsschutz bei der GSG 9 eine so große Rolle?

Fuchs: Wir haben ein gefährliches Gegenüber, dem wir uns stellen müssen. Wir wollen einfach verhindern, dass unsere Beamten sich möglichen Racheakten ausgesetzt sehen und von daher ist ihre Identität im Einsatz geschützt.

Zander: Was ist bei den aktuellen Terroranschlägen anders als noch vor ein paar Jahren?

Fuchs: Der wesentliche Unterschied ist die Zeit. Wir haben heute kaum Möglichkeiten, entsprechende Einsatzplanungen im Vorfeld zu machen, gegen Ziele aufzuklären, Informationen einzuholen, Abläufe zu proben. Das alles fällt bei den aktuellen Bedrohungslagen und Anschlägen weg. Wir müssen ad hoc agieren, mit Hubschraubern und Fahrzeugen schnellstmöglich vor Ort verlegen und dann das Mögliche tun. Wir haben einen sehr hohen Bereitschaftsgrad innerhalb der GSG 9, um nach einer Alarmierung unmittelbar in den Einsatzraum verlegen zu können. Eine ähnlich hohe Bereitschaft hat unsere Bundespolizei-Fliegergruppe, sodass wir immer schnell auf die Hubschrauber zurückgreifen können.

Zander: Was halten Sie von den Aktionen des Bundesinnenministeriums, neue Einheiten zur Unterstützung der GSG 9 aufzubauen, zum Beispiel die BFE+?

Fuchs: Ich schätze den Aufbau der BFE+-Einheiten sehr. Diese Einheiten, die ersten sind jetzt ausgebildet, sind im Falle eines Terroranschlages eine wertvolle Unterstützung für die GSG 9. Wir kämen als GSG 9 an personelle und materielle Grenzen, wenn wir dann all die Aufgaben wie beispielsweise Schutz- oder Fahndungsmaßnahmen im Aufgabenbereich der Bundespolizei selbst wahrnehmen müssten. Wir müssen uns auf unseren eigentlichen Auftrag, das unmittelbare Vorgehen gegen terroristische Gewalttäter, konzentrieren können. Das wird in Zukunft durch Aufstellung der BFE+-Einheiten noch besser möglich sein.

[Teile des Interviews stammen aus der SWR-Sendung „planet wissen“ mit dem Titel „GSG 9 – Die deutsche Anti-Terror-Einheit“ vom 30. September 2016]

23. Interviewpartner

Stefan Aust: 1946 in Stade geb., Journalist, 1972 bis 1986 Redakteur des NDR, 1988 bis 1996 Leitung von „Spiegel TV", 1994 bis 2008 Chefredakteur des „Spiegel", Drehbuchautor des Films „Stammheim" (1986), 1985 Veröffentlichung seines Buches „Der Baader Meinhof Komplex", das 2008 von Bernd Eichinger verfilmt wurde, seit 2014 Herausgeber der Tageszeitung „Die Welt", bis 2016 deren Chefredakteur

Ran Bagg: 1945 in Israel geb., Oberst, ab 1963 in einer Fallschirmjäger-Brigade, Kompaniechef, dann Stellv. Brigadekommandeur 1967 im Sechstagekrieg, 1973 im Jom-Kippur-Krieg, in den 1970er Jahren Kommandeur einer Anti-Terror-Spezialeinheit, 1976 bei der Thunderbolt-Operation in Entebbe Kommandeur einer Einheit zur Befreiung der Geiseln aus Uganda, 1982 in einer Panzerdivsion im Libanon-Krieg, danach als Ausbilder in der Offiziersschule tätig, nach dem Ausscheiden aus der Armee Entwickler in der Spitzentechnologie für militärische Ausrüstung

Ehud Barak: 1942 im Kibbuz Mischmar haScharon geb., israelischer Politiker und ehemaliger General, ab 1959 Eintritt in die israelischen Verteidigungskräfte, 1972 Kommandeur der Mossad-Sondereinheit „Caesarea", 1973 als Kommandeur im Jom-Kippur-Krieg eines Panzerregiments am Suezkanal, Generalstabschef in der israelischen Armee, 1995 bis 1996 zunächst Innenminister unter Jitzchak Rabin, dann Außenminister unter Schimon Peres, 1997 Vorsitz der Arbeitspartei Awoda, von 1999 bis 2001 Ministerpräsident des Staates Israel, 2007 bis 2013 Verteidigungsminister unter Ehud Olmert und Benjamin Netanjahu

Reuven Caspy: 1946 in Rumänien geb., 1963 bis 1965 in der israelischen Fallschirmjäger-Spezialeinheit, 1965 bis 1968 Seniorausbilder in der Fallschirmjäger-Brigade, 1975 bis 1980 Gründer einer israelischen Anti-Terroreinheit, 1975 bis 1980 Berater für israelische Anti-Terroreinheiten beim Ministerpräsidenten, 1980 bis 1984 von der israelischen Armee in eine israelische Sicherheitsbehörde übernommen

Dieter Fox: 1947 in Vlotho geb., Polizeivollzugsbeamter a.D., 1966 Eintritt in den Bundesgrenzschutz Standort Goslar, November 1972 bis August 1986 Beamter der GSG 9, 1986 bis 1988 Sicherheitskoordinator des Botschafters der Vereinigten Staaten in Wien, Februar 1988 Eintritt in das Sicherheitsunternehmen DSW Security/SECURITAS als Trainer und Personenschutzbeauftragter innerhalb der Bundesrepublik Deutschland, 1998 bis 2006 Geschäftsführer der SECURITAS Sicherheitsdienste, Region Ruhr in Essen, 2006 bis 2012 Leiter Sicherheit in der Sicherheitszentrale der TK AG in Essen, Referent von Fachvorträgen, Berater individueller Sicherheitsfragen

Jerome Fuchs: 1970 in Karlsruhe geb., Polizeidirektor, 1990 bis 1992 Reserveoffizierslaufbahn bei der Bundeswehr, 1992 bis 1995 Studium zum Diplom-Verwaltungswirt für den gehobenen Polizeivollzugsdienst beim Bundeskriminalamt, 1997 bis 1998 Basis- und Spezialausbildung der GSG 9, 1998 Ausbildung zum Einsatztaucher beim Bundesgrenzschutz und bei den Kampfschwimmern der Bundeswehr, 2001 bis 2008 Einheitsführer der maritimen Einsatzeinheit der GSG 9, 2008 bis 2010 Masterstudiengang für den höheren Polizeivollzugsdienst, 2012 bis 2013 Verbindungsbeamter beim Hostage Rescue Team des FBI in den USA, 2013 bis 2014 Stellv. Kommandeur der GSG 9, seit 2014 Kommandeur der GSG 9, 2014 bis 2016 Präsident des Atlas-Verbundes der Europäischen Union
Hans-Dietrich Genscher: 1927 in Reideburg geb., Politiker der FDP, 1954 bis 1956 Anwaltsassessor und Rechtsanwalt in Bremen, 1959 bis 1965 FDP-Fraktionsgeschäftsführer, 1962 bis 1964 Bundesgeschäftsführer der FDP, 1968 stellv. Bundesvorsitzender, 1969 bis 1974 Bundesminister des Innern unter Bundeskanzler Willy Brandt, 1972 Gründung der GSG 9, 1974 bis 1992 Bundesminister des Auswärtigen und Vizekanzler der Bundesrepublik unter Bundeskanzler Helmut Schmidt und Helmut Kohl, 1974 bis 1985 Bundesvorsitzender der FDP
Hubertus Grützner: 1936 in Ottmachau (Oberschlesien) geb., 1959 Offiziersprüfung beim Bundesgrenzschutz zusammen mit Ulrich Wegener in Lübeck, 1972 als Hauptmann Adjutant und Stellvertreter von Wegener bei der GSG 9, beteiligt an der Aufstellung der GSG 9, 1976 Polizeirat, 1977 Stabsoffizier im GSK-West, Ltd. Polizeidirektor im Bundesgrenzschutz, 1984 Abteilungskommandeur der Grenzschutzabteilung Bonn, Ständiger Vertreter des Inspekteurs der Bereitschaftspolizei, Abteilungsleiter I im BGS, Vorsitzender des Bundesgrenzschutz-Verbandes, 1996 Ruhestand
Eli Peter Levy: 1930 in Israel geb., Flottillenadmiral a.D., Mitglied eines landwirtschaftlichen Kibbuzes, 30-jähriger Dienst in der israelischen Kriegsmarine, 1957 Erster in der Marineoffizierslehrgangsklasse, 11 Jahre auf See, Kommandeur eines Flugkörperschnellboot-Geschwaders, an Land Gründer und Kommandeur der Taktikschule der Marine, des Übungslagers, der Waffenentwicklungsabteilung und des Nachrichtenwesens der Marine, 1980 bis Juli 1983 israelischer Streitkräfteattaché und Leiter der Gesandtschaft im Verteidigungsministerium in der Bundesrepublik Deutschland
Olaf Lindner: 1966 in Walsrode (Niedersachsen) geb., Direktor in der Bundespolizei, 1985 bis 1987 Reserveoffizierslaufbahn bei der Bundeswehr, 1990 bis 1996 Einsatzbeamter und Einheitsführer in der GSG 9, 1998 bis 2000 Leiter der Bundesgrenzschutzinspektion Zinnwald, 2000 bis 2005 Leiter Führungsstab und stellv. Kommandeur der GSG 9, 2004 Leiter des Projektbüros zum Wiederaufbau der Polizei in Afghanistan, 2005 bis 2014 Kommandeur der GSG 9, 2012 bis 2014 Präsident des Atlas-Verbundes der EU, 2014 bis 2016 Abteilungsleiter Sicherungsgruppe im

Bundeskriminalamt, seit Dezember 2016 Referatsleiter B2, Bundesministerium des Innern (Führungs- und Einsatzangelegenheiten der Bundespolizei)
Gabriele von Lutzau: 1954 in Wolfsburg geb., Künstlerin und Bildhauerin, 1974 bis 1977 Flugbegleiterin bei der Lufthansa, 1977 als Flugbegleiterin an Bord der entführten „Landshut", nach der Befreiung mit Bundesverdienstkreuz geehrt, 1984 bis 1995 Studium bei Walther Piesch (Universität Straßburg/Kunsthochschule Straßburg), zahlreiche Ausstellungen im In- und Ausland
Mainhardt Graf von Nayhauß: 1926 in Berlin geb., Journalist, Buchautor, Kolumnist, 1947 bis 1948 Ausbildung zum Wirtschaftsjournalisten, 1948 bis 1955 Presseabteilung des Schwedischen Generalkonsulats in Berlin, Redakteur beim RIAS, ab 1956 Umzug nach Bonn, Korrespondent verschiedener Tages- und Wochenzeitungen, 1981 bis 2011 Autor politischer Kolumnen in der „Bild-Zeitung", 1988 Biografie über Helmut Schmidt, 1994 Biografie über Richard von Weizsäcker, Träger des Bundesverdienstkreuzes 1. Klasse
David Schiller: 1952 in West-Berlin geb., Politologe, Herausgeber und Chefredakteur des Waffenmagazins „Visier", Angehöriger einer Eliteeinheit der israelischen Armee, Schulung von Sondereinsatzkommandos, 1982 Promotion im Fachbereich Politikwissenschaften, Vorträge für die Bundeswehr, Terrorismusexperte, Buchautor unter dem Pseudonym „Jan Boger"
Otto Schily: 1932 in Bochum geb., Rechtsanwalt und Politiker der SPD, ab 1963 als Rechtsanwalt tätig, ab 1968 vertritt er Gudrun Ensslin, 1971 Wahlverteidiger des damaligen RAF-Mitglieds Horst Mahler, 1975 bis 1977 Wahlverteidiger des RAF-Mitglieds Gudrun Ensslin, 1980 Mitbegründer der Bundespartei Die Grünen, 1983 Bundestagsmitglied, bis 1984 Fraktionsvorsitzender der Grünen, 1989 Austritt bei den Grünen, Niederlegung des Bundestagsmandats, Mitglied der SPD, 1990 Bundestagsabgeordneter der SPD, 1994 bis 1998 stellv. Vorsitzender der SPD-Bundestagsfraktion, 1998 bis 2005 Bundesminister des Innern
Helmut Schmidt: 1918 in Hamburg geb., Politiker der SPD, seit 1961 Senator der Polizeibehörde in Hamburg, 1967 bis 1969 Vorsitzender der SPD-Bundestagsfraktion, 1969 bis 1972 Bundesminister der Verteidigung, 1972 bis 1974 Bundesminister der Finanzen, 1974 bis 1982 Bundeskanzler, 1983 bis 2015 Mitherausgeber der Wochenzeitung „Die Zeit"
Simone Stewens: 1956 in Heidelberg geb., ab 1981 freie Journalistin und Autorin/Regisseurin bei der ARD sowie weiteren Fernsehsendern, Wechsel in die Filmredaktion des Bayrischen Rundfunks, Moderatorin und Autorin, Commissioning Editor für nationale und internationale Kino-Koproduktionen von Spiel- und Dokumentarfilmen, 1997 leitende Redakteurin für Dokumentar- und Spielfilm, ab 1999 Gesamtleitung Redaktion „Film und Teleclub" im Bayerischen Fernsehen, seit 2002 Geschäftsführung und künstlerische Leitung der ifs internationale filmschule köln GmbH

Jürgen Vietor: 1942 in Kassel geb., Pilot, Offiziersausbildung bei der Marine, Marineflieger, von 1967 bis 1974 im Marinefliegergeschwader 3 „Graf Zeppelin" auf dem Fliegerhorst Nordholz, 1974 bis 1999 Pilot bei der Lufthansa, 1977 Kopilot in der „Landshut", erhält Bundesverdienstkreuz, 2008 Rückgabe des Bundesverdienstkreuzes aus Protest gegen die angekündigte Haftentlassung von Christian Klar

24. Zeittafel Terrorangriffe (die Bundesrepublik Deutschland betreffend) 1970–1980

24.1. 1969–1974: Bundeskanzler Willy Brandt in einer sozial-liberalen Koalition

Kabinett Brandt I – 22. Oktober 1969 bis 15. Dezember 1972
Auswärtiges: Walter Scheel
Inneres: Hans-Dietrich Genscher
Verteidigung: Helmut Schmidt (bis 7. Juli 1972), dann Georg Leber

Kabinett Brandt II – 15. Dezember 1972 bis 6. Mai 1974
(bis zum 16. Mai 1974 amtierte Walter Scheel als Bundeskanzler bis zur Wahl Helmut Schmidts)
Auswärtiges: Walter Scheel
Inneres: Hans-Dietrich Genscher
Verteidigung: Georg Leber

Doppelter Bombenanschlag auf Flugzeuge der Austrian-Airlines und der Swissair im Februar 1970

Die Anschlagserie hatte am 10. Februar mit einem Anschlag auf eine El-Al-Maschine am Flughafen München-Riem begonnen, bei dem der Israeli Ari Katzenstein getötet und viele weitere Israelis verletzt wurden. Es folgte ein Anschlag auf ein jüdisches Altenheim in der Reichenbachstraße in München, bei dem sieben israelische Senioren starben. Am 21. Februar explodierten in zwei Flugzeugen Bomben: Die Austrian-Airlines-Maschine konnte notlanden, die Swiss-Air-Maschine stürzte jedoch in Würmelingen in der Schweiz ab. 47 Passagiere starben. Diese Anschläge waren im Verbund zwischen palästinensischen Terroristen der El-Fatah-Bewegung und lokalen Münchner Terroristen der Münchner Tupamaros durchgeführt worden.

Olympia-Attentat 1972

Am 5. September wurden Mitglieder der israelischen Olympia-Mannschaft in München von der palästinensischen Terrorgruppe „Schwarzer September" in Geiselhaft genommen. Ein Befreiungsversuch der Münchner Polizeieinheiten auf dem Flughafen in Fürstenfeldbruck scheiterte, sodass alle Geiseln ums Leben kamen. Ulrich Wegener war als Verbindungsoffizier mit Innenminister Hans-Dietrich Genscher auf dem Flughafen Fürstenfeldbruck zugegen.

Entführung der Lufthansa-Maschine „Kiel" 1972

Zwei arabische Terroristen entführten am 29. Oktober 1972 die Lufthansa-Maschine „Kiel" auf ihrem Flug Damaskus-Beirut-Ankara-München mit 13 Passagieren und sieben Besatzungsmitgliedern an Bord. Die Bundesregierung ließ die drei überlebenden Terroristen der Geiselnahme bei den Olympischen Spielen in München im September 1972 frei. Die Gefangenen wurden in Zagreb übergeben und später nach dem Weiterflug auf dem Flughafen in Tripolis freigelassen.

24.2. 1974–1982: Bundeskanzler Helmut Schmidt in einer sozialliberalen Koalition

Kabinett Schmidt I – 16. Mai 1974 bis 14. Dezember 1976
Auswärtiges: Hans-Dietrich Genscher
Inneres: Werner Maihofer
Verteidigung: Georg Leber

Kabinett Schmidt II – 16. Dezember 1976 bis 4. November 1980
Auswärtiges: Hans-Dietrich Genscher
Inneres: Werner Maihofer (bis 8. Juni 1978), Gerhart Baum (ab 8. Juni 1978)
Verteidigung: Georg Leber (bis 16. Februar 1978), Hans Apel (ab 16. Februar 1978)

Entführung von Peter Lorenz 1975

Am 27. Februar 1975, drei Tage vor der Abgeordnetenhauswahl in Berlin, wurde der CDU-Politiker Peter Lorenz von der Bewegung 2. Juni entführt und in einem Kellerraum in Berlin-Kreuzberg festgehalten. Die Entführer verlangten die Freilassung und Ausreise von sechs inhaftierten Gesinnungsgenossen. Die Bundesregierung entschloss sich, auf die Forderung der Entführer einzugehen. Bis auf Horst Mahler, der einen Austausch abgelehnt hatte, wurden die Gefangenen am 3. März 1975 nach Aden im damaligen Südjemen ausgeflogen, Peter Lorenz am 4. März freigelassen.

Geiselnahme Stockholm 1975

Am 24. April 1975 verschafften sich sechs Terroristen der Rote Armee Fraktion Zugang zur bundesdeutschen Botschaft in Stockholm (Schweden). Die RAF-Terroristen Hanna Krabbe, Karl-Heinz Dellwo, Lutz Taufer, Bernhard Rössner, Ulrich Wessel und Siegfried Hausner nahmen zwölf Geiseln und verbarrikadierten sich im oberen Stockwerk des Gebäudes. Sie nannten sich „Kommando Holger Meins" und forderten die Freilassung von insgesamt 26 Gesinnungsgenossen, darunter Andreas Baader,

Ulrike Meinhof, Gudrun Ensslin und Jan-Carl Raspe. Als ihr Ultimatum verstrich, schossen zwei Terroristen auf Militärattaché Andreas von Mirbach, der einige Stunden später starb. Der Krisenstab um Bundeskanzler Helmut Schmidt ging nicht auf die Forderungen der Terroristen ein. Einer der Terroristen erschoss den Wirtschaftsattaché Heinz Hillegaart öffentlich sichtbar an einem offenen Fenster, bevor der TNT-Sprengstoff explodierte. Alle Kommandomitglieder und Geiseln erlitten Verbrennungen. Wessel starb zwei Stunden später in einem Krankenhaus, Hausner zehn Tage später. Die vier überlebenden Terroristen (Krabbe, Dellwo, Taufer und Rössner) wurden am 20. Juli 1977 vom Oberlandesgericht Düsseldorf zu jeweils zweimal lebenslangen Freiheitsstrafen verurteilt.

Entebbe 1976

Am 27. Juni 1976 entführten vier Terroristen einen französischen Airbus 300-B4 mit 248 Passagieren an Bord auf dem Weg von Tel Aviv nach Paris. Zwei der Entführer waren Wilfried Böse und Brigitte Kuhlmann von den „Revolutionären Zellen" unter Beteiligung der palästinensischen Terrorgruppierung PFLP. Die entführte Maschine landete auf dem Flughafen Entebbe in Uganda. Nachdem die Entführer zuvor einen Großteil der Geiseln freigelassen hatten, befreite in der Nacht vom 3. auf den 4. Juli ein israelisches Kommandounternehmen die verbliebenen, ausschließlich jüdischen Geiseln. Alle Terroristen wurden getötet. GSG-9-Kommandeur Ulrich Wegener war vor Ort und informierte die Israelis sowie die Bundesregierung über die Lage.

Attentat auf Siegfried Buback 1977

Am 7. April 1977 erschossen RAF-Terroristen an einer Kreuzung in Karlsruhe den Generalbundesanwalt Siegfried Buback, seinen Fahrer Wolfgang Göbel sowie den Justizbeamten Georg Wurster. Für diese Tat wurden die Terroristen Christian Klar, Knut Folkerts und Brigitte Mohnhaupt verurteilt.

Attentat auf Jürgen Ponto 1977

Am 30. Juli 1977 wurde der Vorstandssprecher der Dresdner Bank Jürgen Ponto bei einem Entführungsversuch in seinem Haus in Oberursel (Taunus) von den RAF-Mitgliedern Susanne Albrecht, Brigitte Mohnhaupt und Christian Klar ermordet. Susanne Albrecht, deren Vater ein Studienfreund Pontos war, verschaffte sich und ihren Mittätern den Zugang zu Pontos Haus. Nachdem sich Ponto dem Versuch, ihn zu entführen, widersetzte, erschossen ihn Klar und Mohnhaupt.

Entführung von Hanns Martin Schleyer 1977

Am 5. September 1977 wurde Arbeitgeberpräsident Hanns Martin Schleyer in Köln vom sogenannten Kommando Siegfried Hausner der RAF entführt. Nach wochenlanger Geiselnahme wurde Schleyer am 18. Oktober 1977 von RAF-Terroristen in Frankreich ermordet. Die Terroristen hatten im Gegenzug für eine Freilassung Schleyers von der Bundesregierung die Freilassung von elf inhaftierten RAF-Mitgliedern, darunter Andreas Baader, Gudrun Ensslin und Jan-Carl Raspe, gefordert. Hierauf ging die Regierung jedoch nicht ein. Nachdem am frühen Morgen des 18. Oktober 1977 die GSG 9 auf dem Flughafen von Mogadischu die Entführung des Lufthansa-Flugzeugs „Landshut" beendet hatte und sich daraufhin noch in derselben Nacht in der Justizvollzugsanstalt Stuttgart-Stammheim die Terroristen Baader, Ensslin und Raspe das Leben genommen hatten, erschossen die Entführer Schleyer.

Mogadischu 1977

Am 13. Oktober 1977 wurde die Lufthansa-Maschine „Landshut" mit 86 Passagieren und fünf Besatzungsmitgliedern von Palma de Mallorca nach Frankfurt am Main entführt. Am 17. Oktober landete die „Landshut" nach mehreren Zwischenstationen auf dem Flughafen von Mogadischu in Somalia, wo am 18. Oktober eine Befreiungsaktion durch die GSG 9 unter Kommandeur Ulrich Wegener erfolgreich verlief.

Oktoberfestattentat September 1980

Das Oktoberfestattentat am 26. September 1980 war ein rechtsterroristischer Anschlag in München. Es starben 13 Menschen bei der Explosion einer Bombe am Haupteingang des Oktoberfestes, 211 wurden zum Teil schwer verletzt.

25. Für die GSG 9 relevante Terrorgruppen in den 1970er und 1980er Jahren

Action directe (AD): Die Action directe war eine linksradikale Terrororganisation in Frankreich, die sich im Jahr 1979 gründete. Sie ging aus einem Zusammenschluss von Autonomen, Anarchisten und spanischen Emigranten hervor. Die anarcho-kommunistische Action directe griff staatliche Institutionen an, um das „kapitalistische System“ zu Fall zu bringen. In ihren Gründungsjahren verübte sie Anschläge auf staatliche Einrichtungen wie den Sitz der Gegenspionagebehörde DST, das Entwicklungsministerium, die Gendarmerie oder das Verkehrsministerium. Mitte der 1980er Jahre radikalisierte sich die Action directe schließlich mit gezielten Attentaten. Der Sprengstoffanschlag auf die Rhein-Main Air Base 1985 wurde von der RAF und der AD gemeinsam durchgeführt. Zudem benannten sich Kommandos beider Gruppen nach Mitgliedern der jeweils anderen Organisation. Im Jahr 1987 wurde die Action directe zerschlagen.

Arbeiterpartei Kurdistans (Partiya Karkerên Kurdistanê, PKK): Die PKK ist eine kurdische, sozialistisch ausgerichtete militante Untergrundorganisation mit Ursprung in den kurdischen Siedlungsgebieten innerhalb der Türkei. Sie kämpft für die politische Autonomie kurdisch besiedelter Gebiete in der Türkei, teilweise auch in den angrenzenden Ländern. Ihr militärischer Arm verübt Anschläge auf militärische und zivile Ziele. Die PKK verfolgt je nach Lesart die Gründung eines unabhängigen kurdischen Staates oder ein „Demokratisches Autonomes Kurdistan“ innerhalb der bestehenden Staatsgrenzen mit eigenen „nichtstaatlichen Administrationen“. Abdullah Öcalan gründete die PKK im November 1978 zusammen mit 24 Mitstreitern. Das Ziel der marxistisch-leninistisch orientierten Organisation lautete, durch einen Guerillakrieg eine Revolution zu entfesseln und anschließend einen eigenen kurdischen Staat zu gründen. Dem Kampf gegen nationale Unterdrückung wurde Vorrang eingeräumt. Die PKK legte dafür von Anfang an ihren Schwerpunkt auf militante Aktionen und versuchte eine Widerstandsbewegung gegen kurdische Landbesitzer und herrschende Kurdenführer aufzubauen. Nach einem zweiten Militärputsch in der Türkei 1980 wurden Anhänger und zahlreiche Kader der PKK inhaftiert. Ein Teil der Kämpfer und die verbliebene Parteiführung zogen sich zur Neuorganisation in von Syrien kontrollierte Gebiete des Libanons zurück. Die PKK nahm 1982 ihre Aktivitäten wieder auf. Einen tiefen Einschnitt erfuhr der bewaffnete Kampf mit der Verhaftung von Öcalan am 15. Juni 1999.

Armenische Geheimarmee zur Befreiung Armeniens (Armenian Secret Army for the Liberation of Armenia, ASALA): Die armenische marxistisch-leninistische Terrororganisation ASALA agierte von 1975 bis in die frühen 1990er Jahre. Die ASALA sah sich selbst als Guerilla-Kampfgruppe. Ihre Absicht war es, „die türkische Regierung zum Eingeständnis ihrer Verantwortung für den Völkermord an den Armeniern ab 1915, die Zahlung von Reparationen und Gebietsabtretungen an das armenische Heimatland zu zwingen“. Dabei verfolgte die ASALA das Ziel, das historische Armenien wieder zu etablieren, welches Westarmenien und Sowjetarmenien umfasst. Der Anführer der Gruppe war von 1975 bis 1988 Hagop Agopjan. Die Gruppe verbündete sich mit der Palästinensischen Befreiungsorganisation (PLO) und der Arbeiterpartei Kurdistans (PKK) und erhielt heimliche Unterstützung aus der armenischen Diaspora in Europa sowie den Vereinigten Staaten. Durch Anschläge der ASALA wurden 46 Personen getötet und 299 verletzt.

Baskische Separatisten (Euskadi Ta Askatasuna, ETA): Die nationalrevolutionäre Untergrundbewegung ETA, welche sowohl baskisch-nationalistische Konzepte als auch marxistisch-leninistische Ideale verfolgt, wurde 1959 als Widerstandsbewegung gegen die Franco-Diktatur gegründet, bekämpfte den spanischen Staat auch nach der Rückkehr zur Demokratie im Jahr 1975 weiter. Ziel der ETA ist die Etablierung eines autonomen, sozialistisch geprägten baskisch-nationalistischen Staates im Norden Spaniens und Südwesten Frankreichs. Die baskischen Separatisten folgen einer Doppelstrategie aus politischem Kampf und Guerilla-Taktiken. Seit den 1960er Jahren bis Mitte 2009 tötete die Untergrundorganisation ETA mehr als 800 Menschen.

Bewegung 2. Juni: Die Bewegung war eine in den 1970er Jahren in West-Berlin aktive linksextremistische terroristische Vereinigung. Sie wurde nach dem 2. Juni 1967 benannt, an dem der Student Benno Ohnesorg auf einer Demonstration gegen den Schah-Besuch von dem Berliner Polizisten Karl-Heinz Kurras erschossen worden war. Kurras war inoffizieller Mitarbeiter des Ministeriums für Staatssicherheit der DDR. Die Bewegung 2. Juni verübte eine Reihe von terroristischen Bombenattentaten, Banküberfällen und Entführungen von Funktionsträgern des Staates und aus der Wirtschaft. Am 2. Juni 1980 erklärte die Organisation ihre Selbstauflösung. Einige ihrer Aktivisten schlossen sich der Rote Armee Fraktion (RAF) an, andere den Revolutionären Zellen (RZ).

Irisch- Republikanische Armee (Irish Republican Army, IRA): Die IRA ist eine paramilitärische katholische Untergrundorganisation, die das Ziel einer Loslösung Nordirlands von Großbritannien und die Vereinigung mit der Republik Irland verfolgt. Die IRA wurde bereits 1919 als militärischer Verband gegründet, im Juli 2005 verkündete sie einen offiziellen Waffenstillstand. Seit 1916 fanden Aufstände der vorwiegend katholischen Iren gegen die englische Herrschaft statt. Zu den Verfechtern dieser Position gehört die 1905 gegründete Partei Sinn Féin. Um das Ziel der irisch-republikanischen Unabhängigkeit zu verwirklichen, nutzte die IRA typische Methoden einer Terrororganisation. Die Angriffe richteten sich häufig auf Ziele mit hohem Symbolgehalt wie religiöse Orte oder Regierungsgebäude, auch Plätze des öffentlichen Lebens wurden durch Bombenattentate angegriffen. Zwischen 1969 und 1994 wurden schätzungsweise 1.800 Menschen, darunter etwa 600 Zivilisten, bei Anschlägen der IRA getötet.

Kämpfende kommunistische Zellen (Cellules Communistes Combattantes, CCC): Die CCC wurde im Juni 1983 unter Beteiligung des ehemaligen Mitglieds der französischen Action directe Pierre Carette gegründet. Die in Belgien aktive linksterroristische Gruppe vertrat eine antiimperialistische, marxistisch-leninistische Ideologie, die sie mit dem Konzept der Stadtguerilla verband. Sie richtete ihre Anschläge gegen Einrichtungen der NATO sowie Unternehmen, die von ihr dem militärisch-industriellen Komplex zugeordnet wurden. Dabei zielten die Anschläge auf Sachschaden und sollten bewusst keine Mordanschläge sein. Allein zwischen 1983 und 1985 verübte die Terrorgruppe 24 terroristische Anschläge. Kontakte pflegte die CCC unter anderen zur Action directe und der RAF.

Palästinensische Befreiungsorganisation (Palestine Liberation Organization, PLO): Die PLO strebt die Vertretung aller Palästinenser, auch der im arabischen und im nichtmuslimischen Exil, an. Sie ist ein Dachverband verschiedener nationalistischer Fraktionen und Gruppierungen, die unterschiedliche, zum Teil auch extreme Ziele verfolgen. Dabei ist die stärkste Fraktion die Fatah. Diese wurde am 10. Oktober 1959 als Guerillaorganisation von Jassir Arafat in Kuwait gegründet. Sie sah im bewaffneten Kampf ein geeignetes Mittel, um die palästinensische Unabhängigkeit zu erreichen. Am 2. Juni 1964 gründete sich auf Initiative des ägyptischen Staatspräsidenten Gamal Abdel Nasser die Palästinensische Befreiungsorganisation. Ende 1964 verübten Fatah-Kommandos erste Anschläge in Israel. In den Folgejahren operierten die Freischärler hauptsächlich von Jordanien aus, verübten Bombenattentate und legten Hinterhalte. Von 1969 bis zu seinem Tod 2004 war Jassir Arafat PLO-Vorsitzender. Unter seiner Führung radikalisierte sich die Organisation, es wurden international terroristische Anschläge verübt. Die PLO engagierte sich in palästinensischen Flüchtlingslagern mit Hilfe ausländischer Finanzierung für soziale Ziele wie den Aufbau von Krankenhäusern und Schulen, gleichzeitig baute sie im Südlibanon eine Armee von etwa 20.000 Mann auf. Nachdem die israelische Armee 1982 in den Libanon eingefallen war, musste die PLO ihr Hauptquartier nach Tunis verlegen. In den folgenden internen Machtkämpfen der PLO konnte sich Arafat durchsetzen. Im Verlauf von Erster Intifada und Zweiter Intifada entwickelte sich ein Machtkampf zwischen PLO und Hamas, in dem die PLO ihre führende Rolle als Vertretung der palästinensischen Bevölkerung verlor. Der größte außenpolitische Erfolg der PLO war die Anerkennung als „Repräsentant des palästinensischen Volkes“ durch die Vereinten Nationen im Jahre 1974. Neuer Vorsitzender ist seit Arafats Tod der Präsident der Palästinensischen Autonomiebehörde Mahmud Abbas.

Revolutionäre Zellen (RZ): Die RZ waren eine linksextremistische Terrorgruppe in Deutschland. Sie waren von den 1970er Jahren bis in die 1990er Jahre aktiv und begriffen sich als Teil der Autonomen Bewegung. Anders als die RAF wollten die RZ-Mitglieder nicht aus dem Untergrund agieren, sondern in der Legalität leben und arbeiten. Sie blieben bei ihren Anschlägen anonym, um neben ihrer militanten Politik weiterhin in legalen politischen Organisationen mitarbeiten zu können. Im Gegensatz zur RAF waren die RZ nicht straff organisiert, sie bestanden stattdessen aus kleinen Zellen ohne zentrale Führung. Es gab Kontakte zur RAF, zur Bewegung 2. Juni und auch zu palästinensischen Gruppen sowie zum Terroristen Carlos. Die ersten Anschläge verübten die RZ im November 1973 in Berlin und Nürnberg gegen den Konzern ITT. Im Jahr 1975 führte eine Frauengruppe der RZ einen Bombenanschlag auf das Bundesverfassungsgericht in Karlsruhe durch. Die Rote Zora, wie sich die nur aus weiblichen Mitgliedern bestehende Gruppe kurz danach nannte, trat in der Folge als eigenständige Organisation auf. Bis in die 1980er Jahre gab es gemeinsame Anschläge beider Gruppen. Zudem existierte eine internationale Zelle der RZ, deren Mitglieder an verschiedenen internationalen Anschlägen beteiligt waren: so beispielsweise Hans-Joachim Klein, neben Gabriele Kröcher-Tiedemann (Bewegung 2. Juni) an dem Überfall auf die OPEC-Konferenz 1975 unter Carlos. Auch an der Entführung einer Air-France-Maschine von Tel Aviv nach Entebbe im Jahr 1976 waren die RZ beteiligt. Für beide Operationen unterstellten sich RZ-Mitglieder dem Kommando von Wadi Haddad, der eine Abspaltung der Volksfront zur Befreiung Palästinas (PFLP) befehligte. Im Zuge der israelischen Militäraktion zur Erstürmung des Flughafengebäudes von Entebbe wurden zwei Gründer der RZ getötet, Wilfried Böse und Brigitte Kuhlmann. Dies führte zu heftigen Auseinandersetzungen innerhalb der RZ um die zukünftige Orientierung; Anschläge im Ausland wurden danach nicht mehr durchgeführt.

Rote Armee Fraktion (RAF): Die RAF war eine linksextremistische terroristische Vereinigung in der Bundesrepublik Deutschland. Sie war verantwortlich für 33 Morde an Führungskräften in Politik, Wirtschaft und Verwaltung, deren Fahrern, an Polizisten, Zollbeamten und amerikanischen Soldaten sowie für die Schleyer-Entführung, mehrere Geiselnahmen, Banküberfälle und Sprengstoffattentate mit über 200 Verletzten. Durch Polizeiaktionen, Suizid oder Hungerstreik kamen 24 Mitglieder und Sympathisanten der RAF ums Leben. Die RAF, in ihrem Selbstverständnis eine kommunistische, antiimperialistische Stadtguerilla nach südamerikanischem Vorbild, wurde 1970 von Andreas Baader, Gudrun Ensslin, Horst Mahler, Ulrike Meinhof und weiteren Personen gegründet. Die Anzahl der Mitglieder aller drei Generationen der RAF betrug zwischen den 1970er und 1990er Jahren zwischen 60 und 80 Personen. Ab 1970 kooperierte die RAF mit palästinensischen, später mit französischen, italienischen und belgischen Terrorgruppen. Eine als „Offensive 77“ bezeichnete Serie von Anschlägen im September und Oktober 1977, die dazu dienen sollte, inhaftierte RAF-Mitglieder freizupressen, führte in eine als „Deutscher Herbst“ bezeichnete Krise der Bundesrepublik. Die Anschlagsserie endete mit den Selbstmorden der inhaftierten Anführer der ersten Generation der RAF in der Vollzugsanstalt Stuttgart-Stammheim. 1993 verübte die RAF ihren letzten Anschlag und erklärte 1998 ihre Selbstauflösung.

Rote Brigaden (Brigate Rosse, BR): Die italienische linksextreme Terrorgruppe Rote Brigaden wurde 1970 in Italien als eine kommunistische Untergrundorganisation gegründet. Ihr Ziel war es, durch bewaffneten Kampf, Attentate, Entführungen und Anschläge die bestehende Gesellschaftsordnung zu zerstören und eine marxistische Gesellschaftsordnung zu errichten. Die Roten Brigaden betrachteten sich als Stadtguerilla nach Vorbild der uruguayischen Tupamaros. Anfangs wurden sie noch partiell von der Arbeiterschaft unterstützt, entwickelten sich dann – vor allem nach der Ermordung des Parteivorsitzenden der Democrazia Cristiana, Aldo Moro (1978), als Höhepunkt des italienischen Linksterrorismus – zu einer isolierten Terrorgruppe. Zwischen 1970 und 1988 verübte die Gruppe 73 Mordanschläge und organisierte zahlreiche Entführungen sowie Banküberfälle. 1982/83 wurde die BR von den Justizbehörden weitgehend zerschlagen. Insgesamt wurde zwischen 1969 und 1989 gegen 1.337 mutmaßliche Aktivisten der Roten Brigaden ermittelt.

Schwarzer September: Die Gruppe „Schwarzer September“ gehörte insgeheim zu Jassir Arafats Guerillaorganisation Fatah. Die Gruppierung leitete ihren Namen vom Jordanischen Bürgerkrieg im September 1970 ab, der im palästinensischen Sprachgebrauch „Schwarzer September“ genannt wird. An diesem Tag verübten radikale Palästinenser der Demokratischen Front zur Befreiung Palästinas ein Attentat auf König Hussein. Dieser zerschlug daraufhin mit Hilfe royalistischer Truppen aus Beduinen die PLO in seinem Land, deren Kämpfer daraufhin ins libanesische Exil oder in den Untergrund gingen. „Schwarzer September“ begann als eine kleine Zelle von Fatah-Männern, die entschlossen waren, Rache an König Hussein und der jordanischen Armee zu nehmen. Zulauf erhielt die Organisation u.a. von der Volksfront zur Befreiung Palästinas (PFLP) und von As-Sa’iqa – einer palästinensischen Gruppe aus der Baath-Partei (Syrien), die im September 1966 entstanden war. 1971 ermordete die Gruppe den jordanischen Premierminister Wasfi Tell, 1972 wurden fünf in Deutschland lebende Jordanier ermordet. Während der Olympischen Sommerspiele in München stürmten am 5. September 1972 acht bewaffnete Mitglieder der Terrororganisation das Wohnquartier der israelischen Mannschaft, nahmen elf israelische Sportler als Geiseln und ermordeten sie im Verlauf der Geiselnahme. Im September und Oktober 1972 wurden Dutzende von Briefbomben von Amsterdam aus an israelische Diplomaten in aller Welt geschickt. Am 5. August 1973 eröffneten die beiden Terroristen Talaat Hussein Abdallah und Zemed Mohammed Ahmed, die sich als Mitglieder der Gruppe „Schwarzer September“ bezeichneten, das Feuer auf eine Passagier-Lounge auf dem Flughafen von Athen, wobei drei Menschen getötet und 55 verwundet wurden. Die Gruppe wurde im Laufe der Jahre vom israelischen Geheimdienst Mossad zerschlagen.

Volksfront zur Befreiung Palästinas (Popular Front for the Liberation of Palestine, PFLP): Die PFLP ist eine dem linken Flügel des Panarabismus zuzurechnende, 1968 gegründete Palästinenserorganisation, die politisch und militärisch aktiv ist. Die Volksfront entstand 1967 aus der Vereinigung einiger linksgerichteter, nicht-religiöser palästinensischer Organisationen. In ihrer Ideologie verband sie zunächst Elemente des Marxismus-Leninismus mit arabischem Nationalismus. Das erklärte Ziel der Volksfront war die „Befreiung ganz Palästinas im bewaffneten Kampf und die Errichtung eines demokratischen und sozialistischen palästinensischen Staates." Zu Beginn widersetzte sich die Volksfront jeglicher Lösung des israelisch-arabischen Konflikts, die zur Bildung zweier Staaten zwischen dem Mittelmeer und Jordanien führen sollte. Auf taktischer Ebene bekennt sich die Volksfront zu Terroraktionen, die die Aufmerksamkeit der Öffentlichkeit auf das palästinensische Problem lenken sollen, wie beispielsweise Flugzeugentführungen und Attentate. So war die PFLP 1976 für die Entführung eines Air-France-Flugzeugs nach Entebbe durch die Haddad-Gruppe (PFLP-EO) verantwortlich sowie 1977 für die Entführung des Flugzeugs „Landshut", das sich auf dem Flug von Palma de Mallorca nach Frankfurt/Main befand. Bei den Terroristen handelt es sich um den als „Captain Martyr Mahmud" bekannten Zohair Youssif Akache, der einige Monate vor der Entführung an der Ermordung des früheren Premierministers von Nordjemen beteiligt gewesen war, seine Verlobte Hind Alameh alias Shanaz Gholoun, Nabil Harbi sowie die als „Soraya Ansari" bekannte Souhaila Andrawes.

Volkskräfte des 25. April (Forcas Populares 25 de Abril, FP 25): Die linksradikalen FP 25 sind nach dem Datum der „Nelkenrevolution" benannt, des linksgerichteten Aufstands großer Teile der Armee in Portugal gegen die autoritäre Diktatur des sogenannten Estado Novo am 25. April 1974, der den Weg zur demokratischen Dritten Republik ebnete. Den FP 25 werden mindestens zehn Morde, über 100 Bombenattentate und Banküberfälle zugeschrieben. Die Attentate richteten sich gegen Großgrundbesitzer, Unternehmer und Polizisten. Seit 1980 bekämpfen die FP 25 die vermeintlich „korrupte Gesellschaft" in Portugal. Ihre selbsternannten „Gerichte" haben Kenntnisse über Bilanzen, das Privatleben und die Bankkonten vieler Unternehmer.

26. Führen in Extremlagen
Führen unter Belastung

Vortrag von General a.D. Ulrich K. Wegener, 2013

Gerade bei der gegenwärtigen Sicherheits- und Bedrohungslage der westlichen Staaten und mit der Zuweisung neuer Aufgaben für die Streitkräfte und veränderter Strukturen hat der Begriff „Führung" eine neue Dimension erhalten.

Ich möchte Ihnen daher heute etwas Grundsätzliches über Führung und ihre Probleme in militärischen und wirtschaftlichen Bereichen darstellen, wie sie sich aufgrund eines Übermaßes an Bürokratie und nicht zuletzt auch der technologischen Entwicklung der letzten Jahrzehnte ergeben haben.

Im weiteren Teil meiner Ausführungen möchte ich auf besondere Führungsprobleme bei der Aufstellung, Ausbildung und Führung eines Spezialverbandes, der GSG 9, eingehen. Besonders die speziellen Probleme bei der Aufstellung und Führung eines Spezialverbandes in den 1970er und 1980er Jahren vermitteln und spiegeln den Zeitgeist der damaligen Jahre, nicht nur in Deutschland, wider.

Danach, im dritten Teil meines Vortrags, werde ich Ihnen anhand von zwei Beispielen praktizierte Führung unter Belastung und die dabei auftretenden Probleme darstellen.

Menschenführung ist eine der schwierigsten und zugleich faszinierendsten Aufgaben sowohl für den militärischen Vorgesetzten als auch für den Unternehmer oder Manager in der Wirtschaft.

Führung – nicht Verwaltung – ist eine absolute Notwendigkeit für den militärischen Führer, aber auch für den Leiter eines Betriebes. Nur durch erfolgreiche Führung wird das Funktionieren einer Organisation garantiert. Führung stellt gleichzeitig eine Herausforderung an die fachliche und menschliche Kompetenz der Verantwortlichen dar. Wo Bestimmte Grundsätze der Führung nicht beherrscht und angewendet werden, kommt es zu Frustration, Demotivierung von Mitarbeitern und Untergebenen und endet schließlich in Erfolglosigkeit. Wenn wir ehrlich sind, müssen wir zugeben, dass das Führen unter Belastungen und in Krisensituationen immer die schwierigste Aufgabe und Herausforderung sowohl des Offiziers als auch des Unternehmers gewesen ist. In vielen Bereichen wurde jedoch häufig, besonders in den letzten Jahren, das Grundkonzept der Führung durch ein Übermaß an Verwaltung zurückgedrängt, verkümmerte oft oder blieb in Ansätzen stecken. Auch modernste elektronische Hilfsmittel wie Computer können nicht das menschliche Einwirken nämlich die Führung von Untergebenen und Mitarbeitern, ersetzen.

Diese Entwicklung war nicht nur im militärischen Bereich festzustellen, sondern wurde auch von profilierten Persönlichkeiten der Wirtschaft kritisch angemerkt. Hier

Das Thema Führung unter Belastung enthält das **Schlüsselproblem** der Führung überhaupt und zugleich die große Herausforderung für jeden Führer. Die in **Extremsituationen auftretenden Belastungen** und **einzigartigen Führungsprobleme** haben mich während des größten Teils meiner Offizierslaufbahn begleitet und sie haben mich fasziniert. Daher werde ich zu Ihnen nicht in einer wissenschaftlichen Abhandlung über Führungsprobleme referieren, wohl aber über **persönliche Erfahrungen** aus dem militärischen und polizeilichen Bereich und besonders über meine eigenen Führungserfahrungen als Kommandeur eines Spezialverbandes.

Eines möchte ich hier gleich zu Anfang feststellen: Eine effiziente Führung – nicht Management – ist heute in allen Bereichen, nicht nur in militärischen, Grundbedingung und für den Erfolg eines Projekts oder eines Unternehmens unverzichtbar. Nur in einer **konsequenten Führung** liegt oft der Schlüssel zum Erfolg! Führung bedeutet richtungsweisendes und **steuerndes Einwirken auf das Verhalten der Geführten** zum **Erreichen eines Ziels**, zum Erfolg eines Auftrags besonders in schwierigen Lagen und unter schweren körperlichen und seelischen Belastungen. Führung ist auch ein **Vorgang der Willensbildung** und **Willensdurchsetzung**. Sie erfordert **Charakterstärke, professionelles Können** und **geistige Kraft**.

Führung ist eben nicht gleichzusetzen mit Management. Führung stellt ungleich höhere Anforderungen an Führer und Geführte, besonders in Stresssituationen und unter Belastung. Führung ist umfassender.

Nach der deutschen Führungsvorschrift und deutschen militärischen Traditionen liegt die Besonderheit militärischer Führung darin, dass sie auch unter außergewöhnlichen Belastungen des Einsatzes wirksam werden muss.

Militärische Führer müssen oft bei Ausfällen von Personal und Material unter erheblichem Zeitdruck und in ungeklärter Lage ohne Zögern handeln und Führungsentscheidungen konsequent durchsetzen.

Ich bin aber auch sicher, dass sich die Anwendung und Beherrschung bestimmter Grundsätze aus der militärischen Führungslehre gerade bei Krisenlagen auch unter Stress in Wirtschaftsunternehmen bewähren.

Nun zu einer realen Krisenlage, wie sie sich vor einiger Zeit ereignet hatte, die u. a. auch durch die besondere Belastung der Führung entstand:

Am 24. April 1980 landeten 6 Transportmaschinen C 130 mit dem US Special Forces Verband SFOD Delta und Colonel Charles Beckwith auf einem durch Agenten erkundeten und vorbereiteten sandigen Flugfeld (Desert I) in der iranischen Wüste, nahe der Stadt Taba. Wenig später folgten 8 Marine-Hubschrauber RH 53 vom Flugzeugträger „USS Nimitz". Die Operation „Eagle Claw" zur Befreiung der amerikanischen Geiseln in der von Revolutionsgarden besetzen US-Botschaft in Teheran hatte begonnen. Unmittelbar nach der Landung der Hubschrauber kam es jedoch zu einer Reihe von katastrophalen Fehlleistungen. Beim Auftanken der Hubschrauber für den Weiterflug nach Teheran kollidierten ein Hubschrauber und eine C 130; beide Maschinen gingen sofort in Flammen auf, 8 Soldaten starben in den brennenden Maschinen. Schon auf dem Flug von der „Nimitz" zu Desert I hatten die RH 53 erhebliche Maschinenprobleme aufgrund mangelhafter technischer Vorbereitung. Kurz nach der Kollision und während des chaotischen Durcheinanders erschien ein iranischer Tanklastzug und konnte unbehelligt aufgrund fehlender taktischer Führungsentscheidung entkommen und den örtlichen iranischen Militärbefehlshaber verständigen. Wer war verantwortlich? Wer führte?

Zwischen den Kommandeuren der beteiligten US-Verbände SFOD Delta, US-Navy Hubschrauber Squadron und US-Airforce C 130 Squadron entwickelte sich inzwischen eine hitzige Debatte, ob der Einsatz fortgesetzt werden sollte oder nicht.

Schließlich entschied der in Kairo stationierte Task Force-Befehlshaber, Generalleutnant Vault, nach Rücksprache mit den JOINT CHIEFS OF STAFF in Washington D.C., in völliger Unkenntnis der tatsächlichen Lage bei Desert I, den Abbruch des Unternehmens und den sofortigen Abtransport aller Einsatzkräfte mit den C 130 Transportern – und unter Zurücklassung der Hubschrauber. Bei der völlig überhasteten Evakuierung der US-Kräfte wurden außer den 6 einsatzklaren Hubschraubern eine Anzahl Waffen und 8 tote Soldaten zurückgelassen – letzteres ist ein ungeheurer Verstoß gegen die militärische Ethik.

Aufgrund des Befehls- und Führungswirrwarr verursachten Chaos auf Desert I erlitt der Kommandeur des Special Forces Verbandes, Colonel Beckwith, noch vor dem Abflug einen Nervenzusammenbruch.

Bei der zwei Wochen später in Washington D.C. erfolgten Untersuchung der Gründe für das Scheitern der missglückten Operation (ich war als Experte mit einem britischen Kameraden hierzu eingeladen worden) wurden folgende gravierende Verstöße gegen Führungsgrundsätze festgestellt: Die Führung der Einsatzkräfte vor Ort lag nicht in **einer** Hand. Jeder Kommandeur der eingesetzten Teilstreitkräfte hatte Führungsverantwortung für seinen Teil. Der Gesamtverband und die Operation wurde **von Kairo** aus geführt! Die **Unteilbarkeit der Führungsverantwortung** vor Ort, eines der wichtigsten Führungsprinzipien, wurde **nicht** beachtet. Es wurde nach Befehlstaktik geführt, d. h. vor jedem Schritt musste praktisch die Genehmigung in Kairo und Washington eingeholt werden. Dank hervorragender GPS-Kommunikationsverbindungen war das – leider – auch technisch möglich.

Mangelndes Vertrauen von oben nach unten sowie taktische Unbeweglichkeit, Informationsverlust, nicht lagegerechtes Handeln und stressbedingte Führungsfehler vor Ort waren die Folgen. Außer den bereits erwähnten Führungsfehlern führten auch Ausbildungsmängel und Übungsdefizite bei den Hubschrauberpiloten (Sandlandungen waren nicht geübt worden!) zu den Vorfällen auf Desert I. Überzogene Geheimhaltung beeinflusste die Vorbereitung des Unternehmens nachhaltig. So wurden die für den Einsatz über Wüstengebieten ungeeigneten Marine-Hubschrauber RH 53 (keine Sandfilter) der „Nimitz" eingesetzt, obwohl die Heeresversion CH 53 zur Verfügung gestanden hätte.

Die gesamten Einsatzkräfte waren **unzureichend** und zu spät über die Lage informiert worden, so dass eine **gemeinsame Übung** als Generalprobe zur Vorbereitung der Operation **nicht** stattfand. Dies war besonders kritisch, nachdem die abgestellten Teile der Teilstreitkräfte nie vorher zusammengearbeitet hatten!

Die oben aufgeführten unglaublichen Führungsfehler waren umso schwerwiegender zu werten, als es sich bei den eingesetzten Führern, einschließlich des Befehlshabers der Task Force in Kairo, um bewährte Offiziere des Special-Operation-Bereichs handelte, die es gewöhnt waren, in extremen Situationen zu handeln. Allerdings muss klar festgestellt werden, dass Grundfehler schon im Führungssystem lagen. Die beteiligten Kommandeure hätten allerdings den vorprogrammierten Misserfolg durch die befohlene Führungskonzeption, Befehlstaktik, geteilte Führung, zu viele Ebenen, erkennen müssen und nicht akzeptieren dürfen.

Auch die politische Führung, die hier vor der Operation durch den Sicherheitsberater des Präsidenten eine verhängnisvolle Rolle spielte, hätte nach der gefassten Entscheidung für die Operation in die direkte Führung nicht mehr eingreifen dürfen. Der verheerende Misserfolg des Unternehmens aufgrund offenkundig gewordener Führungsmängel führte im Übrigen bei der SFOD Delta – was abzusehen war – zu erheblichen Vertrauensverlusten gegenüber der Führung und zu einer schweren Demotivierung. Der gut ausgebildete Eliteverband zerfiel buchstäblich: Die Masse der Offiziere und Spezialisten bat um eine Verwendung in anderen US-Verbänden. Colonel Beckwith reichte seine vorzeitige Pensionierung ein.

Das Führungsversagen in dem eben dargestellten Fall der Operation „Eagle Claw" kam für mich als Kommandeur eines deutschen Spezialverbandes nicht völlig überraschend.

Bei gemeinsamen Ausbildungsveranstaltungen mit der SFOD Delta, gemeinsamen taktischen Übungen und Kommandeurbesprechungen im internationalen Rahmen hatten wir, vor allem britische Kameraden und ich, immer wieder das Festhalten an der Befehlstaktik durch die Amerikaner, d. h. formell das Festlegen jeder Einzelheit (auch bei geänderter Lage) durch die oberste Führungsebene durch Hineinbefehlen in die taktischen Teileinheiten, festgestellt und als falsch kritisiert.

Im Einsatz, d. h. in Extremsituationen unter Stress und unter extremen Bedingungen, muss am Ort des Geschehens direkt, lageangemessen und ohne Verzug durch den dort verantwortlichen Führer in Eigeninitiative, d. h. im Sinne des Auftrags, taktisch reagiert und entschieden werden. Das Warten auf Befehle „von oben" würde zur Initiativlosigkeit, zur Lähmung, in bestimmten Situationen zu Verlusten führen und fast immer zum garantierten Misserfolg. Die Lösung: Das Führen nach Auftragstaktik – der Auftrag nennt das Ziel. Einzelheiten der Durchführung werden nicht vorgegeben – ist die einzige erfolgsversprechende Führungsdoktrin – besonders unter Belastungen. Für Spezialeinheiten wie die GSG 9, dem britischen SAS, der französischen GIGN und anderer stellt das Führen und Handeln in Extremsituationen die „Normallage" dar.

Die Vorbereitung auf diese Lagen, bei denen es ja fast in jedem Fall um Menschenleben geht, d. h. die Ausbildung und das taktische Üben im Team und im Verband haben nur **ein** Ziel: Die **Beherrschung** der **Extremsituation** durch Führer und Geführte. Kritische Lagen im Einsatz führen bei **nicht vorbereiteten** und schlecht ausgebildeten Einheiten oft zum **kollektiven psychischen Versagen** ganzer Gruppen. So kann es zur lethargischen **Inaktivität** oder zur Panik kommen. Auch Führer aller Ebenen haben im Stress oft versagt. Mangelnde Konzentration und sogenannte Panikentscheidungen wirken sich verheerend auf den Einsatzwillen, die Kampfkraft und die Moral der anvertrauten Einheit und auf den Einsatzerfolg aus.

Bei der GSG 9 sowie beim britischen SAS werden Führer aller Ebenen und die Spezialeinsatzteams systematisch durch entsprechende Führer- und Teamausbildung, durch rigorosen Drill bestimmter Verfahren und Techniken an Extremsituationen herangeführt.

So hat der Führer eines Teams in einer kritischen Situation die unter Stresseinfluss stehenden Untergebenen durch **ruhiges Überzeugen, klares Informieren und eindeutige Anweisungen ohne Handlungsspielraum** zum aktiven Handeln zu veranlassen.

Zusammengefasst kann man feststellen:

Zunehmender Stress in einer kritischen Lage erfordert die **autoritäre Führung, abnehmender Stress** kann die Führung zu **Kooperation** verlagern. Außerdem sollten folgende Grundsätze zur Verhinderung psychischen Versagens bei Führern und Geführten beachtet werden:

- Eine **realistische Beurteilung** der Lage gibt Klarheit und Konsequenz der Führungsentscheidung vor.
- **Vorausschauende direkte Führung** und das **persönliche Beispiel** des Führers vermitteln ein Gefühl der Sicherheit und Überlegenheit.
- **Aktuelle klare Lageinformationen** sorgen dafür, dass sich auch die Geführten auf die Lage, mögliche Probleme, das Verhalten des Gegners und eigene taktische Absichten einstellen können.
- **Einfache, klare Befehle** beugen Unsicherheiten und Missverständnissen vor. Jeder Angesprochene muss das Gefühl haben, dass es gerade auf ihn ankommt.
- Erprobte und bewährte Teams und Kampfgemeinschaften dürfen nicht ohne Not getrennt werden.
- Der **Fürsorge** kommt gerade im Einsatz erhebliche Bedeutung zu (Ruhepausen, Verpflegung, Sanitätsversorgung).
- Humor und ein persönliches Wort kann zur Entspannung krisenhafter Situationen beitragen.
- Unvermeidbare Wartezeiten sollten sinnvoll genutzt werden; durch Wiederholung der Aufträge, Absprachen über bestimmte Einsatzvorgänge, Üben bestimmter Techniken und durch Ruhe.

Am Beispiel der GSG 9 darf ich Ihnen einige Grundsätze unserer Führungskonzeption von Spezialverbänden etwas plastischer darstellen:

Der oberste Führungsgrundsatz der GSG 9, der durch das Motto „mir nach!" die beispielhafte Rolle des Führers unterstreicht, war natürlich richtungsweisend für Personalauswahl, Ausbildung und Einsatzkonzeption. Der Grundgedanke, dass besondere Leistungen durch beispielhaftes Verhalten des Führers zu erreichen sind, ist nicht neu und nahm in der deutschen Militärgeschichte immer einen wichtigen Platz ein. Nach dem Krieg wurde er allerdings oft absichtlich durch die Überbetonung des Kollektivgedankens in den Hintergrund gedrängt. Bei der GSG 9 und bei anderen Spezialverbänden ist er unverzichtbar.

Nun zur **Personalauswahl der GSG 9**, die die wichtigste Voraussetzung für den Einsatzwert der späteren Einheit darstellt. Das Auswahlverfahren erstreckt sich über 8 Tage. Hierbei wird natürlich großer Wert auf die Auswahl künftiger Führer gelegt:

- Charisma, persönliche Autorität, professionelles Können, geistige Beweglichkeit, Stressstabilität und Verantwortungsfreude sind einige Kriterien für die Führerauswahl.
- Adaptions- und Teamfähigkeit sind weitere Merkmale, die von einem Freiwilligen der GSG 9 erwartet werden. Viele junge Offiziere scheitern, weil sie eben nicht bereit sind, sich voll zu engagieren und durch persönlichen Einsatz zu führen, im Übrigen eine typische Erscheinung aus der Gesellschaft!
- Ca. 80 Prozent der schon nach Aktenlage ausgesuchten Freiwilligen (Unterführer) scheitern während des Auswahlverfahrens.

Bei der anschließenden 10-monatigen Sonderausbildung liegt der Schwerpunkt im ersten Teil auf Steigerung der physischen und psychischen Leistungsfähigkeit. Im zweiten Teil liegt der Schwerpunkt auf der Team- und Verbandsausbildung. Eine realitätsnahe taktische Ausbildung in unterschiedlichsten Lagen – meist mit scharfem Schuss – soll nicht zuletzt Vertrauen von unten nach oben und umgekehrt, wie auch Vertrauen in die Kampfgemeinschaft und die eigene Leistung fördern. Die anschließende Integration der Freiwilligen in die taktischen Einsatzteams der Kampfeinheiten stellt den Abschluss der Ausbildung dar. Der Spezialeinsatztrupp (SET), sein Team, ist jetzt die Kampfgemeinschaft, in der der Freiwillige lebt, sich in unterschiedlichsten Rollen auf den Einsatz vorbereitet und schließlich im Einsatz kämpft. In der taktischen Führerausbildung wird der Führer in der GSG 9, Offiziere und Unterführer, durch systematische theoretische Schulungen (Planübungen und Rollenspiele) und durch praktische Übungen auf das Führen in der Auftragstaktik auf den Einsatz vorbereitet.

Der Offizier und auch der Unterführer als Führer eines Spezialeinsatztrupps in der GSG 9 weiß, dass sie oft im Einsatz aufgrund des Auftrags auf sich allein gestellt sind und dass sie fast immer unter Stress Führungsentscheidungen treffen müssen, von denen oft Leben oder Tod von Geiseln und anvertrauten Kameraden abhängt. Das Führen bei Gefechtsübungen und in Einsatzabläufen an unterschiedlichsten Objekten im scharfen Schuss sowie das bewusste Einspielen kritischer Lagen gehören von Anfang an zur täglichen Praxis von Führern aller Ebenen. Eine gründliche taktische und psychologische Vorbereitung der Einheiten und besonders der Führer vor Einsätzen, sowie eine kritische Nachbearbeitung nach einem Einsatz, sind selbstverständlich. Das Zusammengehörigkeitsgefühl in der Kampfgemeinschaft, das Vertrauen auf den Kameraden und auch auf den Führer sowie das professionelle Können sind wesentliche Voraussetzungen für eine erfolgreiche Führung im Einsatz, auch gerade in Extrem- und Belastungssituationen. Ein wichtiger Faktor der Stressbewältigung in den Einheiten ist eine gewisse Integration der Familien. Private Probleme können – wie wir alle wissen – von erheblicher Bedeutung für die Einsatzbereitschaft des Einzelnen sein. Natürlich setzen Geheimhaltung und Vertraulichkeit der Einsatzplanung der Information gewisse Grenzen.

Die bis ins kleinste Detail gehende Information jedes Angehörigen der Einheiten über den vorgesehenen Ablauf des Einsatzes und mögliche Risiken ist eine wesentliche Voraussetzung für den Erfolg. Nach Erteilung des Auftrags werden taktische und technische Probleme, z.B. des Sonderwaffeneinsatzes in den taktischen Kampfgemeinschaften, kurz erörtert, der Führer entscheidet über das endgültige Konzept. Das bis ins einzelne gehende Durchsprechen des Einsatzes gemäß Auftrag sowie das – wenn zeitlich möglich – danach eingesetzte drillmäßige Vorüben bestimmter taktischer Abläufe verringern nervliche und psychische Belastungen von Führern und Geführten. Das gewachsene Vertrauen in die Professionalität und den Erfolg des Führers sowie dessen Vertrauen auf die gemeinsamen Leistungsanstrengungen der Kampfgemeinschaft waren und sind oft maßgeblich für eine erfolgreiche Führung.

Am Beispiel einer Führung im Einsatz darf ich Ihnen nun in groben Zügen den Einsatz in Mogadischu und die aufgetretenen Führungsprobleme darstellen:

Der Einsatz in Mogadischu 1977, das Unternehmen „Feuerzauber", wies die klassischen Merkmale der Auftragstaktik auf.

Der Auftrag des Krisenstabes der Bundesregierung an die GSG 9 nach Entführung der Lufthansa-Maschine durch ein arabisches Terroristen-Kommando am 13.10.1977 lautete:

GSG 9 verfolgt die entführte Maschine und bereitet Sturm zur Befreiung der Geiseln vor.

Weitere Einzelheiten wie Kräftegliederung, Waffen, Geräteausstattung usw. wurden nicht vorgegeben und waren Aufgabe des Kommandeurs der GSG 9. Der Bundesregierung waren Einsatzwert und taktische Verfahren der GSG 9 bekannt. Sie setzte volles Vertrauen in Führung und Professionalität des Verbandes.

Zwei taktische Einheiten wurden von mir für den Einsatz bereitgestellt. Die Auswahl war schwierig. Jede Einheit wollte unbedingt an dem Einsatz teilnehmen. Ausschlaggebend für mich war, dass die vorgesehenen Einsatzeinheiten erst kurz vorher bestimmte Angriffsverfahren an einer Boeing 737 geübt hatten. Die Stimmung im gesamten Verband war vorher, trotz tagelanger Einsatzbelastung während der Jagd auf die Schleyer-Entführer, ausgezeichnet. So wurde meine Frage, ob jemand aus persönlichen Gründen zurückbleiben wollte, nur mit erstaunten Blicken beantwortet. Beide Einheiten waren drillmäßig im Flugzeugsturm ausgebildet und hatten verschiedene Verfahren an unterschiedlichsten Flugzeugmustern geübt – nicht immer zur Begeisterung der jeweiligen Airlines.

Die Spezialtrupps kannten ihre jeweilige Einsatzkontrolle „im Schlaf" und waren auch auf kritische Situationen vorbereitet. Die Trupps vertrauten auf ihr Können und auf die Führung der GSG 9. Es war ja nicht der erste Einsatz.

Die Verfolgung der entführten Maschine über Rom, Zypern, Bahrain, Dubai, Aden nach Mogadischu wurde zu einem Geduldsspiel und führte zu einem gewissen Dauerstress für die Führung und die Einsatzkräfte.

Beim Aufenthalt in Ankara, das wir als Versorgungsbasis benutzten, hatte ich zur Auflockerung der Spannung einen regelrechten Dienstplan mit Waffendurchsichten, Sport und taktischen Übungen angeordnet. Es war notwendig, um die psychische Anspannung zu verringern und diente u.a. auch zur Ablenkung. Nachdem die Bundesregierung bedauerlicherweise die Regierung der UAE nicht davon überzeugen konnte, den Einsatz deutscher Kräfte in Dubai zuzulassen, wurde die Fortsetzung der Verfolgung immer kritischer. Inzwischen hatte ich die Einsatzkräfte nach Kreta in einen Bereitstellungsraum auf einer NATO-Basis verlegt. Ich selbst war mit einer Führungsgruppe, mit einem Vertreter des Krisenstabes, Minister Wischnewski, in Dubai zusammengetroffen.

Nach dem Start der entführten Maschine in Dubai konnte ich den Krisenstab davon überzeugen, dass es taktisch richtig war, die Maschine weiter zu verfolgen. Ich war mir sicher, dass wir im Hinblick auf die schon 3 Tage dauernde Entführung bald eine Einsatzmöglichkeit erhalten würden. Außerdem mussten alle Anstrengungen unternommen werden, um die Geiselnahme zu beenden – an welchem Ort auch immer.

Nach einem Zwischenstopp in Aden, bei dem der Lufthansakapitän Schumann ermordet wurde, landete die Maschine in Mogadischu.

Nach schwierigen Verhandlungen mit der somalischen Regierung und frustrierenden Erlebnissen mit somalischen Sicherheitskräften, erteilte der somalische Präsident Siad Barre die Genehmigung zum „gemeinsamen Einsatz der GSG 9 und somalischen Sicherheitskräften unter GSG-9-Befehl" (Joint Operation). Nach anschließend sofort durchgeführter Lagebeurteilung und Erkundung des unmittelbaren Einsatzraumes sowie eines Funkbefehls an die im Luftraum Djibouti befindlichen Einsatzkräfte der GSG 9 zum Erreichen von Mogadischu, konnte ich Minister Wischnewski und dem Krisenstab melden, dass die taktischen Vorbereitungen zur Befreiung der Geiseln durch eine Operation der GSG 9 anliefen. Gegen 19 Uhr landete die Maschine mit den Einsatzkräften der GSG 9 bei völliger Dunkelheit. Vorher hatte ich zur Tarnung der Landung mehrere somalische Luftwaffenmaschinen starten und landen lassen. Inzwischen erhielt ich den Auftrag des Krisenstabes zur Befreiung der Geiseln.

Anschließend erfolgte die Befehlsausgabe, die routinemäßig ablief und alle notwendigen Angaben eines Einsatzbefehls enthielt mit den Aufträgen an 6 Sturmteams, an ein Scharfschützen- und Aufklärungsteam, an Spezialkräfte (Fernmelder, Sprengstoffspezialisten) und an die Versorgung.

Die Einsatzteams hatten mich nach der Landung mit großer Freude und Erleichterung begrüßt. Trotz der langen Wartezeit und der Anspannung im Hinblick auf den Einsatz waren alle motiviert, aber ruhig. Alle Angehörigen der Einsatzkräfte gingen nach üblicher Routine und nach Checklisten die üblichen Einsatzvorbereitungen durch. Auch ein Mittel zum Stressabbau!

Die von mir erteilen Aufträge wurden von den Führern der Einheiten und Trupps kurz wiederholt. Man merkte jedem Einzelnen der Einsatzkräfte an, dass er von der Bedeutung des Auftrages und vom erfolgreichen Ausgang der Operation überzeugt war. Einem jungen Offizier, der etwas aufgeregt war und sich bei der Wiederholung des Auftrags verhaspelt hatte, ließ ich den Auftrag noch mal wiederholen und sprach die Einzelheiten mit ihm durch. Danach atmete er tief durch und war beruhigt.

Gegen 22:00 Uhr Ortszeit bezogen alle Einsatzkräfte Ausgangs- und Bereitstellungen. Die Operation „Feuerzauber" wurde dann gegen 02:00 Uhr Ortszeit mit Täuschungsaktionen durch unsere Verhandlungsgruppe auf dem Tower und durch somalische Kräfte, die mir unterstellt waren, eingeleitet. Der eigentliche Sturm der Maschine konnte erst mit 5 Minuten Verzögerung aufgrund von Schwierigkeiten mit einer Sturmleiter nach Zünden von Knall-Blend-Granaten beginnen.

Der Sturm – koordiniert durch gleichzeitiges, gewaltsames Öffnen aller 6 Zugänge des Flugzeuges – verlief problemlos mit einer Ausnahme: ein Sturmtrupp musste aufgrund einer verklemmten Tür durch einen anderen Zugang in die Maschine eindringen.

Der Führer des Einsatzteams erfasste blitzschnell die veränderte Lage und stürmte durch einen anderen Zugang in die Maschine. Er handelte gemäß Auftragstaktik. Der anschließende Feuerkampf mit den 4 Terroristen war kurz und heftig. Die mit Pistolen und Revolvern sowie mit Handgranaten bewaffneten Terroristen eröffneten sofort das Feuer, wurden jedoch innerhalb von 4 Minuten ausgeschaltet. Die Evakuierung der Geiseln wurde innerhalb von 7 Minuten beendet.

Ein Angehöriger der GSG 9, eine Stewardess und ein Fluggast wurden leicht verletzt, 3 Terroristen wurden getötet, eine Terroristin schwer verletzt. Sie wurde den Somaliern übergeben.

Die erfolgreiche Beendigung der Operation „Feuerzauber" konnte ich 10 Minuten nach Angriffsbeginn dem Krisenstab melden. Auch in diesem Fall hatte sich in nahezu klassischer Weise die Führung nach Auftragstaktik bewährt.

Abschließend nochmals zusammengefasst die funktionale Begründung der Auftragstaktik. Ich darf nochmals in Erinnerung rufen: Die Auftragstaktik berücksichtigt als besondere Ausprägung des Delegationsprinzips folgende Gesichtspunkte für eine hohe Führungsleistung:

- Führer der **unteren Führungsebenen** verfügen aufgrund ihrer Nähe zur Entscheidungssituation über die aktuellen Lageinformationen. Sie können daher in krisenhaften Situationen am schnellsten **lageangemessen handeln**. Auf der Durchführungsebene ist der Kenntnisstand von detaillierten Sachinformationen größer als auf der übergeordneten Führungsebene.
- Einzelheiten der Durchführung von Aufträgen sind daher konsequenterweise auf der Durchführungsebene zu entscheiden.
- Selbständigkeit im Handeln erhöht die Leistungsmotivation. Eine höhere Motivation steigert die Qualität und Quantität der Handlungsergebnisse.
- Das Beispiel des Führers ist in krisenhaften Situationen von entscheidender Bedeutung!
- Das Vertrauen in die Kompetenz der unteren Führungsebenen ist eine wesentliche Voraussetzung für den Erfolg.

Schlussbemerkungen:

Eine erfolgreiche Führung unter erheblicher Dauerbelastung ist nur möglich bei Beachtung bestimmter Führungsgrundsätze der Auftragstaktik. Die Auftragstaktik geht von der Übereinstimmung im Ziel von Führern und Geführten aus. Sie enthält als wesentliches Merkmal das gegenseitige Vertrauen. Der Führer darf nicht von den Merkmalen des Auftrags

- Beschränkung auf das Notwendigste
- Durchführbarkeit
- Klarheit der Begriffe und
- Vertrauen nach unten

abweichen. Sie sind wesentlich auch bei dem Abbau von Stress.

Die Durchführung eines Auftrages durch die untere Führungsebene muss

- das Ziel im Auge haben
- in jeder Phase der Durchführung mitdenken und
- Vertrauen vor allem nach oben haben.

Erfolgreiche Führung ist somit nicht möglich ohne einen Vertrauensvorschuss an die Geführten und nicht vorstellbar ohne Inkaufnahme eines höheren Risikos. Führung nach Auftragstaktik erfordert somit vom Führer und Geführten neben der Eigenverantwortlichkeit und Selbständigkeit ein hohes Maß an Zivilcourage sowie ein beispielhaftes Verhalten des Führers. Auf der anderen Seite stellt diese Führungsdoktrin die einzige erfolgsversprechende Methode für das Führen unter Belastung – nicht nur im militärischen Bereich – dar. Natürlich spiegeln meine Erfahrungen den Zeitgeist der 1970er und 1980er Jahre in der Führung eines Spezialverbandes bei Einsätzen in Sonderlagen wider, aber die praktischen Führungsgrundsätze sind auch heute noch auch für andere Bereiche anwendbar und meines Erachtens unverzichtbar.

Literaturhinweise

Quellen

Akten zur Auswärtigen Politik der Bundesrepublik Deutschland (AAPD), 1977, Band I: 1. Januar bis 30. Juni 1977, Band II: 1. Juli bis 31. Dezember 1977, bearb. von Amit Das Gupta, Tim Geiger, Matthias Peter, Fabian Hilfrich und Mechthild Lindemann, München 2008

BStU, Archiv der Außenstelle Potsdam, AU 75/52, STA 4979, Bd. 1

Bundesarchiv Koblenz (BArch Koblenz): B106, B136

Der Kampf gegen die Vernichtungshaft. Reden der Gefangenen aus der RAF im Baader-Befreiungsprozeß, Komitees gegen Folter an politischen Gefangenen in der BRD, o.O., o.J.

Genscher, Hans-Dietrich: Erinnerungen, Berlin 1995

Marcinko, Richard/ Weisman, John: Rogue Warrior, New York 1992

Presse- und Informationsamt der Bundesregierung: Dokumentation zu den Ereignissen und Entscheidungen im Zusammenhang mit der Entführung von Hanns Martin Schleyer und der Lufthansa-Maschine „Landshut", Bonn 1977

Wischnewski, Hans-Jürgen: Mit Leidenschaft und Augenmaß. In Mogadischu und anderswo. Politische Memoiren, München 1989

Literatur

Aust, Stefan: Der Baader-Meinhof-Komplex, München ^{6}2008

Bergstermann, Sabine: Stammheim. Eine moderne Haftanstalt als Ort der Auseinandersetzung zwischen Staat und RAF, Berlin 2016

Dahlke, Matthias: Demokratischer Staat und transnationaler Terrorismus. Drei Wege zur Unnachgiebigkeit in Westeuropa 1972–1975, München 2011

Dierske, Ludwig: Der Bundesgrenzschutz. Geschichtliche Darstellung seiner Aufgabe und Entwicklung von der Aufstellung bis zum 31. März 1963, Regensburg u.a. 1967

Eikel, Markus: Keine „Atempause". Das Krisenmanagement der Bundesregierung und die Flugzeugentführung von Entebbe 1976, in: VfZ 61 (2013), S. 239–261

Froese, Kerstin/Scholzen, Reinhard: GSG 9. Innenansichten eines Spezialverbandes des Bundesgrenzschutzes, Stuttgart 1997

Geiger, Tim: Die „Landshut" in Mogadischu. Das außenpolitische Krisenmanagement der Bundesregierung angesichts der terroristischen Herausforderung 1977, in: VfZ 57 (2009), S. 413–456

Günzel, Reinhard/Walther, Wilhelm/Wegener, Ulrich K.: Geheime Krieger. Drei deutsche Kommandoverbände im Bild, Selent (Österreich) 2006

Hermann, Kai/Koch, Peter: Entscheidung in Mogadischu. Die 50 Tage nach Schleyers Entführung. Dokumente – Bilder – Zeugen, Hamburg 1977

Hürtner, Johannes (Hrsg.): Terrorismusbekämpfung in Westeuropa. Demokratie und Sicherheit in den 1970er und 1980er Jahren, Berlin/München/Boston 2015

Kempf, Udo/Merz, Hans-Georg (Hrsg.): Kanzler und Minister 1949–1998. Biografisches Lexikon der deutschen Bundesregierungen, Wiesbaden 2001

Kraushaar, Wolfgang (Hrsg.): Die RAF und der linke Terrorismus, 2 Bde., Hamburg 2006

Macintyre, Ben: SAS: Rogue Heroes – the Authorized Wartime History, London 2016
Oberloskamp, Eva: Das Olympia-Attentat 1972. Politische Lernprozesse im Umgang mit dem transnationalen Terrorismus, in: VfZ 60 (2012), S. 321–352
Peters, Butz: Tödlicher Irrtum. Die Geschichte der RAF, Frankfurt a.M. [4]2008
Peters, Butz: 1977. RAF gegen Bundesrepublik, München 2017
Pflieger, Klaus: Die Rote Armee Fraktion. 14.5.1970 bis 20.4.1998, Baden-Baden [3]2011
Riegler, Thomas: Das „Spinnennetz" des internationalen Terrorismus. Der „Schwarze September" und die gescheiterte Geiselnahme von Schönau, in: VfZ 60 (2012), S. 579–601
Scholzen, Reinhard: Das Kommando Spezialkräfte der Bundeswehr KSK, Stuttgart 2004
Scholzen, Reinhard: SEK – Spezialeinsatzkommandos der Polizei, Stuttgart 2009
Schulz, Mario: 40 Jahre GSG 9: Entwicklung der technischen Einsatzunterstützung, in: Polizei, Verkehr + Technik, 57 (2012), S. 198–2016
Sonne, Werner: Staatsräson? Wie Deutschland für Israels Sicherheit haftet, Berlin 2013
Strömsdörfer, Lars/Niemann, Wolfgang: Einsatz in Mogadischu. Der Irrflug der „Landshut" und die Befreiung der 86 Geiseln durch die GSG 9, Bergisch Gladbach [2]1977
Tophoven, Rolf: GSG 9. Kommando gegen Terrorismus, Koblenz/Bonn [2]1977

Danksagung

Dieses aus vielerlei Gründen ambitionierte Buchprojekt hat – ganz im Sinne der GSG 9 – viel Durchhaltevermögen und Einsatz gekostet. Umso dankbarer sind wir allen, die uns die Arbeit erleichtert haben: Sabine Schebben, Veronica Vargas Gonzalez, Erika Hensel, Tinka Thomaschewski, Mario Schulz, Ines Bodemer sowie Uli Weidenbach und Hans Molitor. Ihnen sei herzlich gedankt für Transkriptionen, Übersetzungen, Korrekturlesen, Freigaben zur Archivrecherche oder Bereitstellung von Material. Zudem haben alle Genannten sowie darüber hinaus viele Freunde und Verwandte in stetigem Austausch immer wieder dafür gesorgt, dass der lange Atem nicht ausging – herzlichen Dank.

Die Herausgeber

LIT Premium

Albert Frhr. von Margutti
Kaiser Franz Joseph I.
Vom alten Kaiser. Persönliche Erinnerungen
2017, ca. 550 S., ca. 34,80 €, br., ISBN-AT 978-3-643-50701-3

Hans Conrad Zander
Jesus, der erste Single
Bd. , 2015, 224 S., 19,90 €, br., ISBN 978-3-643-13101-0

Yehuda Bauer
Wir Juden – Ein widerspenstiges Volk
2015, 338 S., 34,80 €, br., ISBN 978-3-643-12605-4

Yehuda Bauer
The Jews – A Contrary People
2014, 312 pp., 34,80 €, br., ISBN-CH 978-3-643-90501-7

Erika Rosenberg
Oskar Schindler: Seine unbekannten Helfer und Gegner
2012, 208 S., 24,90 €, br., ISBN 978-3-643-11884-4

Marga Spiegel
100 Jahre – 4 Leben
Eine deutsche Jüdin erzählt
2012, 80 S., 34,90 €, Großformat, mit zahlreichen Abbildungen, gb., ISBN 978-3-643-11767-0

Yehuda Bauer
Jüdische Reaktionen auf den Holocaust
2012, 232 S., 29,90 €, br., ISBN 978-3-643-10958-3

Leopold Rosenmayr
Im Alter – noch einmal – leben
Mit einem Vorwort von Hubert Christian Ehalt
2. Aufl. 2013, 216 S., 19,90 €, br., ISBN-AT 978-3-643-50237-7

Adolf Holl
Im Keller des Heiligtums
Geschlecht und Gewalt in der Religion
2010, 200 S., 24,90 €, br., ISBN-AT 978-3-643-50164-6

Marga Spiegel
Bauern als Retter
Wie eine jüdische Familie überlebte. Mit einem Vorwort von Veronica Ferres
2. Aufl. 2009, 180 S., 19,90 €, br., ISBN 978-3-8258-0942-3

Hannelore Fröhlich
Judenretter – Abenteurer – Lebemann: Mein Vater Josef Schleich
Spurensuche einer Tochter
2007, 176 S., 17,90 €, gb., ISBN-DE 978-3-8258-0923-2, ISBN-AT 978-3-7000-0762-3, ISBN-CH 978-3-03735-201-4

Ellen Winner
Kinder voll Leidenschaft
HochBegabungen verstehen
2007, 200 S., 19,90 €, br., ISBN-DE 978-3-8258-0446-6, ISBN-AT 978-3-7000-0679-4, ISBN-CH 978-3-03735-162-8

LIT Verlag Berlin – Münster – Wien – Zürich – London
Auslieferung Deutschland / Österreich / Schweiz: siehe Impressumsseite